计算机办公应用技术案例教程

主　编　桑娟萍　武文廷

副主编　柴长宏　杜镇玲

参　编　（以姓氏笔画为序）

魏建兵　黄　伟　徐立寅　党进才

赵　洁　罗宏伟　张　娟　张晓晖

汪　雁　李婧霞　丁新亚

东软电子出版社

· 大连 ·

计算机办公应用技术案例教程/桑娟萍，武文廷主编. —大连：东软电子出版社，2015.9
ISBN 978-7-89436-389-3

策划编辑：卫杲旻　　责任编辑：朱　娜
光盘开发：马李昕　　装帧设计：马　妍

出版/发行：东软电子出版社
地　　址：大连市软件园路 8 号
邮　　编：116023
电话/传真：0411-84835089
网　　址：http://www.neubooks.com
电子邮箱：nep@neusoft.edu.cn

出版时间：2015 年 9 月
印制时间：2015 年 9 月第 1 次印制
字　　数：568 千字

印 制 者：大连华录影音实业有限公司

前　言

《计算机办公应用技术案例教程》是在继承了作者主编的《计算机应用基础》、《计算机办公应用基础教程》、《办公自动化教程》的基础上，采用案例教学、任务驱动的编写方式，进行的第四次改版。本次修订沿袭《办公自动化教程》七个教学模块的风格，对各模块的内容进行了全面的调整、增删与完善，对所有软件版本进行了升级。

随着信息技术的发展，无论是在事业单位还是在企业单位，都在普及自动化、无纸化办公，越来越多的办公人员已经意识到学会使用计算机对信息进行处理、存储、管理是非常重要的。对于高职院校学生来说，走向工作岗位的一项重要技能就是要掌握办公自动化操作技术。因此，加强培养高职院校学生计算机办公自动化能力，是高等职业教育必须解决的第一个职业技能。

修订后教材的内容及特点：

本教程结合目前市场上的主流应用软件“Windows 7”和“Microsoft Office 2010”，针对目前各类办公室人员日常工作需要掌握的计算机操作技能而编写的。整本教材共分七个模块，每个模块都是模拟若干实训项目，以完成本实训项目的训练任务为主线，培养学生的实践动手能力，各模块主要学习内容为：

模块一：计算机办公技术文化基础：这部分由“认识办公自动化”、“了解计算机的历史、现状与未来”、“信息的表示、转换与存储”和“配置自动化办公基本设备”四个实训项目组成。强化学生对办公自动化及计算机文化基础知识的了解。

模块二：常用设备规范操作与文字录入技术：这部分由“键盘操作”、“鼠标操作”、“显示器的使用”、“打印机安装与使用”、“文字录入技术”五个实训项目组成，培养学生操作设备、输入信息的能力。

模块三：办公自动化操作系统应用与维护技术：这部分由“定制个性化 Windows 7 工作环境”、“使用任务栏和开始菜单”、“Windows 7 中的常用附件操作”、“管理文件和文件夹”、“系统维护与管理”五个实训项目组成，内容以 Windows 7 操作系统为主，详细介绍了操作系统的主要技能与知识点，培养学生的计算机系统维护与管理能力。

模块四：办公文档处理技术：这部分由“初识文字编辑软件中文 Word 2010”、“文档的建立、保存”、“文档内容的录入与编辑”、“图文混合排版”、“制作表格”、“页面布局”、“长文档的编辑”、“邮件合并及文档的审阅与修订”八个实训项目组成，是办公应用技术中的重点学习内容，培养学生对各种类型文档的编辑制作能力。

模块五：数据分析与处理技术：这部分内容由“初识数据处理软件 Excel 2010”、“工作薄及工作表基本操作”、“Excel中数据输入”、“格式化工作表”、“数据处理”、“数据分析和综合应用”六个实训项目组成，是办公应用技术中的另一重点学习内容，培养学生工作中各种数据表格的处理、统计分析、数据汇总、图表制作能力。

模块六：演示文稿制作技术：这部分内容由“初识演示文稿制作软件 PowerPoint 2010”、“制作普通演示文稿”、“制作动态演示文稿”三个实训项目组成，主要介绍在工作及学习中如何制作图、文、声并茂的项目展示文稿，培养学生演示文稿制作能力。

模块七：网络技术及应用：这部分内容由“局域网组建”、“使用 IE 浏览器”和“计算机信息安全”三个实训项目组成，主要介绍现代化办公系统中网络技术的应用，培养学生利用网络资源完成办公任务的能力。

本教材应用最新计算机办公应用软件及技术，提供了立体化教学资源，便于学生自学、教师备课；教材图文并茂，以图析文，增强了教材的信息量和易读性。

本教材配套提供所有的课件、以及教材中案例涉及的所有素材的源文件，学习者可以直接从开放的教学网站（课程网址：http://gsfc.edu.cn/html/yj/2011/jsjbgyy/index.html）上下载使用。如果不能正常下载，请发 E-mail 到 zzzsjp@163.com 或 369894878@qq.com 索取。

主编：桑娟萍，教授，从事林业信息技术教学28年，积累了丰富的计算机应用教学经验。主编并参编了《计算机应用基础》、《计算机办公应用技术》等教材十余部，具有丰富的教材编写及教学实践经验。感谢各位同仁选用教材，欢迎互相交流学习。

编　者

2015年7月

目　录

模块一　计算机办公技术文化基础

实训一　认识办公自动化

任务目标：

● 了解办公自动化的概念、层次、系统组成及系统功能。
● 了解我国计算机办公自动化的发展及趋势。

任务描述：

● 计算机是一种能自动、高速地进行数据信息处理的机器，是 20 世纪人类最伟大、最卓越的科学技术发明之一。随着计算机技术的发展，计算机已广泛应用于现代科学技术、国防、工业、农业、企业管理、办公自动化以及日常生活中的各个领域，并产生了巨大的效益。

● 本任务要求学习者理解办公自动化的概念，了解我国办公自动化的发展历史，掌握在日常工作中实现自动化办公需要哪些设备，为后续学习办公自动化操作应用技术打下基础。

训练一　理解办公自动化的概念

办公自动化(Office Automation，OA)作为一个术语是由美国通用汽车公司的 D. S. Harte(哈特)于 1936 年首先提出的。20 世纪 70 年代美国麻省理工学院教授 M. C. Zisman (季斯曼)为办公自动化提出了一个较为完整的定义："办公自动化就是将计算机技术、通信技术、系统科学及行为科学应用于传统的数据处理难以处理的数量庞大且结构不明确的、包括非数值型信息的办公事务处理的一项综合技术。"

我国的办公自动化在 20 世纪 80 年代中期才发展起来。在 1985 年召开的全国第一次办公自动化规划会议上，与会的专家、学者们综合了国内外的各种意见，将办公自动化定义为：办公自动化是利用先进的科学技术，不断使人的一部分办公业务活动物化于人以外的各种设备中，并由这些设备与办公室人员构成服务于某种目标的人机信息处理系统，其目的是尽可能充分地利用信息资源，提高生产率、工作效率和质量，辅助决策，求得更好的效果，以达到既定(即经济、政治、军事或其他方面的)目标。办公自动化的核心任务是为各领域各层次的办公人员提供所需的信息。1986 年 5 月在国务院电子振兴领导小组办公自动化专家组第一次会议上，定义了办公自动化系统的功能层次和结构，并率先开发了"中南海办公自动化系统”。

在2000年11月召开的办公自动化国际学术研讨会上，专家们建议将办公自动化（OA）更名为办公信息系统（Office Information Systems，OIS），认为：办公信息系统是以计算机科学、信息科学、地理空间科学、行为科学和网络通信技术等现代科学技术为支撑，以提高专项和综合业务管理水平和辅助决策效果为目的的综合性人机信息处理系统。

总之，办公自动化的概念将随外部环境、支撑技术，以及人们观念的不断发展而逐渐演变，并不断充实和完善。它是计算机技术、通信技术与科学管理思想完美结合的一种境界和理想。

训练二 认识办公自动化的层次

从广义上讲，OA应该是一个单位所有信息处理的集合。它一般可分为3个层次：事务处理型、管理控制型、辅助决策型。面向不同层次的使用者，OA会有不同的功能表现。

1.事务处理型

事务处理型包含文字处理、日程安排、行文管理、电子邮件处理、人事管理、工资管理以及其他事务处理等，是最基本的应用。该层次的OA主要是业务处理系统，它为办公人员提供良好的办公手段和环境，使之准确、高效、愉快地工作。

2.管理控制型

管理控制型包含事务处理型，是支持各种办公事务处理活动的办公系统与支持管理控制活动的管理信息系统相结合的办公系统，为中间应用层。该层次的OA主要是管理信息系统，它利用各业务管理环节提供的基础数据，提炼出有用的管理信息，把握业务进程，降低经营风险，提高经营效率，如超市结算系统、书店销售系统、图书馆管理系统等。

3.辅助决策型

辅助决策型是以事务处理型和管理控制型办公系统的大量数据为基础，同时又以其自有的决策模型为支持，为最上应用层。该层次的OA主要是决策支持系统，它运用科学的数学模型，以单位内部和外部的信息为条件，为单位领导提供决策参考和依据，如医院的专家诊断系统。

训练三 了解办公自动化系统的功能

1.办公自动化系统的基本功能

从外在形式上看，办公自动化系统的基本功能包括8个方面，如表1-1所示。

表1-1 办公自动化的基本功能

序号	功能	解释
1	公文管理	包括公文的收发、起草、传阅、批办、签批、会签、下发、催办、归档、查询、统计等基本功能，初步实现公文处理的网络化、自动化和无纸化
2	会议管理	包括会议计划、通知、组织、纪要、归档、查询、统计等功能和会议室管理功能，使会议通知、协调、安排都能在网络环境下实现
3	部门事务处理	包括部门值班、休假安排、工作计划、工作总结、部门活动等

（续表）

序号	功能	解释
4	个人办公管理	包括通讯录、日程、个人物品管理等
5	领导日程管理	包括为领导提供的日程、活动的设计、安排等
6	文档资料管理	包括文档资料的立卷、借阅、统计等
7	人员权限管理	包括人员的权限、角色、口令、授权等
8	业务信息管理	包括人事、财务、销售、库存、供应以及其他业务信息的管理等

2.办公自动化系统的集成化功能

一个完整的办公自动化系统应该实现以下 7 个方面的功能：

(1)内部通信平台的建立

建立单位内部的邮件系统，使单位内部的通信和信息交流快捷通畅。

(2)信息发布平台的建立

在单位内部建立一个有效的信息发布和交流的场所，如电子公告、电子论坛、电子刊物，使内部的规章制度、新闻简报、技术交流、公告事项等能够在单位内部员工之间得到广泛的传播，从而使员工能够了解单位的发展动态。

(3)工作流程的自动化

工作流程自动化包括流转过程的实时监控、跟踪，解决多岗位、多部门之间的协同工作问题，实现高效率的协作。例如，公文的处理、收发，各种审批、请示、汇报等流程化的工作，通过实现工作流程的自动化，规范各项工作，提高单位协同工作的效率。

(4)文档管理的自动化

文档管理的自动化可以使各类文档按权限进行保存、共享和使用，并有一个方便的查找手段。实现办公自动化以后，如果单位来了一个新员工，管理员分配给他一个用户名和口令，他能上网查看单位的各种规章制度和相关技术文件，可减少很多培训环节。

(5)辅助办公

辅助办公涉及很多的内容，如会议管理、车辆管理、物品管理、图书管理等与日常事务性工作相结合的各种辅助办公，都可以实现自动化。

(6)信息集成

每个单位都存在大量的业务系统，如购销存等各种业务系统，若实现办公自动化系统与业务系统很好的集成，可使相关人员能够有效地获得整体的信息，提高整体的反应速度和决策能力。

(7)分布式办公的实现

分布式办公就是要支持多分支机构、跨地域的办公模式以及移动办公。就目前情况来看，随着单位规模越来越大，地域分布越来越广，移动办公和跨地域办公已成为一种迫切的需求。

总之，办公自动化系统建设就是要创造一个集成的办公环境，使所有的办公人员都能在同一个桌面环境下一起工作。

训练四 了解办公自动化系统的组成

1.办公自动化系统的组成要素

一个完整的办公自动化系统涉及4个要素:办公人员、办公信息、办公流程和办公设备。

(1)办公人员

办公人员包括高层领导、中层干部等管理决策人员,秘书、通信员等办公室工作人员,以及系统管理员、软硬件维护人员、录入员等其他人员。这些人应当具有现代化的思想,掌握一定的现代科学技术知识、现代管理知识与业务技能。他们的自身素质、业务水平、敬业精神、对系统的使用水平和了解程度等,对系统的运行效率乃至成败有非常重要的关系。

(2)办公信息

办公信息是各类办公活动的处理对象和工作成果。办公在一定意义上就是处理信息。办公信息覆盖面很广,按照其用途,可以分为经济信息、社会信息、历史信息等;按照其发生源,可分为内部信息和外部信息;按照其形态,有各种文书、文件、报表等文字信息,电话和录音等语音信息,图表手迹等图像信息,统计结果等数据信息。

OA系统要辅助各种形态办公信息的收集、输入、处理、存储、交换、输出乃至全过程,因此,对于办公信息的外部特征、办公信息的存储与显示格式、不同办公层次需要与使用信息的特点等方面的研究,是组建OA系统的基础工作。

(3)办公流程

办公流程是有关办公业务处理、办公过程和办公人员管理的规章制度、管理规则,它是设计OA系统的依据之一。办公流程的科学化、系统化和规范化,将使办公活动易于纳入自动化的轨道。

(4)办公设备

办公设备包括传统的办公用品和现代化的办公设备,是决定办公质量的物质基础。传统的办公用品历来以笔、墨、纸、砚文房四宝为主;现代化的办公设备包括计算机、打印机、扫描仪、电话、传真机、复印机、微缩设备等。办公自动化环境要求办公设备主要以现代化设备为主,办公设备的水平与成熟程度,直接影响OA系统的应用与普及。

2.办公自动化的主要技术

现代的办公自动化系统,是综合运用信息技术、通信技术和管理科学的系统,是向集成化、智能化方向不断发展的系统。从其处理技术来看,它包括以下几个方面的内容:

(1)公文电子处理技术

公文电子处理是指使用计算机,借助文字处理软件和其他软件,自动地产生、编辑与存储文件,并实现各办公室之间文件的传递,其核心部件是文字处理软件。文字处理技术包括文字的输入、编辑、排版以及存储、输出等基本功能。

(2)电子表格和数据处理技术

在一般办公室环境下,许多工作都可用二维表来表示,如财务计算、统计计算、通讯录、日程表等。计算机电子表格处理软件提供了强大的表格处理功能。而数据处理是通过数据库软件建立的各类管理信息系统或其他应用程序来实现的,包括对办公中所需大量数据信息的存储、计算、排序、查询、汇总、制表、编排等内容。

(3)电子报表技术

电子报表技术就是将手工报表的处理转化为计算机处理的技术。目前有许多电子报表软件,可以使复杂而繁琐的报表处理变得容易,并且由计算机处理的报表生成各种图表,可达到清晰、美观的效果。

(4)语音和图形图像处理技术

就办公室环境的计算机应用而言,语音处理技术是指计算机对人的语言声音的处理,从应用度来看,主要包括语音合成和语音识别技术。图形图像处理技术是指图形图像的生成(绘制)、编辑和修改,图形图像与文字的混合排版、定位与输出等技术。

(5)电子邮件技术

电子邮件技术是以计算机网络为基础的信件通信系统,它是一种将声音、数据、文字、图形、图像及其组合,通过网络快速传递到异地的技术。

(6)电子会议技术

电子会议技术指在现代化通信手段和各种现代电子设备的支持下,在本地或异地举行会议的技术。它使用先进的计算机工作站和网络通信技术,使多个办公室的工作台构成同步会议系统,代替一些面对面的会议,有电话会议、电视会议和网络视频会议 3 种。电子会议免除了不必要的交通费用,减少了会议开支,缩短了与会时间,大大提高了会议的质量,是目前现代决策和信息交流必不可少的手段。特别是网络视频会议,随着网络速度的不断加快,将会在一些政府机关、大型集团公司、跨国企业得到充分的运用。

(7)信息检索与传输技术

利用计算机可以方便地进行信息检索和传输,输入要检索的信息名称,或者是信息名中一个或几个关键字就可以顺利地找到资料。任何一台计算机都可以通过电话线、网线、通讯卫星等设施或者无线方式与世界各地的计算机相连,这使信息检索的应用扩展到全世界。

当然,办公自动化能完成的工作还很多,更完备的办公自动化系统还应包括管理信息系统和决策支持系统的功能。

训练五　了解办公自动化的发展

1.办公自动化的起源

美国是最先将计算机系统引入办公室的国家。20 世纪 60 年代初,美国 IBM 公司生产了一种半自动化的打字机,且具有编辑功能,它是现代文字处理机的早期产品。不久,IBM 公司就使用文字处理机实现了文书起草、编辑、修改、打印工作的处理,从而揭开了办公自动化的序幕。

到 20 世纪 80 年代初,由于微电子技术的迅速发展,并与光机技术结合,产生了适合办公需要的电子计算机、通信设备及各类办公设备,为办公自动化的实现提供了物质上的可能。许多体积小、功能全、操作方便的微机出现以后,才使得计算机真正成为办公工具。随着微型计算机的不断改进,办公自动化的进程大大加快,并形成了新型综合学科——办公自动化。

20 世纪 80～90 年代,办公自动化系统开始在世界各国得到较快的发展,美、日、英、德等国是较早实现办公自动化的国家,目前,这些国家的办公自动化正向着更高的阶段迈进。

2.现代办公技术设备的发展

从世界范围来看，尽管各个国家情况有所不同，但办公自动化的发展过程在技术设备的使用上大都经历了单机、局部网络、一体化、全面实现办公自动化4个阶段。美国是推行办公自动化最早的国家，下面以其为例来说明现代办公技术设备的发展历程。

(1)单机设备阶段(1975年以前)

办公自动化在该阶段主要是在计算机上进行单项数据处理，如工资结算、统计报表、档案检索、档案管理、文书写作等，使用的设备有小型机、微机、复印机、传真机等，用以完成单项办公室事务的自动化。在此阶段，计算机只是在局部代替办公人员的手工劳动，使部分办公室工作效率有所提高，但并未引起办公室工作性质的根本改变。这时的办公自动化可以称为“秘书级别”。

(2)局部网络阶段(1975～1982年)

在该阶段，办公自动化主要设备的使用在单机应用的基础上，以单位为中心向单位内联机发展，建立了局部网络。网络里的计算机以双重身份工作，既可以像没有连接网络一样单独工作，又可以作为网络中的一部分参加网络的工作。应用局部网络，可以实现网络中的资源共享，使得办公中的关键办公业务实现了自动化。这时的办公自动化可以称为“主任级别”。

(3)一体化阶段(1983～1990年)

在该阶段，办公自动化设备使用由局部网络向跨单位、跨地区联机系统发展。把一个地区、几十个地区，乃至全国的局部网络联结起来，就形成了庞大的计算机网络。采用系统综合设备，如多功能工作站、电子邮政、综合数据通信网等，可以实现更大范围的资源共享，实现全面的办公业务综合管理的自动化。这一阶段已经是办公自动化的较高级阶段，办公自动化进入了“经理(决策)级别”。

(4)全面实现办公自动化阶段(1990年至今)

办公自动化在该阶段采用以数字、文字、声音、图像等多媒体信息传输、处理、存储的广域网为手段，信息资源在世界范围内共享，将世界变成地球村。1993年9月，克林顿政府正式宣布了“国家信息基础设施(NII)”计划，该计划以光纤网技术为先导，谋求实现政府机关、科研院所、学校、企业、商店乃至家庭之间的多媒体信息传输，使得办公系统与其他信息系统结合在一起，形成一个高度自动化、综合化、智能化的办公环境。内部网可以和其他局域网或广域网相连，以获取外部信息源产生的各种信息，更有效地满足高层办公人员、专业人员的信息需求，达到辅助决策的目的。

在该阶段，人们在办公室中可以看到许多现代化的办公设备，如各类计算机、可视电子业务通信设备、综合信息数字网络系统、多功能自动复印机、传真机、电子会议室、缩微系统等。利用计算机以及由计算机控制的各类现代办公设备即可迅速处理大量的办公信息。

3.办公自动化的发展趋势

随着各种技术的不断进步，办公自动化的未来发展趋势将体现以下几个特点：

(1)办公环境网络化

完备的办公自动化系统能够把多种办公设备连接成局域网，进而通过公共通信网或专用网连接成广域网，通过广域网可连接到地球上的任何角落，从而使办公人员真正做到“秀才不出门，尽知天下事”。

(2)办公操作无纸化

办公环境的网络化使得跨部门的连续作业免去了纸介质载体的传统传递方式。采用无纸办公，可以节省纸张，更重要的是速度快、准确度高，便于文档的编排和复用，非常符合电子商务和电子政务的办公需要。

(3)办公服务无人化

无人办公适用于办公流程及作业内容相对稳定，内容比较枯燥，易疲劳，易出错，劳动量较重的工作。如自动存取款的银行业务、夜间传真及电子邮件自动收发等。

(4)办公业务集成化

许多单位的办公自动化系统最初往往是单机运行，至少是各个部门分别开发自己的应用系统。在这种情况下，由于所采用的软、硬件可能出自多家厂商，软件功能、数据结构、界面等也会因此不同。随着业务的发展、信息的交流，人们对办公业务集成性的要求将会越来越高。

(5)办公设备移动化

人们可通过便携式办公自动化设备，如笔记本电脑通过电话线或无线接入，轻而易举地与“总部”相连，完成信息交换，传达指令，汇报工作，利用移动存储设备可以将大量数据轻易地移动到别处。1995年，IBM公司开始一项“移动办公计划”，亚洲地区的日本、韩国、新加坡和中国的IBM分公司都先后实现了这一计划。1997年，IBM中国公司广州分公司在中国率先实现了“移动办公”。据IBM韩国分公司统计，推行移动办公后，员工与客户直接接触的时间增加了40%，有63.7%的客户对服务表示更加满意，而公司也节省了43%的空间。

(6)办公思想协同化

20世纪90年代末期开始，协同办公管理思想开始兴起，旨在实现项目团队的协同、部门之间的协同、业务流程与办公流程的协同、跨越时空的协同，主要侧重和关注知识、信息与资源的分享，是今后办公自动化的一大发展方向。

(7)办公信息多媒体化

多媒体技术在办公自动化中的应用，使人们处理信息的手段和内容更加丰富，数字、文字、图形图像、音频及视频等各种信息载体均能使用计算机进行处理，更加适应并支持人们以视觉、听觉、感觉等多种方式获取及处理信息的方式。目前人事档案库中增添个人照片，历史档案材料的光盘存储等就是办公信息多媒体化的典型应用。

(8)办公管理知识化

知识管理的优势在于注重知识的收集、积累与继承，最终目标是实现政府、机关、企业及员工的协同发展，而不是关注办公事务本身与单位本身的短期利益。只有实现单位的发展，员工的发展才有空间；只有实现员工的发展，单位的发展才有潜力。而“知识管理”正是实现两者协同发展的桥梁。

(9)办公系统智能化

给机器赋予人的智能，一直是人类的一个梦想。人工智能是当前计算机技术研究的前沿课题，也取得了一些成果。这些成果虽然还远未达到让机器像人一样思考、工作的程度，但已经可以在很多方面对办公活动给以辅助。办公系统智能化的广义理解可以包括：手写输入、语音识别、基于自然语言的人机界面、多语互译、基于自学习的专家系统以及各种类型的智能设备等。

综上所述,办公自动化技术发展前景是广阔美好的。办公自动化技术能让人从繁重、枯燥、重复性的劳动中解放出来,使他们有更多的精力和时间去研究思考更重要的问题,最终把办公活动变成一个思考型而非业务型的活动。

4.我国办公自动化的发展过程与现状

(1)我国办公自动化的发展过程

我国办公自动化起源于20世纪80年代初政府的公文和档案管理,发展过程可以概括为以下3个阶段:

①启蒙动员阶段(1985年以前)

我国的办公自动化从20世纪80年代初进入启蒙阶段,1983年国家开始大力推行计算机在办公中的应用,通过一个时期的积累,成立了我国的办公自动化专业领导组,它负责制定我国的办公自动化发展规划,并从硬件、软件建设上进行宏观指导。当时,计算机汉字信息处理技术突破性的进展,为OA系统在我国的实用化铺平了道路。我国在该阶段通过试点,建立了一些有效的办公自动化系统。1985年,我国制定了办公自动化的发展目标及远景规划,确定了有关政策,为全国OA系统的初创与发展奠定了基础。

②初见成效阶段(1986～1990年)

20世纪80年代末,我国开始大力发展办公自动化。这个阶段我国建立了一批能体现国家实力的国家级办公自动化系统,在各个省市县区的领导部门,建立了一批有一定水平的办公自动化系统,同时做了一定的标准化工作,为建立自上而下的网络办公自动化系统打下良好的基础。1987年10月,上海市政府办公信息自动化管理系统(SOIS)通过鉴定并取得了良好的效果,在全国具有一定的示范性。

在这一阶段,我国的单机应用水平已接近国外的单机应用水平,并基于此时国内通信设施落后、网络水平低的情况,国家开始对全国的通信网络进行全面改造。

③快速发展阶段(1990年以后)

进入20世纪90年代,随着网络技术、数据库技术的广泛应用,同时由于国内经济的飞速发展引发市场竞争的逐渐激烈,以及政府管理职能的扩大和优化,导致政府和企业对办公自动化产品的需求快速增长。这时,办公自动化开始进入一个快速的发展阶段,我国OA系统发展也呈现网络化、综合化的趋势。该阶段我国OA发展有两大群体,一个是国家投资建设的经济、科技、银行、铁路、交通、气象、邮电、电力、能源、军事、公安及国家高层领导机关等12类大型信息管理系统,体系较为完整,具有一定的规模。其中,由国务院办公厅秘书局主办的"全国行政首脑机关办公决策服务系统"于1992年启动,以国办的计算机主系统为核心节点,覆盖全国省级和国务院主要部门的办公机构,已经取得了很大的进展,到1997年底已初步实现全国行政首脑机关的办公自动化、信息资源化、传输网络化和管理科学化。另一个群体是各企业、各部门自行开发的或者是一些软件公司推出的商品化的OA软件。这些软件系统是根据用户的具体需求开发的,往往侧重于某几个主要功能,或者适合于某种规模,或者满足某些特殊需要,所以其功能比较完善,并能较好地满足用户的实际需要,在一些中、小型单位具有较大的市场。

办公自动化发展到今天，它的定义已由原来简单的公文处理扩展到整个企事业单位的信息交换平台，并实现了与系统支持平台的无关性，其功能已有极大的飞跃。然而，随着计算机技术水平的不断提高和用户不断增长的需要，我国办公自动化的道路还很漫长。

(2)我国办公自动化的现状

我国的办公自动化建设经历了一个较长的发展阶段，目前各单位的办公自动化程度相差较大，大致可以划分为以下4类：

①起步较慢，还停留在使用没有联网的计算机的阶段，使用 Microsoft Office 系列、WPS 系列应用软件以提高个人办公效率。

②已经建立了自己的 Intranet，但没有好的应用系统支持协同工作，仍然是个人办公。网络处在闲置状态，单位的投资没有产生应有的效益。

③已经建立了自己的 Intranet，单位内部员工通过电子邮件交流信息，实现了有限的协同工作，但产生的效益不明显。

④已经建立了自己的 Intranet，使用经二次开发的通用办公自动化系统；能较好地支持信息共享和协同工作，与外界的联系畅通；通过 Internet 发布、宣传单位的有关情况；Intranet 网络已经对单位的管理产生明显效益。现在正着手开发或已经在使用针对业务定制的综合办公自动化系统，实现科学的管理和决策，增强单位的竞争能力。

目前，构筑单位内部 Intranet 平台、实现办公自动化，进而实现电子商务或电子政务已成为众多单位的当务之急；设计信息系统方案、添置硬件设备、建设网络平台、选择应用软件也成为每个企事业单位领导和信息主管日常工作的重要组成部分。

(3)影响我国办公自动化发展的原因

纵观我国办公自动化系统的发展，经历了和发达国家类似的过程。目前影响系统发展的主要因素有以下几个方面：

①基础设施建设尚不完善。

应用办公自动化产品的多数单位的计算机和网络基础设施建设尚不完善，仅仅依靠独立的个人计算机完成简单的文字处理和表格处理，或者利用网络进行简单的邮件交换，这并不能大幅度提高用户的工作效率。

②系统的安全难以令人满意。

自从第一台计算机诞生以来，安全就成了阻碍计算机应用的一个重要因素，尤其是在网络时代，Internet 深入的同时也意味着外部窥探的到来。对于办公系统来说，由于传输、处理、存储的信息具有很高的价值和保密性，往往成为黑客和病毒攻击的目标，直接与 Internet 相连的办公系统的安全难以保障。

③与办公自动化相适应的规章制度不健全。

办公自动化系统不同于一般的管理软件，它处理的电子化公文存在法律效力的问题，目前国内尚无这方面的立法规定。同时，单位内部也没有建立和完善相应的规章制度保证办公系统的正确运行。在运用软件的管理过程中，必须建立一种责任、诚信制度对人的行为进行管理。

④落后的管理模式与先进的计算机网络化管理不相适应。

单位投入大量资金实现办公自动化，但如果管理人员和办公人员的计算机水平较低，使用计算机的热情不高，网络管理混乱，基础数据不完整，则必然造成办公自动化效果不明显。办公过程中引入计算机管理系统，必然会对现行的体制产生影响。一部分管理和办公人员产生疑问和抵触情绪，将会妨碍现代办公管理系统的应用。

⑤领导的重视和工作人员的支持不够。

在目前形势下，由于机关和企业办公自动化负全责的人没有真正获得应有的权力和信任，既要面对单位领导的直接指导，又要面临基层部门来自传统的阻力，从而导致办公自动化系统无法更好地实施。因此，办公自动化的实施必须取得领导的重视和工作人员的支持。

⑥ 软件应用相对滞后于硬件平台。

过去，许多企业开发的办公软件功能过于单一，长期以来成熟的办公自动化软件产品还主要是以文字、表格处理为主，没有将用户其他方面的需求，尤其是其业务处理的需求结合到办公自动化系统中。软件应用相对滞后于硬件平台，导致企业无法很好地开展办公自动化。

⑦ 不能慎重选择适合自身条件的设备、软件和服务厂商。

每个单位都有自己的特殊之处，适用于其他单位的软件不一定适合自己。然而，一些单位在实施办公自动化之初，没有事先对单位需求进行分析和设计、对各种系统进行咨询和考察，不慎重选择与单位条件相适应的体系结构、设备、软件系统和能及时提供服务支持的厂商，结果造成软件应用过于庞大，功能与单位需求不相符合，尽管硬件系统比较完善，但仍使办公自动化在实际中的应用效果不明显。

近几年，计算机技术尤其是网络技术、通讯技术、数据库技术、多媒体技术、虚拟现实技术等的飞速发展和应用，使我国办公自动化的发展呈现出新的景象，21世纪将是我国办公自动化发展的黄金时代。

实训二　了解计算机的历史、现状与未来

任务目标：

- 了解计算机的发展、分类及应用。
- 了解计算机系统的组成，掌握主要硬件的性能及指标。
- 了解未来计算机的发展。
- 记住计算机领域影响力非凡的人和事。

任务描述：

- 本任务要求学习者了解计算机的历史发展阶段、计算机的现状与当前热点及未来发展趋势；了解计算机两大系统组成及各系统主要成员的性能指标；知道计算机从产生至未来发展有哪些人和事对它起了深远的历史性影响。

训练一　了解计算机的发展与分类

1.计算机的发展

20 世纪初,电子技术得到了迅猛的发展,从 1946 年 2 月 15 日在美国宾夕法尼亚大学研制成功第一台电子计算机(ENIAC)以来,电子计算机的发展阶段通常以构成计算机的电子器件来划分,至今已经经历了电子管、晶体管、集成电路及大规模和超大规模集成电路四个发展时代,正在向第五代过渡,如表 1-2 所示。

表 1-2　计算机发展的四个阶段

代次	起止年份	所用电子器件	数据处理方式	运算速度	应用领域
第一代	1946～1957	电子管	汇编语言、代码程序	几千～几万次/秒	军事及科学研究
第二代	1958～1964	晶体管	高级程序设计语言	几万～几十万次/秒	数据处理、自动控制
第三代	1965～1970	集成电路	结构化、模块化程序设计、实时处理	几十万次～几百万次/秒	科学计算、数据处理、事务管理、工业控制
第四代	1970～至今	大规模和超大规模集成电路	分时、实时数据处理、计算机网络	几百万～上亿条指令/秒	工业、生活等各方面

2.计算机的分类

计算机的分类方法较多,根据计算机的规模、处理的对象、处理的字长以及计算机的用途和规模不同有不同的分类方法。

(1)根据计算机的规模划分

目前根据计算机的规模,一般把计算机分为巨型机、大型机、小型机、微型机和工作站等。

①巨型机:巨型机是计算机中价格最贵、功能最强的计算机,主要使用在尖端科学领域,如战略武器的设计、空间技术、石油勘探、中长期天气预报等,它实际上是一个巨大的计算机系统,如我国研制的银河系列机均属此类,如图 1-1 所示。

图 1-1　银河系列巨型机

②大型机：大型计算机硬件配置高档，性能优越，可靠性好，具有较高的运算速度和较大的存储容量，但价格高昂。大型机主要用于金融、证券等大中型企业数据处理或用作网络服务器，如图 1-2 所示。

图 1-2 大型机

③小型机：小型机也是处理能力较强的系统，面向中小企业的应用。小型机具有结构简单、成本较低、不需要长期培训就可以维护和使用的特点，如美国 DEC 公司的 PDP 系列计算机、VAX 系列计算机。

④微型机：微型机简称为微机，又叫个人计算机（简称 PC 机），它通用性好、软件丰富、价格较低，主要在办公室和家庭中使用，是目前发展最快、应用最广泛的一种计算机。现在微型计算机已经进入了千家万户，成为人们工作、生活的重要工具。随着微型计算机的不断发展，其又被分为台式机和便携机（又称为笔记本电脑），如图 1-3 和图 1-4 所示。

图 1-3 台式机

图 1-4 笔记本电脑

⑤工作站：工作站是介于个人计算机和小型机之间的一种高档微机，是一种主要面向专业应用领域，具备强大的数据运算与图形、图像处理能力的高性能计算机。工作站通常配有多个中央处理器、大容量内存储器和高速外存储器，配备高分辨率的大屏幕显示器等高档外部设备。工作站主要应用于工程设计、动画制作、科学研究、软件开发、金融管理、信息和模拟仿真等专业领域，如 HP、SUN 公司生产的工作站。

备注：这里所说的工作站与网络中所说的工作站含义不同，后者很可能是指一台普通的个人计算机。

（2）根据处理的对象划分

计算机按处理的对象划分可分为模拟计算机、数字计算机和混合计算机。

①模拟计算机:指专用于处理连续的电压、温度、速度等模拟数据的计算机。其特点是参与运算的数值由不间断的连续量表示,其运算过程是连续的,由于受元器件质量影响,其计算机精度较低,应用范围较窄。

②数字计算机:指用于处理数字数据的计算机。其特点是数据处理的输入和输出都是数字量,参与运算的数值用非连续的数字量表示,具有逻辑判断等功能。

③混合计算机:指模拟技术与数字计算机灵活结合在一起的电子计算机,输入和输出既可以是数字数据,也可以是模拟数据。

(3)根据字长进行划分

按CPU能够直接处理的二进制的数据位数进行划分,计算机可分为8位机、16位机、32位机、64位机等。

(4)根据计算机的功能和用途划分

按计算机的功能和用途,计算机可以分为专用计算机和通用计算机两种。

①专用计算机:一般功能单一、操作复杂,用于完成特定的工作任务。

②通用计算机:具有功能强、兼容性强、应用面广、操作方便等特点,通常使用的计算机都是通用计算机。

3.计算机的特点

计算机的主要特点有以下几个方面:

(1)运算速度快

当今计算机系统的运算速度已达到每秒万亿次,微型计算机也能达到每秒亿次以上,使大量、复杂的科学计算问题得以解决。随着新技术的开发,计算机的工作速度还在迅速提高。

(2)存储容量大

计算机具有极强的数据存储能力,特别是通过外存储器,其存储容量可达到无限大。计算机的存储性是计算机区别于其他计算工具的重要特征。

(3)通用性强

通用性是计算机能够应用于各种领域的基础,任何复杂的任务都可以分解为大量的基本的算术运算和逻辑操作。计算机的使用具有很大的灵活性和通用性,同一台计算机能够解决各式各样的问题,应用于不同的范围。

(4)工作自动化

计算机内部的操作运算是根据人们预先编制的程序自动控制执行的。用户根据解题需要,事先设计好运行步骤与程序,计算机将严格按照程序设定的步骤操作,整个过程无须人工干预。

(5)计算精确度高

计算机的可靠性很高,差错率极低,一般来讲只在那些人工介入的地方才有可能发生错误。一般计算机可以有十几位甚至几十位(二进制)有效数字,计算机精度可由千分之几到百万分之几,是其他计算工具望尘莫及的。

(6)逻辑判断能力

在相应程序的控制下,计算机具有判断"是"与"否",并根据判断做出相应处理的能力。当然,计算机的判断能力要靠人编制程序来赋予。

4.计算机的应用

当今世界,在我们工作、生活的各个领域已经离不开计算机,计算机已经成为我们生活中不可缺少的工具,它改变着我们的生活方式,同时也大大地推动了整个信息化社会的发展。所以,计算机被誉为是20世纪人类最辉煌、最伟大的科学发明之一。其应用已不仅仅在科学计算的范围,几乎深入到了社会的每一个领域。概括起来,大约有以下几个方面应用:

(1)科学计算

科学计算是指科学和工程中的数值计算。它与理论研究、科学实验一起成为当代科学研究的三种主要方法。主要应用在航天工程、气象、地震、核能技术、石油勘探和密码解译等涉及复杂数值计算的领域。

(2)信息管理

是指非数值形式的数据处理,是指以计算机技术为基础,对大量数据进行加工处理,形成有用的信息。被广泛应用于办公自动化、事务处理、情报检索、企业管理和知识系统等领域。信息管理是计算机应用最广泛的领域。

(3)过程控制

又称实时控制,指用计算机及时采集检测数据,按最佳值迅速地对控制对象进行自动控制或自动调节。目前已在冶金、石油、化工、纺织、水电、机械和航天等部门得到广泛应用。

(4)计算机辅助系统

指通过人机对话,使计算机辅助人们进行设计、加工、计划和学习等工作。如计算机辅助设计CAD、计算机辅助制造CAM、计算机辅助教育CBE、计算机辅助教学CAI、计算机辅助教学管理CMI。另外还有计算机辅助测试CAT和计算机集成制造系统CIMS等。

(5)人工智能

人工智能(Artificial Intelligence,AI)是研究怎样让计算机做一些通常认为需要智能才能做的事情,又称机器智能,主要研究智能机器所执行的通常是人类智能的有关功能,如判断、推理、证明、识别、感知、理解、设计、思考、规划、学习和问题求解等思维活动。人工智能是计算机当前和今后相当长的一段时间的重要研究领域。

(6)计算机网络与通信

利用通讯技术,将不同地理位置的计算机互联,可以实现世界范围内的信息资源共享,并能交互式地交流信息。正所谓"一线联五洲",Internet的建立和应用使世界变成了一个"地球村",同时深刻地改变了我们的生活、学习和工作方式。

训练二　认识计算机系统的构成

一个完整的计算机系统是由硬件系统和软件系统两部分组成的。硬件系统是计算机系统的物质基础,软件系统是计算机发挥功能的必要保证。计算机系统组成结构如图1-5所示。

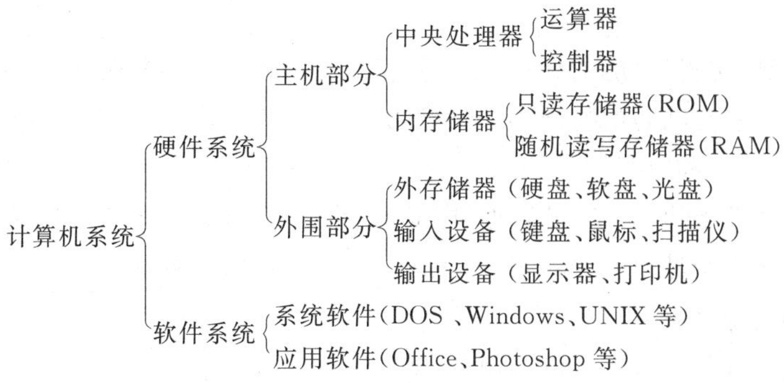

图 1-5　计算机系统组成结构图

1.计算机硬件系统的构成

计算机硬件是指计算机系统中由电子、机械和光电元件等组成的各种计算机部件和计算机设备。这些部件和设备依据计算机系统结构的要求构成一个有机整体，称为计算机硬件系统。

未配置任何软件的计算机叫裸机，它是计算机完成工作的物质基础。

计算机硬件系统由五大部分构成:运算器、控制器、存储器、输入设备和输出设备，如图1-6 所示。

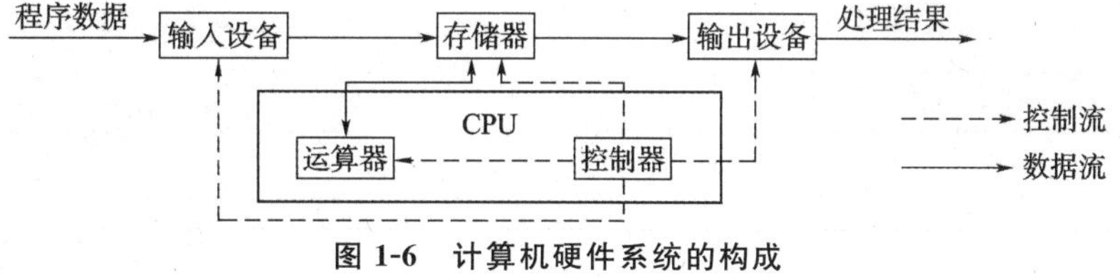

图 1-6　计算机硬件系统的构成

(1)运算器

运算器是计算机的核心部件，主要负责对信息的加工处理。运算器不断地从存储器中得到要加工的数据，对其进行算术运算和逻辑运算，并将最后的结果送回存储器中，整个过程在控制器的指挥下有条不紊地进行。

运算器除了进行信息加工外，还有一些寄存器可以暂时存放运算的中间结果，节省了从存储器中传递数据的时间，加快了运算速度。

(2)控制器

控制器是整个计算机系统的控制中心，是计算机的指挥中枢，它负责计算机各部分协调工作，保证计算机按照预先规定的目标和步骤有条不紊地进行操作及处理。控制器从内存储器中顺序取出指令，并对指令代码进行翻译，然后向各个部件发出相应的命令，完成指令规定的操作。它一方面向各个部件发出执行指令的命令，另一方面又接收执行部件向控制器发回的有关指令执行情况的反馈信息，控制器根据这些信息来决定下一步发出哪些操作命令。这样逐一执行一系列的指令，就使计算机能够按照这一系列的指令组成的程序的要求自动完成各项任务。因此，控制器是指挥和控制计算机各个部件进行工作的“神经中枢”。

运算器和控制器统称为中央处理单元，也就是我们通常所说的 CPU，这是计算机系统的核心部件。

(3)存储器

存储器是具有“记忆”功能的设备,主要负责对数据和控制信息的存储,是计算机的记忆单元。由具有两种稳定状态的物理器件(也称为记忆元件)来存储信息。记忆元件的两种稳定状态分别表示为“0”和“1”。

存储器是由成千上万个“存储单元”构成的,每个存储单元存放一定位数(微机上为8位)的二进制数,每个存储单元都有唯一的地址。“存储单元”是基本的存储单位,不同的存储单元是用不同的地址来区分的。

存储器分为内存储器和外存储器两种,如图1-7所示。

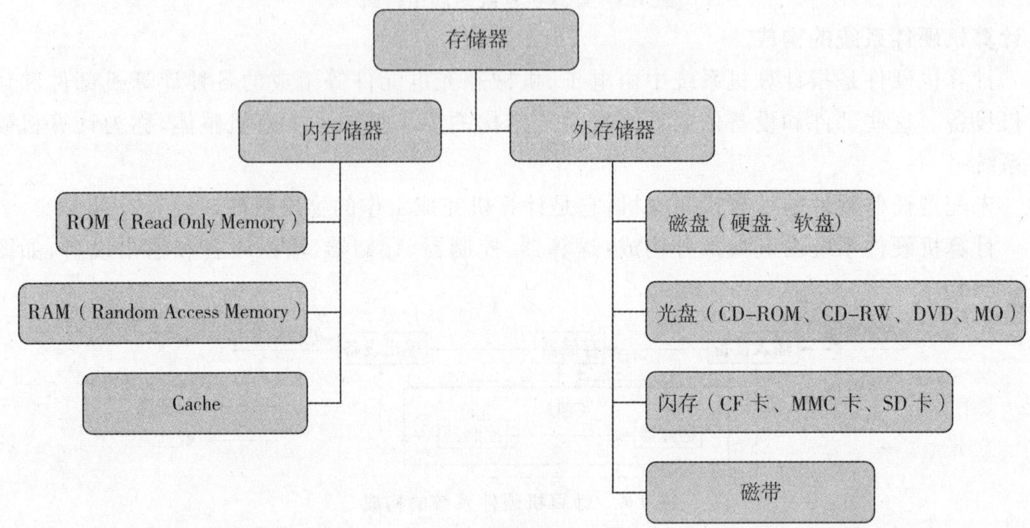

图1-7 存储器的分类

内存储器:内存储器简称内存,也称主存,是CPU可直接访问的存储器,是计算机中的工作存储器,当前正在运行的程序与数据都必须存放在内存中。内存储器和CPU一起构成了计算机的主机部分。

内存可分为只读存储器(ROM)和随机存储器(RAM)以及高速缓冲存储器(Cache)。

① 只读存储器(ROM)。

ROM中的数据或程序一般是在将ROM装入计算机前事先写好,数据只能够读出,不可改写或写入新的数据,断电后数据依然存在,能够长期保存。

ROM的容量较小,一般存放系统的基本输入输出系统(BIOS)等。

② 随机存储器(RAM)。

RAM既可以写入数据,也可以读出数据,只是断电后数据就消失。RAM的容量要比ROM大得多,微机中的内存一般指RAM。

RAM也分为两类,一是DRAM(动态RAM),二是SRAM(静态RAM)。由于SRAM的读写速度远快于DRAM,所以SRAM常作为计算机中的高速缓存,而DRAM用作普通内存和显示内存使用。

③高速缓冲存储器(Cache)。

随着CPU主频的不断提高,CPU对RAM的存取速度加快了,而RAM的响应速度相对较低,造成了CPU等待,降低了处理速度,浪费了CPU的能力。为协调二者之间的速度差,在内存和CPU之间设置一个与CPU速度接近的、高速的、容量相对较小的存储器,把正在执行的指令地址附近的一部分指令或数据从内存调入这个存储器,供CPU在一段时间内使用。这个介于内存和CPU之间的高速小容量存储器称作高速缓冲存储器(Cache),简称缓存。

相比ROM和RAM,高速缓冲存储器(Cache)读取速度最快。

外存储器:外存储器也称为辅助存储器,简称外存,由于内存的容量有限,ROM中的信息难以更改,而RAM中的信息断电后会丢失,因此,外存是非常重要的存储设备,外存是主机的外部设备。

外存不能直接与CPU进行数据传递,存放在外存中的数据必须调入内存中才能进行数据处理,CPU中的数据也必须通过内存才能送入外存。外存存取的速度较内存慢得多,用来存储大量的暂不参加运算或处理的数据或程序,一旦需要,可成批地与内存交换信息。

外存分为磁介质型存储器和光介质型存储器两种,磁介质型常指硬盘和软盘,光介质型则指光盘。

(4)输入设备

外部信息与计算机的接口称为输入设备,主要功能是把原始数据和处理这些数据的程序转换为计算机能够识别的二进制代码,通过输入接口输入到计算机的存储器中,供CPU调用和处理。

常用的输入设备有:鼠标器、键盘、扫描仪、数字化仪、数码摄像机、条形码阅读器、数码相机、A/D转换器等。

(5)输出设备

输出设备和输入设备正好相反,输出设备是计算机将内部信息传送给操作者或其他设备的接口。

常见的输出设备由显示器、打印机、音响,还有绘图仪以及各种数模转换器等。

备注:从信息的输入输出角度来说,磁盘驱动器和磁带既可以看作输入设备,又可以看作输出设备。

2.计算机软件系统的构成

软件是计算机系统重要的组成部分,是计算机的灵魂,没有软件计算机就无法工作。通常把没有安装任何软件的计算机称为裸机。软件的安装使计算机具有了非凡的灵活性和通用性,也因此决定了计算机的任何动作都离不开由人安排的指令。

人们针对某一需要而为计算机编制的指令序列称为程序;程序连同有关的说明资料称为软件。配上软件的计算机才成为完整的计算机系统。

计算机软件系统根据其功能和面向的对象分为系统软件和应用软件两大类,如图1-8所示。

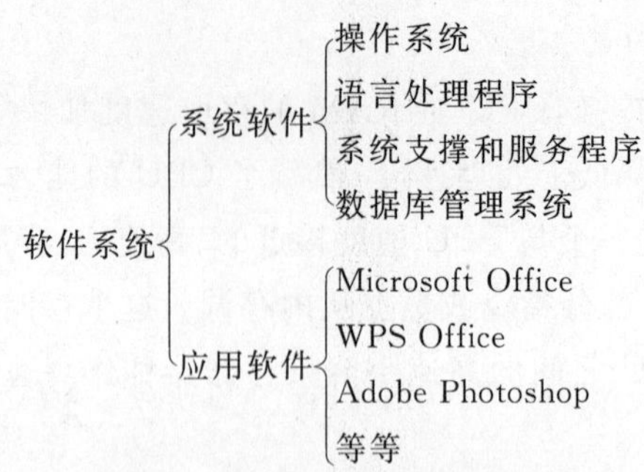

图 1-8 计算机软件系统的分类

(1)系统软件

系统软件一般是指用户能够使用计算机而提供的基本软件,用于计算机的管理、维护、控制、运行和语言翻译处理等,它管理和控制计算机的各种操作,系统软件居于计算机系统中最靠近硬件的一层。

系统软件又分为:操作系统、语言处理程序及其系统支撑与服务软件和数据库管理系统等。常用的系统软件有 Dos、Windows 等。

① 操作系统(Operating System)

操作系统是用户使用计算机的界面,是位于底层的系统软件,其他系统软件和应用软件都是在操作系统上运行的。其功能是管理计算机的硬件资源和软件资源,为用户提供高效、周到的服务。也可以说,操作系统是硬件与软件的接口。

常用的操作系统有 DOS、Windows、UNIX 等。

DOS **操作系统**:是单用户单任务的操作系统,非常适合作为个人计算机的操作系统,为用户提供了良好的接口,具有交互的字符界面,有很强的文件和磁盘管理功能。

Windows **操作系统**:是 Microsoft 公司开发的图形用户界面操作系统,具有多任务处理、大内存管理、统一的用户界面和一致的操作方式等特点。

UNIX **操作系统**:是多用户、多任务、交互式的分时操作系统,具有结构紧凑、功能强、效率高、使用方便及移植性好的特点,它主要安装在巨型计算机、大型机上作为网络操作系统使用,也可用于个人计算机和嵌入式系统。

②语言处理程序

用各种程序设计语言(如汇编语言、C++、JAVA 等)编写的源程序,计算机是不能直接执行的,必须经过翻译(对汇编语言源程序是汇编,对高级语言源程序则是编译或解释),将它们翻译成机器可执行的二进制语言程序(也就是机器语言程序)。这些翻译程序就是语言处理程序,包括汇编程序、编译程序和解释程序等。

汇编程序是指把汇编语言编写的源程序翻译成机器可执行的目标程序,是由汇编程序来完成翻译的,这种翻译过程为汇编。汇编程序的执行过程,如图 1-9 所示。

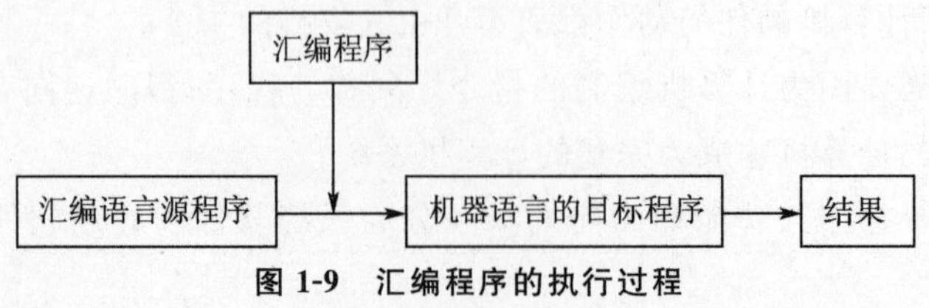

图 1-9 汇编程序的执行过程

编译程序是翻译程序，它是用高级语言所编写的源程序翻译成与之等价的机器语言来表示的目标程序，然后去执行目标程序，得出运算结果，其翻译过程称为编译。编译程序的执行过程如图 1-10 所示。

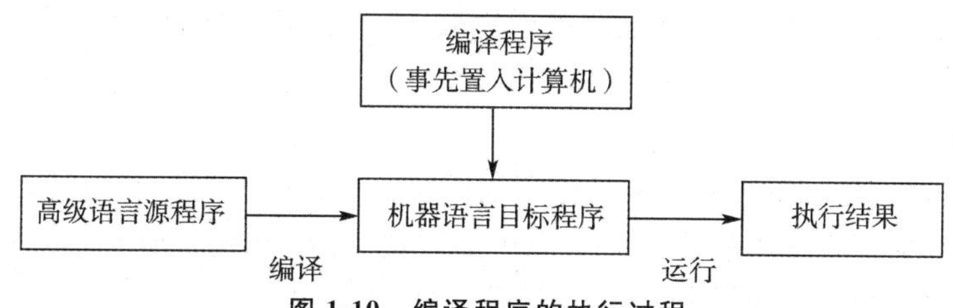

图 1-10　编译程序的执行过程

解释程序是指计算机接收到源程序后对源程序的每条语句逐句进行解释并执行，最后得出结果。也就是说，解释程序对源程序是一边翻译，一边执行，是直接执行源程序或源程序的内部形式的，并不产生目标程序。解释程序的执行过程，如图 1-11 所示。

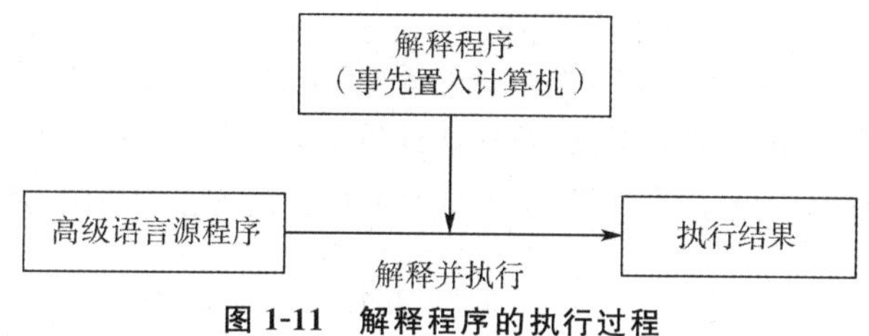

图 1-11　解释程序的执行过程

编译程序和解释程序的区别是：编译程序首先将源程序译成目标代码，计算机再执行由此生成的目标程序，而解释程序则是检查高级语言书写的源程序，然后直接执行源程序所指定的动作。

编译程序和解释程序各有优缺点。编译方式的优点是执行速度快，但占用较多的内存，并且不灵活，若源程序有错，必须修改后重新编译，从头执行；解释方式的优点是占用内存少、灵活，但与编译方式相比要占用更多的机器时间，并且执行过程也离不开翻译程序。

③系统支撑和服务程序

这些程序又称工具软件或实用程序，如系统诊断程序、调试程序、排错程序、编辑程序、查杀病毒程序等等，都是为维护计算机系统的正常运行或支持系统开发所配置的软件系统。

④ 数据库管理系统

数据库管理系统主要用来建立存储各种数据资料的数据库，并对其进行操作和维护。常用的数据库管理系统有微机上的 FoxPro、FoxBASE＋、Access 和大型数据库管理系统如 Oracle、DB2、Sybase、SQL Server 等，它们都是关系型数据库管理系统。

(2)应用软件

应用软件是为解决计算机各类应用问题而编写的软件，它是在硬件和系统软件的支持下，面向具体问题和具体用户的软件，随着计算机应用领域的不断拓展和计算机应用的广泛普及，各种各样的应用软件与日俱增，如办公类软件 Microsoft Office、WPS Office、永中 Office、谷歌在线办公系统；图形处理软件 Photoshop、Illustrator；三维动画软件 3ds Max、Maya 等；即时通信软件 QQ、MSN、UC 和 Skype 等。

应用软件可分为应用软件包与用户程序两种。

①应用软件包。

应用软件包是为了实现某种特殊功能或特殊计算，而精心设计、开发的结构严密的独立系统，是一套满足许多同类应用的用户所需要的软件。一般来讲，各种行业都有适合自己使用的应用软件包。目前常用的软件包有字处理软件、表处理软件、会计电算化软件、绘图软件、运筹学软件包等。

②用户程序。

用户程序是用户为了解决特定的具体问题而开发的软件。充分利用计算机系统的种种现成软件，同时在应用软件包的支持下可以更加方便、有效地研制用户专用程序，如各种票务管理系统、人事管理系统和财务管理系统等。

备注：系统软件和应用软件之间并不存在明显的界限。

训练三　认识未来计算机及其发展趋势

1.量子计算机

量子计算机是一类遵循量子力学规律进行高速数学和逻辑运算、存储及处理的量子物理设备，当某个设备是由量子元件组装、处理和计算的是量子信息、运行的是量子算法时，它就是量子计算机，如加拿大量子计算机公司 D-Wave 发布的全球第一款商用型量子计算机 D-Wave One。

2.神经网络计算机

人脑总体运行速度相当于每秒 1000 万亿次的计算机功能，可把生物大脑神经网络看作一个大规模并行处理的、紧密耦合的、能自行重组的计算网络。从大脑工作的模型中抽取计算机设计模型，用许多处理机模仿人脑的神经元机构，将信息存储在神经元之间的联络中，并采用大量的并行分布式网络，就构成了神经网络计算机。

3.化学生物计算机

在运行机理上，化学生物计算机以化学制品中的微观碳分子做信息载体，实现信息的传输与存储。DNA 分子在酶的作用下可以从某基因代码通过生物化学反应转变为另一种基因代码，转变前的基因代码可以作为输入数据，反应后的基因代码可以作为运算结果，利用这一过程可以制成新型的化学生物计算机。化学生物计算机最大的优点是生物芯片的蛋白质具有生物活性，能够跟人体的组织结合在一起，特别是可以和人的大脑以及神经系统有机地连接，使人机接口自然吻合，免除了繁琐的人机对话，这样，化学生物计算机就可以听人指挥，成为人脑的外延或扩充部分，还能够从人体的细胞中吸收营养来补充能量，不需要任何外界的能源，由于化学生物计算机的蛋白质分子具有自我组合的能力，从而使化学生物计算机具有自调节能力、自修复能力和自再生能力，更易于模拟人类大脑的功能。

4.光计算机

光计算机是用光子代替半导体芯片中的电子，以光互连来代替导线制成数字计算机。与电的特性相比光具有无法比拟的各种优点：光计算机是“光”导计算机，光在光介质中以许多个波长不同或波长相同而振动方向不同的光波传输，不存在寄生电阻、电容、电感和电子相互作用问题，光器件又无电位差，因此光计算机的信息在传输中畸变或失真小，可在同一条狭窄的通道中传输数量大得难以置信的数据。

训练四 计算机领域不能忘记的人和事

1.魅力人物

(1)冯.诺依曼:现代电子计算机之父

冯·诺依曼(John von Neumann,1903~1957年),20世纪最重要的数学家之一,在现代计算机、博弈论和核武器等诸多领域内有杰出建树的最伟大的科学全才之一,被称为"计算机之父"和"博弈论之父"。

冯·诺依曼原籍匈牙利,布达佩斯大学哲学博士,先后执教于柏林大学和汉堡大学。1930年前往美国,后入美国籍。历任普林斯顿大学、普林斯顿高级研究所教授,美国原子能委员会会员,美国全国科学院院士。早期以算子理论、量子理论、集合论等方面的研究闻名,开创了冯·诺依曼代数。第二次世界大战期间为第一颗原子弹的研制做出了贡献。为研制电子数学计算机提供了基础性的方案。1944年与摩根斯特恩(Oskar Morgenstern)合著《博弈论与经济行为》,是博弈论学科的奠基性著作。晚年,研究自动机理论,著有对人脑和计算机系统进行精确分析的著作——《计算机与人脑》。

冯·诺依曼主要著作有《量子力学的数学基础》(1926)、《计算机与人脑》(1958)、《经典力学的算子方法》、《博弈论与经济行为》(1944)、《连续几何》(1960)等,是20世纪最伟大的全才之一。

(2)阿兰·图灵:计算机科学之父

阿兰·图灵是英国著名数学家、逻辑学家、密码学家,被称为计算机科学之父、人工智能之父。他是计算机逻辑的奠基者,提出了"图灵机"和"图灵测试"等重要概念。人们为纪念其在计算机领域的卓越贡献而专门设立了"图灵奖"。

图灵是科学史上罕见的具有非凡洞察力的奇才。他的独创性成果使他生前就已名扬四海,而他深刻的预见使他死后备受敬佩。

(3)乔布斯:苹果集团创始人

乔布斯是世界著名发明家、企业家、美国苹果公司联合创办人、前行政总裁,先后领导和推出了麦金塔计算机、iMac、iPod、iPhone等风靡全球亿万人的电子产品,深刻地改变了现代通信、娱乐乃至生活的方式。2012年获评《时代》杂志美国最具影响力20人。

乔布斯是改变世界的天才,他凭借敏锐的触觉和过人的智慧,勇于变革,不断创新;被人们称为神经高度紧张的工作狂,他以其热情激励他人,拥有一个"现实扭曲场",热衷于技术,事必躬亲,傲慢而偏执,有禅宗信徒般让人镇静的力量。

(4)比尔·盖茨:微软创始人

比尔,盖茨是美国微软公司的董事长。1995年~2007年的《福布斯》全球亿万富翁排行榜中,比尔·盖茨连续14年蝉联世界首富。与保罗·艾伦在个人计算机之父爱德华·罗伯茨的率领下,联合发明了世界上第一台个人计算机。

比尔·盖茨对软件的贡献,就像爱迪生对灯泡的贡献一样,集创新者、企业家、推销员和全能的天才于一身。

(5)马化腾:QQ创始人

马化腾是中国著名企业家,毕业于深圳大学计算机系。1998年11月创办腾讯,现任广东深圳腾讯公司董事会主席兼首席执行官,有“QQ之父”之称。注册用户数3.5亿,为中国人创造了全新的沟通方式。经过短短几年的发展,腾讯QQ的用户群已成为中国最大的互联网注册用户群,腾讯QQ在即时通信领域排名中国第一、世界第二,同时腾讯公司也从广告、移动QQ、QQ会员等多种领域实现了赢利,创造了中国网络领域一个经典的神话。

马化腾专注做自己擅长的事情;在前进的过程中,发现机会就要立刻去把握它,有敏锐的市场感觉。

2.现代生活中的计算机技术

(1)二维码

二维码又称二维条码,它是用特定的几何图形按一定规律在平面(二维方向)上分布的黑白相间的图形,是所有信息数据的一把钥匙,能存储汉字、数字和图片等信息。主要功能有:信息获取、网络跳转、广告推送、手机电商、防伪溯源、优惠促销、会员管理、手机支付等。

(2)微信

微信是腾讯推出的一款为智能终端提供免费即时通信服务的免费应用程序;支持通过手机网络发送语音短信、视频、图片和文字,支持视频聊天,用户可以通过摇一摇、搜索号码、附近的人、扫二维码等方式添加好友和关注公众平台,同时微信将内容分享给好友以及将用户看到的精彩内容分享到微信朋友圈。可以显示简体中文、繁体中文、英文、泰语、印尼语、越南语、葡萄牙语7种界面。

(3)云计算

云计算是一种通过Internet以服务的方式提供动态可伸缩的虚拟化的资源的计算模式,“云计算机”是由中国紫光股份有限公司在2013年率先提出的全新概念,随后拥有自主知识产权的全球首台“紫光云计算机”问世。

率先提出“云计算机”概念的紫光股份将其定义为:采用与个人计算机和超级计算机完全不同的分布式体系架构,借助于云计算的虚拟化技术,由多个成本相对较低的计算资源融合而成的一台具有强大计算能力的计算机。它可高效支持大数据处理、高吞吐率和高安全信息服务等多类应用需求,其计算能力和存储能力可动态伸缩并无限扩展。

云计算机有着广阔的应用前景,可满足金融、电信、公安、交通、卫生、广电等大数据行业用户提出的高性能、低成本、高可靠性和高可扩展性的要求,也将促进信息技术在物联网、智慧城市、智能电网、智能交通、智能医疗、食品安全等大数据应用领域的广泛应用。例如,按“平安城市”建设要求,一个中等城市的视频监控数据量为300PB/年,用一台云计算机可在保存三个月监控记录的同时,对所有数据完成处理。

(4)大数据

对于“大数据”(Big data)研究机构Gartner给出了这样的定义。“大数据”是需要新处理模式才能具有更强的决策力、洞察发现力和流程优化能力的海量、高增长率和多样化的信息资产。

大数据技术的战略意义不在于掌握庞大的数据信息,而在于对这些含有意义的数据进行专业化处理。换言之,如果把大数据比作一种产业,那么这种产业实现盈利的关键,在于提高对数据的“加工能力”,通过“加工”实现数据的“增值”。

从技术上看,大数据与云计算的关系就像一枚硬币的正反面一样密不可分。大数据必然无法用单台的计算机进行处理,必须采用分布式架构。它的特色在于对海量数据进行分布式数据挖掘,但它必须依托云计算的分布式处理、分布式数据库和云存储、虚拟化技术。

(5)比特币

比特币是一种能开源的P2P软件产生的电子货币,也有人将比特币意译为“比特金”,是一种网络虚拟货币。比特币基于一套密码编码、通过复杂算法产生,这一规则不受任何个人或组织干扰,去中心化;任何人都可以下载并运行比特币客户端而参与制造比特币;比特币利用电子签名的方式来实现流通,通过P2P分布式网络来核查重复消费。每一块比特币的产生、消费都会通过P2P分布式网络记录并告知全网,不存在伪造的可能。

比特币除了具有完全去除中心化,没有发行机构,也就不可能操纵发行数量;匿名、免税、免监管;健壮,无国界、跨境;山寨者难于生存等优点外,还具有交易平台的脆弱性;交易确认时间长;价格波动极大;大众对原理不理解,以及传统金融从业人员的抵制等缺点。

实训三　信息的表示、转换与存储

任务目标:

- 了解计算机内部数据的表示方式。
- 了解不同数制之间的转换。
- 了解计算机中的信息编码类型。

任务描述:

- 本任务要求学习者了解计算机内容信息的表示、转换、存储方式,并会进行基本的不同数据之间的转换与识别,了解计算机内部信息编码的分类方法。

训练一　了解计算机内数据的单位

1.计算机中的数据单位表示

数据是指能够输入计算机并被计算机处理的数字、字母和符号的集合。在计算机内部,数据都是以二进制的形式存储和运算的。在计算机内数据可用以下单位进行表示:

(1)位

二进制数据中的位(bit),是计算机存储数据的最小单位。一个二进制代码称为一位。

(2)字节

在对二进制数据进行存储时,以8位二进制代码为一个单元存放在一起,称为字节(Byte),简记为B,字节是计算机数据处理的最基本单位。

(3)字

一条指令或一个数据信息,称为一个字(Word)。字是计算机信息交换、处理、存储的基本单元。

(4)字长

字长是CPU能够直接处理的二进制的数据位数，它直接关系到计算机的精度、功能和速度。字长越长，处理能力就越强。计算机型号不同，其字长是不同的，常用的字长有8位、16位、32位和64位的。

(5)数据的换算关系

1Byte=8bits，1KB=1024B，1MB=1024kB，1GB=1024MB，1TB=1024GB。

2.计算机内的常用数制

在日常生活中，最常使用的是十进制数，而计算机内部使用的数制却是二进制，有时为了方便也用到八进制或十六进制。

(1)十进制

十进制是一种进位计数制，用十个不同的符号来表示：0、1、2、3、4、5、6、7、8、9，称为代码，采取“逢十进一”的计数方法。全部代码的个数称为基数(十进制的基数就是10)，不同的位置有各自的位权(如十进制数个位上的位权是10^0，十位上的位权是10^1)。

(2)二进制

在计算机内部，信息的表示与处理都采用二进制数，二进制只有两个代码0和1，采用“逢二进一”的原则，二进制的基数就是2。

小提示：二进制的运算规则

● 算术运算规则

加法规则：0 + 0 = 0；　0 + 1 = 1；　1 + 0 = 1；　1 + 1 = 10(向高位进位)；

减法规则：0 − 0 = 0；　10 − 1 = 1(向高位借位)；　1 − 0 = 1；　1 − 1 = 0；

乘法规则：0×0 = 0；0×1 = 0；　1×0 = 0；　1×1 = 1

除法规则：0 / 1 = 0；　1 / 1 = 1

● 逻辑运算规则

与运算(AND)：$0 \wedge 0 = 0$；　$0 \wedge 1 = 0$；　$1 \wedge 0 = 0$；　$1 \wedge 1 = 1$；

或运算(OR)：$0 \vee 0 = 0$；　$0 \vee 1 = 1$；　$1 \vee 0 = 1$；　$1 \vee 1 = 1$；

异或运算(XOR)：$0 \oplus 0=0$；　$0 \oplus 1=1$；　$1 \oplus 0=1$；　$1 \oplus 1=0$；

非运算(NOT)：$\overline{1}=0$；$\overline{0}=1$。

(3)八进制和十六进制

计算机中的数据均以二进制形式存储，由于二进制的阅读与记忆都不方便，因此人们又采用了八进制和十六进制。八进制有8个数码(0～7)，八进制的基数是8，采用“逢八进一”的原则；十六进制有16个数码(0～9，A～F)，其中A～F的值分别是0～15，十六进制的基数是16，采用“逢十六进一”的原则。

3.不同数制在计算机中的表示方法

不同数制在书写时，为了便于区分一般采用以下两种方法表示：

(1)用进位制的字母符号来表示：D(十进制)、B(二进制)、O(八进制)、H(十六进制)。

(2)把数据用括号括起来，其中的数制数作为下标。

如：$(103)_{10}$、$(101)_2$、$(234)_8$、$(456A)_{16}$　。

通常情况，十进制数可以直接书写，省略添加符号或下标。

训练二 不同数制间的转化

1.二进制、八进制或十六进制转化为十进制

对于任何一个二进制、八进制或十六进制转化为十进制，均采用按权展开式形式展开，再按十进制进行求和运算即可。

例如：将二进制数 11011.01 转化为十进制数。

$(11011.01)_2 = 1\times 2^4 + 1\times 2^3 + 0\times 2^2 + 1\times 2^1 + 1\times 2^0 + 0\times 2^{-1} + 1\times 2^{-2} = 27.25$

即二进制数 11011.01 转化为十进制为 27.25。

2.十进制转化为二进制、八进制或十六进制

将十进制转化为二进制、八进制、十六进制的方法：

(1)整数部分：采用除基数取余法(规则：先取出的余数为低位，后取出的余数为高位)。

(2)小数部分：采用乘基数取整法(规则：先取出的整数为高位，后取出的整数为低位)。

例如：将十进制数 236.125 转化为二进制。

第一步：先转化整数部分，转化过程如图 1-12 所示。

第二步：再转化小数部分。

$0.125\times 2 = 0.250$ 整数……0→ a^{-1}

$0.25\times 2 = 0.5$ 整数……0→ a^{-2}

$0.5\times 2 = 1$ 整数……1→ a^{-3}

由上得出：0.125D = 0.001B。

将整数和小数部分组合，得出：$(236.125)_{10} = (11101100.001)_2$

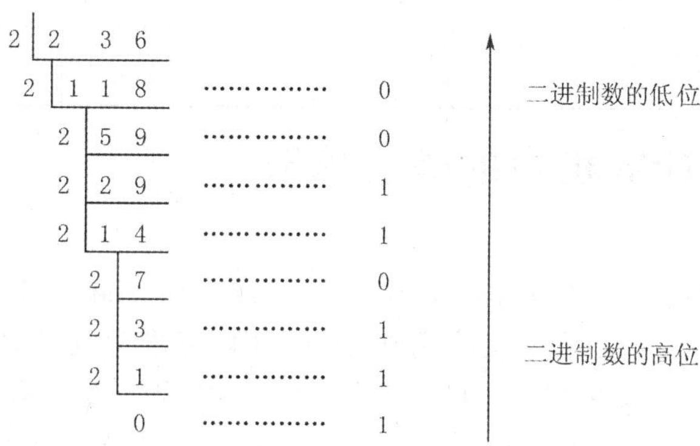

图 1-12 十进制转化为二进制

3.二进制与八进制、十六进制之间的相互转化

(1)二进制转化为八进制、十六进制

方法：以小数点为中心，分别向左或向右每三位或四位分成一组，不足三位或四位的则以“0”补足，然后将每个分组用一位对应的八进制或十六进制数代替即可。

例如：将二进制数 11001011101 转化为十六进制数，如图 1-13 所示。

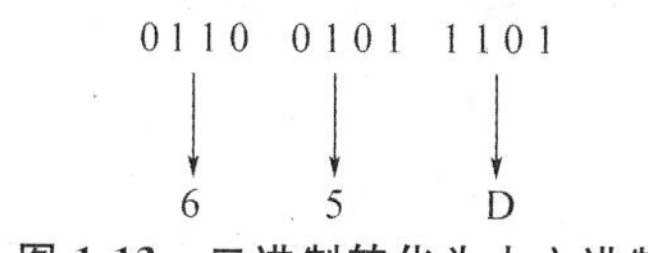

图 1-13 二进制转化为十六进制

即二进制数 11001011101 转化为十六进制数为 65D。

(2)八进制、十六进制转化为二进制

方法:将八进制、十六进制转换成二进制数,只要将每一位八进制或十六进制转换成相应的 3 位或 4 位二进制数,依次连接起来即可。

(3)八进制和十六进制之间的相互转化

方法:八进制和十六进制之间的相互转化,一般以二进制或十进制为中间桥梁,然后再进行相互转化。

4.不同进制之间的转化关系

为了方便记忆,应准确掌握十进制、二进制、八进制和十六进制之间数据的转化关系,如表 1-3 所示。

表 1-3　不同进制之间数据的相互转化

十进制	二进制	八进制	十六进制	十进制	二进制	八进制	十六进制
0	0	0	0	9	1001	11	9
1	1	1	1	10	1010	12	A
2	10	2	2	11	1011	13	B
3	11	3	3	12	1100	14	C
4	100	4	4	13	1101	15	D
5	101	5	5	14	1110	16	E
6	110	6	6	15	1111	17	F
7	111	7	7	16	10000	20	10
8	1000	10	8	17	10001	21	11

训练三　认识计算机中的信息编码

1.字符编码

目前采用的字符编码主要是 ASCII 码,它是 American Standard Code for Information Interchange 的缩写(美国标准信息交换代码),已被国际标准化组织 ISO 采纳,作为国际通用的信息交换标准代码,又称“ISO/IEC 646”标准。ASCII 码是一种西文机内码,有 7 位 ASCII 码和 8 位 ASCII 码两种,7 位 ASCII 码称为标准 ASCII 码,8 位 ASCII 码称为扩展 ASCII 码。7 位标准 ASCII 码用一个字节(8 位)表示一个字符,并规定其最高位为 0,实际只用到 7 位,因此可表示 128 个不同字符。同一个字母的 ASCII 码值小写字母比大写字母大 32(20H),如表 1-4 所示。

表 1-4　ASCII 码表

ASCII 码值	字符	ASCII 码值	字符	ASCII 码值	字符	ASCII 码值	字符	ASCII 码值	字符	ASCII 码值	字符	ASCII 码值	字符	ASCII 码值	字符
0	NUL	16	DLE	32	空格	48	0	64	@	80	P	96	‘	112	p
1	SOH	17	DCI	33	!	49	1	65	A	81	Q	97	a	113	q

（续表）

ASCII码值	字符	ASCII码值	字符	ASCII码值	字符	ASCII码值	字符	ASCII码值	字符	ASCII码值	字符	ASCII码值	字符	ASCII码值	字符
2	STX	18	DC2	34	“	50	2	66	B	82	R	98	b	114	r
3	ETX	19	DC3	35	#	51	3	67	C	83	S	99	c	115	s
4	EOT	20	DC4	36	$	52	4	68	D	84	T	100	d	116	t
5	ENQ	21	§	37	%	53	5	69	E	85	U	101	e	117	u
6	ACK	22	SYN	38	&	54	6	70	F	86	V	102	f	118	v
7	BEL	23	TB	39	‘	55	7	71	G	87	W	103	g	119	w
8	BS	24	↑	40	(	56	8	72	H	88	X	104	h	120	x
9	HT	25	↓	41	)	57	9	73	I	89	Y	105	i	121	y
10	LF	26	→	42	*	58	:	74	J	90	Z	106	j	122	z
11	VT	27	←	43	+	59	;	75	K	91	[	107	k	123	{
12	FF	28	FS	44	,	60	<	76	L	92	\	108	l	124	|
13	CR	29	GS	45	—	61	=	77	M	93	]	109	m	125	}
14	SO	30	RS	46	.	62	>	78	N	94	ˆ	110	n	126	~
15	SI	31	US	47	/	63	?	79	O	95	—	111	o	127	DEl

注：表中字母代替部分各有含义，有兴趣深入研究者可自行查找资料了解详情。

2.汉字编码

所谓汉字编码，就是采用一种科学可行的办法，为每个汉字编一个唯一的代码，以便计算机辨认、接受和处理。

（1）汉字交换码

由于汉字数量极多，一般用连续的两个字节（16 个二进制位）来表示一个汉字。1980 年，我国颁布了第一个汉字编码字符集标准，即 GB2312-80《信息交换用汉字编码字符集基本集》，该标准编码简称国标码，是我国大陆地区及新加坡等海外华语区通用的汉字交换码。GB2312-80 收录了 6763 个汉字，以及 682 个符号，共 7445 个字符，奠定了中文信息处理的基础。

（2）汉字机内码

国标码 GB2312 不能直接在计算机中使用，因为它没有考虑与基本的信息交换代码 ASCII 码的冲突。比如：“大”的国标码是 3473H，与字符组合“4S”的 ASCII 相同，“嘉”的汉字编码为 3C4EH，与码值为 3CH 和 4EH 的两个 ASCII 字符“<”和“N”混淆。为了能区分汉字与 ASCII 码，在计算机内部表示汉字时把交换码（国标码）两个字节最高位改为 1，称为“机内码”。这样，当某字节的最高位是 1 时，必须和下一个最高位同样为 1 的字节合起来，代表一个汉字，而某字节的最高位是 0 时，就代表一个 ASCII 码字符，以和 ASCII 码区别，这样最多能表示 $2^7 \times 2^7$ 个汉字。

(3)汉字输入码

英文的输入码与机内码是一致的,而汉字输入码是指通过键盘输入的各种汉字输入法的编码,也称为汉字外部码(外码)。

目前我国的汉字输入码编码方案已有上千种,但是在计算机上常用的有几种,根据编码规则,这些汉字输入码可分为流水码、音码、形码和音形结合码四种。智能ABC、微软拼音、搜狗拼音和谷歌拼音等汉字输入法为音码,五笔字型为形码。音码重码多、单字输入速度慢,但容易掌握;形码重码较少,单字输入速度较快,但是学习和掌握较困难。目前以智能ABC、微软拼音、紫光拼音输入法和搜狗输入法等音码输入法为主流汉字输入方法。

(4)汉字字形码

所谓汉字字形码实际上就是用来将汉字显示到屏幕上或打印到纸上所需要的图形数据。

汉字字形码记录汉字的外形,是汉字的输出形式。记录汉字字形通常有两种方法:点阵法和矢量法,分别对应两种字形编码:点阵码和矢量码。所有的不同字体、字号的汉字字形构成汉字库。

点阵码是一种用点阵表示汉字字形的编码,它把汉字按字形排列成点阵,点阵越多,打印出的字体越好看,但汉字占用的存储空间也越大。一个16×16点阵的汉字要占用32个字节,一个32×32点阵的汉字则要占用128字节,而且点阵码缩放困难且容易失真。

实训四 配置自动化办公基本设备

任务目标:

- 了解常用办公自动化需要的硬件设备。
- 了解办公自动化常用设备的功能。

任务描述:

- 通过学习者了解常用办公自动化所需硬件设备,了解各设备的功能,学会在工作中根据需要配置工作用机,并能识别设备性能参数。

训练一 认识微型计算机的常用硬件设备

1.CPU及构成

CPU是微机的核心部件,又名"中央处理器",如图1-14所示。它的性能在一定程度上决定了整个微机的性能。CPU内部结构大概可以分为控制单元、运算单元、存储单元和时钟等几个主要部分。

图1-14 CPU

运算器是计算机对数据进行加工处理的中心,它主要由算术逻辑部件(ALU:Arithmetic and Logic Unit)、寄存器组和状态寄存器组成。ALU主要完成对二进制信息的定点算术运算、逻辑运算和各种移位操作。通用寄存器组是用来保存参加运算的操作数和运算的中间结果。状态寄存器在不同的机器中有不同的规定，程序中，状态位通常作为转移指令的判断条件。

控制器是计算机的控制中心，它决定了计算机运行过程的自动化。它不仅要保证程序的正确执行，而且要能够处理异常事件。控制器一般包括指令控制逻辑、时序控制逻辑、总线控制逻辑、中断控制逻辑等几个部分。

指令控制逻辑要完成取指令、分析指令和执行指令的操作。时序控制逻辑要为每条指令按时间顺序提供应有的控制信号。一般时钟脉冲就是最基本的时序信号，是整个机器的时间基准，称为机器的主频。执行一条指令所需要的时间叫做一个指令周期，不同指令的周期有可能不同。一般为便于控制，根据指令的操作性质和控制性质不同，会把指令周期划分为几个不同的阶段，每个阶段就是一个 CPU 周期。早期 CPU 同内存在速度上的差异不大，所以 CPU 周期通常和存储器存取周期相同，后来，随着 CPU 的发展现在速度上已经比存储器快很多了，于是常常将 CPU 周期定义为存储器存取周期的几分之一。

总线逻辑是为多个功能部件服务的信息通路的控制电路。就 CPU 而言一般分为内部总线和 CPU 对外联系的外部总线，外部总线有时候又叫做系统总线、前端总线(FSB)等。

中断是指计算机由于异常事件，或者一些随机发生需要马上处理的事件，引起 CPU 暂时停止现在程序的执行，转向另一服务程序去处理这一事件，处理完毕再返回原程序的过程。由机器内部产生的中断，我们把它叫做陷阱或内部中断，由外部设备引起的中断叫外部中断。

2.主存储器

主存储器又称内部存储器，简称内存(主存)，如图 1-15 所示。是计算机硬件的一个重要部件，其作用是存放指令和数据，并能由中央处理器(CPU)直接随机存取。微机运行程序时，要在内存储器中保存和读取指令及数据，因此，内存储器的存取速度和容量对微机的整体运行速度影响很大。广义上把主存储器分为只读存储器(ROM)和随机存取存储器(RAM)两类。

图 1-15　主存储器

3.辅助存储器

辅助存储器也叫外部存储器，简称外存。辅助存储器的存取速度比主存储器慢得多，但容量大，保存的信息关掉电源后不消失，适合永久保存信息。辅助存储器有硬盘、光盘、U 盘、移动硬盘等。

(1)硬盘。

硬盘存储器简称硬盘，由硬盘片和硬盘驱动器组成，如图 1-16 所示。硬盘具有容量大、存取速度快等优点，是目前微机系统中不可缺少的重要设备。

(2)光盘。

光盘以光信息作为存储物的载体，用来存储数据的一种物品，如图 1-17 所示。分不可擦写光盘，如 CD-ROM，DVD-ROM 等；可擦写光盘，如 CD-RW，DVD-RAM 等。

(3)U 盘。

U 盘，全称“USB 闪存盘”，英文名“USB Flash Disk”，如图 1-18 所示。它是一个 USB 接口的无需物理驱动器的微型高容量移动存储产品，可以通过 USB 接口与电脑连接，实现即插即用。U盘的称呼最早来源于朗科公司生产的一种新型存储设备,称为"优盘",使用USB接口进行连接。USB接口就连到电脑的主机后,U盘的资料可与电脑交换。而之后生产的类似技术的设备由于朗科已进行专利注册,而不能再称之为"优盘",而改称谐音的"U盘"。后来U盘这个称呼因其简单易记而广为人知,而直到现在这两者也已经通用,并对它们不再作区分,是移动存储设备之一。

图 1-16 硬盘

图 1-17 光盘

图 1-18 U盘

4.输入设备

输入设备是向微机内输入信息的设备,其功能是将微机程序、文本、图形、图像、声音以及现场采集的各种数据转换成微机能处理的数据形式并输送到微机。常见的输入设备有:键盘、鼠标、扫描仪、数码相机、话筒等。

(1)键盘

键盘是微机必备的标准输入设备,如图1-19所示。现在常用的是104键的键区分布的键盘。此外还有人体工学键盘、多媒体键盘等形式。

图 1-19 键盘

(2)鼠标

鼠标是一种重要的输入设备,如图1-20所示,主要用于菜单选择、程序操作、绘图、浏览网页等。目前,鼠标已成为微机的必备外设。鼠标根据其使用原理可分为机械式和光电式两大类。根据按键数量可分为两键、三键等。

(3)扫描仪

扫描仪是一种常见的计算机输入设备,如图1-21所示。人们用它可将各种形式的图像、文稿等信息输入到计算机中。扫描仪分为专业滚筒式、平板式和手持式3种,广泛应用在出版印刷、办公管理、超市收费及图书借阅等方面。

图 1-20 鼠标

图 1-21 扫描仪

5.输出设备

输出设备是把微机处理好的结果转换为文本、图形、图像及声音等形式并输出的设备。

输出设备的种类很多,目前微型微机系统中常用的输出设备有显示器、投影仪、打印机、绘图仪和音箱等。

(1)显示器

显示器是微型计算机系统中不可缺少的输出设备,如图1-22所示。微机在工作时的各种状态、操作的结果、编辑的文件和程序、图形等,都要随时显示在屏幕上,通过它将信息反馈给用户。显示器系统由显示适配器(简称显卡)和显示器两部分组成。

(2)打印机

打印机可以将微机中的运行结果直接在纸上输出,方便人们的阅读,同时也便于携带,如图1-23所示。打印机种类很多,通常按打印原理将打印机分为击打式和非击打式两大类。击打式打印机中最普遍的是针式打印机(又名点阵打印机),非击打式打印机目前最流行的是激光打印机、喷墨打印机。

图1-22　显示器

图1-23　打印机

(3)投影仪

投影仪又称投影机,如图1-24所示。目前投影技术日新月异,随着科技的发展,投影行业也发展到了一个至高的领域。主要通过3M LCOS RGB三色投影光机和720P解码技术,把传统庞大的投影机精巧化、便携化、微小化、娱乐化、实用化,使投影技术更加贴近生活和娱乐。

(4)绘图仪

绘图仪是一种输出图形的硬拷贝设备,如图1-25所示。绘图仪在绘图软件的支持下可绘制出复杂、精确的图形,是各种计算机辅助设计不可缺少的工具。绘图仪的性能指标主要有绘图笔数、图纸尺寸、分辨率、接口形式及绘图语言等。

图1-24　投影仪

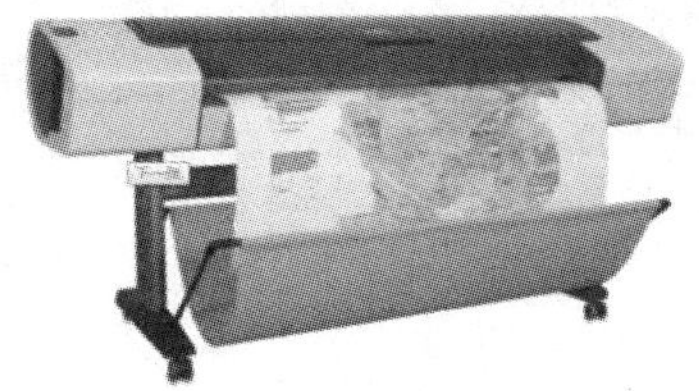

图1-25　绘图仪

6.音频设备

音频设备可实现声音信息的输入与输出,是多媒体微机的必备设备。通常由声音的输入设备(话筒)和声音的输出设备(音箱)及声音适配卡(声卡)组成。目前声卡大多集成在主板上。

音箱是整个音响系统的终端，如图 1-26 所示，其作用是把音频电能转换成相应的声能，并把它辐射到空间去。它是音响系统极其重要的组成部分，因为它负责把电信号转变成声信号供人的耳朵直接聆听，它要直接与人的听觉打交道，而人的听觉是十分灵敏的，并且对复杂声音的音色具有很强的辨别能力。人耳对声音的主观感受正是评价一个音响系统音质好坏的最重要的标准。

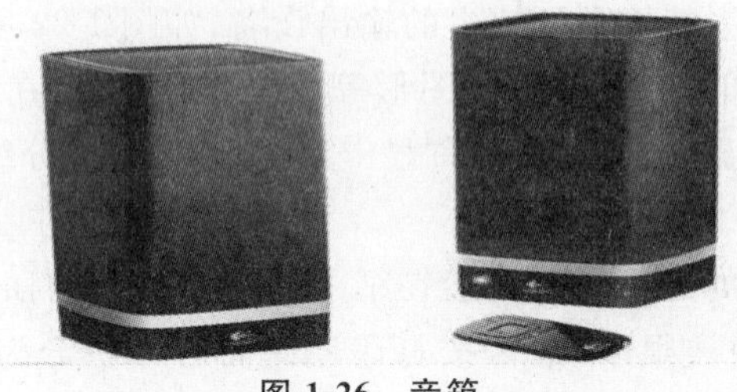

图 1-26 音箱

7.主板

主板是微机中主要部件，是微机主机的骨架，如图 1-27 所示。主板主要由 CPU 插座、总线扩展槽及其他扩展槽、主板芯片组及各种集成电路、I/O 接口、电源接口等组成。随着微电子技术的进步，直接集成到主板上的接口越来越多。

图 1-27 主板及各部件名称

采用总线结构，既可以大大减少信息传送线路的数目，又可以非常容易地扩充内存和添加外部设备，大大提高了系统的灵活性和可维护性。主板上常见的总线有：系统总线、I/O 总线、USB 总线等。

接口一般指主板和某类外设之间的适配电路，采用标准接口技术，也是为了有利于模块化结构设计，以得到多个厂商的广泛支持，便于生产与之兼容的外部设备和软件，解决主板和外设之间在电压等级、信号形式和速度上的匹配问题。

(1)印刷电路板(PCB)

一般的 PCB 分为 4 层,最上和最下是信号层,中间两层是接地层和电源层。设计主板时应尽量避免由于其他接线的干扰,造成信号失真,应该在相邻的两条接线之间留出足够大的间距。有些接线必须限制它的最大长度,以确保信号的最小衰减等。

(2)CPU 插座

主板上的白色方形插座就是 CPU 插座。它的重要作用是把 CPU 固定在主板上。随着 CPU 的发展变化,CPU 插座也一直处在发展和变化之中。早期的 CPU 都是直接焊接在主板上的,发展到 486 以后,开始采用插座,但初期需要使用一个专用工具才便于拆卸,再到后来出现了 ZIF(零插拔力)插座及插槽。目前主要采用插座设计,但有多种规格形式,选购时应注意主板与 CPU 之间的相互配套。

(3)内存插槽

主板上一组相互距离较紧密的插槽即为内存插槽,两边带有卡销,便于安装固定内存。目前主要有 3 种内存插槽形式:SDRAM 内存插槽,用来安装 SDRAM 内存,有 168 只引脚(又称金手指),两个防呆隔断;RAMBUS 内存插槽,用于安装 RAMBUS 内存,有 184 只引脚,两个防呆隔断,提供 1.8V 的工作电压;DDR 内存插槽,用于安装 DDRAM 内存,有 184 只引脚,提供 2.5V 的工作电压。

(4)AGP 插槽

AGP 插槽通常在 CPU 插座旁边,颜色为褐色,只有一个,用来安装 AGP 接口显卡,有些集成显卡的主板则没有此插槽。AGP 插槽有 AGP 4X、AGP 8X 等规格,其工作电压各不相同,为防止发生错接,插槽中的防呆隔断设计各不相同,安装时应配套使用。

(5)PCI 插槽

AGP 插槽另一侧的白色插槽就是 PCI 插槽,有 3～5 个,用来安装各种扩展卡。常见形式有:PCI 32 插槽,124 个引脚,一个隔断;PCI64 插槽,188 个引脚,两个隔断。

(6)IDE 端口

在主板上靠近边缘的地方,可以找到带有防护围框的长条形接口,它们就是 IDE 端口,用于连接硬盘和光驱。每个 IDE 端口有 40 根针脚,为防止错接,防护围框上有一个缺口,对应 IDE 信号线上的凸起。IDE 端口有主从之分,通常主端口标记为:IDE—1,从端口标记为 IDE—2。

(7)软盘驱动器端口

主板上在 IDE 端口旁边,还有一个软盘驱动器端口,外形及防错接结构均与 IDE 端口相同,只是稍短些,有 34 根针脚。由于 U 盘等其他形式移动存储器的普及,有些主板上已不再设置该端口。

(8)电源端口

通过电源端口使主机电源与主板相连,为主板提供动力。电源端口通常位于 CPU 插座或内存插槽附近,目前主要是 ATX 接口形式,为白色长方形,有 20 只引脚。

(9)各种前面板端口

各种前面板端口排针用于连接机箱前面板的按钮、指示灯、USB 端口和前置音频端口等，通常用颜色或线框标出分组，用数字符号标出极性。

(10)各种背板端口

在安装好的主机机箱背面，有各种形状的端口，用来连接各种外部设备，以实现更加丰富的计算机系统功能。常见的端口有：PS/2 端口——用于连接鼠标、键盘；串行通讯端口——用于连接鼠标、Modem；并行通讯端口——用于连接打印机、扫描仪；音频信号端口——用于连接音频设备：USB 端口——用于连接各种 USB 接口设备。目前 USB 接口已经应用于各个种类的外设上。此外，有些主板上还集成有显卡端口、网卡端口、1394 端口等。

8.网络设备

用户接入网络的形式主要有宽带接入和窄带接入。宽带接入设备主要有网卡和宽带猫，窄带接入则只需要一台调制解调器(Modem)，通过专用线或电话线接入即可。单位内部的多台微机也可以组成一个局域网，这时主要用到网卡和集线器(Hub)等设备。

(1)网卡

计算机与外界局域网的连接是通过主机箱内插入一块网络接口板(或者是在笔记本电脑中插入一块 PCMCIA 卡)。网络接口板又称为通信适配器或网络适配器(adapter)或网络接口卡 NIC(Network Interface Card)，但是现在更多的人愿意使用更为简单的名称“网卡”，如图 1-28 所示。

(2)集线器

集线器的英文称为“Hub”，如图 1-29 所示。“Hub”是“中心”的意思，集线器的主要功能是对接收到的信号进行再生增强放大，以扩大网络的传输距离，同时把所有节点集中在以它为中心的节点上。它工作于 OSI(开放系统互联参考模型)参考模型第一层，即“物理层”。集线器与网卡、网线等传输介质一样，属于局域网中的基础设备，采用 CSMA/CD(一种检测协议)访问方式。

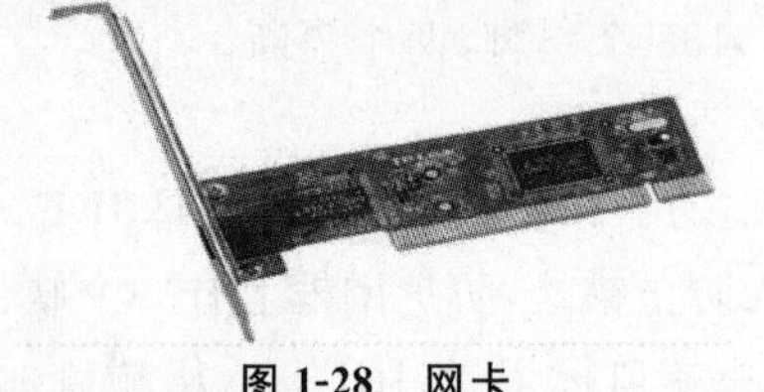

图 1-28 网卡

图 1-29 集线器

(3)无线路由器

随着网络的越来越发达，人们无论在家里还是办公室、公共场所，都需要有无线路由提供免费上网，不仅多台电脑使用，现在各种移动终端都可使用无线路由免费上网，如手机、iPad 等。

9.机箱

(1)机箱。

机箱一般包括外壳、支架、面板上的各种开关、指示灯等，如图 1-30 所示。外壳用钢板和塑料结合制成，硬度高，主要起保护机箱内部元件的作用；支架主要用于固定主板、电源和各种驱动器。按其结构不同，机箱可分为 AT、ATX、NLX、MicroATX 4 种，其中 ATX 机箱是目前市场上最常见的机箱。按其外形摆放不同，机箱可分为卧式、立式两种，通常立式机箱的可扩充性较强，前面板的装饰也更富于变化，立式机箱又分为半高和全高两种。

图 1-30 机箱下侧面图

（2）电源。

电源的基本功能是将市电转换为微机能够使用的形式，为微机的所有组件提供动力，如图 1-31 所示。电源的好坏直接影响到微机能否稳定地工作，一定要购买通过中国电工产品（CCEE）安全认证、拿在手中有厚重感的产品；在电源接口形式和功率指标上，则要注意与所购产品相匹配，如 P4 多媒体电脑，应该选用带有 P4 专用接头、实际输出功率在 230W 以上的电源。

图 1-31 电源

训练二 微型计算机的性能指标

1.硬件

（1）显卡

显卡全称显示接口卡（Video card，Graphics card），如图 1-32 所示，又称为显示适配器（Video adapter），显示器配置卡简称为显卡，是个人电脑最基本组成部分之一。显卡的用途是将计算机系统所需要的显示信息进行转换驱动，并向显示器提供行扫描信号，控制显示器的正确显示，是连接显示器和个人电脑主板的重要元件，是“人机对话”的重要设备之一。显卡作为电脑主机里的一个重要组成部分，承担输出显示图形的任务，对于从事专业图形设计的人来说显卡非常重要。民用显卡图形芯片供应商主要包括 AMD（ATI）和 Nvidia（英伟达）两家。

（2）内存条

内存条是连接 CPU 和其他设备的通道，起到缓冲和数据交换作用。当 CPU 在工作时，需要从硬盘等外部存储器上读取数据，但由于硬盘这个“仓库”太大，加上离 CPU 也很“远”，运输“原料”数据的速度就比较慢，导致 CPU 的生产效率大打折扣。为了解决这个问题，人们便在 CPU 与外部存储器之间，建了一个“小仓库”，内存条如图 1-33 所示。

图 1-32 显卡

图 1-33 内存条

2.微型计算机的主要性能指标

一台微型计算机功能的强弱或性能的好坏,不是由某项指标来决定的,而是由它的系统结构、指令系统、硬件组成、软件配置等多方面的因素综合决定的。但对于大多数普通用户来说,可以从以下几个指标来评价计算机的性能。

(1)运算速度

运算速度是衡量计算机性能的一项重要指标。通常所说的计算机运算速度(平均运算速度),是指每秒钟所能执行的指令条数,一般用“百万条指令/秒”(mips,Million Instruction Per Second)来描述。同一台计算机,执行不同的运算所需时间可能不同,因而对运算速度的描述常采用不同的方法。常用的有 CPU 时钟频率(主频)、每秒平均执行指令数(ips)等。微型计算机一般采用主频来描述运算速度,例如,Pentium/133 的主频为 133 MHz,Pentium Ⅲ/800 的主频为 800 MHz,Pentium 4 1.5G 的主频为 1.5 GHz。一般说来,主频越高,运算速度就越快。

(2)字长

一般说来,计算机在同一时间内处理的一组二进制数称为一个计算机的“字”,而这组二进制数的位数就是“字长”。在其他指标相同时,字长越大计算机处理数据的速度就越快。早期的微型计算机的字长一般是 8 位和 16 位。

(3)内存储器的容量

内存储器,也简称主存,是 CPU 可以直接访问的存储器,需要执行的程序与需要处理的数据就是存放在主存中的。内存储器容量的大小反映了计算机即时存储信息的能力。随着操作系统的升级,应用软件的不断丰富及其功能的不断扩展,人们对计算机内存容量的需求也不断提高。

(4)外存储器的容量

外存储器容量通常是指硬盘容量(包括内置硬盘和移动硬盘)。外存储器容量越大,可存储的信息就越多,可安装的应用软件就越丰富。目前,硬盘容量一般为 10 G~60 G,有的甚至已达到 120 G。

(5)显示器的优劣程度

显示器(Monitor)是计算机的主要输出设备,由监视器(Monitor)和显示适配器(俗称显卡 Adapter)两部分组成。根据显像原理划分,显视器可以分为 CRT 显视器(阴极射线管显视器)、LCD 显视器(液晶矩阵平面显示器)和等离子显视器等。其中常见的是 CRT 显视器和 LCD 显视器,而 LCD 显视器为未来几年的主流。

①CRT 显示器的主要性能指标有:分辨率、扫描频率、带宽和 TCO 认证。

②LCD 显示器主要性能指标有:响应时间、可视角度、点距、分辨率、刷新率、亮度和对比度。

③显示卡:又称图形适配器。目前个人计算机采用 PCI 显示卡和 AGP 显示卡,一般都带有 3D 加速功能。

除了上述这些主要性能指标外,微型计算机还有其他一些指标,例如,所配置外围设备的性能指标以及所配置系统软件的情况等等。另外,各项指标之间也不是彼此孤立的,在实际应用时,应该把它们综合起来考虑,而且还要遵循“性能价格比”的原则。

课后练习

1.办公自动化系统有哪些层次?

2.中央处理器如何访问硬盘中的数据?

3.计算机的输入设备可能输入客观世界中的哪些信息?

4.大型计算机和超级计算机的主要区别有哪些?

5.通过市场调研,了解目前市场上主流的办公自动化设备配置及性能,请假设自己以后的工作岗位,并选配一台个人工作微机。

模块二　常用设备规范操作与文字录入技术

实训一　键盘操作

任务目标：

● 掌握正确的指法与击键的操作姿势。

● 熟悉计算机键盘，熟练计算机的键盘键入。

任务描述：

● 自动化办公中，最基本的要求是对常用设备会进行正确的使用与维护；自动化办公的目的是加快各种公文编辑、常规数据分析与处理等，这就需要掌握最基本的输入技术。

● 本任务要求熟练掌握正确的指法及键盘操作的正确姿势，以及如何正确进入Windows 7 写字板。

训练一　认识键盘结构与各键的功能

1.键盘布局

键盘大致分成 4 个部分，如图 2-1 所示。

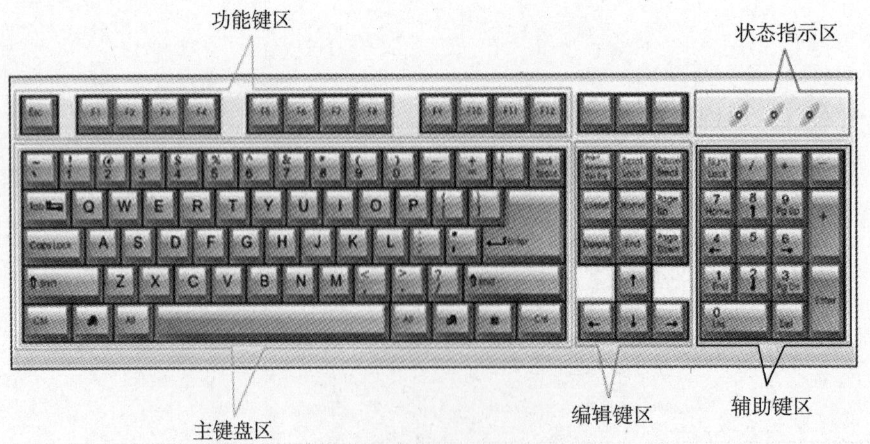

图 2-1　104 键键盘构成

(1)功能键区:位于左边最大区域的上方,如【F1】~【F12】,它们在特定环境中会有特殊的作用;

(2)主键盘区:也称为打字键区,位于功能键区下方,是最常用的一部分;

(3)编辑键区:位于中间的区域,包括编辑键及光标移动键【↑】、【↓】、【←】、【→】等;

(4)辅助键区:也称小键盘区,在输入数字进行数值计算的时候经常用到。

2.键的功能

(1)功能键区。

【F1】~【F12】:通常与【A1t】键和【Ctrl】键结合使用。

(2)主键盘区。

空格键:键盘上最长的键,击一下这个键,光标往右移动一个位置。

【Enter】键(回车键):击一下这个键,光标移到下面一行,就是可以换到新的一行输入。

【Caps Lock】键(大小写字母转换键):击一下这个键,在键盘的右上角一个标有"CapsLock"的指示灯就会亮,这时输入英文字母显示出来的就是大写英文字母;再击一下【CapsLock】键,【CapsLock】指示灯灭,恢复输入小写字母。

【Shift】键(上档键):在有些键的上面,上下两部分标了两个不同的字符,例如,数字【1】键上面是!、数字【2】键上面是@、……,这些键称为双符号键。击键时,输入的是下面那个字符,若要输入上面那个字符,按住【Shift】键再按双符号键,输入该键的上档字符。【Shift】键也能进行大小写字母转换。

【Back Space】键(退格键):用来删除当前光标所在位置前的字符,且光标左移。

(3)编辑键区。

【Delete】或【Del】键(删除键):用来删除当前光标所在位置的字符,且光标右移(注意与退格键的区别)。

【Page Up】或【PgUp】键(翻页键):向前翻一页。在用拼音输入法输入汉字出现重码较多时就要用到这个键。

【Page Down】或【PgDn】键(翻页键):向后翻一页。

【↑】、【↓】、【←】、【→】(光标移动键):光标向上、下、左、右移动一个位置。

(4)小键盘区。

【Num Lock】键(锁定键):击一下这个键,键盘右上角一个标有"Num Lock"的指示灯亮,这时候小键盘输入的是数字;再击一下这个键,"Num Lock"的指示灯灭,则小键盘为功能键。

训练二　键盘的操作

计算机的键盘是按照英文打字机的键位分布设计的。

1.正确的指法姿势

键盘上的【A】、【S】、【D】、【F】和【J】、【K】、【L】、【;】8个键为基本键,双手从左到右依次放在这8个基本键上,两只大拇指自然地轻触空格键,如图2-2所示。

基本键是作为左右手指常住的位置,离开固定的基本键位置去击打其他字符键后,手指应立即返回到对应的基本键上。在击打其他字符键时,都是根据基本键的键位来定位的,左右手规定要击打的字符键都是一条或两条左斜线。

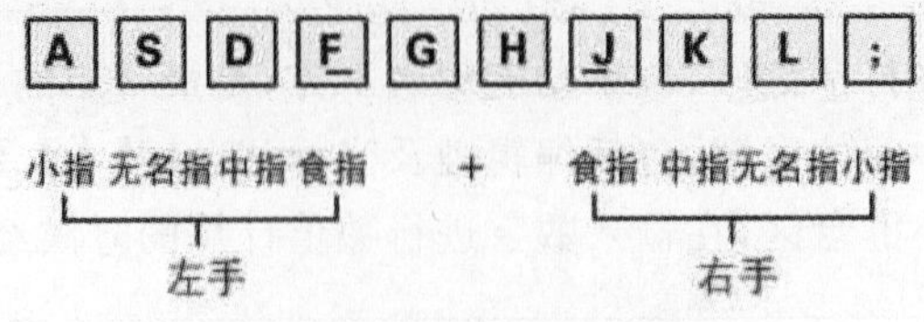

图 2-2 基本键位示意图

(1)左手分工。

【小指】:规定所击打的字符键有【1】、【Q】、【A】、【Z】。

【无名指】:规定所击打的字符键有【2】、【W】、【S】、【X】。

【中指】:规定所击打的字符键有【3】、【E】、【D】、【C】。

【食指】:规定所击打的字符键有【4】、【R】、【F】、【V】、【5】、【T】、【G】、【B】。

(2)右手分工。

【小指】:规定所击打的字符键有【0】、【P】、【;】、【/】。

【无名指】:规定击打的字符键有【9】、【O】、【L】、【。】。

【中指】:规定所击打的字符键有【8】、【I】、【K】、【,】。

【食指】:规定所击打的字符键有【7】、【U】、【J】、【M】、【6】、【Y】、【H】、【N】。

(3)大拇指。

两手大拇指负责击打空格键,当左手击打完字符需击打空格时,用右手大拇指击打空格键;反之,若当右手击打完字符,则用左手大拇指击打空格键。在进行键盘练习时应特别注意对空格键的训练。

小提示:

【F】和【J】两个键上凸起的短线是为了帮助人们在盲打时,当手指离开基本键去按别的键之后,复位时可以用这两个键来确定位置。在打字过程中,每个手指只能击打指法所规定的字符键,切勿击打规定以外的其他字符键。

2.正确的击键方法

击键时,坐姿要直,手腕略向上倾斜,从手腕到指尖形成弧形,手指自然下垂,指端的第一关节与键盘成垂直角度。手抬起,相应的手指去击键,不可按键或压键,击键之后手指要迅速回到基本键。击键速度要均匀,有节奏感,用力不可太猛。数字键采用跳跃式击键。

3.键盘的调整方法

(1)单击【开始】按钮,选择【控制面板】命令,打开【控制面板】对话框。

(2)双击【键盘】图标,打开【键盘属性】对话框,如图 2-3 所示。

(3)选择【速度】选项卡,在该选项卡中的【字符重复】选项组中,拖动【重复延迟】滑块,可调整在键盘上按住一个键需要多长时间才开始重复输入该键,拖动【重复率】滑块,可调整输入重复字符的速率;在【光标闪烁频率】选项组中,拖动滑块,可调整光标的闪烁频率。

(4)单击【应用】按钮,即可应用所选设置。

(5)选择【硬件】选项卡,在该选项卡中显示了所用键盘的硬件信息,如设备的名称、类型、制造商、位置及设备状态等。单击【属性】按钮,可打开【键盘设备属性】对话框,在该对话框中可查看键盘的常规设备属性、驱动程序的详细信息,更新驱动程序,返回驱动程序,卸载驱动程序等。

(6)设置完毕后,单击【确定】按钮即可。

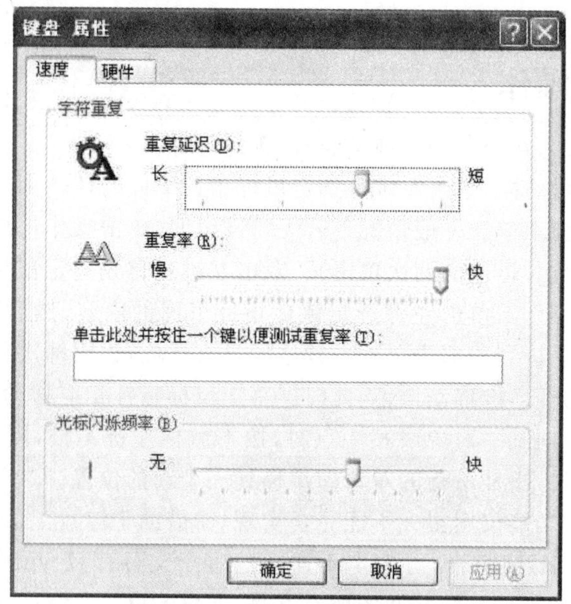

图 2-3 键盘属性设置对话框

实训二 鼠标操作

任务目标:

- 掌握正确的鼠标操作及属性设置方法。
- 熟练掌握鼠标的左右键单击、双击作用。

任务描述:

- 本任务要求熟练掌握正确的鼠标操作方法,掌握鼠标调整方法。

训练一 认识鼠标结构

目前,鼠标在 Windows 环境下是一个主要且常用的输入设备。鼠标按其工作原理的不同可以分为机械鼠标和光电鼠标。机械鼠标主要由滚球、辊柱和光栅信号传感器组成。当你拖动鼠标时,带动滚球转动,滚球又带动辊柱转动,装在辊柱端部的光栅信号传感器产生的光电脉冲信号反映出鼠标器在垂直和水平方向的位移变化,再通过电脑程序的处理和转换来控制屏幕上光标箭头的移动。光电鼠标器是通过检测鼠标器的位移,将位移信号转换为电脉冲信号,再通过程序的处理和转换来控制屏幕上的鼠标箭头的移动。光电鼠标用光电传感器代替了滚球。这类传感器需要特制的、带有条纹或点状图案的垫板配合使用。

鼠标按接口类型可分为串行鼠标、PS/2 鼠标、总线鼠标、USB 鼠标(多为光电鼠标)四种。串行鼠标是通过串行口与计算机相连,有 9 针接口和 25 针接口两种;PS/2 鼠标通过一个六针微型 DIN 接口与计算机相连,它与键盘的接口非常相似,使用时注意区分;总线鼠标的接口在总线接口卡上;USB 鼠标通过一个 USB 接口,直接插在计算机的 USB 口上。

训练二 鼠标操作

鼠标的操作有单击、双击、移动、拖动、与键盘组合等。

单击:快速按下鼠标键。单击左键是选定鼠标指针下面的任何内容,单击右键是打开鼠标指针所指内容的快捷菜单。一般情况下若无特殊说明,单击操作均指单击左键。

双击:快速击键两次(迅速的两次单击)。双击左键是首先选定鼠标指针下面的项目,然后再执行一个默认的操作。单击左键选定鼠标指针下面的内容,然后再按回车键的操作与双击左键的作用完全一样。若双击鼠标左键之后没有反应,说明两次单击的速度不够迅速。

移动:不按鼠标的任何键移动鼠标,此时屏幕上鼠标指针相应移动。

拖动:鼠标指针指向某一对象或某一点时,按下鼠标左键不松,同时移动鼠标至目的地时再松开鼠标左键,鼠标指针所指的对象即被移到一个新的位置。

与键盘组合:有些功能仅用鼠标不能完全实现,需借助于键盘上的某些按键组合才能实现所需功能。如与【Ctrl】键组合,可选定不连续的多个文件;与【Shift】键组合,选定的是单击的两个文件所形成的矩形区域之间的所有文件;与【Ctrl】键和【Shift】键同时组合,选定的是几个文件之间的所有文件。

训练三 调整鼠标

(1)单击【开始】按钮,选择【控制面板】命令,打开【控制面板】对话框。

(2)双击鼠标图标,打开【鼠标属性】对话框,选择【鼠标键】选项卡,如图 2-4 所示。

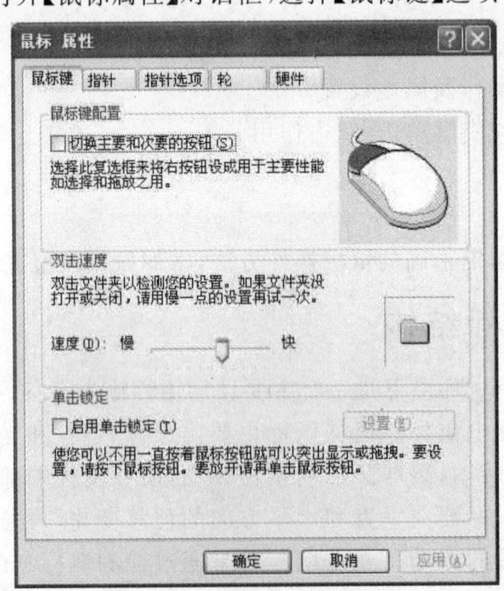

图 2-4 鼠标属性设置对话框

(3)在该选项卡中,【鼠标键配置】选项组中,系统默认左边的键为主要键,若选中【切换主要和次要的按钮】复选框,则设置右边的键为主要键;在【双击速度】选项组中拖动滑块可调整鼠标的双击速度，双击旁边的文件夹可检验设置的速度；在【单击锁定】选项组中，若选中【启用单击锁定】复选框，则可以在移动项目时不用一直按着鼠标键就可实现，单击【设置】按钮，在弹出的【单击锁定的设置】对话框中可调整实现单击锁定需要按鼠标键或轨迹球按钮的时间。

(4)选择【指针】选项卡，在该选项卡中，【方案】下拉列表中提供了多种鼠标指针的显示方案，用户可以选择一种喜欢的鼠标指针方案；在【自定义】列表框中显示了该方案中鼠标指针在各种状态下显示的样式，若用户对某种样式不满意，可选中它，单击【浏览】按钮，打开【浏览】对话框。

在该对话框中选择一种喜欢的鼠标指针样式，在预览框中可看到具体的样式，单击【打开】按钮，即可将所选样式应用到所选鼠标指针方案中。如果希望鼠标指针带阴影，可选中【启用指针阴影】复选框。

(5)选择【指针选项】选项卡，在该选项卡中，在【移动】选项组中可拖动滑块调整鼠标指针的移动速度；在【取默认按钮】选项组中，选中【自动将指针移动到对话框中的默认按钮】复选框，则在打开对话框时，鼠标指针会自动放在默认按钮上；在【可见性】选项组中，若选中【显示指针踪迹】复选框，则在移动鼠标指针时会显示指针的移动轨迹，拖动滑块可调整轨迹的长短，若选中【在打字时隐藏指针】复选框，则在输入文字时将隐藏鼠标指针，若选中【当按Ctrl 键时显示指针的位置】复选框，则按【Ctrl】键时会以同心圆的方式显示指针的位置。

(6)选择【硬件】选项卡，在该选项卡中，显示了设备的名称、类型及属性。单击【疑难解答】按钮，可打开【帮助和支持服务】对话框，可得到有关问题的帮助信息，单击【属性】按钮，可打开【鼠标设备属性】对话框，在该对话框中，显示了当前鼠标的常规属性、高级设置和驱动程序等信息。

(7)设置完毕后，单击【确定】按钮即可。

实训三　显示器的使用

任务目标：

- 掌握正确的显示器安装的拆卸方法。
- 掌握正确的显示器驱动程序安装方法、设置显示器属性。

任务描述：

- 本任务要求熟练掌握显示器的操作及属性设置方法。

1.显示器的安装的拆卸

显示器尾部有两根电缆线，一根是信号电缆，为“D”形 15 针插头，用于连接显示器；另一根是 3 芯电源线，为显示器提供电源。

2.设置显示器的属性

在 Windows 7 系统下，右键单击桌面上的空白区域，从弹出的快捷菜单中选择“个性化”

命令，弹出如图 2-5 所示窗口，再单击左下角“显示”命令，可对显示器属性进行设置。

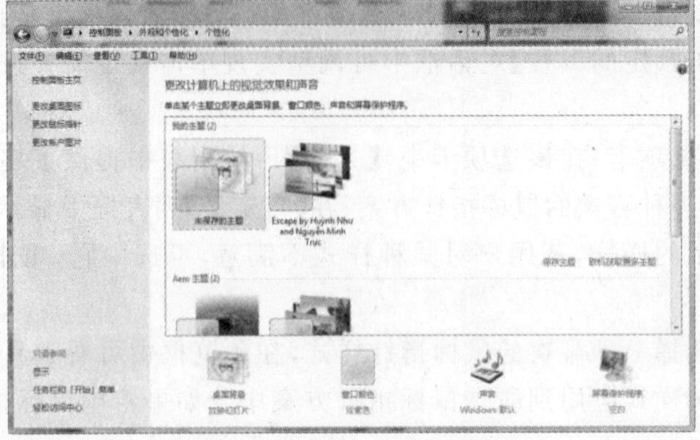

图 2-5 显示器“个性化”设置窗口

3.安装显示器驱动程序

显示器驱动程序一般并不是 Setup. exe 执行文件，而是. inf 文件，这是专用的驱动信息文件。如果驱动程序是压缩文件，要先把这些文件解压到一个空文件中。刚买的计算机和机房的计算机均由专业人员事先安装好了显示器驱动程序，若重新安装 Windows 后需要再次安装显示器驱动程序。

4.显示器的调控项目

显示器上一般都有亮度、对比度的调节旋钮，这些旋钮的使用与电视机上相应的旋钮使用基本相同。用户可以调节有关的旋钮，选择合适的亮度、对比度和色彩。

常见的显示器调控方式有模拟调节方式、数控调节方式、DSD 调节方式三种。

实训四 打印机安装与使用

任务目标：

- 会识别打印机种类。
- 学会安装本地打印机并设置打印机参数。
- 学会设置网络共享打印机，并进行共享参数设置。

任务描述：

● 自动化办公最终文档的处理形式大多需要打印输出，因此打印机的安装与使用是办公自动化设备操作中需主要掌握的技能。本任务的学习，让学习者学会安装本地及网络共享打印机，并能熟练操作打印机输出工作文档。

训练一 识别打印机的种类

1.激光打印机

激光打印机为非击打式打印机，其工作原理类似于静电复印机，只不过用激光束曝光，从而将计算机内的信息打印出来，主要参数有打印速度、最高分辨率、打印幅面、介质类型、打印能力、接口类型、双面打印、纸盒容量等，是衡量打印机的主要依据。

2.喷墨打印机

喷墨打印机是通过精细的喷头把墨水喷到纸上而打印出字符、图像。它是一种非击打式打印机，其优点是打印精度高、速度快、噪声小，价格和点阵式打印机相当，缺点是日常消耗比较高，维护稍显麻烦，不能打印蜡纸，主要参数与激光打印机相同。

3.针式打印机

针式打印机又称点阵式打印机，是利用机电作用，通过若干根钢针来撞击打印色带而打出字符，每个打印出的字符由点阵组成。针式打印机有 9 针和 24 针之分，目前常用的是 24 针打印机。点阵式打印机的主要参数有打印速度、彩色打印能力、最高分辨率、打印幅面、介质类型、打印能力、接口类型、双面打印、纸盒容量等。主要优点是工作可靠、维护方便、能打印蜡纸。

训练二　识别打印机选购时参数对照

1. 打印质量；
2. 打印速度；
3. 噪声；
4. 打印纸的种类和幅面；
5. 整机价格及打印成本；
6. 技术支持、销售服务。

训练三　打印机的安装

1.本地打印机安装

对于并行接口的打印机，安装完全一样，分为连接数据线电缆、电源线和安装打印机驱动程序 3 个步骤。

第一步：将打印机连接至主机，打开打印机电源，通过主机的【控制面板】进入到【打印机和传真】窗口，如图 2-6 所示，在窗口空白处单击鼠标右键，选择【添加打印机】命令，打开添加打印机向导窗口。选择“连接到此计算机的本地打印机”，并勾选“自动检测并安装即插即用的打印机”复选框。

图 2-6　【打印机和传真】窗口

第二步：此时主机将会进行新打印机的检测，很快便会发现已经连接好的打印机，根据提示将打印机附带的驱动程序光盘放入光驱中，安装好打印机的驱动程序后，在“打印机和传真”文件夹内便会出现该打印机的图标了。

第三步：设置默认打印机，如果系统中安装一台打印机，那么这台打印机就自动设置为默认打印机；如果系统中安装多台打印机，那就需要将常用的那台打印机设置为默认打印机，这样每次打印文件时，系统自动以默认打印机为打印输出设置。具体的设置方法为：鼠标右键单击打印机图标，从打开的快捷菜单中选择【设置为默认打印机】即可。

2.局域网共享打印机安装

网络打印机是指通过打印服务器（内置或者外置）将打印机作为独立的设备接入局域网或者 internet，从而使打印机摆脱一直以来作为电脑外设的附属地位，使之成为网络中的独立成员，成为一个可与其并驾齐驱的网络节点和信息管理与输出终端，其他办公室成员可以直接访问使用该打印机，资源共享。具体安装方法为：

第一步～第二步：同上面本地打印机安装方法相同。

第三步：设置共享打印机。

在新安装的打印机图标上单击鼠标右键，选择【共享】命令，打开打印机的属性对话框，切换至【共享】选项卡，选择【共享这台打印机】，并在【共享名】输入框中填入需要共享的名称，单击【确定】按钮即可完成共享的设定。

提示：如果希望局域网内其他版本的操作系统在共享主机打印机时不再需要费力地查找驱动程序，我们可以在主机上预先将这些不同版本选择操作系统对应的驱动程序安装好，只要单击【其他驱动程序】按钮，选择相应的操作系统版本，单击【确定】后即可进行安装了。

第四步：配置网络协议。

为了让打印机的共享能够顺畅，我们必须在主机和客户机上都安装【文件和打印机的共享协议】。

右击桌面上的【网上邻居】，选择【属性】命令，进入到【网络连接】文件夹，在【本地连接】图标上点击鼠标右键，选择【属性】命令，如果在【常规】选项卡的【此连接使用下列项目】列表中没有找到【Microsoft 网络的文件和打印机共享】，则需要单击【安装】按钮，在弹出的对话框中选择【服务】，然后点击【添加】，在【选择网络服务】窗口中选择【文件和打印机共享】，最后单击【确定】按钮即可完成。

第五步：.客户机的安装与配置。

现在，主机上的工作我们已经全部完成，下面就要对需要共享打印机的客户机进行配置了。我们假设客户机也是 Windows 7 操作系统。在网络中每台想使用共享打印机的电脑都必须安装打印驱动程序。

(1)单击【开始→设置→打印机和传真】，启动【添加打印机向导】，选择【网络打印机】选项。

(2)在“指定打印机”页面中提供了几种添加网络打印机的方式。如果你不知道网络打印机的具体路径，则可以选择【浏览打印机】选项来查找局域网同一工作组内共享的打印机，已经安装了打印机的电脑，在选择打印机后点击【确定】按钮；如果已经知道了打印机的网络路径，则可以使用访问网络资源的【通用命名规范】(UNC)格式输入共享打印机的网络路径，最后点击“下一步”。

(3)这时系统将要你再次输入打印机名,输完后,单击【下一步】按钮,接着按【完成】按钮,如果主机设置了共享密码,这里就要求输入密码。最后我们可以看到在客户机的【打印机和传真】文件夹内已经出现了共享打印机的图标,到这儿我们的网络打印机就已经安装完成了。

3.设置打印机安全权限

局域网内的非法用户也有可能趁机使用共享打印机,从而造成打印成本的“节节攀升”。为了阻止非法用户对打印机随意进行共享,我们有必要通过设置账号使用权限来对打印机的使用对象进行限制。通过对安装在主机上的打印机进行安全属性设置,指定只有合法账号才能使用共享打印机。

(1)在主机的【打印机和传真】文件夹中,用鼠标右键单击其中的共享打印机图标,从右键菜单中选择【属性】选项,在接着打开的共享打印机属性设置框中,切换【安全】选项卡。

(2)在其后打开的选项设置页面中,将【名称】列表处的【everyone】选中,并将对应【权限】列表处的【打印】选择为【拒绝】,这样任何用户都不能随意访问共享打印机了。

(3)接着再单击【添加】按钮,将可以使用共享打印机的合法账号导入到【名称】列表中,再将导入的合法账号选中,并将对应的打印权限选择为【允许】即可。依此可将其他需要使用共享打印机的合法账号全部导入进来,并依次将它们的打印权限设置为【允许】,最后再单击【确定】按钮即可。

实训五 文字录入技术

任务目标:

- 掌握正确的英文录入技术,并能快速正确地录入英文及各种字符。
- 掌握正确的中文录入技术,并能利用不同的中文录入方法,快速正确地录入中文及各种字符。

任务描述:

- 本任务要求熟练掌握正确的中英文录入技术,鼠标操作方法,掌握鼠标调整方法。

当前,常见的计算机键盘皆采用标准英文键盘,不论是以拼音方式输入还是以字形方式输入,都是利用英文键盘来实现的。对于英文打字,无论是对照书面文稿打字,或是凭口述方式听打,还是自己边打腹稿边随想打字,都是采取直接形式打,不存在重新学习编码的问题,而只需要指法熟练,操作起来既方便又轻松。

但是,一般汉字并不能在26个英文字母键上直接打出,要先通过输入代码才可以,而且原则上还有重码选择、词语输入、联想处理等问题。因此,学好计算机英文键盘的击键指法,将会为汉字的键盘输入奠定很好的基础。

最科学和最合理的打字方法是盲打法,即打字时双目不看键盘,视线专注于文稿和屏幕。这就要求在掌握正确击键指法的基础上,还要多做打字练习,可结合相关打字软件辅助练习,同时注重测试打字速度,提高练习效率。

训练一 英文录入指法练习

1.摆好正确的姿势

初学键盘输入时，首先必须注意的是击键的姿势，如果初学时的姿势不当，就不能做到准确快速地输入，也容易疲劳，正确的姿势应该是：

(1)腰背应保持挺直而向前微倾，身体稍偏于键盘右方，全身自然放松。

(2)应将全身重量置于椅子上，座椅要调节到便于手指操作的高度，使肘部与台面大致平行，两脚平放，切勿悬空，下肢宜直，与地面和大腿形成90°直角。

(3)上臂自然下垂，上臂和肘靠近身体，两肘轻轻贴于腋边，手指微曲，轻放于规定的基本键位上，手腕平直。人与键盘的距离，可通过移动椅子或键盘的位置来调节，以调节到人能保持正确的击键姿势为佳。

(4)显示器宜放在键盘的正后方，与眼睛相距不少于50cm，输入原稿前，先将键盘右移5cm，再将原稿紧靠在键盘左侧放置，以便阅读。

2.熟练掌握打字的基本键位

位于主键盘第3排上的【A】、【S】、【D】、【F】及【J】、【K】、【L】和【;】这8个键位就是基本键位，也称原点键位。

在开始击键之前，各手指的正确放置方法如下：

(1)将自己的左手小指、无名指、中指、食指分别置于【A】、【S】、【D】和【F】键上。

(2)左手大拇指自然向掌心弯曲。

(3)将右手食指、中指、无名指、小指分别置于【J】、【K】、【L】和【;】键上。

(4)右手大拇指可以轻置在空格键上。

(5)左手食指还要负责【G】键，右手食指还要负责【H】键。

只要时间允许，双手除拇指以外的8个手指应尽量放在基本键位上。

3.掌握指法分区表

在熟练掌握基准键位的基础上，对于其他字母、数字、符号都采用与8个基准键位对应的位置来记忆。例如，用击【S】键的左手无名指击【W】键，用击【L】键的右手无名指击【O】键。这时关键要掌握键盘指法分区表，键盘的指法分区表如图2-7所示。凡两斜线范围内的字键，都必须用规定的手的同一指进行操作。值得注意的是，每个手指到基本键位以外的其他排击键结束后，只要时间允许，都应立即退回基本键位。可以对照指法分区表加以练习。

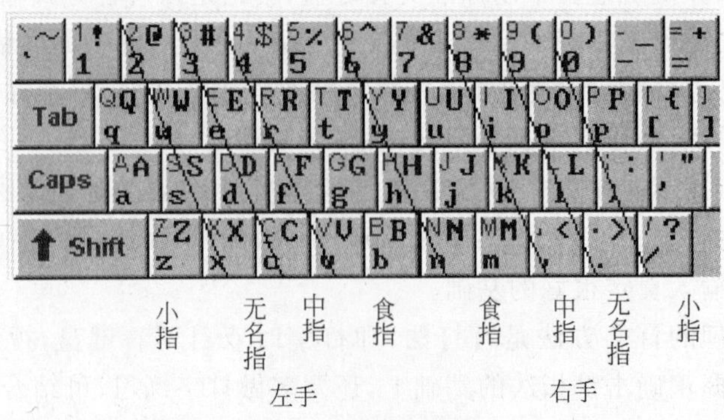

图2-7 指法分区表

4.空格键的击法

右手从基本键位上迅速垂直上抬 1～2cm，大拇指横着向下点击空格键并立即收回，便输入了一个空格。

5.换行键的击法

需要进行换行操作时，提起右手点击一次【Enter】键，击后右手立即退回相应的基本键位上。注意小指在手收回过程中保持弯曲，以免带入"；"。

6.大写字母键的击法

（1）首字母大写操作

通常先按下【Shift】键不动，用另一手相应手指击下字母键。若遇到需要用左手弹击大写字母时，则用右手小指按下右端【Shift】键，同时用左手的相应手指击下要弹击的大写字母键，随后右手小指释放【Shift】键，再继续弹击首字母后的字母；同样地，若遇到需要用右手弹击大写字母时，则用左手小指按下左端【Shift】键，同时用右手的相应手指击下要弹击的大写字母键，随后左手小指释放【Shift】键，再继续弹击首字母后的字母。

（2）连续大写的指法

通常将键盘上的大写锁定键【Caps Lock】按下后，则可以按照指法分区的击键方式来连续输入大写字母。

7.数据录入的指法

（1）纯数字录入指法

纯数字录入指法有两种方式：

一是将双手直接放在主键盘的第一排数字键上，与基本键位相对称，用相应的手指弹击数字键。

二是当用小键盘上的数字键录入时，先用右手弹击小键盘上的数字锁定键【Num Lock】，目的是将小键盘上的数字键转换成数字录入状态，此时小键盘上方的【Num Lock】指示灯变亮，然后将右手食指放在【4】键上，无名指放在【6】键上。食指移动的键盘范围是【7】、【4】、【1】和【0】；无名指的移动范围是【9】、【6】和【3】；中指的移动范围是【8】、【5】、【2】和小数点。

（2）西文、数字混合录入指法

将手放在基本键位上，按常规指法录入。由于数字键离基本键位较远，弹击时必须遵守以基本键为中心的原则，依靠左右手指敏锐和准确的键位感，来衡量数字键离基本键位的距离和方位。每次要弹击数字键时，掌心略抬高，击键的手指要伸直。要加强触击键盘位感应，迅速击键，击完后立即返回基本键盘位。

8.符号键指法

符号键绝大部分处于上档键位上，位于主键盘第一排及其右侧。因此，录入符号时应先按住上档键【Shift】不动，再弹击相应的双字符键，输出相应的符号。击键时注意力要集中，动作协调且敏捷，击完后各手指要立即返回到相应的基本键位上。

9.编辑键的使用

输入一段英文字母，然后用【Esc】、【Backspaces】、【Delete】（Del）和【Insert】（Ins）这几个键进行恢复、删除和插入的操作。

训练二　指法练习方法

1.步进式练习

例如,先练习基本键位的【S】、【D】、【F】及【J】、【K】、【L】这几个键;再加入【A】键和【;】键一起练;然后对基本键位的上、下排各键进行指法练习。

2.重复式练习

练习中可选择一篇英文短文,反复练习一二十遍,并记录观察自己完成的时间,以及测试自己打字的速度,这种训练方式可以借助相关打字软件来练习(如我们后面介绍的金山打字通软件)。

3.集中练习法

要求集中一段时间主要用来练习指法,这样能够取得显著的效果。

4.坚持训练盲打

不要看键盘,可以放宽速度的要求,刚开始不要急于追求速度。

5.配合软件练习

目前有许多键盘击键指法练习软件,例如北京金山软件公司的"金山打字通"就是一个很不错的练习软件。通过利用这些软件的练习,不但可以培养练习兴趣,而且可以提高我们对键盘操作的技巧和速度。

在安装"金山打字"之后运行"金山打字"软件。初始界面如图 2-8 所示。界面上显示"金山打字 2011"的操作项目,包括英文打字、拼音打字、五笔打字、速度测试、打字教程、打字游戏等。其中,打字教程项目提供了相应的基础性打字指导,在进行打字练习之前,可以先进入这一项目进行学习,有助于提高打字练习的效率。

在打开初始界面的同时,会出现"学前测试"对话框,询问使用者是否接受速度测试,测试内容又分为英文打字速度测试和中文打字测试两类。为了了解自己的打字速度情况,可以先进入学前测试,进行速度测试练习,则选中英文打字速度测试内容,然后单击【是】按钮。

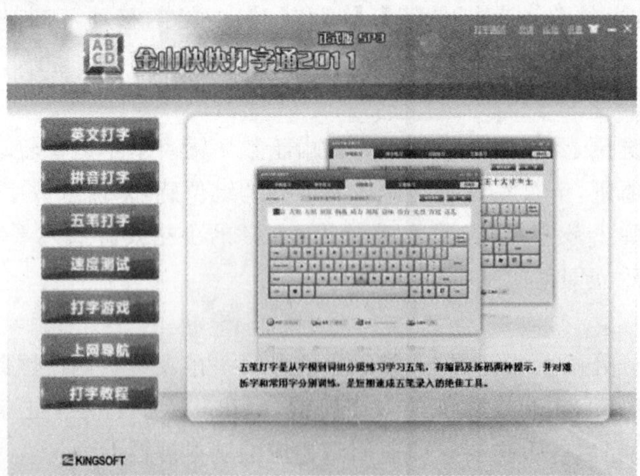

图 2-8　金山打字软件界面

可以根据自身情况,有选择地自行练习各操作项目。在测试自己打字速度的同时,要尽快提高速度,并学会盲打。图 2-9 所示为键位练习操作界面。

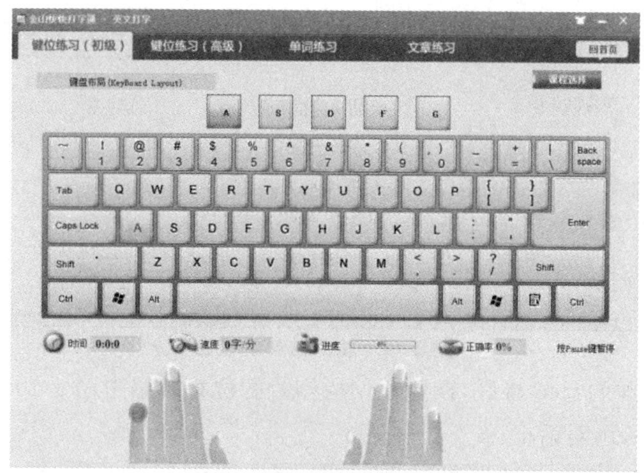

图 2-9　键位练习操作界面

训练三　汉字录入法——拼音录入技术

1.汉字输入法的选择及转换

在 Windows 中,汉字输入法的选择及转换方法有三种:

(1)单击任务栏上的输入法指示器 En 可选择输入方法;

(2)热键直接打开某种输入法,热键的设置方法如下:

● 右键单击 En 图标,选择【设置】,打开输入法属性对话框,如图 2-10 所示。

● 在其选项卡中选择一种输入法(如极品五笔输入法)后,单击【高级键设置】选项卡,打开如图 2-11 所示对话框。

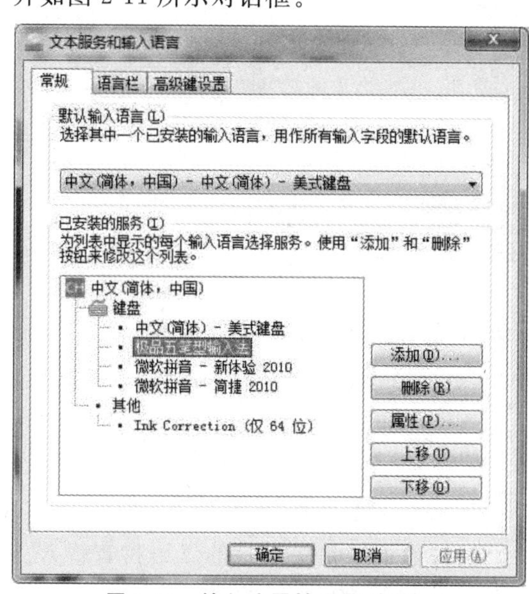

图 2-10　输入法属性设置对话框

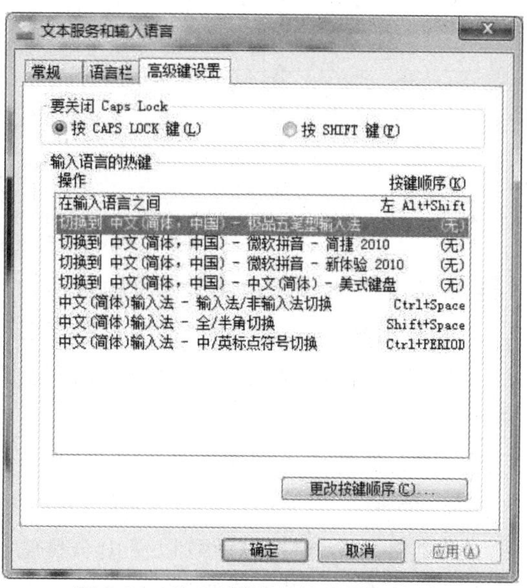

图 2-11　输入法【高级键设置】对话框

● 选择【更改按键顺序】按钮,勾选对话框中【启用按键顺序】复选框,这时热键设置区域变成变色显示,可进行热键设置了,如图 2-12 所示。按【Ctrl】＋ 空格键,可实现中英文输入的转换;按住组合键【Ctrl＋Shift】反复几次直至出现要选择的输入法。

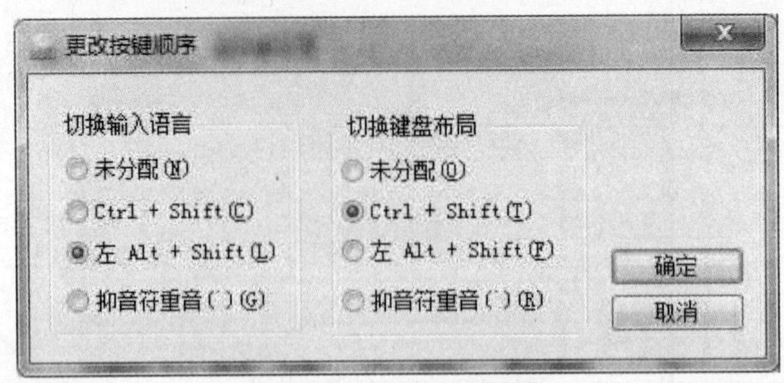

图 2-12 输入法热键设置

● 用户还可根据自己的喜好，设置评议栏停放的位置。单击图 2-10 中的【语言栏】选项卡，打开如图 2-13 所示对话框。

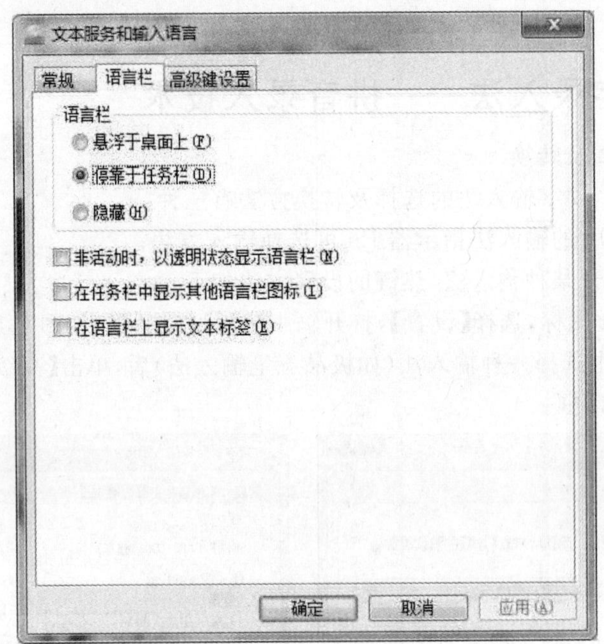

图 2-13 【语言栏】停放位置设置对话框

2.全角/半角的转换及中英文字符的转换

(1)单击输入法状态条上的半月形或圆形按钮，可实现半角与全角的转换。

(2)单击输入法状态条上的标点符号按钮，可实现英文标点符号与中文标点符号的转换。

3.几种输入法的编码方法

(1)全拼

只要熟悉汉语拼音，就可以使用全拼输入法。全拼输入法是按规范的汉语拼音输入外码，即用 26 个小写英文字母作为 26 个拼音字母的输入外码。其中 U 的输入外码为 V。

(2)双拼

双拼输入法简化了全拼输入法的拼音规则，即只用两个拼音字母表示一个汉字，规定声母和韵母各用一个字母，因而只要两次击键就可以输入一个汉字的读音，如表 2-1 所示。

表 2-1　　双拼输入法中声母、韵母与键位的对照表

键位	声母	韵母	键位	声母	韵母
a		a	n	n	in
b	b	ou	o		o，uo
c	c	iao	p	p	un
d	d	uang，iang	q	q	iu
e		e	r	r	uan，er
f		en	s	s	ong
g		eng	t	t	ue
h		ang	u	sh	
i	ch	i	v	zh	ui
j	j	an	w	w	ia，ua
k	k	ao	x	x	ie
l	l	ai	y	y	uai，ü
m	m	ian	z	z	ei
			;		ing

4.智能 ABC 输入法

中文 Windows 中预装的智能 ABC 输入法，是一种方便快捷且功能十分强大的输入法，不仅支持人们熟悉的全拼输入、简拼输入，还提供混拼输入、笔形输入、音形混合输入、双打输入等多种输入法。此外，智能 ABC 输入法还具有一个约 6 万词条的基本词库，且支持动态词库。

(1)输入法状态条功能

将输入法切换至智能 ABC 输入法下，打开输入法状态条，各按钮名称及功能，如图 2-14 所示。

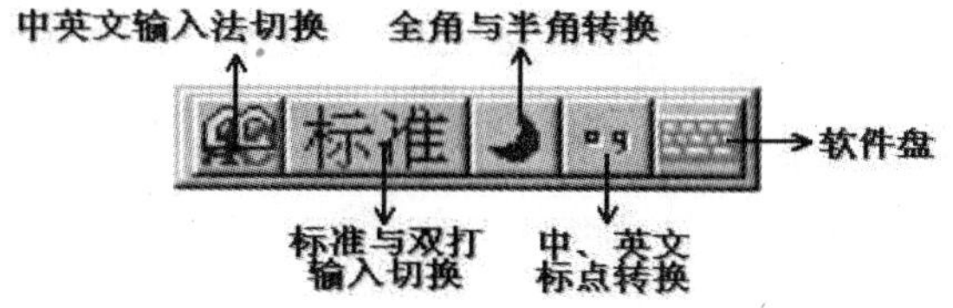

图 2-14　【智能 ABC】输入法状态条

如果单击【标准】按钮，切换到“双打智能 ABC 输入法状态”。再单击【双打】按钮，又回到“标准智能 ABC 输入法状态”。

(2)输入规则

在“智能 ABC 输入法状态”下，用户可以使用如下几种方式输入汉字。

全拼输入：将需要输入的汉字全拼音逐字键入，如：“中国”，键入“zhongguo”。如果输入的汉字无声母，则用分隔符“'”将多个汉字的拼音隔开。

简拼输入:简拼输入法的编码由各个音节的第一个字母组成,对于包含 zh、ch、sh 这样的音节,也可以取前两个字母组成,简拼输入法主要用于输入词组。

例如:

学生　　xuesheng　　xs(h)

练习　　lianxi　　lx

小提示:在使用简拼输入法时,隔音符号可以用来排除编码的二义性。例:若用简拼输入法输入"社会",简拼编码不能是"sh",因为它是复合声母 sh,因此,正确的输入应该使用隔音符"'"输入"s'h"。

混拼输入:智能 ABC 输入法支持混拼输入,也就是输入两个音节以上的词语时,有的音节可以用全拼编码,有的音节则用简拼编码。例如,输入"计算机"一词,其全拼编码是"jisuanji",也可以采用混拼编码"jisj"或"jisji"。

小提示:在使用混拼输入法时,可以用隔音符号来排除编码的二义性。例如,"历年"一词的混拼编码为"li'n",而不是"lin",因为"lin"是"林"的拼音。

笔形输入:对于不会汉语拼音的用户,或不知道某字读音的时候,使用笔形输入法。规则是把基本笔画的形状分为八类,即:智能 ABC 笔形代码表,如表 2-2 所示。取码时按照笔顺,最多取 6 笔。具体的笔形输入方法规则可以参考中文 Windows 7 提供的帮助。

表 2-2　　智能 ABC 笔形代码表

笔画名称	笔形代码	笔画及其变形
横(提)	1	一
竖	2	丨
撇	3	丿ノ
捺(点)	4	丶㇏
折(竖弯勾)	5	乙㇖
弯	6	乚
叉	7	乂
方	8	口

小提示:标准笔画的变体识别原则:

①提笔视为横,点点均为捺;

②多折笔画中,顺时针方向为折,逆时针方向为弯;

③交叉笔画只限于正叉。

双打输入:双打输入是智能 ABC 为非专业录入人员提供的一种快速的输入方法,智能 ABC 有它自己的双打键盘分布图,如图 2-15 所示。

一个汉字在双打方式下,只需要击键两次:奇次为声母,偶次为韵母。有些汉字只有韵母,称为零声母音节:奇次键入"O"字母(O 被定义为零声母),偶次为韵母。虽然击键为两次,但是在屏幕上显示的仍然是一个汉字规范的拼音。

复合声母和零声母定义表

键位	E	V	A	O(')
声母	ch	sh	zh	0 声母

韵母定义表

键位	Q	W	E	R	T	Y	U	I	O	P
定义	ei	ian	e	iu,er	uang iang	ing	u	i	uo o	uan üan
键位	A	S	D	F	G	H	J	K	L	
定义	a	ong iong	ua,ia	en	eng	ang	an	ao	ai	
键位	Z	X	C	V(ü)	B	N		M		
定义	iao	ie	in,uai		ou	un(ün)		üe(ue),ui		

图 2-15　智能 ABC 声韵母分布键

5.智能 ABC 的特色

智能 ABC 具有明显的智能特色,共有如下几点:

(1)自动分词和构词:依照语法规则,把一次输入的拼音字串,划分成若干个简单语段,

分别转换成汉字词语的过程,称为自动分词;把若干个词和词素组合成一个新的词条的过程,称为构词。

例如:在"标准"方式下,要输入"计算机系统"一词,首先输入该词的拼音"jsjxt";

按空格键,结果出现:因为系统中没有"计算机系统"一词,所以先分出一个"计算机"并等待选择纠正。选择"计算机"一词后再按空格键后出现与"系统"同音的词等待选择,选择"系统"一词:则分词构词过程完成,一个新的词"计算机系统"被存入暂存区。

小提示:

本例中输入时采用的是简拼方式,实际上用全拼、混拼等其他方式同样可以得到所需结果。另外,由例子中也可以看出,这同时也是自动记忆过程。

(2)自动记忆:通常用来记忆词库中没有的新词,如人名、地名等。它的特点是自动进行,或者略加人为干预。自动记忆的词都是标准的拼音,可以和基本词汇库中的词条一样使用。例如:上例中输入的"jsjxt"下次再输入时则直接出现"计算机系统"一词。

小提示:

①允许记忆的标准拼音词最大长度为 9 字,最大词条容量为 17 000 条。

②刚被记忆的词并不立即存入用户词库中,至少要使用三次后,才有资格长期保存。新词栖身于临时记忆栈之中,如果栈"客满",而当它还不具备长期保存资格的时候,就会被后来者挤出。

③刚被记忆的词具有高于普通词语,但低于最常用词的频度。

④在自动分词过程中,如果结果与用户需要不符,可用【← backspace】键或回车键进行干预。

(3)强加记忆:一般用来定义那些非标准的汉语拼音词语。利用该功能,可以直接把新词加到用户库中。其定义方法为:在输入法状态条任意位置单击鼠标右键,从中选择定义新词,则调出如图 2-16 所示对话框,进入强制记忆过程。

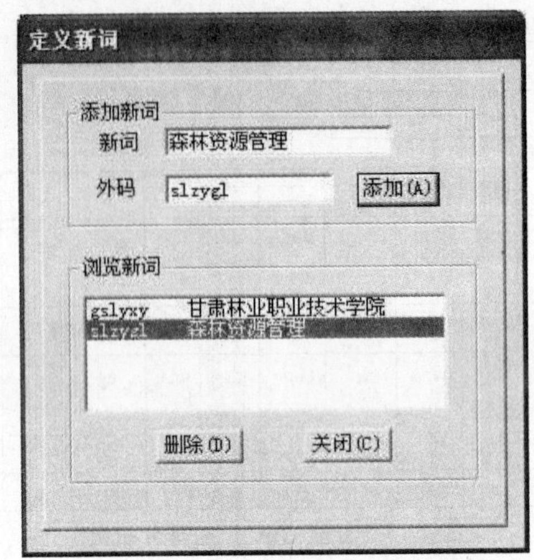

图 2-16 智能 **ABC** 强制组词对话框

小提示：

①强制记忆一个新词，必须输入词条内容和编码两部分。词条的内容，可以是汉字词、词组或短语，也可以由汉字和其他的字符组成；编码可以是汉语拼音、外来语原文、或者是使用者所喜欢的任意标记。

②允许定义的非标准词最大长度为 15 字，输入码最大长度为 9 个字符；最大词条容量为 4000 条。

(4)频度调整和记忆：所谓词的频度，是指一个词使用的频繁程度。智能 ABC 标准库中存的同音词的词序安排，反映了它使用的一般规律。但对于不同使用者来说，可能有较大的偏差。所以，智能 ABC 设计了词频调整记忆功能。

小提示：

①选中属性设置中的“词频调整”选项后，词频调整就开始自动进行，不需要人为干预。

②主要调整默认转换结果，因为系统把具有最高频度值的候选词条作为默认转换结果。

③词频调整的词长范围为 1～3 音节。对单音节词来说，需要使用两次，词频才发生变化。

(5)前加成分和后加成分：前加成分和后加成分是系统自动处理构词过程中的前加成分和后加成分。有些词只能作为前加成分，例如“副”：副主席，副主任；有些词只能作为后加成分，例如“们”：先生们，女士们。在输入过程中，智能 ABC 可以自动识别这些前加成分和后加成分，以自动搭配。

小提示：

这些前加和后加成分均由系统自动识别和匹配，并非词频调整所致。

(6)词库：智能 ABC 具有一个大约 6 万词条的基本词库。另外，智能 ABC 的动态词库具有自动筛选功能，其自动记忆的词汇容量可达 1.7 万词条，强制记忆的词汇可达 4000 条。

训练四　汉字录入法——五笔录入技术

“五笔”是五笔字型输入法的简称，是目前中国以及一些东南亚的国家，如新加坡、马来西亚等国，最常用的一种汉字输入法之一，发明人王永民。而后来也衍生出多种其他五笔输入法，如陈桥、万能、极点、小鸭等。不过其普及程度与影响力远不及王码五笔。而五笔输入法一般指的是王码五笔。

1.汉字文化基础

(1)汉字的三个层次

汉字是方块字，如果按照偏旁部首分析，可将汉字分解成几个基本部分，称之为“字根”，而“字根”又可分解成基本“笔画”，由基本“笔画”组成基本“字根”，又由“字根”，构成诸多“汉字”，即汉字的三个层次是：“字根——笔画——汉字”。

(2)汉字的五种基本笔画

在书写汉字中，一次不间断地、连续写成的一个线段，叫做汉字的笔画。若只考虑笔画的运笔方向而不计其轻重、长短，汉字的笔画可分为“横、竖、撇、捺、折”五类；五笔字型方案是根据汉字的具体形态结构及笔势变形进行了归类。这是因为，基本笔画“一”、“丨”、“丿”、“丶”、“乙”，常因笔画和结构的匀称关系而产生变形，但其共性在于，不论运笔的方向是否变化，线段是否连续，各种笔画仍然具有基本笔划的形态特征。比如：笔画是“提”，起笔为左下角，止笔在右上角，它的笔画走向与“横”的形态特征是相似的，所以将“提”与“横”归为一类；又如：将“亅”与“丨”归为一类；所有带转折的笔画都归为“折”类等等。基本笔画的分类及它们的代码，如表 2-3 所示。

表 2-3　　基本笔画及其编码

笔画名称	编　码	笔画走向	笔画及变形
横	1	由左向右	一
竖	2	由上向下	丨 亅
撇	3	由右上至左下	丿
捺	4	由左下至右上	㇏ ㇀ 丶
折	5	带转折	㇖ 乙 乚

表 2-3 中，编码一栏中所标的数字，表示基本笔画的代码；当我们对汉字进行拆分时，有了上面的笔画分类与代码，就可以将基本笔画用笔画代码来代替，便于我们对五笔编码的记忆及汉字的拆分。

(3)汉字的字根

将基本笔画组成的、相对不变的结构划分出来，这种相对不变的部分称为“字根”。它是五笔字型编码方案中汉字的基本组成单位。

选取字根的条件是，要么能组成很多的字，如“王土大木工，目日口田山”等，要么组成的字根就特别常用，如白(组成“的”)、西(组成“要”)等。

应该说，绝大多数字根都是查字典时的偏旁部首，如：“人口手金木水火土”等。

相反，相当一些偏旁部首因为不太常用，或者可以轻易地拆成几个字根，便不被人选为字根了，如：比、歹、风、气、欠、殳、斗都不是“字根”。

五笔字型的字根总数是 130 多个。有时候，一个字根之中，还包括几个相似的字根，主要是：

● 字源相同的字根，如：心、忄等。

● 形态相近的字根，如：、廿、已、己、巳等。

● 便于联想的字根，如：耳、阝、卩等。

所有相似的字根称为主字根的辅助字根，它们同在一个键位上，编码时使用同一代码（即同一个字母或区位码）。

单：即五种基本笔画本身。

散：组成字根的笔画之间有一定的间距。如："三、八"等。

连：组成字根的笔画之间是相连的关系。如："厂、人、尸、"等。

交：组成字根的笔画之间是相互交叉而形成的。如："十、力、又、车"。

上面提到的四种情况是基本情况。有些"字根"中，笔画的组成结构为混合型的，即一个"字根"的各笔画间，有连，有交，又有散，例如："雨、禾"等。

掌握上述笔画间的关系，对非基本字根的拆分及汉字结构"识别码"的确定是非常有用的。

(4)汉字的组成结构

将基本"字根"按照不同的位置关系组合起来，就形成了成千上万的方块汉字。若按其不同的组成结构，可将汉字划分为三种类型：即"左右型"、"上下型"、"杂合型"。不管它们拥有多少汉字，从 1～3 顺序命以代号 1、2、3，称为汉字结构代码，如表 2-4 所示。

表 2-4　五笔字型三种字型及其代码表

字　型	代　号	字　例
左右	1	江 汉 给 到
上下	2	字 空 花 型
杂合	3	因 凶 道 天 且

汉字是一种平面文字，同样几个字根，摆放位置不同，就是不同的字。如"叭"与"只"、"吧"与"邑"等。可见，字根的位置关系，也是汉字的一种重要特征信息。

约定："1 型字"，便是指左右型："2 型字"，便是指上下型；"3 型字"便指不能分块或虽能分块，但块与块之间没有明显左右上下关系之分。

三种字型的划分是基于对汉字整体轮廓的认识，指的是整个汉字中字根之间排列的相互位置关系，搞清这一点，对于确定多字根汉字的类型是十分重要的。

2.五笔字型概述

(1)字根的选取

五笔字型编码方案中的字根，是将组字的能力强（即组字频度高）且在日常汉语文字中出现次数多（即实用频度高）的部分，作为组字的基本单位，称为基本字根。而将常用部首中所有落选的非基本字根一律按"单体结构拆分原则"，拆分成彼此交连套迭的几个基本字根。

这些字根可以按比较统一的规则拼形组成汉字，或者说汉字可以按统一的规则拆分成基本字根的确定组合。

(2)字根分类及区位码

五笔字型编码方案将 130 个字根按起始笔画分为五个区，每个区又考虑字根的第二个笔画，再分为五个位，分别命名为区位号，用“11～55”来表示，共计 25 个区位，十位数为区号，个位数为位号，每个区位对应一个英文字母键，如图 2-17 所示。例如：“有”在 3 区 3 位，其区位号为“33”（E 键）。

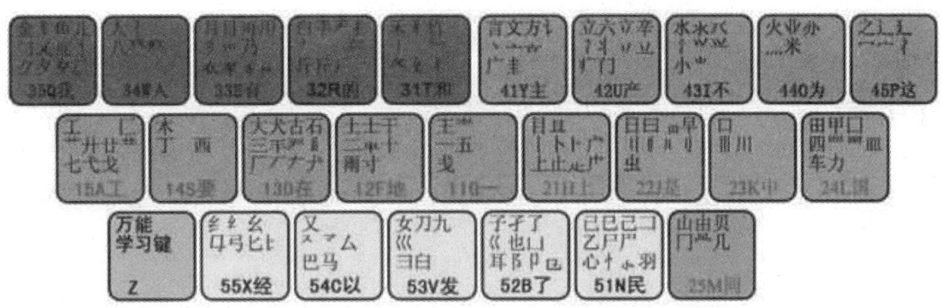

图 2-17　五笔字根表

（3）字根分区划分原则

根据图 2-17 讨论一下字根分区定位原则：

定区：对于任何字根，第一笔的笔画代号就唯一确定了它在键盘上的区号，即第一笔将其范围缩小到区号的 1～5，如图 2-18 所示。

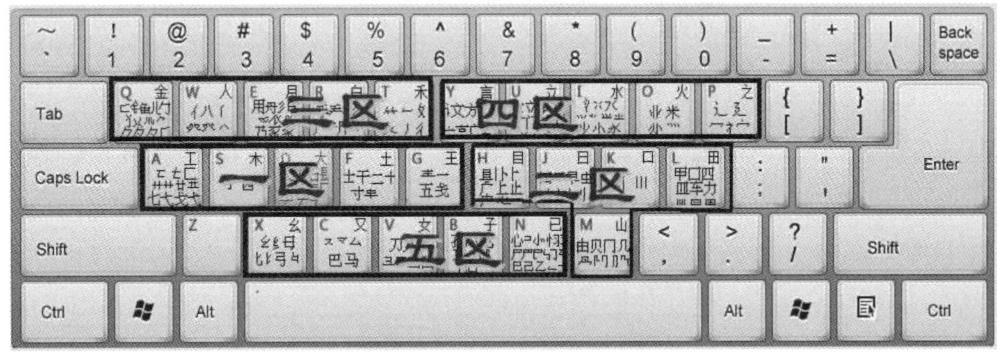

图 2-18　五笔字型键盘分区

定位：对于位号的确定有三种方法：

①部分字根第二笔的笔画代号与位号一致。130 种字根中，位号与第二笔笔画代号相一致的达 90 种左右，约占字根总数的 70%。

②位号与该键位上的复合散笔字根的笔画数字保持一致。如横一区的：“一、二、三”；竖二区的“丨、刂、川”

③有些形态和渊源一致的字根，被安排在同一键上。如“之、廴_”都在【P】键上，“耳、阝、卩”都在【B】键上等。

总之，根据以上三条之一就可确定区中的五个位号之一，这样在 25 个键位中就可以找到所寻字根的唯一键位。但注意，个别字根的笔画特征与所在区、位号不相符合，同时与其他字根之间又缺乏联想性，要注意观察分辨。

(4)五笔字型字根助记词

为保持技术的连续性，第三代五笔字型(新世纪版)的25个“键名”没有变动。新设计的字根体系更加符合分区划分规律，更加科学易记而实用，按规范笔顺写汉字的人，取码输入将得心应手。《字根助记歌》如表2-5所示。

表2-5 五笔字型助记歌

分区	助记词
1区横起笔	11 G 王旁青头戋(兼)五一，(“兼”与“戋”同音)； 12 F 土士二干十寸雨，一二还有革字底； 13 D 大犬三羊古石厂，羊有直斜套去大(“羊”指羊字底)； 14 S 木丁西边要无女； 15 A 工戈草头右框七，(“右框”即“匚”)
2区竖起笔	21 H 目止具头卜虎皮；22 J 日早两竖与虫依； 23 K 口中两川三个竖；24 L 田框四车甲单底； 25 M 山由贝骨下框几
3区撇起笔	31 T 禾竹一撇双人立，(“双人立”即“彳”)反文条头共三一。(“条头”即“夂”)； 32 R 白斤气头叉手提(白手看头三二斤)； 33 E 月彡(衫)乃用家衣底，爱头豹头和豹脚，舟下象身三三里； 34 W 人和八登祭取字头； 35 Q 金勺缺点无尾鱼，(指“勹”)犬旁留叉多点少点三个夕，氏无七(妻)
4区点起笔	41 Y 言文方点在四一，高头一捺谁人去； 42 U 立辛两点六门病(疒)； 43 I 水旁兴头小倒立。(指“氵”)； 44 O 火变业头四点米； 45 P 之字军盖建道底，(即“之、宀、冖、廴、辶”)
5区折起笔	51 N 已半巳满不出己，左框折尸心和羽； 52 B 子耳了也框向上，两折也在五耳里，(“框向上”即“凵”)； 53 V 女刀九臼山朝西。(“山朝西”即“彐”)； 54 C 又巴马，经有上，勇字头，丢矢矣，(“矣”去“矢”为“厶”)； 55 X 慈母无心弓和匕，幼无力。(“幼”去“力”为“幺”)
Z	忘记字根可代替识别码

3.五笔输入法

(1)字根的类型

五笔字型字根的键位排列，既考虑了各个键位的实用频度、条件概率和键盘指法，又做到了使字根代号从键盘中央向两侧依大小顺序排列。这样做，键位便于掌握，代号好学好记，击键效率便于提高。

从五笔字型键盘字根总图可看出，130种基本字根又可分为四种类型字根：

①键名字根：同一键位代号码的一组字根中有代表性的一个字根(每个键位方框左上角的字根就是键名)。如：王土大木工；目日口田山；禾白月人金；言立水火之；已子女又多(读丝音)。

②成字字根：字根本身就可单独成为一个汉字的字根，如八、斤、广、车、马、雨等。在130种基本字根中，成字字根占很大比重。

③笔画字根：横、竖、撇、捺、折五种笔画就是笔画字根，它们都在本区首位。

④其他字根：130 种基本字根中，除以上的其他所有字根。

以后凡是提到字根，一律指这 130 种基本字根，只有这 130 种基本字根才有资格参加编码，其他任何形式的笔画结构，都要全部理解为是由这 130 种基本字根组成的。

掌握了以上特征后，对整个字根键位总图就不难熟悉了，对于那些与键面上的主要字根属于同种类型的次要字根，一是稍加熟悉后进行联想；二是可以作为未知字根通过上机验证进行学习；三是可以将字根键盘总图做成小卡片，以备随时备查，多使用几次就会熟悉并掌握。如果给 500 个字编码并在机器上验证后，那么，对键盘上字根的键位和汉字的拆分方法，就会悟出一定的规律性来。

(2)五笔字型汉字编码方案拆字原则

五笔字型计算机汉字编码方案拆字的基本原则可概括为下面几种情况：

①单字根汉字：这种汉字就是我们所说的成字字根。由于这种汉字只有一个基本字根，所以不用再拆，编码方法有单独规定。这类字如：木、大、女、乙等。

②散结构的汉字：由于组成这种汉字的字根之间没有什么关联，各部分相对独立，所以拆分时只需简单地将那些字根孤立出来就行。

③除此之外，结构较复杂的汉字由于组成字根之间有相连、包含或嵌套的关系，没有很明显的界限，对初学者来说，难以拆分。对这样的汉字，拆分时基本上是按书写顺序拆分成几个已知的最大字根，以增加一笔就不能构成已知字根这个原则来决定笔画的归属。

④拆分汉字的原则：取大优先，兼顾直观，能连不交，能散不连。

取大优先：也称能大不小。也就是说，如果一个汉字可能有几种拆分方法，有些方法拆出来的字根少，这时就以拆分字根数量少的那种为优先。而要字根数少，只能用拆分成的字根尽可能大的手段实现。这里的尽可能大是指拆出来的某个部分再加一笔就不是那 130 多个基本字根中的一个，即不是基本字根，把它归纳为四名拆分口诀则成：

单勿需拆，散拆简单，难在交连，笔画勿断。

能散不连，兼顾直观，能连不交，取大优先。

(3)末笔字型交叉识别

末笔识别码与上一段的文字结构有所联系，因为末笔识别码的不同是根据字的结构来决定的。

末笔识别码的作用：五笔之所以快，就是因为重码率低。所谓重码率，指的是当用编码打出字后，分别显示出几个字来让你用数字选择其相对位置的汉字，习惯是按空格键方便。

末笔识别码定位：如表 2-6 所示。

表 2-6　末笔识别码定位表

末笔画字型	一(1)	丨(2)	丿(3)	丶(4)	乙(5)
左右型(1)	11(G)	21(H)	31(T)	41(Y)	51(N)
上下型(2)	12(F)	22(J)	32(R)	42(U)	52(B)
杂合型(3)	13(D)	23(K)	33(E)	43(I)	53(V)

①左右型识别码为文字的第一种类型，也就是识别码范围键的第一个键；

②上下型识别码为文字的第二种类型，也就是识别码范围键的第二个键；

③杂合型识别码为文字的第三种类型，也就是识别码范围键的第三个键。

(4)五笔字型的取码规则

字根总图里有的汉字，称为键盘名字和成字字根；总图里没有的汉字，称为键盘外字或合体字。为了便于掌握，将五笔字型的取码规则编为口诀如下：

五笔字型均直观，依照笔顺把码编；

键名汉字打四下，基本字根请照搬。

一二三末取四码，顺序拆分大为先；

不足四码要注意，交叉识别补后边。

(5)五笔字型汉字的基本输入方法

键名字的输入：键名字共有 24 个，输入时只需连击四下所在键，即可。如："王"为"GGGG"、"火"为"OOOO"、"山"为"MMMM"等。

成字字根的输入：成字字根是除键名字以外本身独立的基本字根。取码规则为：先击它所在键一下(称为报户口)，再根据"字根拆成单笔画"的原则，输入它的第一、第二和最后一个单笔画，不足四码时，补击一个空格。

简码输入：

①一级简码：一个字母一个字。五笔定义使用最频繁的二十五个汉字，又称常用字或高频字：

一地在要工，上是中国同，和的有人我，主产不为这，民了发以经。

②二级简码：两个字母一个字。

③三级简码：三个字母一个字。

④四级简码：又叫全码字，四个字母一个字，且此字只能取四码。

五种基本笔画输入：这几个笔划的编码方法是固定的："一"为"GGLL"、"丨"为"HHLL"、"丿"为"TTLL"、"丶"为"YYLL"和"乙"为"NNLL"。

多于四笔汉字的输入：如果汉字多于四笔，请用"第一字根＋第二字根＋第三字根＋末笔字根"的方法输入。

词组输入：

①两个字的打法：第一个字的第 1 笔＋第一个字的第 2 笔＋第二个字的第 1 笔＋第二个字的第 2 笔。

②三个字的打法：第一个字的第 1 笔＋第二个字的第 1 笔＋第三个字的第 1 笔＋第三个字的第 2 笔。

③四个字的打法：四个字中每个字的第一笔的字母加在一起。

④多字词的打法：第一个字的第 1 笔＋第二个字的第 1 笔＋第三个字的第 1 笔＋最后一个字的第 1 笔。

课后练习

1. 请完成 2000 字符的英文文档录入练习，以熟悉键盘操作。
2. 请完成 3000 汉字的中文文档录入练习，以熟悉中文汉字录入技术。
3. 请完成 100 种不同字符的特殊符号插入练习，以熟悉鼠标的操作方法。

模块三　办公自动化操作系统应用与维护技术

在各种软件中，操作系统是最基础的软件，其他所有软件都运行于操作系统之上。也就是说，一台电脑必须首先安装操作系统，才能安装和使用其他软件。操作系统：简称 OS (Operating System)，是控制和管理电脑的平台，电脑需要安装操作系统才能为我们工作。常见的操作系统有 Windows、UNIX 等。其中，Windows 是主流的操作系统，又包括 Windows XP、Windows 2003、Windows 7 等。

操作系统简称 OS(Operating System)，是控制和管理电脑的平台，电脑需要安装操作系统才能为我们工作。常见的操作系统有 Windows、UNIX 等。其中，Windows 是主流的操作系统，又包括 Windows 7、Windows 8、Windows 10 等。

实训一　定制个性化 Windows 7 工作环境

任务目标：

- 记住桌面上的常用的图标和它们的名称及用途，以及桌面右键菜单所包含的项目。
- 认识窗口的各个组成部分的名称和功能，并能熟练运行它们。
- 会对电脑桌面背景、窗口颜色及屏幕保护等进行设置。

任务描述：

- 本任务要求学习者能理解 Windows 7 桌面、任务栏、窗口等，并能熟练运用Windows 7 操作系统。能熟练地对 Windows 7 操作系统进行个性化设置，使电脑的使用者赏心悦目。

训练一　认识桌面

Windows 操作系统启动成功就会显示一个界面，我们称为【桌面】，如图 3-1 所示，桌面是认识电脑的第一步。

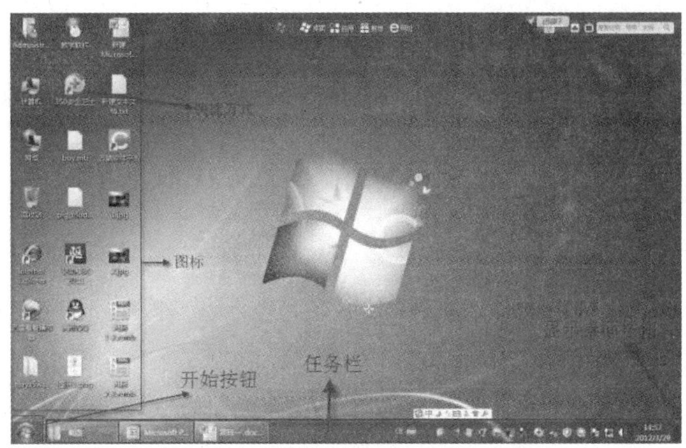

图 3-1　Windows 桌面

1.工作区

桌面上的大片空白称为工作区，上面可以放置各种图标和打开的窗口。桌面上一般放置几个固定的图标和带箭头的快捷方式图标。

2.图标

图标是一个小图片下面有文字，一个图标代表一个文件或者是一个程序，鼠标单击的时候，一般瞄准图标。

3.快捷方式

快捷方式的图标下面有一个小箭头，它是指向程序的一个快捷图标，程序一般放在桌面以外的专门的文件夹里头。

4.任务栏

桌面最下面的一个长条叫任务栏，目前运行的程序都会在任务栏上显示一个小格子，上面有图标和名称，表示现在正在运行。最左边是【开始】按钮，最右边是【系统托盘】及通知区域。

5.文件夹

文件夹的图标是一个包，里面可以装很多的文件，不同类别的文件放在不同的包里。

6.开始按钮

任务栏最左边的一个 Windows 徽标样的图标，单击后会弹出【开始】菜单，只要单击菜单中的某一项即可打开相应功能。

训练二　认识窗口

Windows 被称作视窗操作系统，它的界面是由一个个的窗口组成的，下面学习一下窗口的知识。

在任务栏左边，找到黄色的文件夹图标，单击打开【库】窗口，如图 3-2 所示。

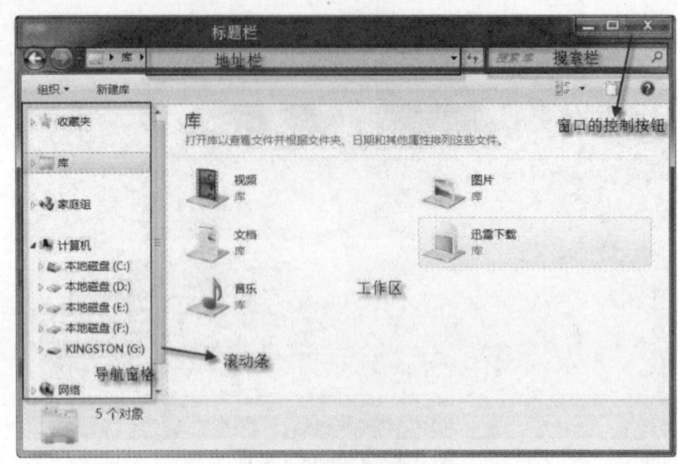

图 3-2 【库】窗口

1.边框

每个窗口都有四个边,将鼠标移到边上,指针会变成一个双箭头,这时按住拖动就可以改变窗口的大小。

2.标题栏

窗口的最上边的长条就是标题栏,在 Windows 7 的窗口中,标题已经和地址栏合并到了一起,拖动标题栏可以移动窗口的位置。

最右边的三个控制按钮分别是最小化、最大化/恢复和关闭按钮,单击可以改变窗口大小。

3.地址栏

标题栏下边是地址栏,中间有一个长条文本框,表示现在所在的文件夹位置,单击旁边的黑三角下拉按钮可以切换位置。

在路径名称旁边有一个黑三角转到按钮,单击可以切换到其他位置,如图 3-3 所示。

图 3-3 地址栏上的位置切换按钮

4.常用工具栏

单击地址栏下方的【组织】标签,显示常用操作命令的下拉菜单,如图 3-4 所示。

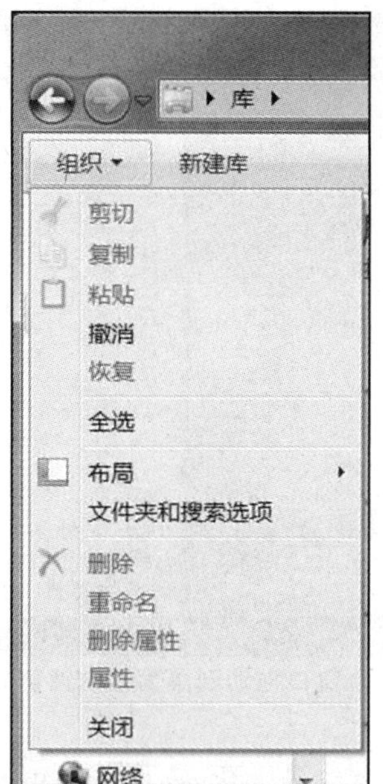

图 3-4　窗口的常用工具栏

5.导航窗格

在窗口左侧有一个侧栏，里面显示了其他常用的文件夹，单击可以快速切换到其他位置。

6.工作区

窗口中间的空白区域就是工作区，里面存放文件和文件夹。

7.滚动条

窗口缩小以后，有时在右侧和底边会出现一个长条，两头是个黑三角箭头，这就是滚动条，单击黑箭头或者拖动滚动条，窗口下面的内容就会滚动显现出来。

训练三　窗口的对齐

1.侧对齐窗口

使用【对齐】功能可以并排排列窗口，在比较两个文档或在不同位置之间拖动文件时此功能特别有用。

(1)将窗口的标题栏拖到屏幕左侧或右侧，直到鼠标碰到桌面边缘且展开的窗口轮廓出现为止。

(2)释放标题栏，以展开窗口。

(3)对另一窗口重复前面步骤，靠到桌面另一侧，以便将这两个窗口并排排列。

(4)若要将窗口还原为原始大小，请将标题栏拖离桌面顶部，然后释放，如图 3-5 所示。

图 3-5 将窗口拖动到桌面左右两侧并排排列

2.顶部对齐窗口

可以使用【顶部对齐】功能将窗口最大化，这样可以更容易地重点关注该窗口，而不会在其他打开的窗口上分散注意力。

(1)将窗口的标题栏拖到屏幕顶部，直到展开的窗口轮廓出现为止。

(2)释放标题栏以展开窗口，使其充满整个桌面。

(3)若要将窗口还原为原始大小，请将窗口的标题栏拖离屏幕顶部。

3.使用 Aero Shake 晃动最小化打开的窗口

可以使用 Aero Shake 晃动将所有打开的窗口快速最小化，只剩下您需要使用的窗口。还可以轻松还原所有窗口。

(1)在需要保持打开状态的窗口中，快速地来回拖动(或晃动)标题栏。

(2)若要还原已最小化的窗口，请再次晃动打开的窗口。

训练四　显示常用图标

新安装的 Windows 7 桌面上只有一个回收站图标，现在为了工作方便，想在桌面上显示【计算机】、【控制面板】、【网络】和【回收站】等常用图标，并按照自己的需要排序。

1. 在桌面上空白位置右击，在桌面快捷菜单中选择【个性化】。

2. 单击个性化设置窗口左侧的【更改桌面图标】，如图 3-6 所示。

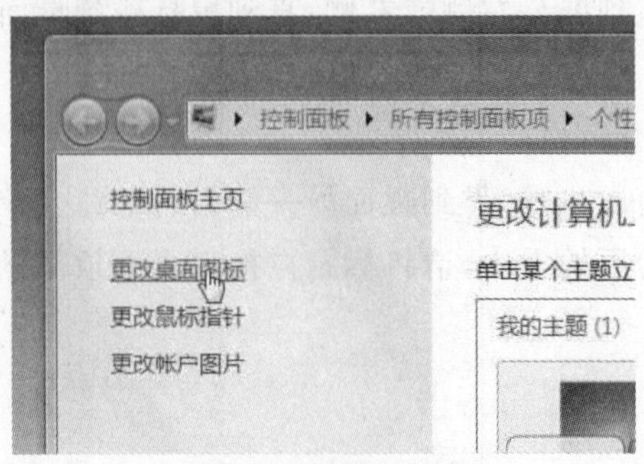

图 3-6 个性化窗口

3. 选中需要显示的桌面图标，然后单击【确定】即可，如图 3-7 所示。

图 3-7　桌面图标设置对话框

训练五　设置桌面背景和窗口颜色

1. 在桌面空白处鼠标右击，选择【个性化】，如图 3-8 所示。

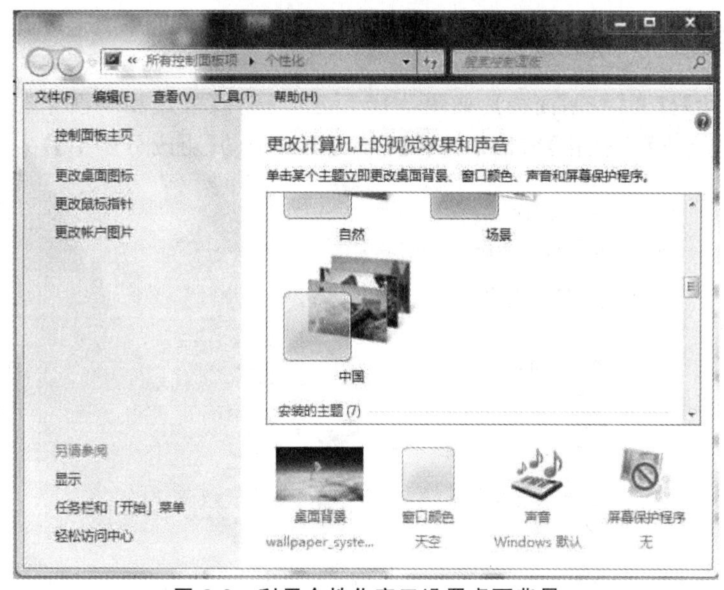

图 3-8　利用个性化窗口设置桌面背景

2. 在个性化窗口界面中点击【桌面背景】图标。

3. 在打开的桌面背景窗口中选择自己喜欢的背景图片，例如【中国】背景。

4. 除了默认的壁纸，也可以选择自己所需的图片，单击【图片位置】旁边的【浏览】按钮，选择存放图片的地址，如图 3-9 所示。

图 3-9　桌面背景窗口

5. 设置背景图片自动播放，单击【全选】按钮，将当前位置的全部图片都勾选，修改下方的【更改图片时间间隔】选项，指定在某个时间段自动更换壁纸即可。如果要让壁纸无顺序更换的话，勾选图 3-9 对话框中的【无序播放】选项，最后单击【保存修改】。

6. 在个性化窗口界面下单击【窗口颜色】。然后选择窗口颜色为【白霜】，并选中【启用透明效果】。

训练六　设置屏幕分辨率

1. 单击【开始】打开【控制面板】，如图 3-10 所示。选择【外观和个性化选项】，单击【调整屏幕分辨率】(或者在【个性化】窗口中选择【显示】窗口中的【更改分辨率】)。

图 3-10　控制面板窗口

2. 在【分辨率】下拉菜单中选择推荐分辨率并保留更改，单击【分辨率】下拉菜单，选择最佳分辨率(Windows 7 会在最佳分辨率后面显示“推荐”的字样)，单击【应用】;系统会询问

“是否要保留这些显示设置”，单击【保留更改】，之后单击【确定】完成更改，如图 3-11 所示。

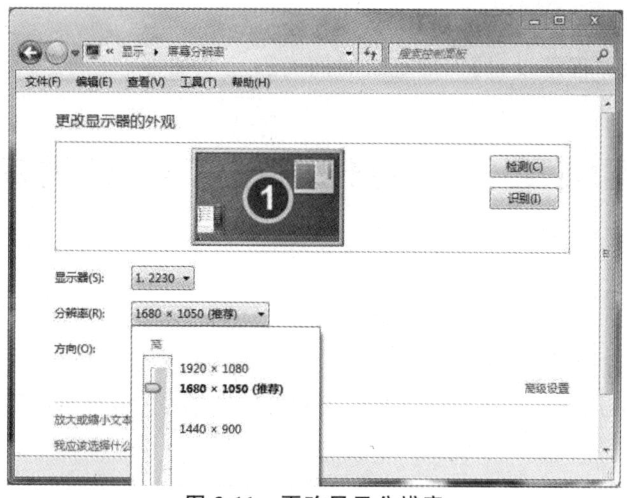

图 3-11　更改显示分辨率

训练七　设置屏幕保护程序

1. 在【个性化】窗口中选择【屏幕保护程序】，如图 3-12 所示。

2. 在【屏幕保护程序设置】对话框中选择屏幕保护程序为【照片】，在右侧单击【设置】按钮。

图 3-12　屏幕保护程序设置对话框

3. 在【照片屏幕保护程序设置】中选择【幻灯片放映速度】为【中速】，并选中【无序播放图片】。

4.单击窗口中的【浏览】按钮,选择【库】中的【公用图片】下的【示例图片】。

5.单击【确定】按钮并单击【保存】。

6.设置【屏幕保护程序设置】中的等待时间为【1 分钟】,单击【确定】。

实训二 使用任务栏和开始菜单

任务目标:

● 会对任务栏进行设置,能通过任务栏快速进行常用操作。

● 会使用 Windows 的开始菜单打开应用程序,能使用开始菜单中相关功能管理和设置计算机。

任务描述:

● 本任务要求学习者能通过任务栏对应用程序快速切换,而不必每次都在【开始】菜单中查找它,能把比较常用的功能或程序放置到任务栏中。

● 本任务要求学习者能理解 Windows 7 开始菜单的功能结构,会对开始菜单显示方式进行设置,并能熟练运用 Windows 7 开始菜单打开应用程序,掌握关机及切换用户等操作。

训练一 将程序锁定到任务栏

1.如果程序未运行,则单击【开始】按钮,选择【所有程序】,找到所需程序,如:【记事本】、【Microsoft Word 2010】并右键单击,然后单击【锁定到任务栏】。

2.如果程序已运行,右键单击任务栏上的相应程序按钮,如【记事本】,然后单击【将此程序锁定到任务栏】,如图 3-13 所示。

图 3-13 利用任务栏将已打开的记事本程序锁定到任务栏

3.重新排列和整理任务栏上的程序按钮。若要重新排列任务栏上的程序按钮顺序,只需在任务栏上将按钮从当前位置拖动到另一位置即可,如拖动 Word 程序的图标放到任务栏的第一位上。

4.快速启动。任务栏上放置了一组默认的图标,可用来启动各个应用程序。这组图标可以自由添加以及删除现有图标。将相应图标如【Word 2010】,拖至任务栏上可将 Word 程序附加到任务栏的快速启动栏中,如图 3-14 所示。在任务栏中相应应用程序图标上右键单击菜单上的【将此程序锁定到任务栏】或【将此程序从任务栏解锁】,即可在任务栏上固定或取消固定程序。

图 3-14　拖动图标将程序附到任务栏上

5. 使用任务栏上的相应图标启动应用程序后，该图标上面会覆盖一个正方形，表示应用程序现在正在运行。如果为同一个应用程序打开了多个窗口，或者打开了同一个应用程序的多个实例，则图标上面会由覆盖一个突出显示的正方形变为覆盖多个突出显示的正方形。同一个应用程序的所有窗口会折叠为一个图标，如图 3-15 所示。

图 3-15　同一程序多窗口显示的任务栏图标样式

训练二　设置任务栏显示属性

1. 将鼠标指针移动到任务栏上空白处，单击鼠标右键，在弹出的快捷菜单中选择【属性】，如图 3-16 所示。

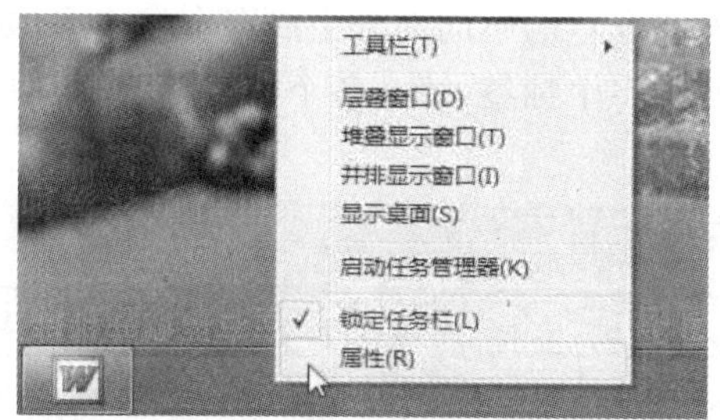

图 3-16　任务栏属性菜单

2. 在弹出【任务栏和开始菜单属性】窗口，切换到【任务栏】选项卡，勾选【使用小图标】，单击【确定】按钮，任务栏中的图标就会变小，既节省任务栏空间，又不会影响任务栏的操作，如图 3-17 所示。

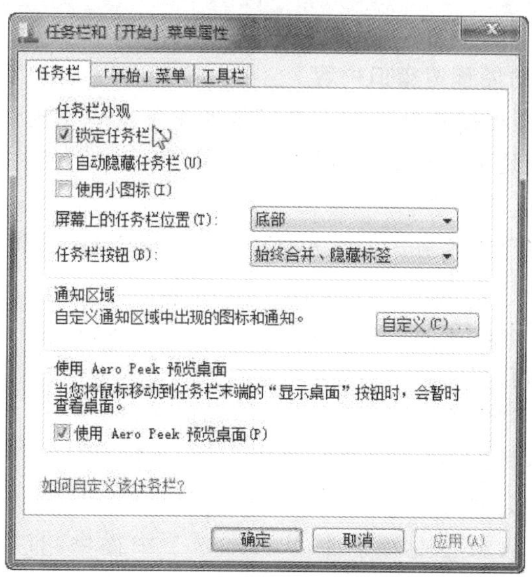

图 3-17　任务栏属性设置对话框

3.设置任务栏显示位置。Windows 7 任务栏默认显示在屏幕底部，其实任务栏的显示位置也是可以自定义的。

(1)打开【任务栏和开始菜单属性】窗口，切换到【任务栏】选项卡。

(2)打开【屏幕上的任务栏位置】下拉框，从下拉列表中选择“底部”“左侧”“右侧”或“顶部”，单击【确定】按钮，即可让任务栏在桌面底部、左侧、右侧或顶部等不同位置显示。

(3)在任务栏上右击，在菜单中取消选择【锁定任务栏】后，可用鼠标拖动任务栏到桌面任意一侧，松开鼠标后任务栏的显示位置会随即发生改变。

训练三　使用任务栏快速切换程序

Windows 7 中的任务栏还可以显示打开的应用程序的缩略图预览，并且会为相应窗口提供文字说明。这样可以根据窗口的内容直观地识别相应窗口，从而查看并选择所需窗口。

1.使用任务栏缩略图切换窗口

若要选择某个特定的窗口，应首先在任务栏中单击相应的图标，然后再单击所需窗口的缩略图。

有些应用程序能够为同一窗口的不同部分生成多个缩略图，如 Internet Explorer。如果在同一个浏览器窗口中打开了多个标签，那么各个标签都将具有自己的缩略图(可以对此进行配置)，如图 3-18 所示。

图 3-18　使用任务栏快速切换程序

2.使用 Aero Peek 的新功能预览窗口内容

虽然应用程序缩略图可以很好地配合文字说明来帮助识别所要寻找的窗口，但只是有时缩略图不够大，无法清楚地显示窗口图片。为了帮助识别所要寻找的窗口，Windows 7 提供了一项名为 Aero Peek 的新功能。

(1)当将鼠标光标悬停在任务栏上的相应缩略图上几秒钟后，将会显示与该缩略图关联的窗口，而所有其他窗口均会变为透明，如图 3-19 所示。

(2)如果将鼠标光标移动到另一个缩略图上而不单击该缩略图，则可见窗口会变为与新聚焦的缩略图相关联的窗口。

(3)将鼠标光标从缩略图上移走，则会恢复以前的布局。

(4)还可以使用连续按【Alt＋Tab】键或【Win＋Tab】键切换已打开的程序窗口，切换效果分别如图 3-20 和图 3-21 所示。

注：Aero Peek 功能只在专业版以上 Windows 7 中提供，且必须是激活状态下才能使用。

图 3-19　用鼠标在缩略图上悬停显示窗口大缩略图

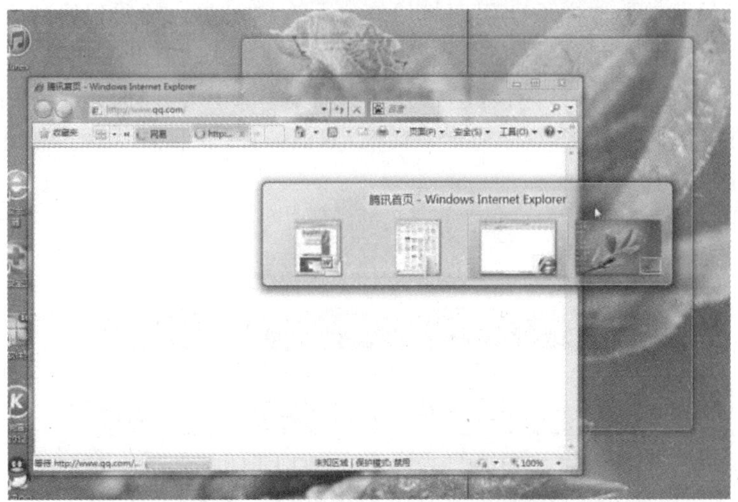

图 3-20　用【Alt＋Tab】键切换程序窗口

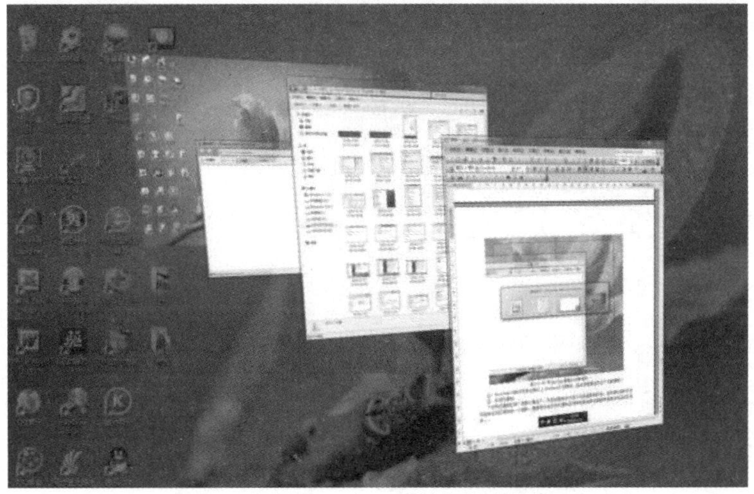

图 3-21　用【Win＋Tab】键切换程序窗口

训练四 显示桌面

1. 在 Windows 7 中,以前常用的位于快速启动栏中的【显示桌面】按钮移到了任务栏最右侧,显示为细竖条的即是新的【显示桌面】按钮,如图 3-1 所示。目的是让用户更容易找到并单击它,用户只需将鼠标指针放在该图标并单击即可;一旦习惯了这个新位置,可能不必看该按钮便可单击它。

2. 在 Aero Peek 功能激活的状态下,使用鼠标右击,在【显示桌面】图标右键菜单中选中【显示桌面】选项,那么如果当鼠标光标悬停在【显示桌面】按钮上而不进行单击,即可只显示桌面而不显示其他窗口,移走鼠标时重新显示当前窗口内容。

训练五 将程序附加到开始菜单

1. 单击【开始】→【所有程序】→【腾讯】→【腾讯 QQ】,用鼠标右键单击腾讯 QQ 程序,并选择【附加到开始菜单】,这样 QQ 程序将始终显示在列表中。常用程序列表能够显示用户使用频率较高的应用程序,无须转到【所有程序】列表即可快速打开常用项目。

2. 若想清除历史记录,可以右键单击开始菜单【Windows 徽标】按钮,并选择图 3-22 所示菜单中的【属性】,打开如图 3-23 所示对话框,取消选择【隐私】栏中的复选框,并单击对话框右下角【确定】按钮。

图 3-22 开始按钮上的右键菜单

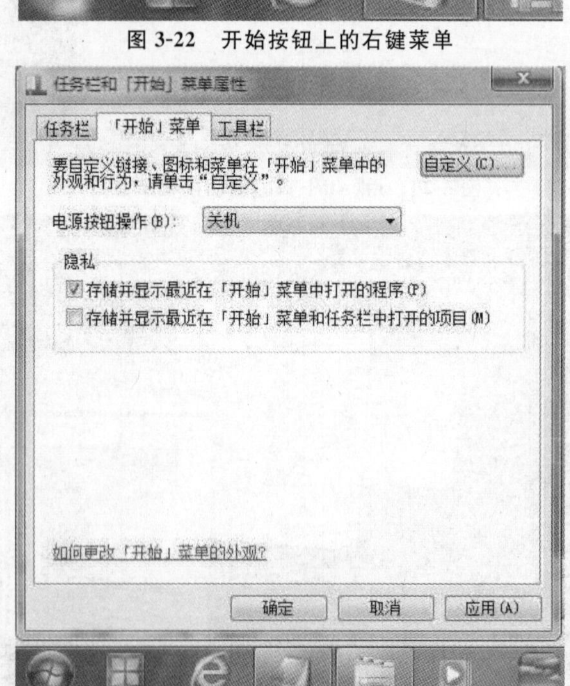

图 3-23 开始菜单属性对话框

训练六　使用【最近使用过的项目】跳转列表

跳转列表是指最近使用的项目的列表，如文件、文件夹或网站等，该列表按照打开它们时使用的程序排列整理。使用跳转列表打开程序、最近使用的项目和收藏夹项目，以便快速获取每天使用的项目。使用跳转列表的一些方法如下：

1.从任务栏和【开始】菜单查看跳转列表并打开项目

(1)右键单击任务栏上的【Microsoft Word 程序】图标，或者单击【开始】按钮，指向【Microsoft Word 程序】图标，指向或单击该程序旁边的箭头。

(2)单击相应的文件【项目三】即可快捷打开文件【项目三. doc】。

2.将收藏项目锁定到跳转列表

(1)单击该程序列表中【项目三. doc】旁边的【图钉】图标，然后单击【锁定到此列表】。

(2)若要从跳转列表中删除项目，请打开程序的跳转列表，指向该项目，直接单击已固定项目名称后的【图钉】图标，或右击【图钉】图标然后选择【从此列表解锁】，如图 3-24 所示。

3.更改已锁定项目或最近使用过的项目的顺序

打开跳转列表，然后将【项目三. doc】拖动到另一位置即可改变项目一在列表中的顺序。

4.从跳转列表中完全删除项目

打开跳转列表，右键单击【项目三. doc】，然后单击【从此列表中删除】。此操作不会删除此文件，只是将它从跳转列表中删除。下次打开该项目时，它可能会重新显示在跳转列表中。

5.几种不同的方式打开跳转列表

(1)右键单击任务栏上的相应图标，如图 3-25 所示。

(2)用鼠标左键将图标从任务栏径直向上拖。

图 3-24　从已固定列表中删除项目

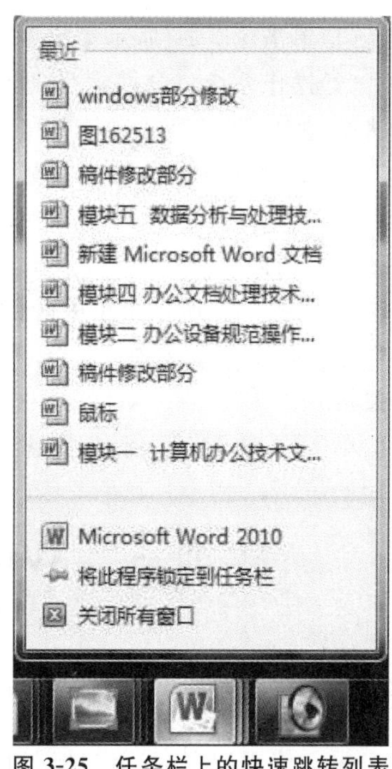

图 3-25　任务栏上的快速跳转列表

(3)同时按【Windows+Alt】以及代表应用程序图标在任务栏上的位置顺序的数字。例如,假如任务栏上的第一个图标代表 Windows 资源管理器,第二个图标代表 Windows Media Player,那么按【Windows+Alt+2】将打开 Windows Media Player 的跳转列表。

训练七　关闭及切换系统

1.注销当前账户

注销的作用是结束当前所有用户进程,然后退出当前账户的桌面环境。另外,如果遇到无法结束的应用程序,也可以利用注销功能强行退出。

单击图 3-26 所示的开始菜单右下角【关机】按钮右侧的箭头,选择菜单中的【注销】命令,操作系统将会退出到登录界面。

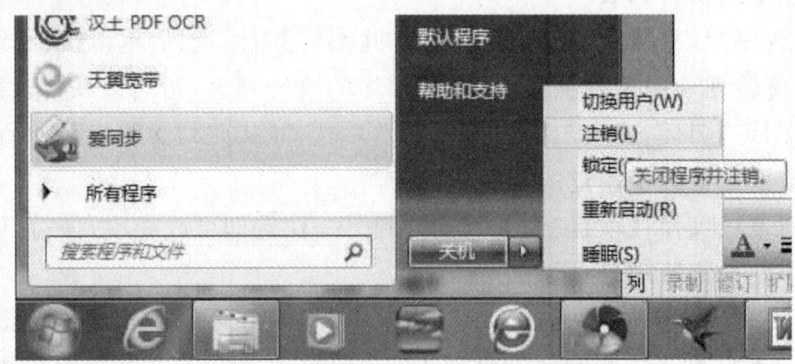

图 3-26　开始菜单中的系统控制菜单

2.锁定当前桌面

用户短时间离开计算机期间,可以使用【锁定】功能来保护桌面环境的安全,并保留用户当前正在进行的工作。

(1)单击图 3-26 所示菜单中的【锁定】命令,或按下【Windows+L】组合键。

(2)操作系统将会回到登录界面,但并没有注销账户,输入密码后可快速返回到离开前的状态。

提示:只有当用户账户设置了密码,【注销】和【锁定】命令才能起到保护桌面安全的作用。

3.多账户切换

单击图 3-26 所示菜单中的【切换用户】命令,操作系统将会回到切换用户界面,但当前用户账户并没有被注销。

4.关机

单击【关机】按钮,系统会退出操作系统并自动切断主机电源。

实训三　Windows 7 中的常用附件操作

任务目标:

● 会使用记事本、写字板工具处理简单文本文件。

● 会使用录音机、画图工具处理简单多媒体文件。

任务描述：

● 本任务要求学习者能利用开始菜单的【附件】选项下实用小工具，比如记事本、写字板、计算器、画图等处理常见类型的文件。

训练一　记事本

1.打开记事本

在开始菜单的【附件】中单击【记事本】即可打开记事本程序，如图 3-27 所示，也可在搜索中输入“notepad”或“记事本”运行。

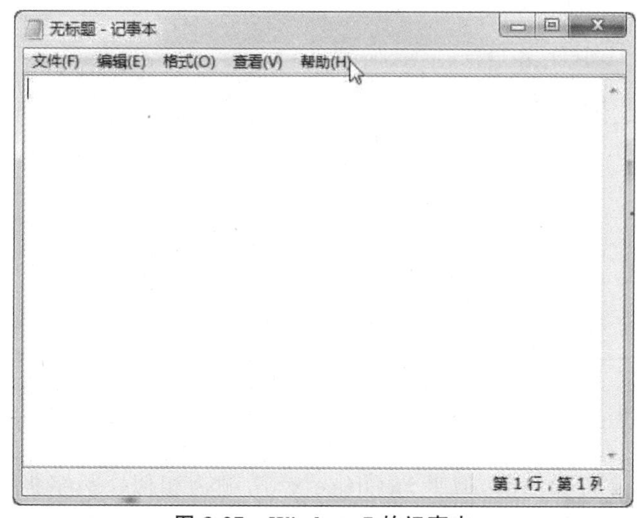

图 3-27　Windows 7 的记事本

2.记事本界面

除了精简的菜单项外，就只有白色的文字编辑区，它保持最精简的功能，文件体积小，打开速度快，这正是记事本的特色。使用记事本可编辑、查看纯文本文件，默认保存为. txt 格式文件，但也可以通过文件菜单中另存为命令保存为其他文本格式。

3.功能介绍

相对于微软的 Word 来说“记事本”的功能确实是太单薄了，只有：新建，保存，打印，查找，替换这几个功能。但是“记事本”却拥有一个 Word 不可能拥有的优点：打开速度快，文件小。所以对于大小在 64KB 以下的纯文本的保存最好还是采用记事本。

记事本另一项不可取代的功能是：可以保存无格式文件。你可以把记事本编辑的文件保存为：“. html”，“. java”，“. asp”等等任意格式。这使得“记事本”又找到了一个新的用途：作为程序语言的编辑器。

训练二　写字板

1.认识写字板

写字板是 Windows 系统中自带的、更为高级一些的文字编辑工具，相比记事本，它具备了格式编辑和排版的功能，是一个非常不错的 Word 文档的查看工具，也可以进行一些简单文档的编辑工作，并支持.docx 格式的文档保存格式，如图 3-28 所示，但是这并不能完全取代 Office Word，毕竟还是有一些特殊的格式和图片都无法兼容。

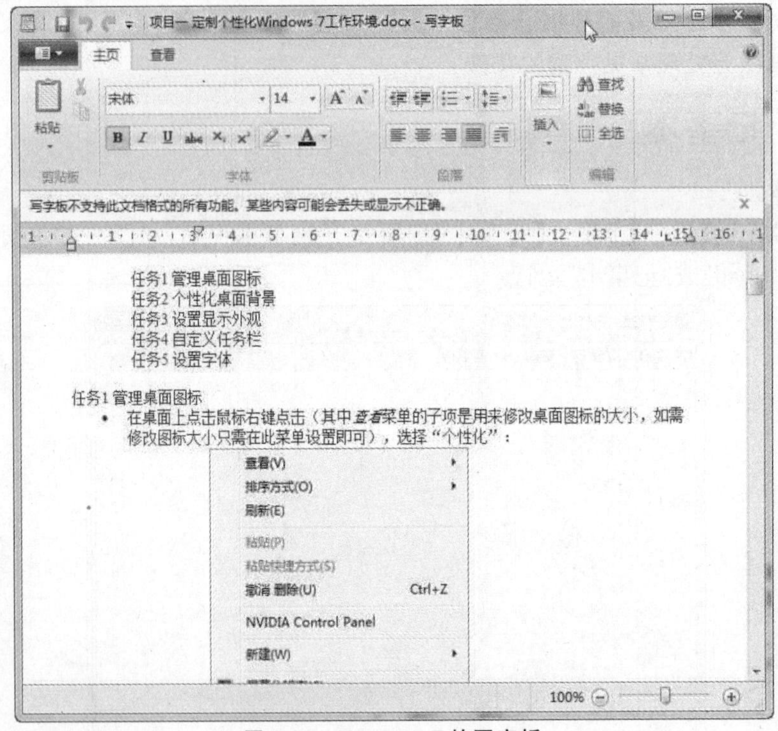

图 3-28 Windows 7 的写字板

(1)通过打开写字板程序后，似乎与 Office 2007 颇为相似。写字板的主要功能在界面上方一览无余，可以很方便地使用各种功能，对文档进行编辑、排版。

(2)在【查看】中，可以为文档加上标尺或者放大、缩小进行查看，也可以更改度量单位等，这些也是新的写字板才具备的功能。

(3)保存：如果在应用到其他复杂的格式时，在修改保存时会有相应的警告提示。

2.常用功能

(1)新建和编辑文档：启动写字板程序后就可以在其中创建文档并编辑，如设置所选文本的字符和段落格式，在文档中插入图片等，以及选择、移动和复制文本等。将插入点置于要选定文本的开始处，按住【Shift】键并单击要选定文本的结尾处也可选中连续的文本。此外，按【Ctrl＋A】组合键可选中全部文本。若在拖动所选文本的过程中不按住【Ctrl】键，则复制操作变为移动操作，原位置不再保留文本。

(2)保存文档：打开“保存为”对话框，在左侧的导航窗格单击文档要保存到的磁盘，然后在右侧窗格中选择文档的保存位置，输入文件名，单击“保存”按钮即可。第二次执行保存操作时，不会再弹出“另存为”对话框。若希望将文档以不同的文件名另存一份，可单击“写字板”按钮，在弹出的列表中选择“另存为”项，然后在打开的对话框中重新设置保存位置和文件名即可。

训练三　画图工具

1. 在开始菜单的【附件】中单击【画图】即可打开画图程序，如图 3-29 所示，也可在搜索中输入“mspaint”或“画图”运行。

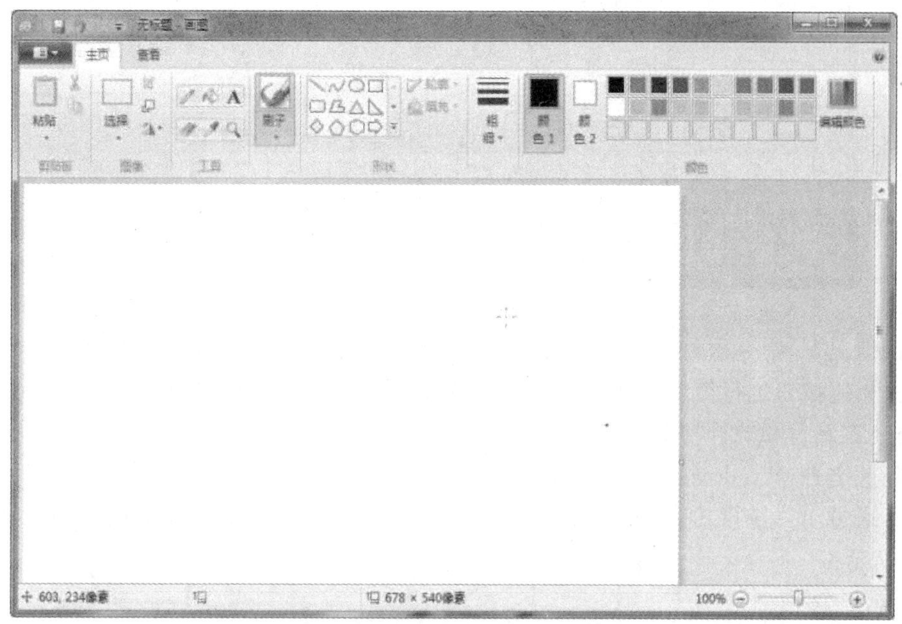

图 3-29　Windows 7 的画图工具

2. 在 Windows 7 中，画图工具不仅可以绘图，还可以调整整个图像、图片中某个对象或某部分的大小；也可以利用刷子功能进行绘画；通过图形工具，可以为任意图片加入设定好的图形框，如五角星图案、箭头图案以及用于表示说话内容的气泡框图案。这些新的功能，使得画图功能更加实用。

3. 界面介绍：

（1）“画图”按钮：单击该按钮，在展开的列表中选择相应选项，可以执行新建、保存和打印图像文件，以及设置画布属性（包括颜色和大小）等操作。

（2）快速访问工具栏：单击其中的“保存”按钮可保存文件，单击“撤消”按钮可撤销上一步操作，单击“重做”按钮可重做撤销的操作。

（3）功能区：包含“主页”和“查看”2 个选项卡，每个选项卡又分为几个组（如“主页”选项卡中包含“图像”、“工具”、“颜色”等组）。利用功能区中的按钮可以完成画图程序的大部分操作（将鼠标指针移至某按钮上，可显示该按钮的作用）。

（4）画布：相当于真实绘画时的画布，用户可以拖动画布的边角来调整画布的大小。

（5）状态栏：用来显示画图程序的当前工作状态。此外，拖动其右侧的滑块可调整画布的显示比例。

训练四　计算器

1. 在开始菜单的【附件】中单击【计算器】即可打开计算器程序，如图 3-30 所示，也可在搜索中输入“calc”或“计算器”运行。

图 3-30 Windows 7 的计算器

默认情况下，第一次打开计算器时，显示的即是标准型计算器界面。在此模式下，用户可以单击相应按钮进行简单的加、减、乘、除运算。计算器的【模式】菜单，可切换为科学计算器，另外还有编程和统计功能。

2. 除此之外，Windows 7 的计算器还具备了单位转换、日期计算及贷款、租赁计算等实用功能。通过单位换算功能，可以将面积、角度、功率、体积等的不同计量进行相互转换，如图 3-31 所示。

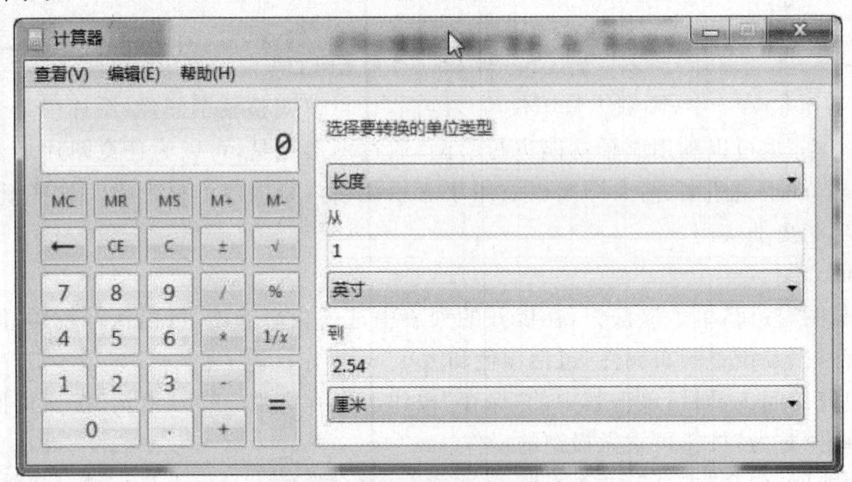

图 3-31 计算器的单位换算功能

3. 日期计算功能可以很轻松地计算倒计时等。

4.【工作表】菜单下的功能则可以计算贷款月供额、油耗等，非常贴近生活的功能，带来了许多便利。

训练五 截图工具

截图工具是 Windows 7 中自带的一款用于截取屏幕图像的工具，使用它能够将屏幕中显示的内容截取为图片，并保存为文件或复制到其他程序中。

在“开始”菜单“所有程序”的“附件”文件夹中单击“截图工具”项，可启动截图工具。它提供了 4 种截图方式，单击“新建”按钮右侧的三角按钮，在展开的列表中可以看到这 4 种方式，如图 3-32 所示。

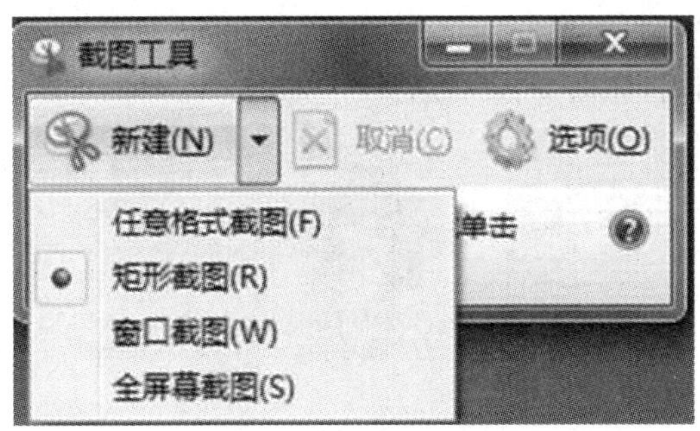

图 3-32　截图工具

(1)任意格式截图：选择该方式，在屏幕中按下鼠标左键并拖动，可以将屏幕上任意形状和大小的区域截取为图片。

(2)矩形截图：这是程序默认的截图方式。选择该方式，在屏幕中按下鼠标左键并拖动，可以将屏幕中的任意矩形区域截取为图片。

(3)窗口截图：选择该方式，在屏幕中单击某个窗口，可将该窗口截取为完整的图片。

(4)全屏截图：选择该方式，可以将整个显示器屏幕中的图像截取为一张图片。

选择一种截图方式，然后拖动鼠标或单击要截取的屏幕图像，松开鼠标左键，即可打开“截图工具”窗口，其中显示了截取好的图片，单击保存按钮保存截取的图片。单击“复制”按钮，然后在其他应用程序(如写字板程序)中执行“粘贴”命令，可将截取的图片复制到其他程序中；单击“新建”按钮可继续截图。

实训四　管理文件和文件夹

任务目标：

- 能通过图标识别常用常见文件、文件夹的类型。
- 能对文件及文件夹进行复制、删除、移动等管理工作。

任务描述：

● 本任务要求学习者能正确对文件及文件夹进行命名，能使用资源管理器、计算机等窗口对文件进行复制、删除、移动等管理。

训练一　认识文件、文件夹及管理工具

在计算机上，文件是包含信息(例如文本、图像或音乐)的项目，Windows 中文件按照不同的格式和用途分很多种类，不同类型的文件有不同的图标，部分图标可缩略显示文件的内容，这样便于通过查看其图标来识别文件类型，文件是存储在文件夹之中的。

1.认识文件

为便于管理和识别，在对文件命名时，是以扩展名加以区分的，即文件名格式为:【主文件名.扩展名】，其中扩展名用来判定文件的类型、格式、用途及打开方式。随着文件扩展名的不同，文件图标也不相同，如图 3-33 所示。

图 3-33　文件名及图标

(1)主文件名:最多可以由 255 个英文字符或 127 个汉字组成，或者混合使用字符、汉字、数字甚至空格。但是，文件名中不能含有“\”、“/”、“:”、“＜”、“＞”、“?”、“*”、“"”和“|”字符。

(2)扩展名:通常为 3 个英文字符。扩展名决定了文件的类型，也决定了可以使用什么程序来打开文件。常说的文件格式指的就是文件的扩展名。

(3)常见的文件类型及扩展名

常见的文件类型及扩展名如表 3-1 所示。

表 3-1　常见的文件类型及扩展名

文件类型	扩展名	文件类型	扩展名
文档文件	.txt、.doc、.rtf、.pdf	压缩文件	.rar、.zip、.7z
图形文件	.bmp、.gif、.jpg、.pic、.png、.tif	系统文件	.dll
声音文件	.wav、.mp3、.wma	可执行文件	.exe、.com
视频文件	.avi、.mpg、.mov、.swf、.rmvb、	临时文件	.tmp
映像文件	.iso、.img、.gho	批处理文件	.bat
备份文件	.bak	注册表文件	.reg
网页文件	.html、.asp、.aspx、.php、.jsp		

(4)从打开方式看，文件分为可执行文件和不可执行文件两种类型。

可执行文件:指可以自己运行的文件，其扩展名主要有.exe、.com 等。用鼠标双击可执行文件，它便会自己运行。应用程序的启动文件都属于可执行文件。

不可执行文件:指不能自己运行的文件。当双击这类文件后，系统会调用特定的应用程序去打开它。例如，双击.txt 文件，系统将调用 Windows 系统自带的“记事本”程序来打开它。

2.认识文件夹

计算机上文件夹的工作方式与此相同，计算机上文件夹是可以在其中存储文件的容器。每个文件都存储在文件夹或子文件夹(文件夹中的文件夹)中，存储了不同文件的文件夹显示的图标略有不同，图标上显示的图片和图标均可以更改，图 3-34 所示是一些常见类型的文件夹默认图标。

图 3-34　存有不同内容文件的文件夹图标

(1)更改文件夹图标

①右键单击要更改的文件夹,然后单击【属性】。

②在【属性】对话框中,单击【自定义】选项卡,如图 3-35 所示。

③在【文件夹】图标下,单击【更改图标】。

④在【为文件夹更改图标】对话框中,选中某个图标文件,单击【确定】,如图 3-36 所示。

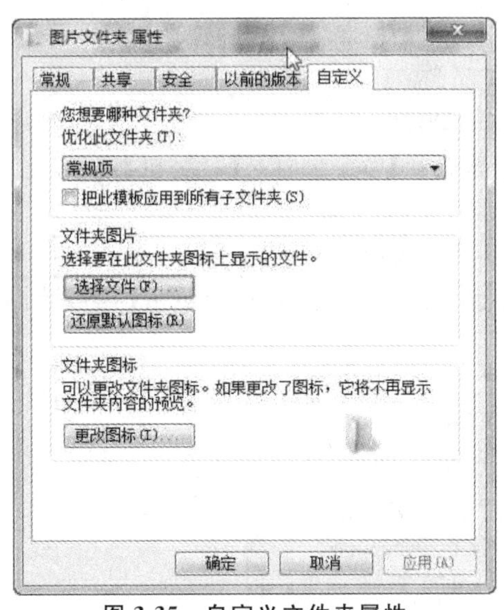

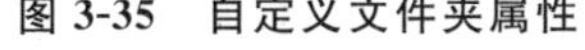
图 3-35　自定义文件夹属性

图 3-36　更改文件夹图标

⑤若要将文件夹图标改回到默认图像,单击【还原为默认值】后单击【确定】,然后再次单击【确定】。

注意:通过库访问文件夹时,某些选项(包括更改文件夹图标的功能)将不可用。

(2)更改文件夹图标上显示的图片与更改图标基本一致,选择图 3-35 中的“选择文件”操作即可。

训练二　认识和操作文件及文件夹管理的工具——计算机(资源管理器)

Windows 7 中,【计算机】是文件和文件夹以及计算机资源总的管理中心,可直接对本地磁盘、映射的网络驱动器、文件夹与文件等进行管理。对于已经建立网络连接的计算机,用户还可以通过【计算机】来方便地访问本地网络中的共享资源和 Internet 上的信息,还可以访问可能连接到计算机的其他设备,如外部硬盘驱动器和 USB 闪存驱动器。

1.打开【计算机】窗口

(1)双击桌面上的【计算机】图标打开【计算机】,如图 3-37 所示。

图 3-37 【计算机】窗口

(2)在【开始】菜单中右击【计算机】菜单,选择【打开】命令可打开【计算机】窗口。

2.导航窗格中的收藏夹列表

(1)若要更改收藏夹的顺序,请将收藏夹拖动到列表中的新位置。

(2)若要还原导航窗格中的默认收藏夹,右键单击【收藏夹】,然后单击【还原收藏夹链接】,如图 3-38 所示。

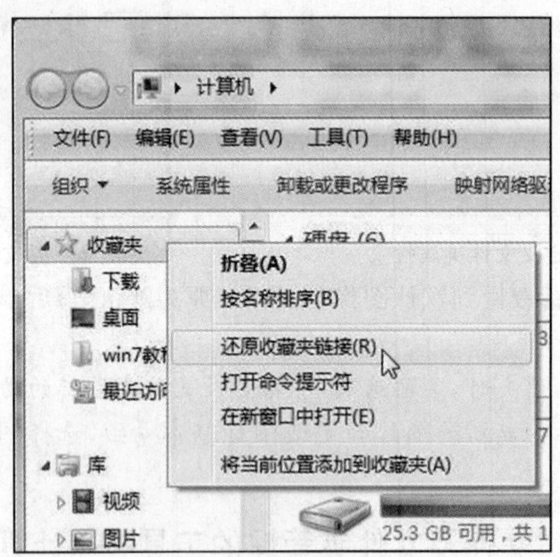

图 3-38 收藏夹及其菜单

(3)若要查看存储收藏夹的文件夹,单击导航窗格中的【收藏夹】。

(4)若要删除收藏夹,请右键单击该收藏夹,然后单击【删除】。这样将从导航窗格中删除该收藏夹,但不会删除快捷方式链接到的文件或文件夹。

3.计算机窗口中的其他操作

右击【计算机】文件夹中的项目或窗口中的图标,在右键菜单中可以执行常见的任务,如弹出 CD 或 DVD，查看硬盘属性以及格式化磁盘。

4.计算机对文件或文件夹的管理

在 Windows 7 中，我们主要是通过“计算机”对电脑中的文件或文件夹进行管理，其组织形式为：【计算机】>【硬盘和光盘等存储介质】>【文件或文件夹】>【文件或子文件夹】>【……】。【计算机】位于层次结构的顶层，可以说是一个最大的文件夹。硬盘是电脑中用来存储文件的设备，一块硬盘需要划分成一个或多个分区才能使用，这些分区在【计算机】中的表现形式便是“本地磁盘(C:)”、“新加卷(D:)”(也可以是用户指定的任意名称)等。

训练三　打开及新建文件或文件夹

1.打开文件夹

(1)找到要打开的文件夹。

(2)双击要打开的文件夹即可打开文件夹，也可在图标上右击，在菜单中选择【打开】命令。

2.打开文件

打开文件的操作方式与打开文件夹基本一致，但若要打开文件，必须具有一个与其关联的程序。通常，该程序与用于创建该文件的程序相同，但也有不相同的，如图片文件，查看和编辑可能使用不同软件。

(1)双击文件：如果该文件尚未打开，相关联的程序会自动将其打开。如查看图片，双击该图片文件即可打开图片查看器查看。

(2)右击选择打开方式：若要使用其他程序打开文件，在该文件上右击，在菜单中指向【打开方式】，然后单击列表中的兼容程序。

(3)如要更改图片，则需要使用其他程序。右键单击该图片文件，单击【打开方式】，然后单击【画图】即可打开画图程序修改图片，如图 3-39 所示。

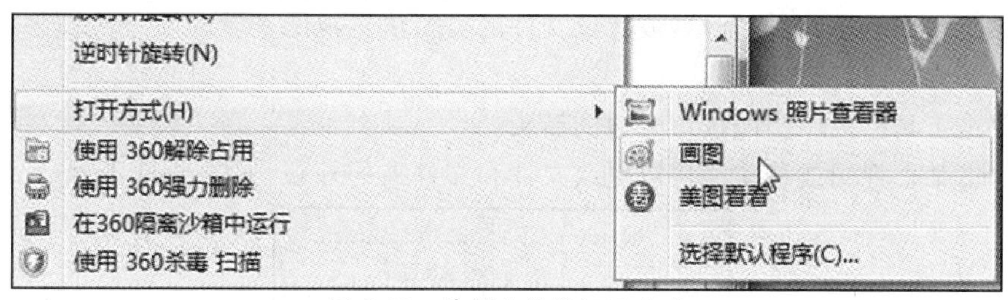

图 3-39　选择文件的打开方式

3.创建新文件

(1)创建文件的最常见方式是使用程序。例如，打开记事本时，它会自动创建空(且未保存)文件。单击【保存】按钮。在所显示的对话框中，键入文件名，然后单击【保存】。

(2)用鼠标或菜单创建常用类型空白文件。在要创建文件的文件夹的空白处单击右键，在显示的菜单中，选择【新建】；或执行窗口菜单栏中【文件】菜单中的【新建】命令，选择其中的任意命令，如：Microsoft Word 文档，即可在当前文件夹中创建一个 Word 类型的空白文件，如图 3-40 所示。新创建的文件自动处于重命名状态。输入文档名称，按回车键。

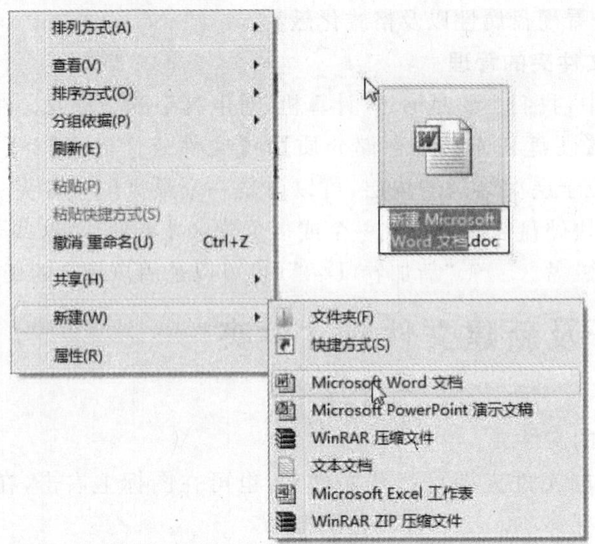

图 3-40 新建菜单及新建的 WORD 文件

4.创建新文件夹

(1)选择创建文件或文件夹的位置;

(2)在文件夹空白处点右键,在显示的菜单中,选择【新建】→【文件夹】命令,如图 3-40 所示。或执行窗口菜单栏中【文件】菜单中的【新建】命令。

训练四 文件和文件夹的查看与排序

1.更改文件夹中显示方式

Windows 7 中,查看视图共有超大图标、大图标、中等图标、小图标、列表、详细信息、平铺、内容等八种视图。在打开文件夹或库时,可以更改文件在窗口中的显示方式。例如,可以选择以较大(或较小)图标查看,或者以文件的类型信息视图查看。

(1)打开要更改的文件夹。

(2)单击工具栏上【查看】按钮旁边的箭头。

(3)单击某个视图或移动滑块以更改文件和文件夹的外观,如图 3-41 所示。

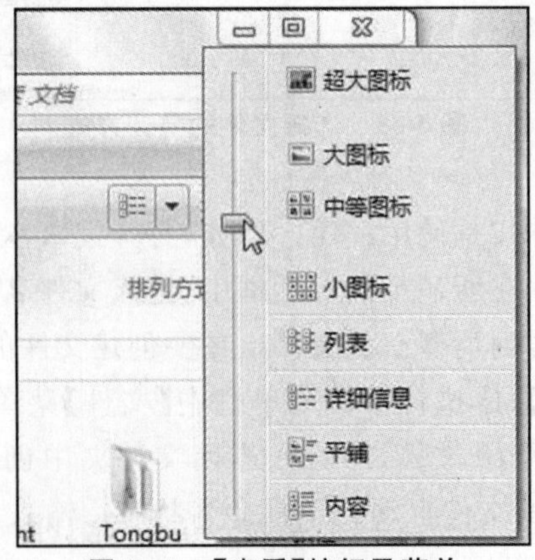

图 3-41 【查看】按钮及菜单

(4)单击工具栏中的【查看】按钮可在八个不同的视图间循环切换。

2.显示或隐藏图片和视频文件的文件名

还可以显示或隐藏图片和视频文件的文件名。如果用数码相机拍摄了很多照片,则此选项可以大大降低【图片】库中的杂乱程度。

(1)打开包含图片或视频文件的文件夹或库。

(2)右键单击空白处,指向【查看】,然后单击【隐藏文件名】(如果此选项旁边有复选框,则表明视图中已隐藏了文件名),如图 3-42 所示。

图 3-42　隐藏文件名菜单和选中之后的效果

3.对文件排序

排序会将文件或文件夹按顺序重新排列。

(1)打开要排序的文件夹或库。

(2)右键单击空白空间,指向【排序方式】,然后单击一个属性(比如【名称】),如图 3-43 所示。

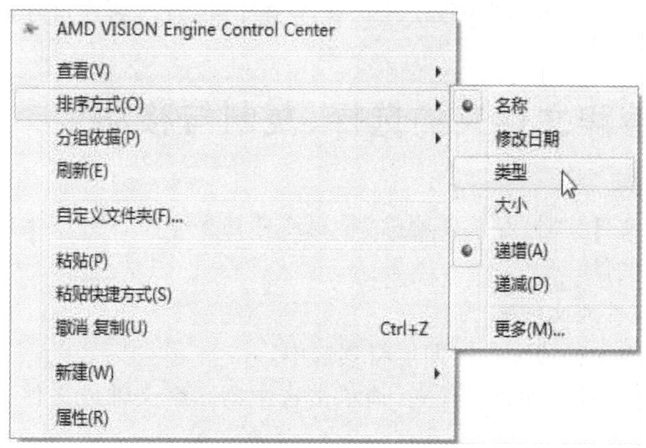

图 3-43　【排序方式】菜单

(3)如果在【排序方式】菜单中未找到要找的属性,可以单击【更多】添加其他属性。

4.对文件进行分组

除了排列和排序之外,还可以按属性对文件进行分组。与排序一样,分组不会大幅更改文件的显示方式。它只是根据所选的属性将文件分为不同的分组部分。

(1)打开要分组的文件夹或库。

(2)右键单击空白空间,指向【分组依据】,然后单击一个属性(例如【类型】),如图 3-44 所示。

(3)如果在【分组依据】菜单中未找到要找的属性,请单击【更多】添加其他属性。

(4)如果要取消文件夹或库中的分组,只需右键单击空白空间,指向【分组依据】,然后单击【(无)】。

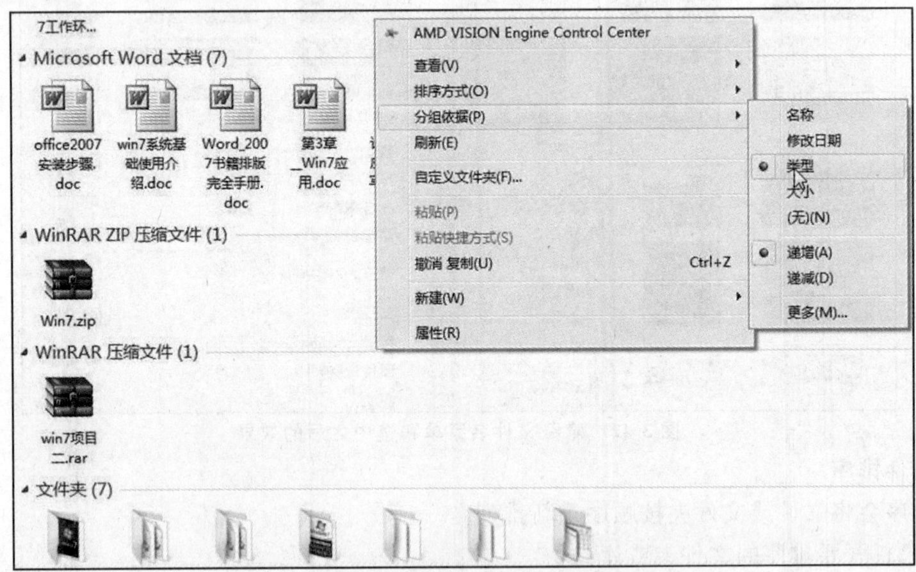

图 3-44 【分组依据】菜单及按类型分组后的效果

注意:如果未看见【排列方式】、【排序方式】或【分组依据】菜单,则意味着这些选项在所处的浏览状态中不可用。例如,排列方式仅在库中可用,因此在库以外的区域浏览时,将不会看到该选项。

训练五 文件和文件夹的选择、复制与移动

1.选择文件和文件夹

在处理文件或文件夹时,经常要删除、复制或移动多个文件夹或文件,此时就需要首先选定这些文件夹或文件。

(1)选择单个文件或文件夹

用鼠标左键单击文件或文件夹即可将其选中。

(2)选择一组连续的文件或文件夹,请单击选中第一个文件或文件夹,然后按住【Shift】键,单击最后一项。

(3)选择相邻的多个文件或文件夹,拖动鼠标指针,在要选择的所有项目外围划一个框即可选择框内所有项目,如图 3-45 所示。

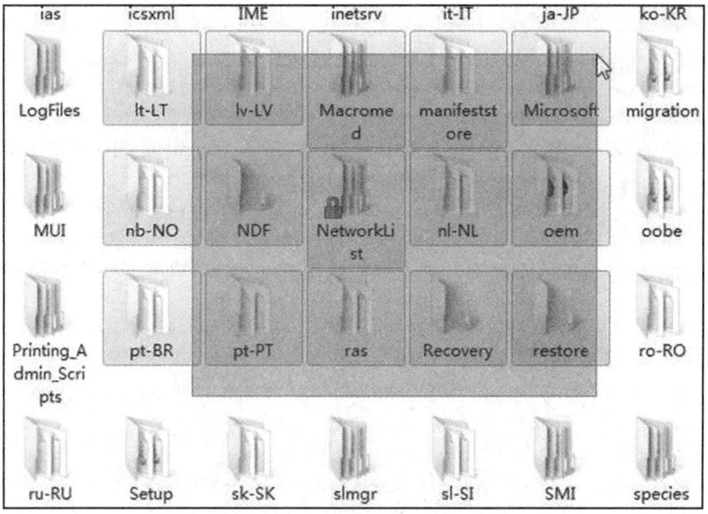

图 3-45　拖动选择多个相邻的连续文件

(4)选择不连续的文件或文件夹，请按住【Ctrl】键，然后单击要选择的每个项目，如图 3-46所示。

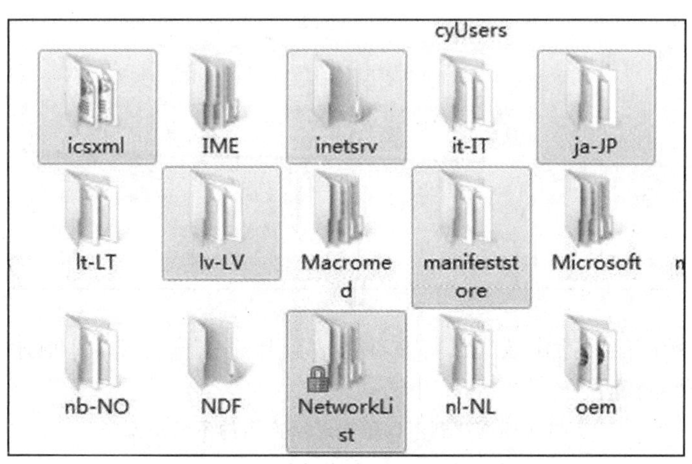

图 3-46　选择多个不连续的文件

(5)选择窗口中的所有文件或文件夹，请在工具栏上单击【组织】，然后单击【全选】，也可执行【编辑】菜单中的【全选】，如图 3-47 所示，或者按【Ctrl＋A】键选择全部。

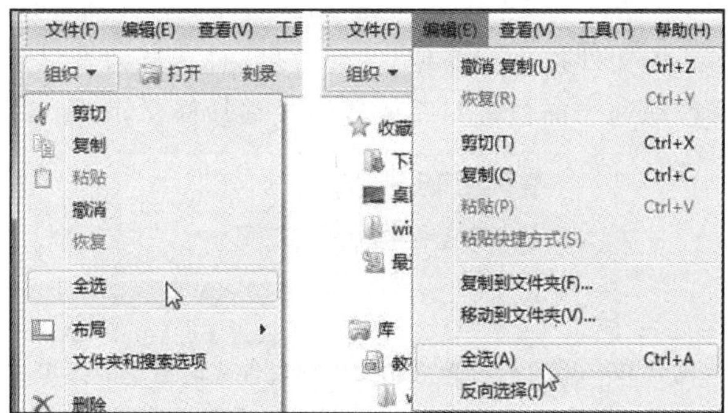

图 3-47　【组织面板】菜单和【编辑】菜单

(6)从选择中排除一个或多个项目而选择其他项目，请按住【Ctrl】键，然后单击这些项目，执行菜单中的【反向选择】，可将选定的项目取消选择而将原来未选择的文件或文件夹选中。

提示：选择文件或文件夹后，可以执行许多常见任务，例如复制、删除、重命名、打印和压缩。只需右键单击选择的项目，然后单击相应的选项即可。

2.移动和复制文件或文件夹

有时，我们可能要将文件移动到其他文件夹或将其复制到可移动媒体（如 CD 或 U 盘）以便与其他人共享。

(1)通过拖放移动和复制文件或文件夹

首先打开包含要移动的文件或文件夹的文件夹，选择要移动或复制的文件或文件夹，然后将其拖动到目标窗口中或文件夹图标上。例如，可以将文件拖动到回收站以删除该文件，或将文件拖动到某个文件夹中，以便将该文件复制或移动到该位置，如图 3-48 所示。

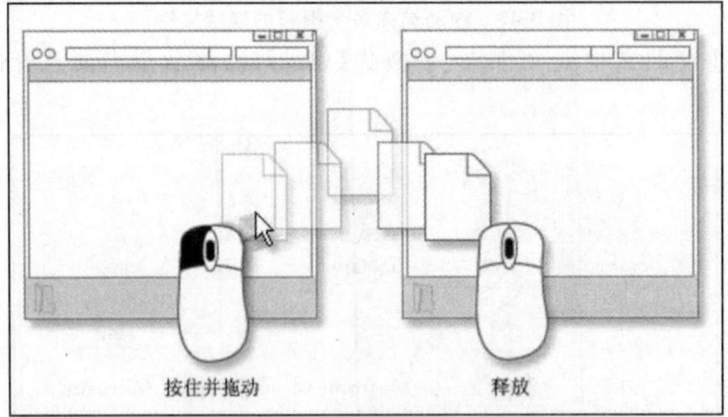

图 3-48 鼠标拖放示意图

拖放文件时所产生的操作取决于将文件拖放到什么位置。表 3-2 描述了将文件拖放到不同位置时所产生的操作。

表 3-2 将文件拖放到不同位置时所产生的不同操作

文件拖放到的目标位置	产生的操作
同一磁盘分区上的文件夹图标或窗口	文件将移动到目标文件夹
不同磁盘分区上的文件夹图标或窗口	文件将复制到目标文件夹

按住鼠标右键，然后将文件拖动到新位置，释放鼠标按钮后，会显示一个菜单，可以单击【复制到当前位置】或【移动到当前位置】，完成复制或移动操作，如图 3-49 所示。

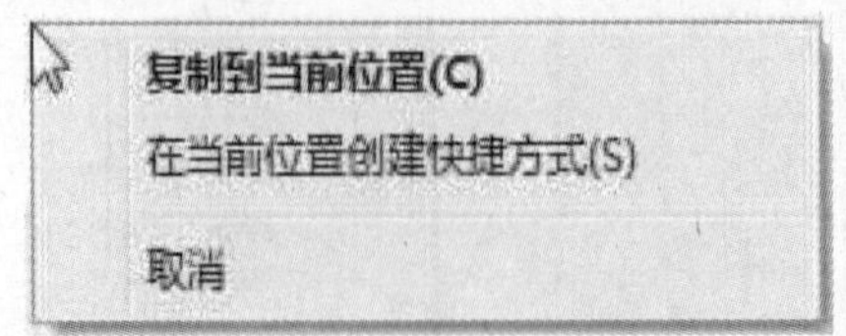

图 3-49 用鼠标右键拖动文件或文件夹时显示的菜单

按下【Ctrl】键并拖动文件或文件夹到目标位置，可完成复制操作。按住【Shift】键拖动文件到不同磁盘位置可完成移动操作。

(2)通过复制和粘贴操作复制文件或文件夹

复制和粘贴文件时，将创建原始文件的副本，复制和粘贴文件的步骤：

①打开要复制的文件或文件夹所在的位置，右键单击该文件，然后单击【复制】。

②打开要用来存储副本的位置，右键单击该位置中的空白区域，然后单击【粘贴】。现在，原始文件的副本已存储在新位置。

③复制和粘贴文件的另一种方法是使用键盘快捷方式【Ctrl+C】(复制)和【Ctrl+V】(粘贴)。

④通过窗口菜单栏中的编辑菜单选择复制和粘贴来完成操作。

(3)通过剪切和粘贴操作移动文件或文件夹

①打开要移动的文件或文件夹所在的位置，右键单击该文件，然后单击【剪切】。

②打开目标位置，右键单击该位置中的空白区域，然后单击【粘贴】。现在，原始文件已移动到新位置。

③剪切和粘贴文件的另一种方法是使用键盘快捷方式【Ctrl+X】(剪切)和【Ctrl+V】(粘贴)。

④通过窗口中的【编辑】菜单，选择剪切和粘贴来完成操作。

(4)通过右键菜单发送命令完成快捷复制

①在要复制的文件或文件夹上右键，指向【发送到】菜单项。

②在下级菜单中选择【RAMDISK(R:)】即可将文件发送到 R 盘中，如图 3-50 所示。

注：此方法只能将文件发送到一些常用地方，如桌面快捷方式或可移动存储设备之中去。

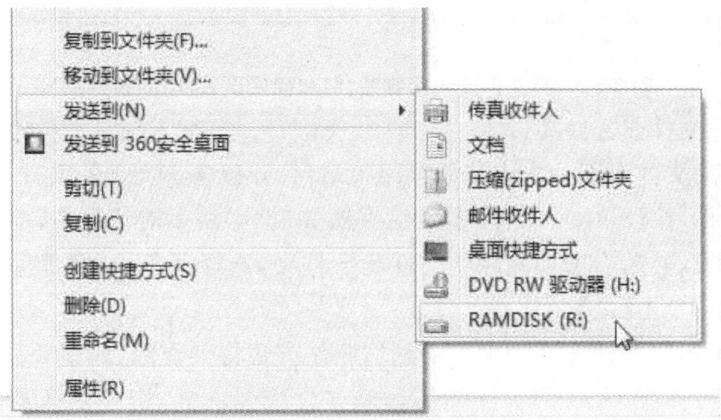

图 3-50　用鼠标右键发送文件或文件夹

训练六　文件和文件夹的删除与还原

1.删除文件或文件夹

当不再需要某个文件或文件夹时，可以从计算机中将其删除以节约空间并保持计算机不被无用文件所干扰。当删除文件或文件夹时，文件或文件夹不会立即删除，通常是被移动到“回收站”中，在清空回收站之前，删除的文件或文件夹一直存储在回收站中，以便在将来需要时还原文件。当然也可以彻底把垃圾从计算机中清除掉，以便整理文件并释放磁盘空间。

(1)删除文件或文件夹到回收站

从硬盘中删除文件或文件夹时,默认为不会立即将其删除,而是将其存储在回收站中,直到清空回收站为止。【回收站】可视为最后的安全屏障,它可恢复意外删除的文件或文件夹。有时,应清空【回收站】以回收无用文件所占用的所有硬盘空间。图 3-51(a)和(b)显示了回收站为满和为空时的状态。

(a)

(b)

图 3-51 回收站为满(a)和空(b)时的对比

打开包含该文件的文件夹或库,然后选中该文件,按键盘上的【Delete】键,弹出的对话框如图 3-52(a)所示。右键单击要删除的文件或文件夹,然后单击【删除】。也可以通过将文件或文件夹拖动到回收站方式将其删除,如图 3-53(a)所示。

(a)

(b)

图 3-52 将文件放入回收站(a)和彻底删除(b)的警告框

(2)彻底删除文件或文件夹

若要永久删除文件而不是先将其移至回收站,打开包含该文件的文件夹或库,然后:

①选中该文件,按【Shift+Delete】,然后在图 3-52(b)所示对话框中,单击【是】。

②按【Shift】键,然后右击要删除的文件或文件夹,选择菜单中的【删除】命令,在图 3-52(b)所示对话框中,单击【是】。

③按【Shift】键,将文件或文件夹拖动到回收站方式将其删除,如图 3-53(b)所示。

④从网络文件夹或 USB 闪存驱动器删除文件或文件夹,则会永久删除该文件或文件夹,而不是将其存储在回收站中。

注意:如果无法删除某个文件,则可能是当前运行的某个程序正在使用该文件。请尝试关闭该程序或重新启动计算机以解决该问题。

(a)

(b)

图 3-53 拖动文件到回收站(a)和按【shift】键拖动文件到回收站(b)的提示

(3)永久删除回收站中的文件

①双击桌面上的【回收站】打开回收站。

②若要永久性删除某个文件，请单击该文件，按【Delete】键，或右键菜单选择【删除】，然后单击【是】。

③若要删除所有文件，请在工具栏上单击【清空回收站】，然后单击【是】。

④在不打开回收站的情况下将其清空，则用右键单击回收站，然后单击【清空回收站】。

2.从回收站中还原文件或文件夹

从计算机上删除文件时，文件实际上只是移动到回收站并暂时存储在其中，直至清空回收站。因此，可以恢复意外删除的文件或文件夹，将它们还原到其原始位置。

(1)通过双击桌面上的【回收站】打开回收站。

(2)若要还原文件，单击该文件或文件夹，然后在工具栏上单击【还原此项目】，若选定多个文件，则单击【还原选定的项目】，如图3-54所示。

(3)若要还原所有文件或文件夹，请确保未选择任何文件或文件夹，然后在工具栏上单击【还原所有项目】。文件将还原到它们在计算机上的原始位置。

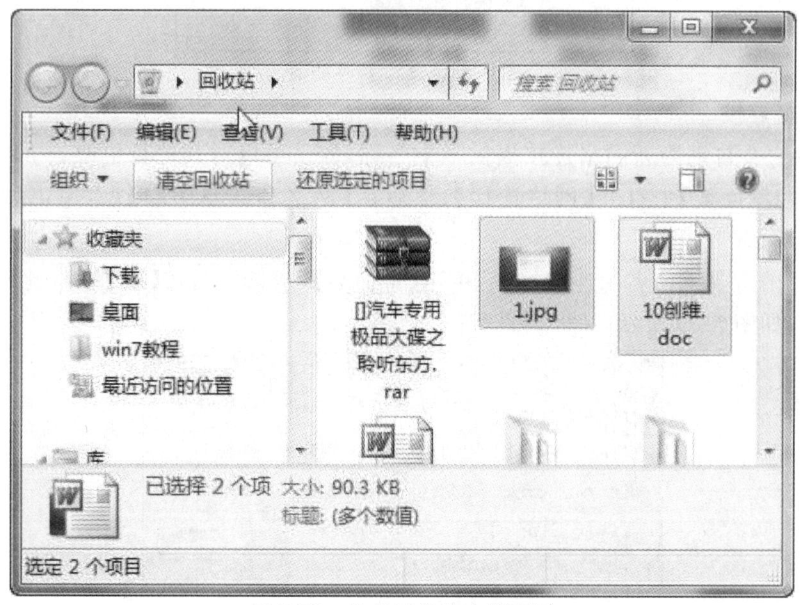

图3-54　恢复回收站中的项目

注意:【回收站】图标可以被隐藏，但即使【回收站】被隐藏，被删除的文件仍暂时存储在回收站中，直到选择将其永久删除或恢复。显示或隐藏桌面上的【回收站】的操作参考本模块项目一中的任务二。

训练七　文件和文件夹的重命名

更改文件名称使其更容易记忆，以便更轻松地找到文件。实际上，可以重命名更多的文件及设备，如:重命名打印机，更改打印机名称有助于在需要使用该打印机进行打印时识别它；重命名文件，更改一个或多个文件或文件夹的文件名；重命名驱动器，使用“计算机”文件夹更改硬盘名称，或更改连接到计算机的存储设备的名称；重命名网络连接，给网络连接指定一个新名称。重命名用户账户,更改用户账户的名称,使之容易使用或易于识别。

1.重命名驱动器

大多数驱动器以及连接到计算机的存储设备都拥有友好名称,以便容易识别这些驱动器及存储设备。例如,计算机的主硬盘通常称为驱动器C,但它也拥有一个友好名称,即本地磁盘。驱动器号和名称都可以更改。

(1)打开【计算机】。

(2)右键单击要重命名的驱动器或设备,然后单击【重命名】(或选中后按【F2】键),键入新名称,然后按回车键,如图3-55所示。

注意:有些驱动器(如内置CD/DVD驱动器)无法重命名。

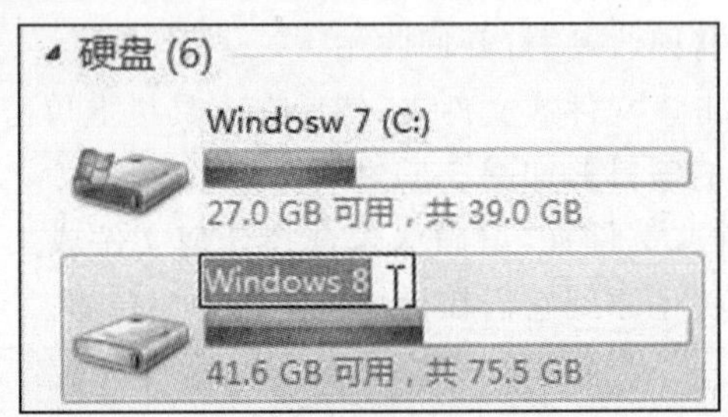

图3-55 重命名驱动器

2.重命名网络连接

Windows会自动为新网络连接提供一个名称,但是可以对其进行更改。

(1)在【控制面板】中打开【网络连接】,然后在【网络和共享中心】下,单击【查看网络连接】。

(2)右键单击要重命名的连接,然后单击【重命名】(或选中后按【F2】键),键入新名称,然后按回车键,如图3-56所示。

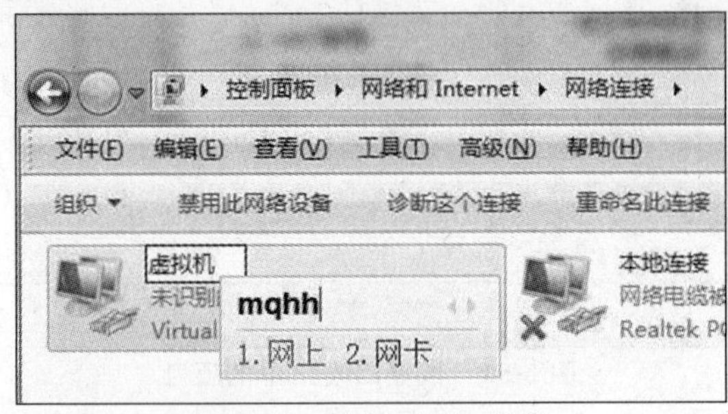

图3-56 重命名网络连接

3.重命名文件

重命名文件的一种方法是打开用来创建该文件的程序,打开该文件,然后用不同名称保存该文件。但是,下面是一种更快的方法:

(1)右键单击要重命名的文件,然后选择菜单中的【重命名】或按【F2】键。

(2)键入新的名称,然后按回车键。如果无法重命名文件,则可能是无权更改该文件。

(3)一次重命名多个文件。选择要重命名的多个文件或文件夹,然后按照上述步骤进行操作。键入一个名称,然后每个文件都将用该新名称来保存,并在结尾处附带上不同的顺序编号(例如“重命名文件(2)”“重命名文件(3)”等),如图3-57所示。

图 3-57　重命名多个文件前(上)后(下)对比

训练八　查找文件和文件夹

在使用计算机时,人们经常会忘记文件放在了哪个文件夹中,或者文件夹位于哪个盘,此时便可使用 Windows 7 提供的查找工具来进行搜索。Windows 7 提供了查找文件和文件夹的多种方法。

1.使用【开始】菜单上的搜索框

可以使用【开始】菜单上的搜索框来查找存储在计算机上的文件、文件夹、程序和电子邮件。

(1)单击【开始】按钮,然后在搜索框中键入要查找的字词或字词的一部分。

(2)在搜索框中开始键入内容后,将立即显示与所键入文本相匹配的项。搜索结果基于文件名中的文本、文件中的文本、标记以及其他文件属性,如图 3-58 所示。

图 3-58　开始菜单中的搜索框和搜索结果

注意:从【开始】菜单搜索时,搜索结果中仅显示已建立索引的文件。计算机上的大多数文件会自动建立索引。例如,包含在库中的所有内容都会自动建立索引。

2.使用文件夹或库中的搜索框

通常若知道要查找的文件位于某个特定文件夹或库中,请使用已打开窗口顶部的搜索框。搜索框基于所键入文本筛选当前视图。搜索将查找文件名和内容中的文本,以及标记等文件属性中的文本。在库中,搜索包括库中包含的所有文件夹及这些文件夹中的子文件夹。

(1)在搜索框中键入字词或字词的一部分。

(2)键入时,将筛选文件夹或库的内容,看到需要的文件后,即可停止键入。

例如:要查找 360 安全卫士文件,可在搜索框中键入“360”。键入后,将自动对视图进行筛选。

3.将搜索扩展到特定库或文件夹之外

如果在特定库或文件夹中无法找到要查找的内容,或不清楚文件存储的位置,则可以扩展搜索,以便包括其他位置,如图 3-59 所示。

图 3-59 扩展搜索范围

(1)在搜索框中键入某个字词。

(2)滚动到搜索结果列表的底部。在【在以下内容中再次搜索】下,执行下列操作之一:

①单击【库】在每个库中进行搜索。

②单击【计算机】在整个计算机中进行搜索。这是搜索未建立索引的文件(例如系统文件或程序文件)的方式。但是请注意,搜索会变得比较慢。

③单击【自定义】搜索特定位置。

④单击 Internet,以使用默认 Web 浏览器及默认搜索提供程序进行联机搜索。

4.使用搜索筛选器快速搜索

在搜索框中使用其他搜索技巧,可以快速缩小搜索范围。例如,如果要基于文件的一个或多个属性(例如标记或上次修改文件的日期)搜索文件,则可以在搜索时使用搜索筛选器指定属性。或者,可以在搜索框中键入关键字以进一步缩小搜索结果范围,如图 3-60 所示。

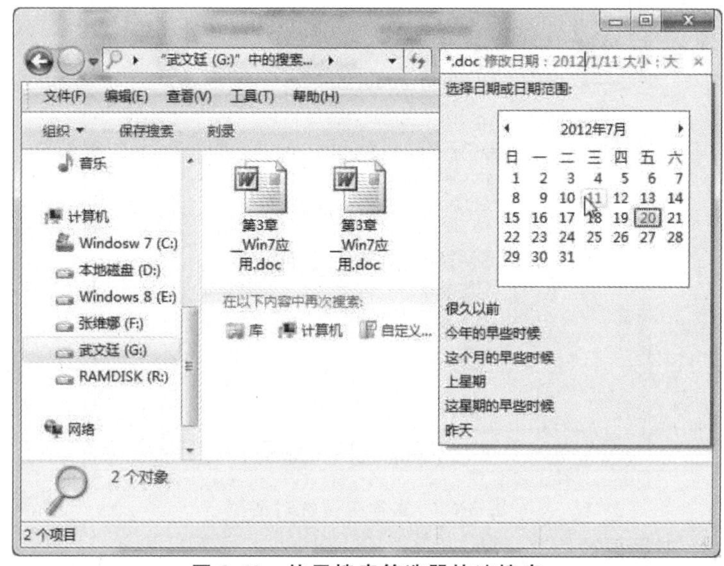

图 3-60　使用搜索筛选器快速搜索

(1)打开要搜索的文件夹、库或驱动器。

(2)单击搜索框,然后单击搜索筛选器。

(3)单击其中一个可用选项。(例如,如果单击了【修改日期:】,请选择一个日期或日期范围。)

(4)在一次搜索中可添加多个搜索筛选器,甚至也可将搜索筛选器与常规搜索词一起混合使用,以进一步细化搜索。

(5)使用关键字、运算符和通配符细化搜索。

运算符,如:AND、OR 和 NOT。

通配符,有"*"和"?"两个:"*"号可代表文件或文件夹名称中的一个或多个字符;"?"号代表任何单个字符。

例:"*a*.exe"表示搜索文件名中有字符 a 的可执行程序;"?.jpg"表示搜索文件名是一个字符的 jpg 格式的图片。

训练九　设置和更改文件夹属性

1.认识文件夹属性对话框

(1)在驱动器或文件夹窗口,选择要查看或修改属性的文件夹。

(2)选择【文件】菜单的【属性】命令;或直接右键单击该文件夹图标,弹出快捷菜单,选择【属性】命令,弹出【文件夹属性】对话框,如图 3-61 所示对话框中有【常规】、【共享】、【安全】、【以前版本】和【自定义】选项卡。

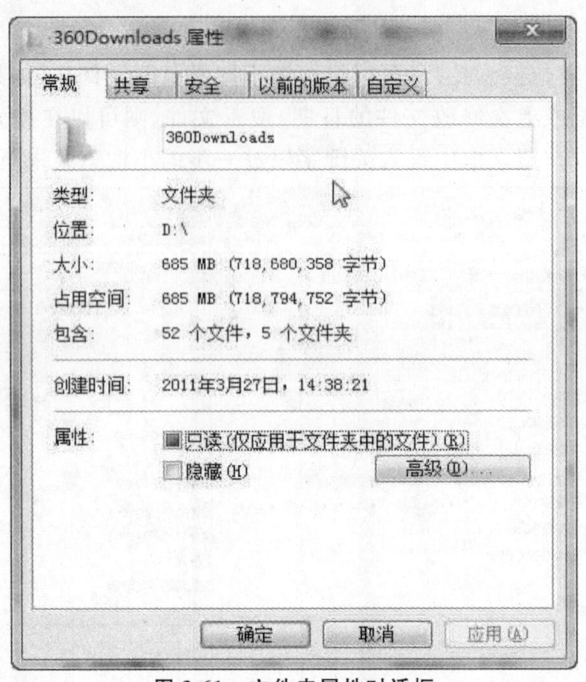

图 3-61 文件夹属性对话框

2.防止文件或文件夹被更改

将重要或私人文件设置为只读可以保护文件不会被意外更改或未授权更改。将文件设置为只读后，将无法更改该文件。

(1)单击【常规】选项卡，选中【只读】复选框，然后单击【确定】，如图 3-61 所示。

(2)如果以后需要更改文件，可以通过清除【只读】复选框关闭只读设置。

(3)将文件设置为只读的方法与将文件夹设置为只读方法相同。

注:将文件夹设置为只读，会使当前位于该文件夹内的所有文件变为只读。设置为只读后添加到该文件夹的任何文件不会自动变为只读文件。只读文件虽然无法进行修改，但可以复制、移动、重命名或删除。

3.通过将文件或文件夹设置为隐藏来防止对其进行查阅和更改

可以通过更改文件属性来选择使文件处于隐藏状态还是可见状态，通常无法看到隐藏的文件。

(1)隐藏文件或文件夹:右键单击某个文件夹或文件图标，然后单击【属性】。选中【属性】旁边的【隐藏】复选框，然后单击【确定】，如图 3-62 所示。

注意:尽管可以隐藏机密文件以便使他人无法看见，但不应依靠隐藏文件作为安全或隐私保护的唯一方式。

(2)显示隐藏文件:如果某个文件处于隐藏状态，希望将其显示出来，则需要显示全部隐藏文件才能看到该文件。通过【控制面板】中的【外观和个性化】，然后单击【文件夹选项】或通过窗口的【工具】菜单单击【文件夹选项】，以打开【文件夹选项】，再单击【查看】选项卡，在【高级设置】下，单击【显示隐藏的文件、文件夹和驱动器】，然后单击【确定】，如图 3-62 所示。

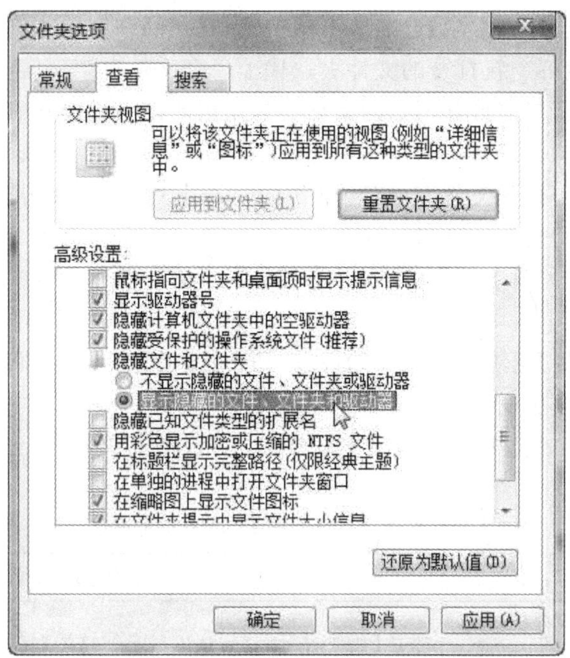

图 3-62　设置是否显示隐藏文件或文件夹

4.更改文件夹选项

使用【控制面板】中的【文件夹选项】,可以更改文件和文件夹执行的方式以及项目在计算机上的显示方式。

(1)通过依次单击【开始】→【控制面板】→【外观和个性化】→【文件夹选项】,打开【文件夹选项】对话框,如图 3-63 所示;或通过窗口的【工具】菜单单击【文件夹选项】打开对话框。

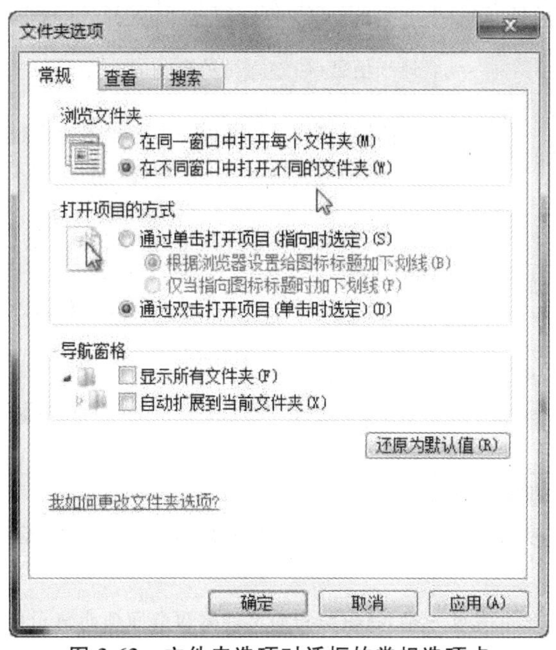

图 3-63　文件夹选项对话框的常规选项卡

(2)在【文件夹选项】的【常规】选项卡上单击选中【在同一窗口中打开不同的文件夹】,然后单击【确定】,则会使每个新打开的文件夹取代上一个文件夹。

(3)选中【在不同窗口中打开不同的文件夹】,使用此设置可使正在处理的所有文件夹在屏幕上保持不同的窗口。

(4)选中【通过单击打开文件和文件夹(指向时选定)】,然后单击【确定】,可使系统中打开文件或文件夹就像网页上的链接一样单击即可打开。

(5)要切换回标准的双击打开方式,请单击【通过双击打开项目(单击时选定)】,然后单击【确定】。

(6)若要还原【常规】选项卡上的原始设置,请单击【还原为默认值】,然后单击【确定】。

5.更改文件和文件夹高级设置

图 3-63 所示【文件夹选项】的【查看】选项卡上可设置很多高级设置,主要功能如表 3-3 所示。

表 3-3　【文件夹选项】中【查看】选项卡常用设置

目的	执行操作
始终显示图标,而不是文件的缩略图预览	选中【始终显示图标,从不显示缩略图】复选框,然后单击【确定】。
始终在工具栏上方显示菜单	选中【始终显示菜单】复选框,然后单击【确定】。
除缩略图之外,还始终显示文件的图标	选中【以缩略图形式显示文件图标】复选框,然后单击【确定】。
指向文件夹时看到提示显示文件夹的大小	选中【在文件夹提示中显示文件大小信息】复选框,然后单击【确定】。
查看标记为【隐藏】的文件、文件夹和驱动器	单击【显示隐藏的文件、文件夹和驱动器】,然后单击【确定】。有关详细信息,请参阅显示隐藏的文件。
显示【计算机】文件夹中的可移动驱动器(如读卡器),即使当前未在其中插入任何媒体	清除【隐藏计算机文件夹中的空驱动器】复选框,然后单击【确定】。(此选项不会影响空 CD 驱动器或 DVD 驱动器。)
始终显示文件的扩展名	清除【隐藏已知文件类型的扩展名】复选框,然后单击【确定】。
查看视图中通常隐藏的所有系统文件	清除【隐藏受保护的操作系统文件】复选框,然后单击【确定】。
无论何时启动计算机,都将自动打开最后一次关闭 Windows 时使用的文件夹	选中【在登录时还原上一个文件夹窗口】复选框,然后单击【确定】。
在计算机文件夹中隐藏每个驱动器或设备的驱动器号,只显示驱动器的名称	清除【显示驱动器号】复选框,然后单击【确定】。
关闭在指向文件时显示文件信息的提示	清除【鼠标指向文件夹和桌面项时显示提示信息】复选框,然后单击【确定】。

（续表）

目的	执行操作
从不在预览窗格中显示文件内容	清除【在预览窗格中显示预览句柄】复选框，然后单击【确定】。
向文件视图添加复选框，以便于一次选择多个文件，而不用按住【Ctrl】键的同时单击鼠标来选择多个文件	选中【使用复选框以选择项】复选框，然后单击【确定】。
开始键入时自动将光标放入搜索框内	在【键入列表视图时】下，单击【自动键入到'搜索'框中】，然后单击【确定】。

提示：若要还原【查看】选项卡上的原始设置，请单击【还原为默认值】，然后单击【确定】。

实训五　系统维护与管理

任务目标：

- 了解 Windows 7 的安装过程。
- 会使用 Windows 7 自带系统维护工具维护计算机。

任务描述：

- 本任务要求学习者能正确对操作系统进行安装、维护与管理。

训练一　Windows 的安装与设置

Windows 7 的版本很多，需要安装的计算机现有操作系统环境也不尽相同，安装的方法和步骤可能会有出入，本任务中主要讲解在 Windows 环境全新安装 Windows 7 旗舰版。

1.准备工作

（1）如果电脑已经有 Windows 操作系统，请先确认电脑目标安装盘是否需要备份数据，一般来讲，系统盘和桌面的数据都将被全部覆盖掉，可以将 C 盘以及桌面上的个人文件及文件夹（如文档、歌曲、相片等资料）复制到其他磁盘文件夹中去。

（2）准备好电脑的随机光盘（品牌机自带或购买主板时候的自带驱动光盘），至少要包括网卡驱动。如果没有，建议下载对应型号的网卡驱动程序，保存在 U 盘就可以了，防止安装完后找不到网卡驱动。

（3）准备 Windows 7 安装光盘。

（4）设置 BIOS 中的启动顺序从光盘启动，然后重启电脑。

2.安装 Windows 7 过程

（1）启动安装

如果电脑上已经安装了 Windows 操作系统，就可以直接进入系统，然后将光盘放到光驱中，进行安装。Windows 7 旗舰版安装的初始画面，如图 3-64 所示。左下角有个【修复计算机】选项，在 Windows 7 的后期维护中，作用极大。

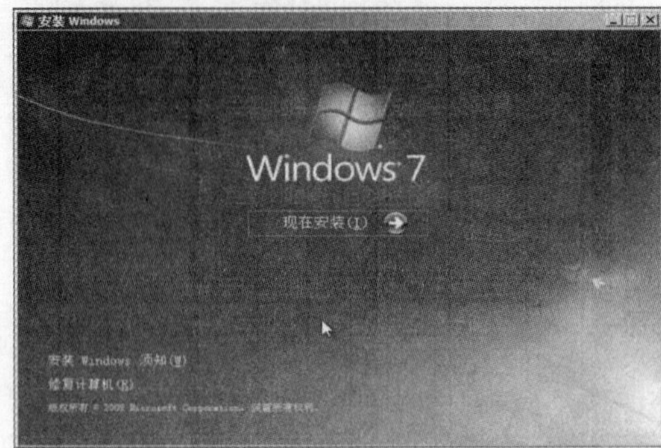

图 3-64 Windows 7 旗舰版安装的初始画面

(2)安装语言

单击图 3-64 中的【现在安装】按钮，出现如图 3-65 所示的画面，这里直接选择“中文(简体)”，然后单击【下一步】按钮。

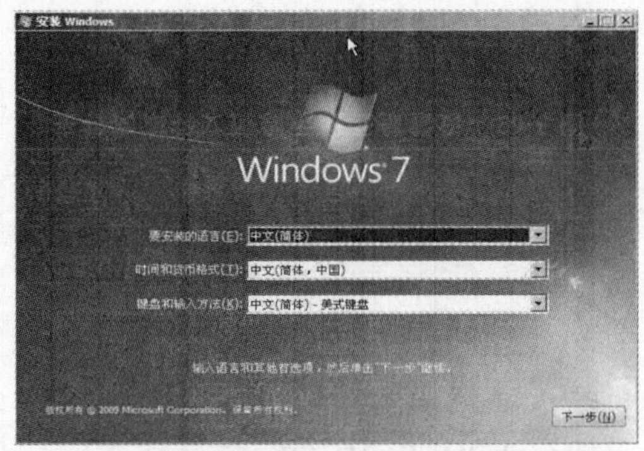

图 3-65 选择语言及其他首选项

(3)许可协议选择

选择【我接受许可条款】，并单击下一步。

(4)安装类型选择

图 3-66 所示的是【安装类型选择】界面。Windows 7 旗舰版有两种安装方式，【升级】和【自定义】。如果原来的系统是 XP 或者还没有安装操作系统的话，只能选择【自定义】安装。

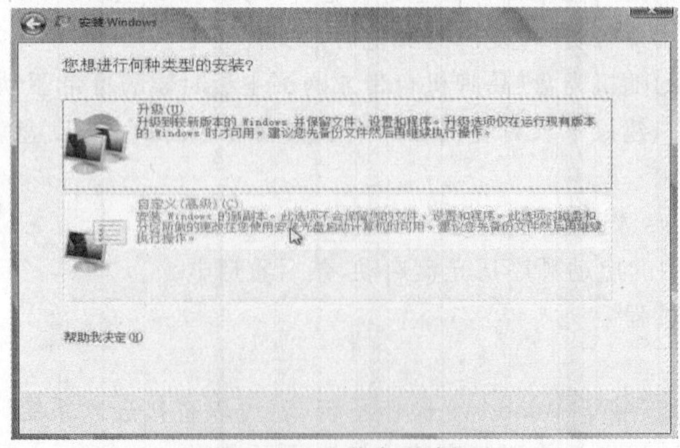

图 3-66 安装类型选择

(5)选择安装磁盘

单击【自定义】安装后，进入【您想将 Windows 安装在何处】界面，选择你想安装 Windows 7 的盘符，如图 3-67 所示。

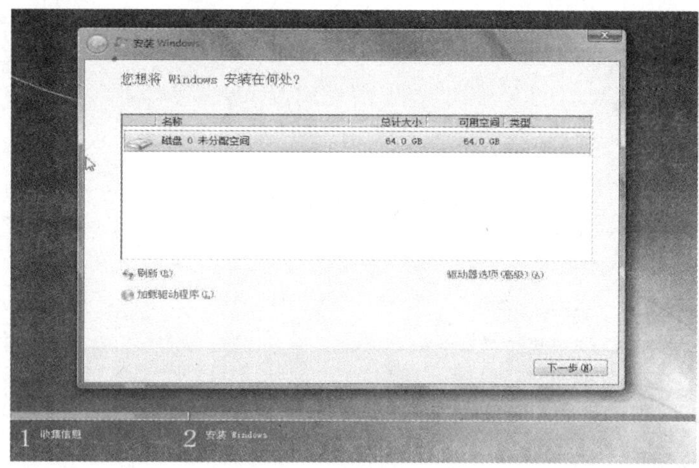

图 3-67　选择安装磁盘

(6)复制文件

如果选择的磁盘上已经存在操作系统等数据，则会弹出警告框，单击【确定】按钮后，Windows 7 开始复制文件。

(7)等待安装

大约需要 5～10 分钟的时间，直到 Windows 7 逐步完成【复制 Windows 文件】、【展开 Windows 文件】、【安装功能】、【安装更新】等几个过程，电脑将进入第一次重启。第一次重启后，将显示【安装程序正在启动服务】界面。

接着，将进入第二次重启，重启后，安装程序将为首次使用计算机做准备。在此过程中，无须进行任何操作，只需等待，直到完成安装。

3.设置 Windows

(1)再次重启后，进入【设置 Windows】界面，如图 3-68 所示，在此输入用户名和计算机名称，单击【下一步】按钮。

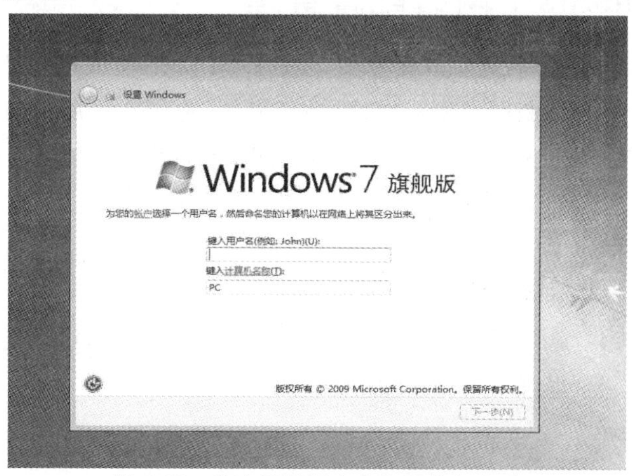

图 3-68　首次设置用户名和计算机名称

(2)进入【为账户设置密码】按钮,如果不愿意设置密码,则继续单击【下一步】按钮。

(3)输入产品密钥,如图 3-69 所示。Windows 7 旗舰版的产品密钥在包装盒的一侧,输入完产品密钥后,单击【下一步】按钮。

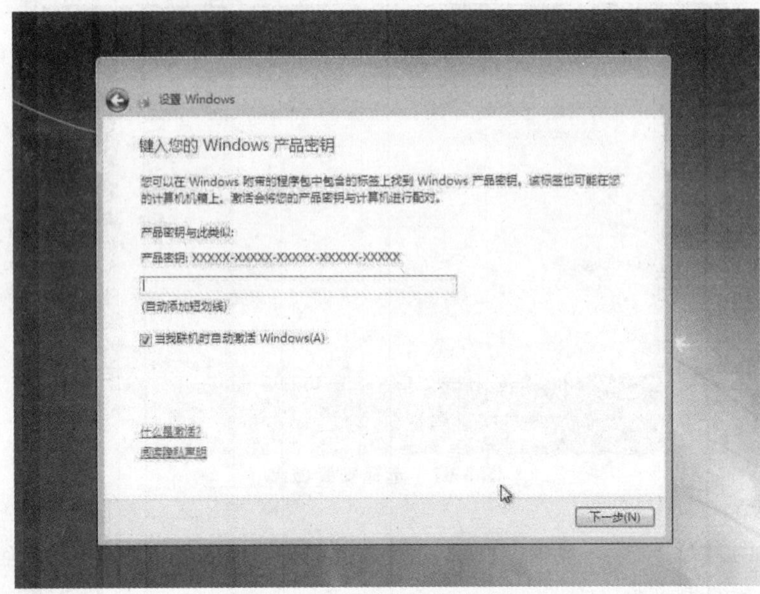

图 3-69 输入产品密钥

(4)进入【系统自动保护设置】界面后,选择【使用推荐设置】,这样 Windows 7 可以及时更新,更有利于保护电脑不受木马、病毒的侵害。

(5)配置日期和时间:进入【查看时间和日期设置】界面,设置系统日期和时间,并单击【下一步】。

(6)如果在安装过程中是处于联网状态的,Windows 7 会建议选择【计算机当前的位置】。

到此完成安装,进入欢迎界面,之后会进入 Windows 7 桌面。

训练二 Windows 7 网络配置管理

当在电脑上安装了新系统后,最重要的一件事就是让其可以连接到互联网。在 Windows 7 中,网络的连接变得更加容易、更易于操作,它将几乎所有与网络相关的向导和控制程序聚合在【网络和共享中心】中,便可以轻松连接到网络。下面看看如何在Windows 7中使用有线和无线网络连接互联网。

1.有线网络连接

(1)进入控制面板,选择【网络和 Internet】链接。

(2)选择【网络和共享中心】,如图 3-70 所示。在这个界面中,可以通过形象化的映射图了解到电脑的网络状况,也可以进行各种网络相关的设置。

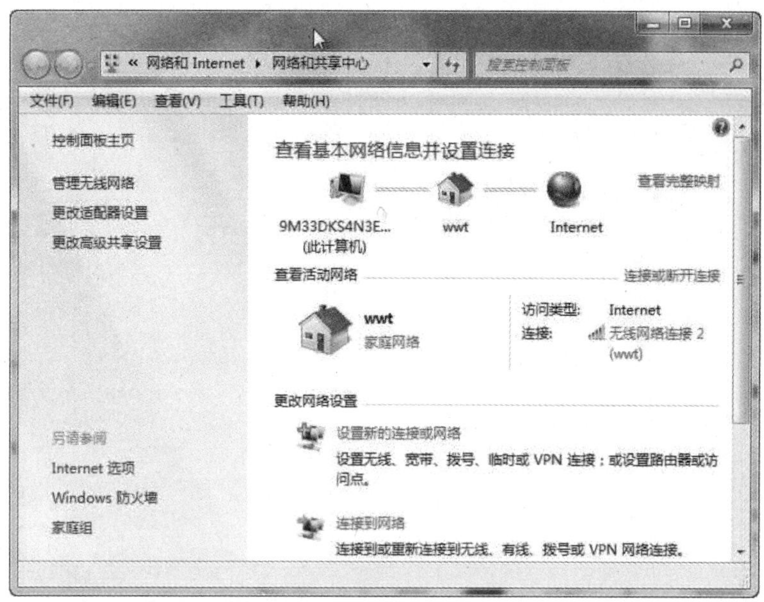

图 3-70　网络和共享中心

(3)建立拨号:在【网络和共享中心】界面上,单击【更改网络设置】中的【设置新的连接或网络】,然后在【设置连接或网络】界面中单击【连接到 Internet】,单击【下一步】按钮,如图3-71所示。

图 3-71　设置连接或网络

(4)选择网络类型:一般情况下,小区宽带或者 ADSL 用户,选择如图 3-72 所示的【宽带(PPPoE)】,然后输入用户名和密码后即可,如图 3-73 所示。

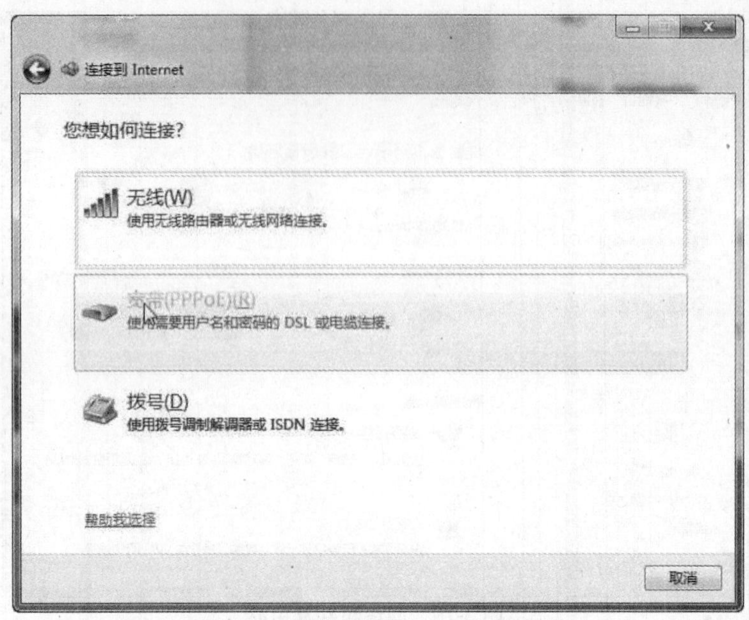

图 3-72 选择连接到 Internet 的类型

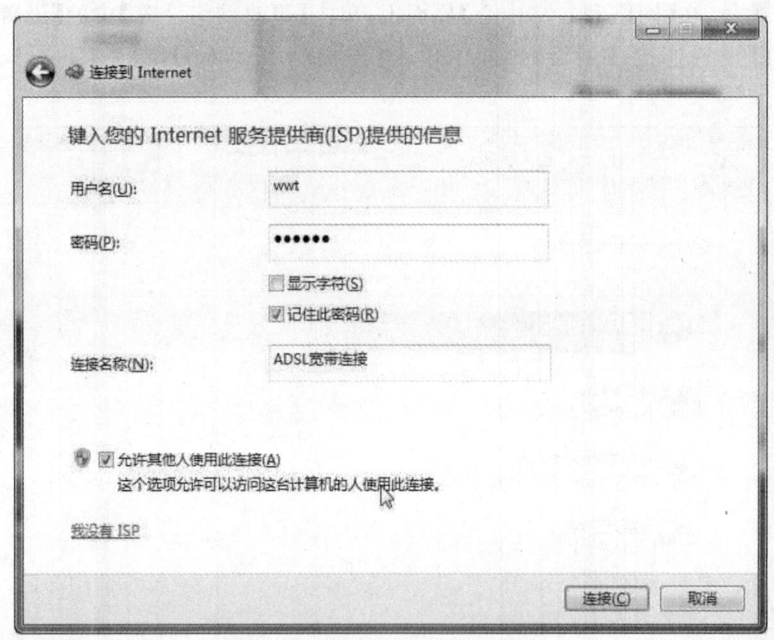

图 3-73 输入 PPPoE 验证信息

(5)手工配置网络协议和地址:如果是通过局域网等方式上网,可能需要设置静态 IP 地址,则单击网络和共享中心中的【本地连接】,弹出本地连接状态,然后选择【属性】,双击【Internet 协议版本 4】,输入指定的 IP 地址,如 192.168.1.100,如图 3-74 所示。

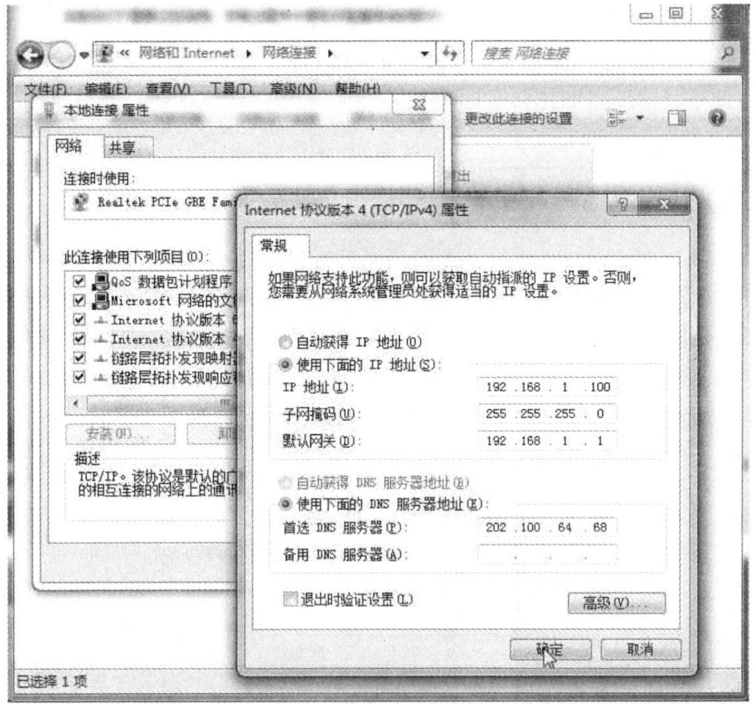

图 3-74　静态 IP 地址配置

(6)以传统方式查看网络连接：如果不习惯 Windows 7 网络和共享中心的映射图，可以单击左侧的【更改适配器设置】链接，以传统方式查看网络适配器状态，如图 3-75 所示。

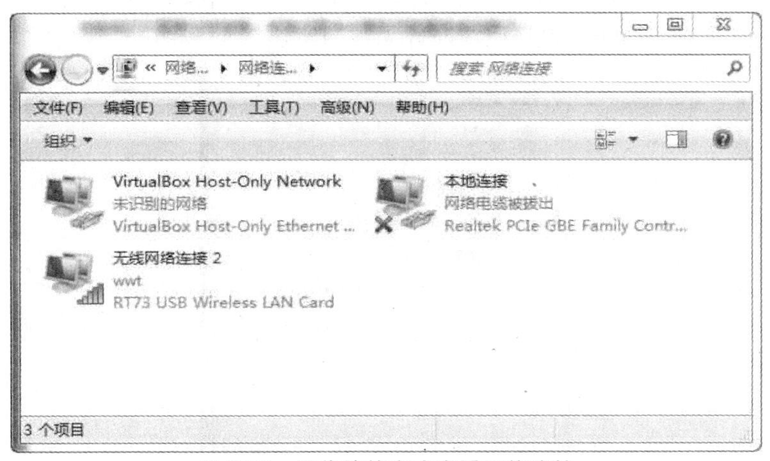

图 3-75　以传统的方式查看网络连接

2.无线网络配置

(1)查看无线信号

当启用无线网卡后，鼠标左键单击系统任务栏托盘区域网络连接图标，如图 3-76 所示。系统就会自动搜索附近的无线网络信号，所有搜索到的可用无线网络及信号强度就会显示在上方的小窗口中。将鼠标移动到其中一个信号上，还可以查看更具体的信息，如名称、强度、安全类型等。如果某个网络是未加密的，则会多一个带有感叹号的安全提醒标志。

(2)连接到无线网络

点选要连接的无线网络,然后单击【连接】按钮,即可连接到网络中。如果连接的是加密的网络,还要在此输入密码,如图 3-77 所示。

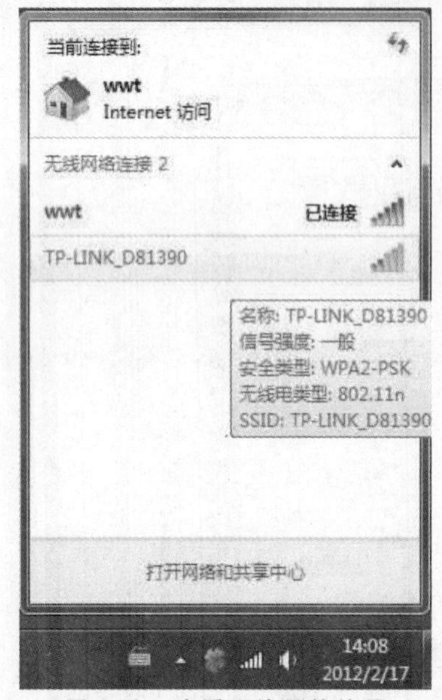

图 3-76 查看无线网络信号

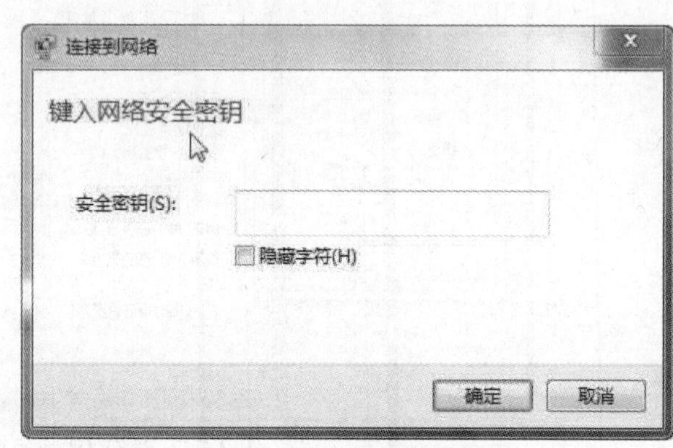

图 3-77 输入无线网络密钥

(3)断开无线网络

当无线网络连接上后,再次在任务栏托盘上单击网络连接图标,点选已连接的无线网络,单击【断开连接】按钮,即可很轻松地断开无线网络连接了,如图 3-78 所示。

图 3-78 断开无线网络连接

训练三　电源管理

合理的电源管理可延长笔记本电脑的电池使用寿命，并可以减少台式电脑的耗电量。

1.打开电源管理方式

(1)单击【开始】菜单中的【控制面板】。

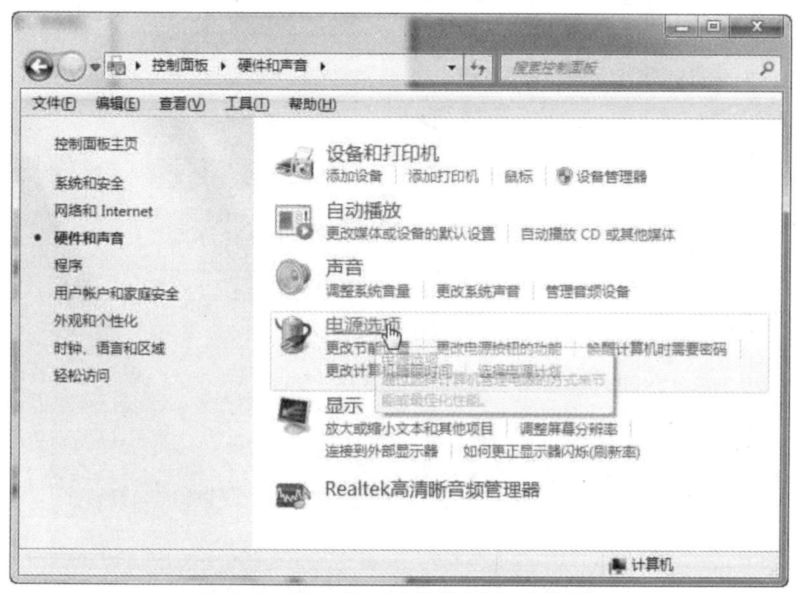

图 3-79　通过控制面板进入【电源选项】

(2)打开【硬件和声音】，单击【电源选项】，进入电源管理，如图 3-79 所示。

2.调节电源计划

(1)选择电源计划并调节屏幕亮度界面

在如图 3-80 所示的窗口中可以通过选择不同的电源计划来更改电源设置。在笔记本电脑的电源选项界面下方还会有一个【屏幕亮度】滑块。

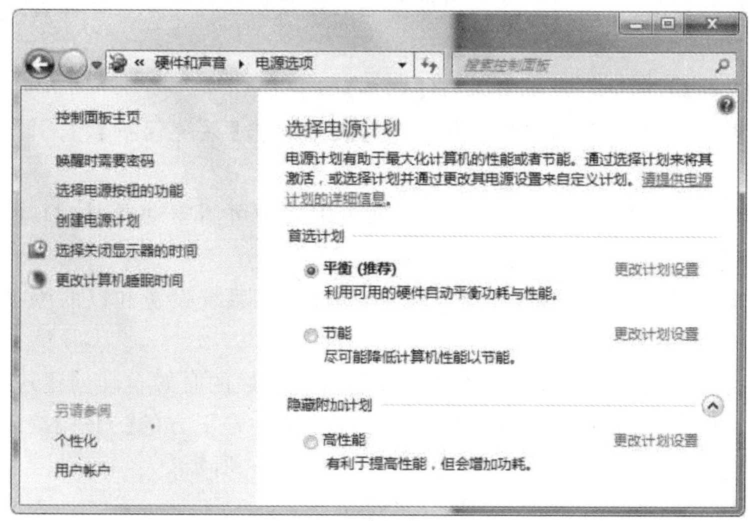

图 3-80　选择电源计划

(2)优化电源

更改计划设置包括【使用电池】和【接通电源】两种不同状态下显示器的节能设置，比如降低显示亮度、关闭显示器、计算机睡眠等，如图 3-81 所示。

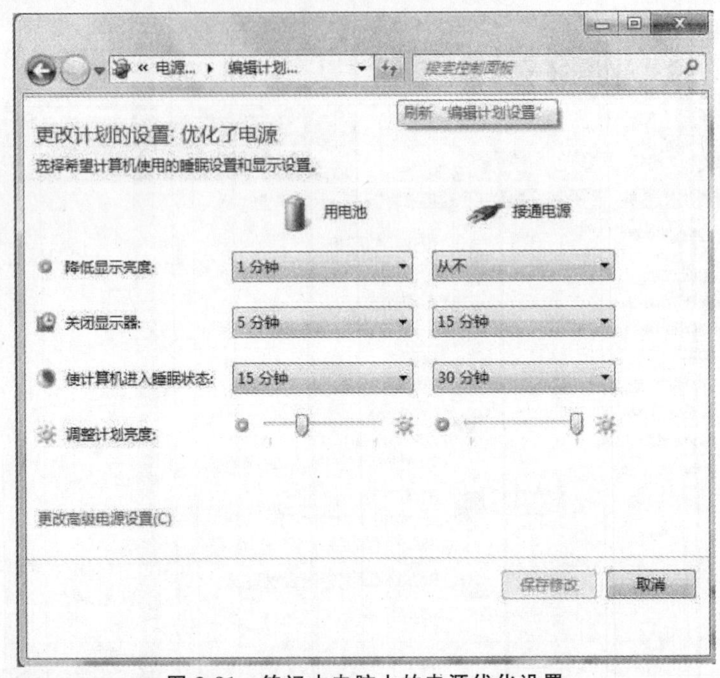

图 3-81　笔记本电脑上的电源优化设置

训练四　系统保护、还原

Windows 7 系统有一项【系统还原】功能，这项系统自带的功能可以通过对还原点的设置，记录我们对系统所做的更改，当系统出现故障时，可以在不需要重新安装操作系统，也不会影响个人数据文件(例如文件、电子邮件或相片)的情况下，使用系统还原功能将系统恢复到更改之前的状态继续正常使用，还可以如同 Ghost 备份那样将系统保存为映像文件。

1.创建系统还原

(1)在【计算机】图标上右键单击，选择【属性】菜单项。

(2)在【查看计算机基本信息】界面左侧列表中单击【系统保护】，打开【系统属性】对话框。

(3)选择【系统保护】选项卡，在保护设置列表中选中可用驱动器，如 D:盘，单击右下方【配置】按钮，如图 3-82 所示。

(4)选中【系统保护本地磁盘(D:)】对话框中的【还原系统设置和以前版本的文件】单选按钮。

(5)创建还原点：操作系统在更新补丁或安装部分程序的时候自动创建还原点或手动创建一个还原点，单击系统属性对话框中系统保护选项卡中最下方的【创建】按钮，键入还原点名称，单击【创建】按钮，即可完成还原点的创建，如图 3-83 所示。

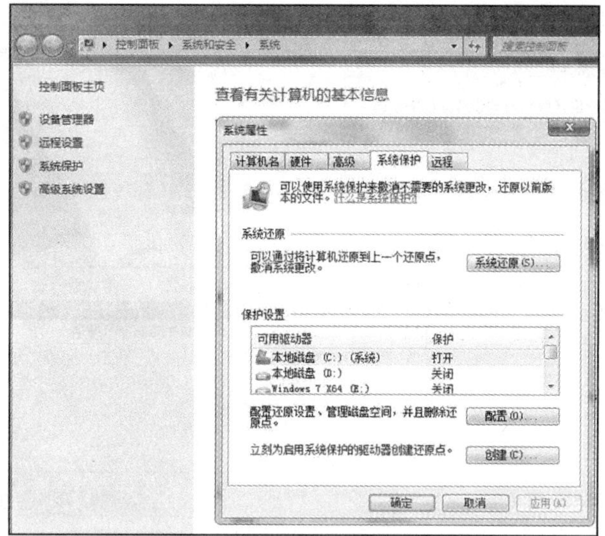

图 3-82　打开驱动器的系统保护设置

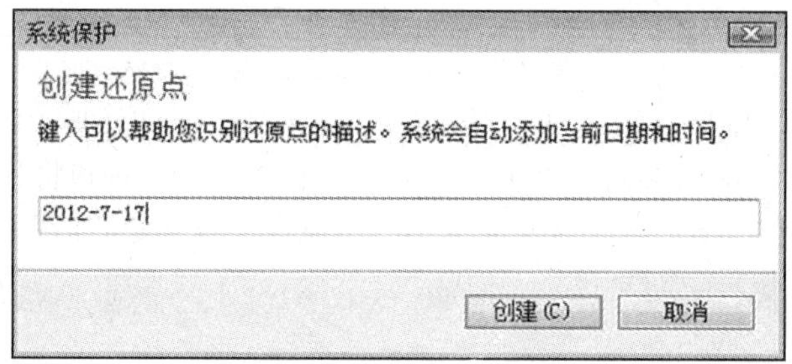

图 3-83　手动创建一个还原点

2.通过还原点还原系统

(1)点开始菜单,依次点选【所有程序】→【附件】→【系统工具】→【系统还原】,打开系统还原主界面,按照向导进行操作,如图 3-84 所示。

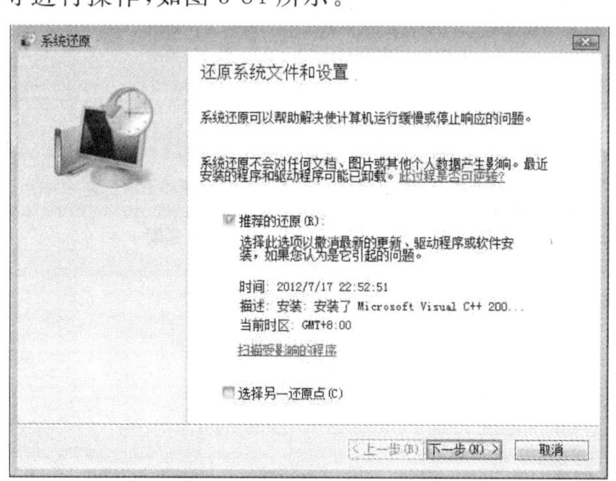

图 3-84　还原系统文件和设置

(2)Windows 7 的系统还原会默认选择系统所推荐的还原点,并显示该还原点的创建时间、说明等,让用户对系统的推荐有所了解。若推荐还原点不是准备恢复的还原点时,也可以选择【选择另一还原点】，单击【下一步】，如图 3-85 所示。

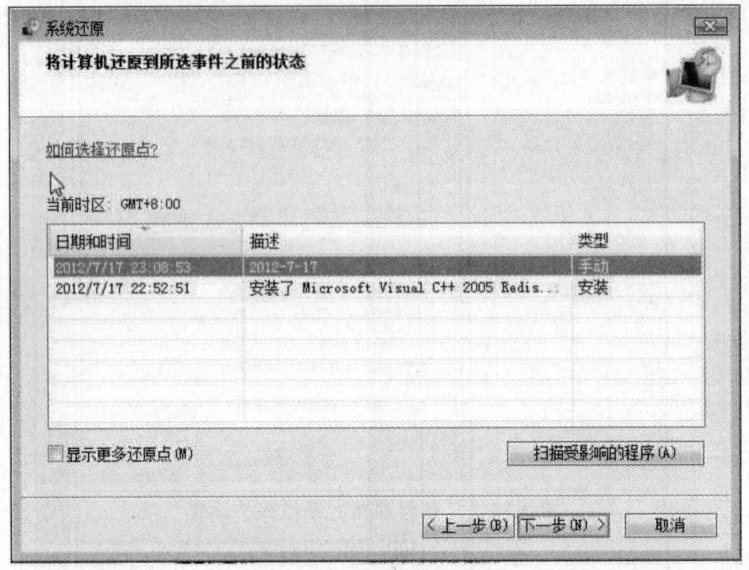

图 3-85　手动选择还原点

（3）在 Windows 7 所显示的还原点列表中，选中需要恢复的还原点后，单击【扫描所影响的程序】按钮，稍等片刻即可得到详细的报告，其中包含了将删除和将还原的程序以及驱动程序等，可以通过这个功能来选择影响面更小的还原点进行还原，如图 3-86 所示。

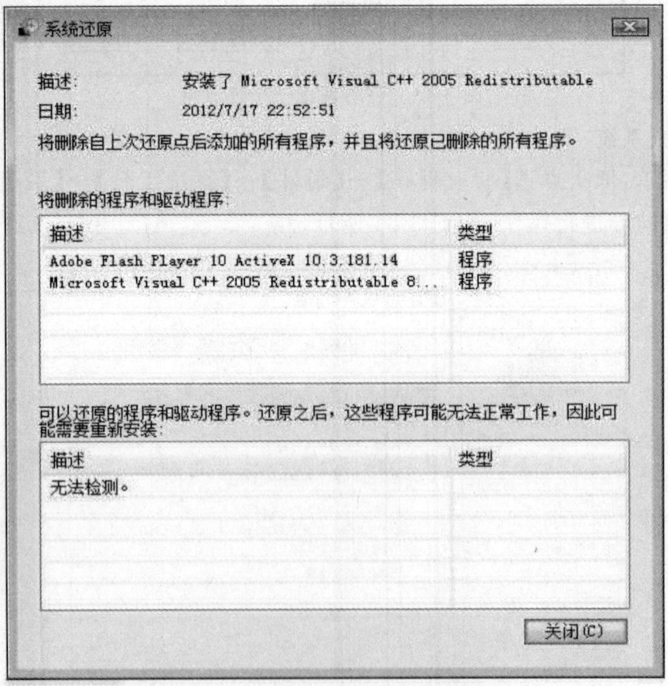

图 3-86　扫描还原后所影响的程序

（4）选择还原点后，单击【完成】按钮并确认，如图 3-87 所示。系统还原功能会自动完成，经过还原、重启、完成等步骤回到系统较早之前的状态。

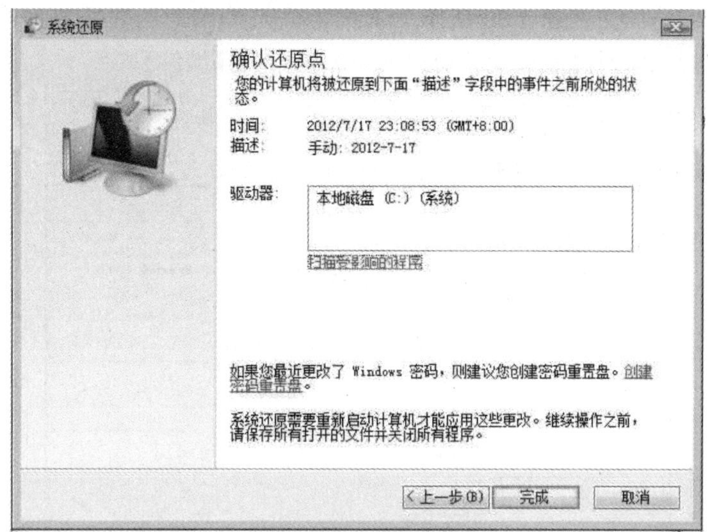

图 3-87　确认还原点

训练五　安装与卸载应用程序

使用 Windows 中附带的程序和功能，可以执行很多操作，但很可能还需要安装其他程序。如何添加程序取决于程序的安装文件所处的位置。本任务介绍 Windows 7 中安装应用程序的安装典型环节，主要包括选择安装路径、阅读许可协议、组件选择、附加选项等，下面以安装 Office 为例，介绍软件的安装过程。

1. 安装应用程序

（1）将安装光盘放入光驱中，如果一切正常，光盘会自动启动，单击【运行 SETUP. EXE】开始安装。

（2）如果没有出现，则可以在【计算机】中打开光驱，点击文件夹中的“setup. exe”文件开始安装，如图 3-88 所示。

图 3-88　应用程序安装包文件夹

(3)输入密钥及许可:在图 3-89 所示文本框中输入 Office 的安装序列号,输入正确后,单击【继续】按钮,然后选择【我接受此协议的条款】后单击【继续】。

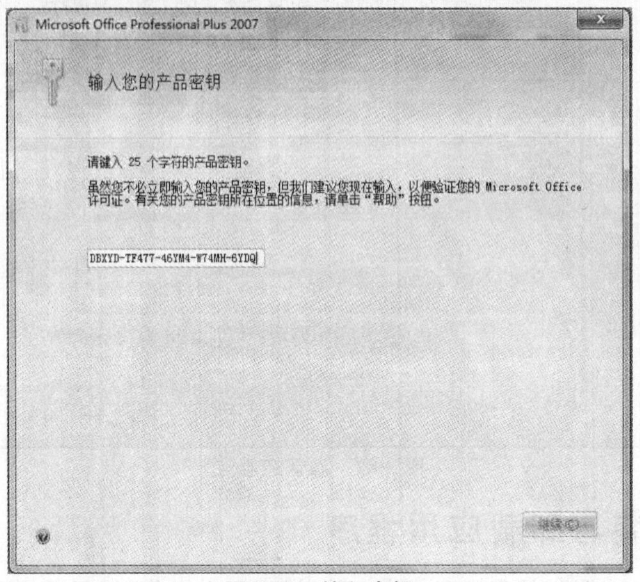

图 3-89　输入密钥

(4)选择所需安装:若计算机已经安装过较早版本的 Office 软件,选择图 3-90 所示的【升级】按钮进行升级安装;或选择【自定义】按钮进行全新安装。

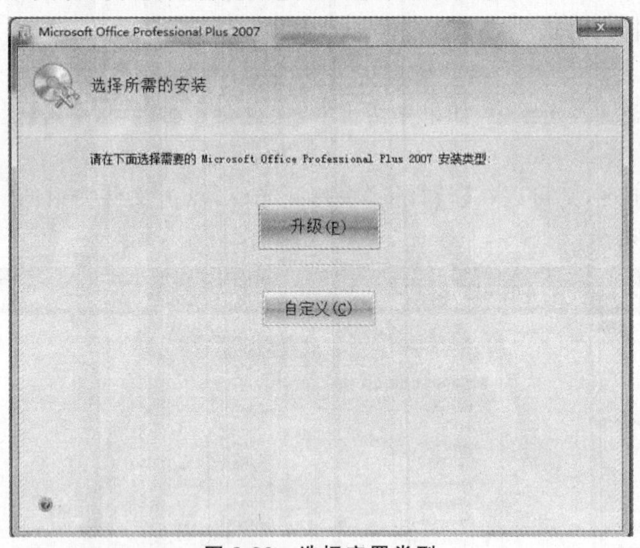

图 3-90　选择安置类型

(5)完成安装:此过程相对需要比较久一点的时间,视电脑情况而不同,一般在 3～5 分钟。安装完成后单击【关闭】按钮,安装工作即完成。

2.查看和管理已安装的应用程序

(1)查看已安装应用程序

①单击【开始】→【控制面板】→【程序】链接。

②单击图 3-91 所示的【程序和功能】链接,即可打开 Windows 应用程序管理器。

③通过 Windows 应用程序管理器，可以查看当前系统中已安装的应用程序。

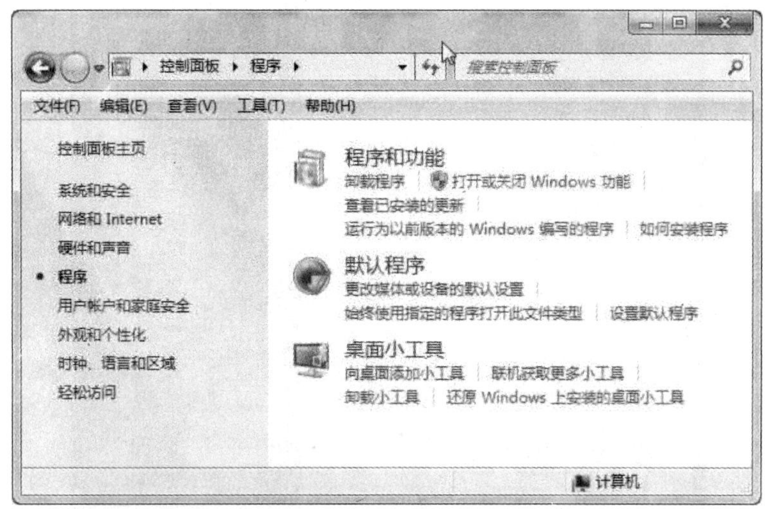

图 3-91　程序管理工具窗口

(2)更改或修复已安装的应用程序

①在图 3-92 所示的应用程序列表中选择要卸载的程序，如 99Bill sfEdit，单击【卸载】按钮，或者右键点击该程序，单击【卸载】。

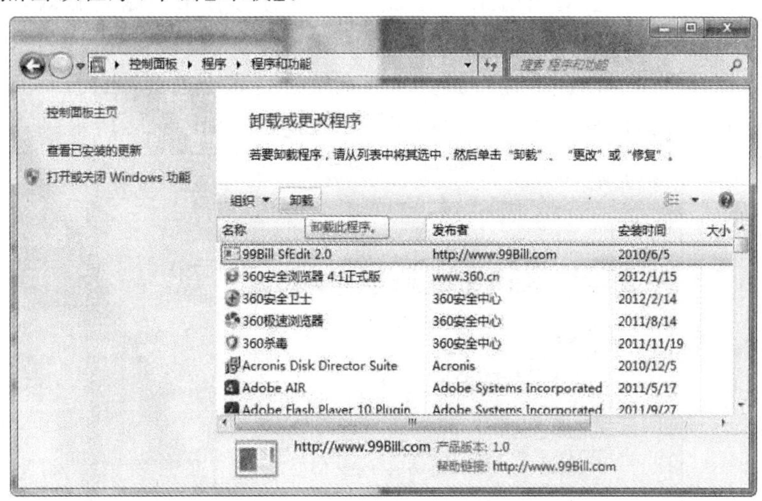

图 3-92　卸载或更改程序

②不同程序根据安装的状态，工具栏上可能会显示卸载、更改、修复等按钮。

对于已经提供了卸载功能的程序，可以在【开始】菜单或安装文件夹中直接运行卸载程序，如单击【卸载 360 杀毒】，如图 3-93 所示。

3.让不兼容的程序正常运行

如果在 Windows 7 中使用老版本 Windows 开发的应用程序，可尝试使用兼容模式，兼容模式会提供 Windows 早期版本的运行环境，如 Windows XP、Windows 2000 甚至 Windows 95 模式等。

(1)手动选择一种兼容设置

如果安装和使用的应用程序是针对老版本 Windows 开发的，为避免直接使用出现兼容性问题，可以根据程序对应的操作系统版本来选择一种兼容模式。

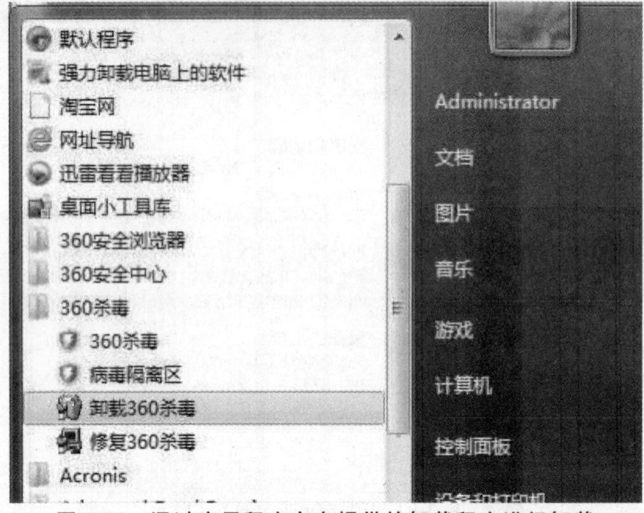

图 3-93 通过应用程序自身提供的卸载程序进行卸载

①右键单击应用程序或其快捷方式图标，选择菜单中的【属性】菜单项，打开属性对话框，切换到【兼容性】选项卡。

②默认情况下，设置仅会对当前用户有效，若希望对所有用户账户有效，单击对话框下方的【更改所有用户的设置】按钮。

③勾选【以兼容模式运行这个程序】复选框，在下拉列表中选择一种操作系统版本，比如此程序选择【Windows XP(Service Pack3)】即可正常运行，如图 3-94 所示。

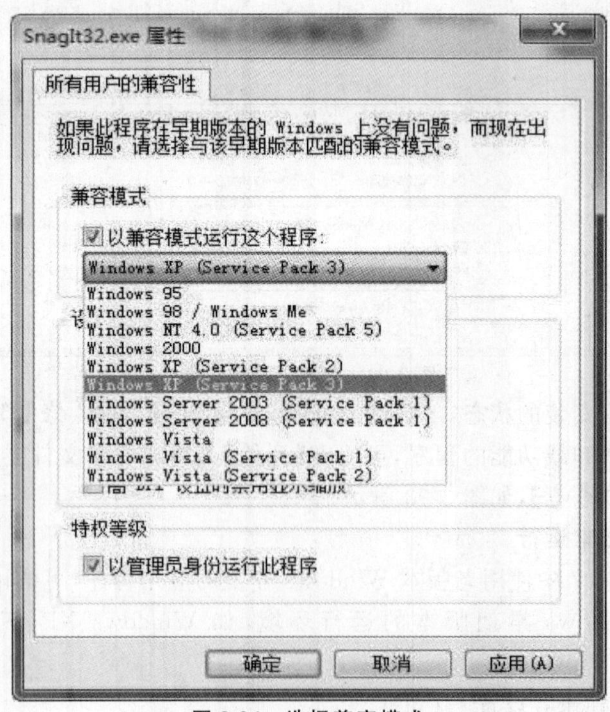

图 3-94 选择兼容模式

④如果当前 Windows 7 的 UAC 用户账户控制处于默认级别，为了避免应用程序无法与其兼容，建议勾选对话框下方的【以管理员身份运行此程序】复选框。

⑤依次单击对话框中的【确定】按钮，然后尝试运行该应用程序。

(2)让 Windows 7 来选择兼容设置

①右键单击应用程序或其快捷方式图标，选择菜单中的【兼容性疑难解答】，如图 3-95 所示。

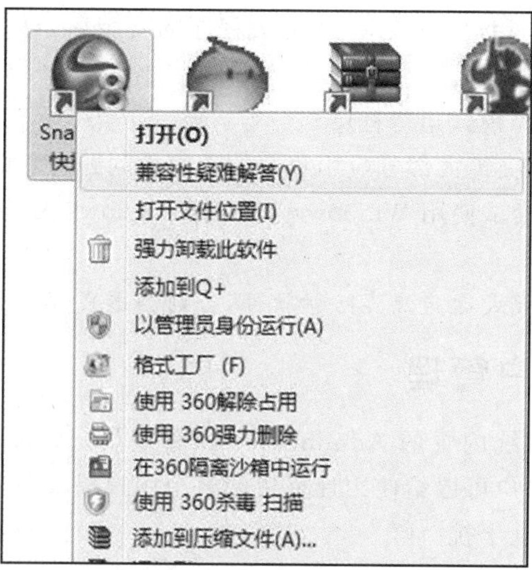

图 3-95　在应用程序图标右键菜单中选择【兼容性疑难解答】

②在打开的针对该程序的兼容性疑难解答向导中，Windows 会提供一种兼容模式设置来让用户尝试运行目标程序，这里选择了 Windows XP(Services Pack 2)的兼容模式，单击【启动程序】按钮来测试程序能否正常运行，如图 3-96 所示。

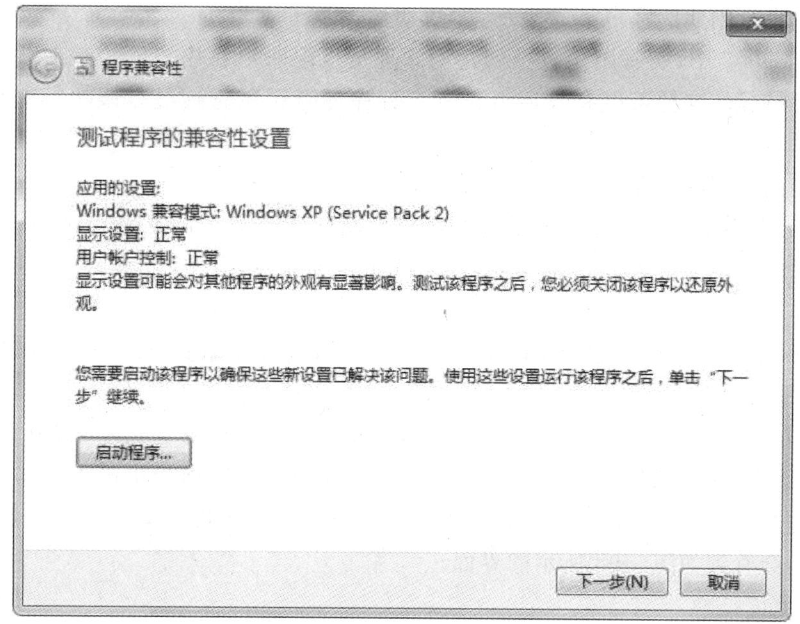

图 3-96　系统推荐的兼容模式

③完成测试后，单击【下一步】按钮，这时会看到向导界面，如果程序已经可以正常运行，单击【是，为此程序保存这些设置】，否则应选择【否，使用其他设置再试一次】。

(3)使用兼容模式安装程序

由于绝大多数应用程序都会采用安装的方式入驻 Windows，因此为了避免安装程序存在兼容性问题造成应用程序无法正常安装，可以使用兼容模式进行安装，在安装之前将安装包中的 setup.exe 按照手动选择兼容性的设置方法进行设置并选择【以管理员身份运行此程序】，然后再运行 setup 进行程序的安装，当完成程序的安装后，再对主程序或快捷方式使用兼容性设置即可。

(4)使用 Windows XP 模式运行程序

使用兼容模式可以解决绝大部分应用程序的兼容性问题，但如果程序实在太老，兼容模式也无法解决问题，可以尝试使用 Windows 7 中的【Windows XP 模式】来运行程序，请参考相关书籍的内容介绍。

注意：切勿使用兼容模式运行病毒防护软件，否则会造成 Windows 无法稳定运行。

训练六　用户账户管理

Windows 7 中包括系统内置的 Administrator(管理员)、Guest(来宾)以及用户后续自行增加的账户。不同的账户可以给使用计算机的每个用户提供单独的桌面环境以及个性化的应用程序设置，避免相互干扰。

1.了解 Windows 用户账户

(1)系统内置的 Administrator 账户

Windows 7 系统内置一个权限等级最高的名为 Administrator 的管理员权限账户，它拥有 Windows 的完全控制权限，不受 Windows 7 用户账户控制机制的限制。

(2)用户自行创建的账户

在 Windows 7 中，所有用户自行创建的管理员权限账户在用户账户控制机制的保护下默认运行标准权限，这样可以有效地阻止恶意程序随意调用管理员权限执行对系统有害的操作。

(3)系统内置 Guest 账户

Windows 7 系统内置了用于提供临时用户使用计算机的 Guest(来宾)账户，相对标准类型的账户，来宾账户的权限进一步受限，只能够正常使用常规的应用程序，无法对系统设置进行更改。

默认情况下 Windows 7 内置的 Administrator 和 Guest(来宾)账户都处于禁用状态。

2.账户的配置与管理

要对 Windows 7 中的用户账户进行管理，最简单的方法就是通过单击【开始】菜单的用户头像，进入【用户账户】管理界面，如图 3-97 所示；也可在控制面板中进入。

(1)创建新账户：单击【用户账户】管理面板中的【管理其他账户】选项，单击【创建一个新账户】选项后会看到如图 3-98 所示的界面。

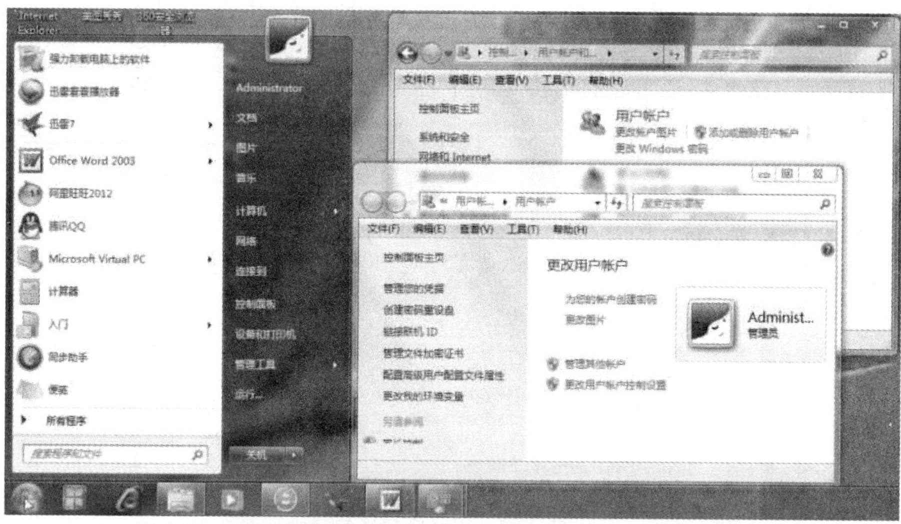

图 3-97　通过单击开始菜单中用户头像进入用户账户管理窗口

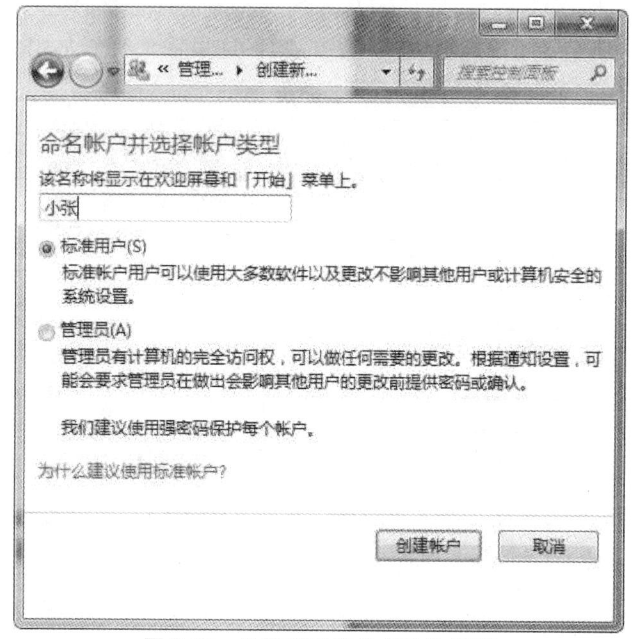

图 3-98　设置新账户的名称和类型

输入用于显示的账户名“小张”，并选择该账户的权限为【标准用户】，完成后单击【创建账户】按钮。

(2)更改账户类型(账户权限)：必须登录一个具有管理员权限的账户才能进行更改账户类型的操作，如使用“administrator”账户登录系统。打开【管理账户】面板，这时可以看到之前新建的用户账户，单击目标账户，如这里的“小张”，随后会转到如图 3-99 所示的界面。

单击图 3-99 所示管理界面左侧任务列表中的【更改账户类型】链接，在这里选择【管理员】，单击【更改账户类型】按钮。

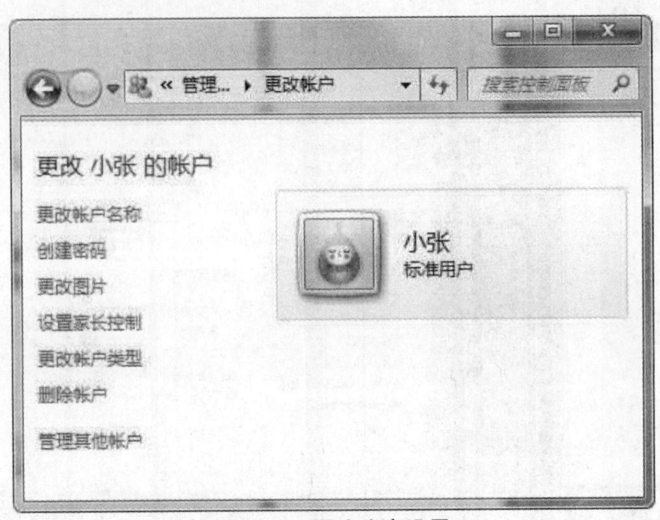

图 3-99 更改账户设置

(3)创建密码

单击更改账户设置界面上的【创建密码】链接，在这里输入密码后(密码提示可以选填)，单击【创建密码】按钮，如图 3-100 所示。

图 3-100 为账户设置登录密码

(4)更改密码

若该账户已经设置了密码，打开【更改账户】控制面板界面时，界面上会有【更改密码】链接。

单击【更改密码】链接，根据界面中的提示分别键入当前密码和新密码，完成后单击界面右下角的【更改密码】按钮。

(5)删除当前密码

单击【更改账户】控制面板界面中的【删除密码】，在这里输入当前的账户密码，单击【删除密码】按钮,如图 3-101 所示。

图 3-101　删除用户账户密码

3.账户的个性化设置

(1)更改账户的显示名称:在如图 3-99 所示的更改账户设置界面中单击【更改账户名称】链接。键入新的用户名,单击界面右下角的【更改名称】按钮。

(2)更改头像:单击【更改账户】面板中的【更改图片】链接,可以打开如图 3-102 所示的界面,选择列出的系统预置图片后,单击界面右下角的【更改图片】按钮即可生效。

图 3-102　更改账户头像

单击界面左下角的【浏览更多图片】,即可通过通用对话框来浏览并选定一张自定义图片作为用户头像。选定后返回图 3-102 界面并单击右下角的【更改图片】按钮。

4.启用、禁用和删除账户

(1)启用账户:通过控制面板,打开用户账户管理界面,单击 Guest 来宾账户。单击【启用】按钮即可启用来宾账户,如图 3-103 所示。

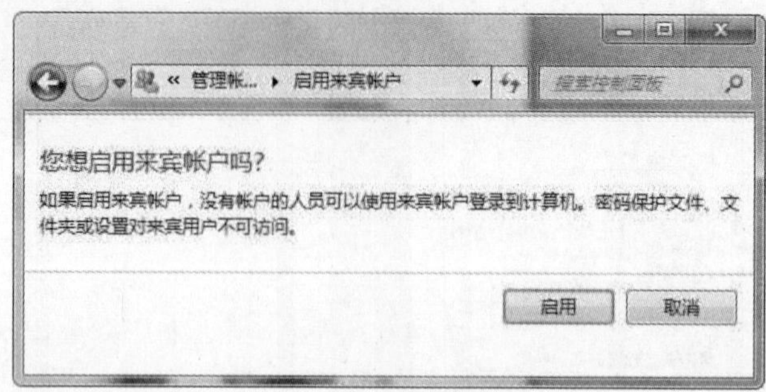

图 3-103　启用来宾账户

(2)禁用账户:当 Guest 来宾账户开启后,单击【关闭来宾账户】按钮即可禁用来宾账户。

(3)删除账户:非系统账户,可进行删除。选中账户【小张】,单击【更改账户】窗口左侧的【删除账户】链接,在弹出的窗口中根据需要,选择【删除文件】或【保留文件】按钮,如图 3-104 所示,再次单击【删除账户】按钮确认用户账户的删除。

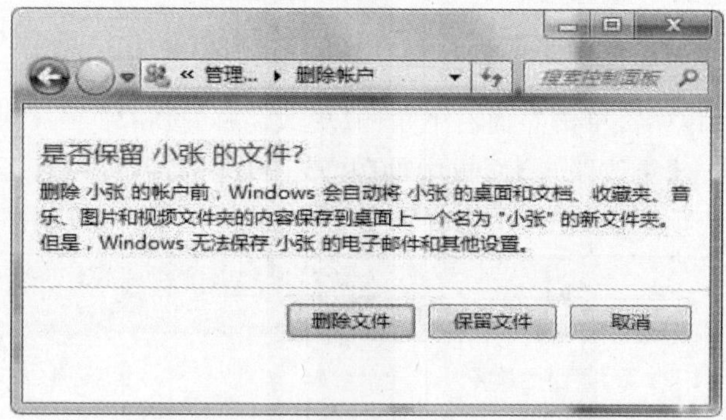

图 3-104　确认是否保留要删除用户文件

课后练习

1. 为何有些设备不用安装驱动程序也能正常使用?

2. 如何查看当前系统资源的使用情况?

3. 将“计算器”程序添加到任务栏,隐藏任务栏的音量图标和网络图标。

4. 设置本地计算机的远程连接功能,并访问网络中的一台计算机。

模块四　办公文档处理技术

实训一　初识文字编辑软件中文 Word 2010

任务目标：

- 会熟练启动、退出软件。
- 熟悉文字处理软件 Word 2010 的界面组成。
- 了解文字处理软件 Word 2010 的主要功能。

任务描述：

Word 2010 是 Microsoft 公司推出的 Office 2010 软件中最常用的包含 5 大组件之一，它继承了 Windows 友好的图形界面，可方便地进行文字、图形、图像和数据处理，是常使用的文档处理软件之一。在工作和学习中，经常要用计算机处理一些基本的文档，如公文、海报、招聘启示、合同等。用户首先必须对软件的组成及功能进行充分了解，掌握基本操作方法，才能轻松、方便地处理工作中的各种公文。

训练一　Word 2010 的启动与退出

1.Word 2010 的启动方法

Word 2010 的启动方法与其他 Windows 环境下的软件启动方法相同，主要有 3 种：

(1)使用命令：使用【开始】→【程序】→【Microsoft Office】→【Microsoft Office Word 2010】命令即可。

(2)使用图标：双击桌面快捷图标。

(3)使用文档：直接双击 Word 2010 文档

2.Word 2010 的退出，通常有如下方法：

(1)单击 Word 2010 窗口右上角的关闭按钮。

(2)单击【Microsoft Office 按钮】W，在下拉菜单中选择【关闭】命令。

(3)按下快捷键【Alt+F4】。

(4)双击【Microsoft Office 按钮】W。

训练二 认识 Word 2010 工作窗口

Word 2010 的操作界面主要由标题栏、“文件”选项卡、快速访问工具栏八大功能区、文档编区、状态栏等部分组成，如图 4-1 所示。在操作过程中还可能出现快捷菜单等元素。选用的视图不同，显示的屏幕元素也不同，用户自已也可以控制某些屏幕元素的显示或隐藏。

图 4-1 Word 2010 工作窗口

1.标题栏

(1)Office 按钮：这是 Word 2010 中保留的唯一一个下拉菜单，它相当于老版本的【文件】菜单。

(2)快速访问工具栏：用户可以在【快速访问工具栏】上放置一些最常用的命令按钮。

该工具栏中的命令按钮不会动态变换。用户可以增加、删除【快速访问工具栏】中的命令项。其方法是：单击【快速访问工具栏】右边向下箭头按钮，在弹出的下拉菜单中选中或者取消相应的复选框即可。如果选择【在功能区下方显示】选项，这时快速访问工具栏就会出现在功能区的下方，而不是上方。

(3)标题部分：它显示了当前编辑的文档名称。

(4)窗口控制按钮：包含了【最小化】按钮、【最大化/还原】按钮和【关闭】按钮。按【Alt】+空格键会打开控制菜单，通过该菜单也可以进行移动、最小化、最大化窗口和关闭程序等操作。

2.功能区

在 Word 2010 中，已经用功能区取代了传统的菜单和工具栏，主要组成为：

(1)“开始”功能区

“开始”功能区中包括剪贴板、字体、段落、样式和编辑 5 个组，该功能区主要用于帮助用户对 Word 2010 文档进行文字编辑和格式设置用户最常用的功能区。

(2)“插入”功能区

“插入”功能区包括页、表格、插图、链接、页眉和页脚、文本和符号等几个组，对应 Word 2010中“插入”菜单的部分命令，主要用于在 Word 2010 文档中插入各种元素。

(3)“页面布局”功能区

“页面布局”功能区包括主题、页面设置、稿纸、页面背景、段落、排列几个组，用于帮助用户设置 Word 2010 文档页面样式。

(4)“ 引用”功能区

“引用”功能区包括目录、脚注、引文与书目、题注、索引和引文目录等几个组。用于实现在 Word 2010 文档中插入目录等比较高级的功能。

(5)“邮件”功能区

“邮件”功能区包括创建、邮件合并、编写和插入域、预览结果和完成等几个组，该功能区的作用比较专一，专门用于在 Word 2010 文档中进行邮件合并方面的操作。

(6)“审阅”功能区

“审阅”功能区包括校对、语言、中文简繁转换、批注、修订、更改、比较和保护等几个组，主要用于对 Word 2010 文档进行校对和修订等操作，适用于多人协作处理 Word 2010 长文档。

(7)“视图”功能区

“视图”功能区包括文档视图、显示、显示比例、窗口和宏几个组，主要用于帮助用户设置 Word 2010 操作窗口的视图类型，以方便操作。

3.标尺

在 Word 2010 中，默认情况标尺是隐藏的。用户可以通过单击窗口右边框上角的【显示标尺】按钮来显示标尺。标尺包括水平标尺和垂直标尺。可以通过水平标尺查看文档的宽度、查看和设置段落缩进的位置、查看和设置文档的左右边距、查看和设置制表符的位置；可以通过垂直标尺设置文档上下边距。

4.工作区

Word 2010 窗口中间最大的白色区域就是工作区即文档编辑区。在工作区，用户可以输入文字，插入图形、图片，设置和编辑格式等操作。

在工作区，无论何时，都会有插入点(一条竖线)不停闪烁，它指示下一个输入文字的位置。

在工作区另外一个很重要的符号是段落标记，它用来表示一个段落的结束，同时还包含了该段落所使用的格式信息。如果不想显示段落标记，用户可以单击【Office 按钮】后选择【Word 选项】，在【Word 选项】对话框左侧选择【显示】选项，然后在右侧的【始终在屏幕上显示这些格式标记】组中取消【段落标记】的选中状态。

5.滚动条

Word 2010 提供了水平和垂直两种滚动条，使用滚动条可以快速移动文档。在滚动条的两端分别有一个向上(左)、向下(向右)的箭头按钮，在它们之间有一个矩形块，称为滚动块。

(1)单击向上(向左)、向下(向右)按钮，屏幕可以向相应方向滚动一行(或一列)。

(2)单击滚动块上部(左部)或下部(右部)的空白区域时，屏幕将分别向上(左)或向下(右)滚动一屏(相当于使用键盘上的【PageUp】键或【PageDown】键)。以上操作当屏幕滚动时，文字插入点光标位置不变。

(3)单击垂直滚动条的【上一页】或【下一页】按钮时，屏幕跳到前一页或下一页，同时文字插入点光标也移动到该页面的第一个字符前面。

6.状态栏

Word 2010 的状态栏包括:【页面信息】区、【文档字数统计】区、【拼写检查】区、【编辑模式】区、【视图模式】区。

7.视图模式

【视图模式】区中有 5 种功能按钮 ,它们的主要功能为:

(1)页面视图:在 Word 2010 中,页面视图是默认视图。在页面视图中,用户可以看到对象在实际打印的页面中的效果,即在页面视图中"所见即所得"。各文档页的完整形态,包括正文、页眉、页脚、自选图形、分栏等都按先后顺序和实际的打印格式精确显示出来。

(2)阅读版式视图:在阅读版式视图模式下,Word 将不显示选项卡、按钮组、状态栏、滚动条等,而在整个屏幕显示文档的内容。这种视图是为用户浏览文档而准备的功能,通常不允许用户再对文档进行编辑,除非用户单击【视图选项】按钮,在弹出的下拉菜单中选择【允许键入】命令。

(3)Web 版式视图:Web 版式视图比普通视图优越之处在于它显示所有文本、文本框、图片和图形对象;它比页面视图优越之处在于它不显示与 Web 页无关的信息,如不显示文档分页,亦不显示页眉页脚,但可以看到背景和为适应窗口而换行的文本,而且图形的位置与所在浏览器中的位置一致。

(4)大纲视图:大纲是文档的组织结构,只有对文档中不同层次的内容用正文样式和不同层次的标题样式后,大纲视图的功能才能充分显露出来。在大纲视图中,可以查看文档的结构,可以通过拖动标题来移动、复制和重新组织文本。此外,还可以通过折叠文档来查看主要标题,或者展开文档查看所有标题和正文的内容。当用户进入大纲视图时,会在选项卡添加一个【大纲】选项卡。

(5)普通视图:普通视图用来创作文档并浏览基本文本格式。

8.其他功能

(1)【视图模式】区旁边有个视图大小工具栏,可调整工作区范围的大小。

(2)Word 2010 的帮助功能:在 Word 2010 中,取消了【Office 助手】功能。如果用户需要得到系统的帮助,可以按【F1】键或单击功能区选项卡区域右侧的【帮助】按钮 ,即可打开 Word 2010 的帮助系统,如图 4-2 所示。

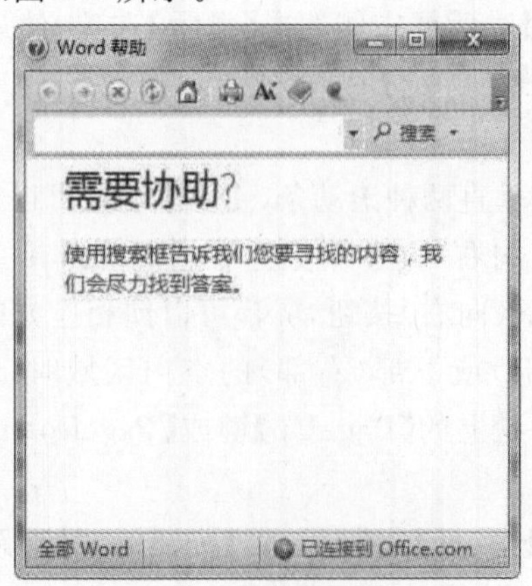

图 4-2 Word 帮助系统

实训二　文档的建立、保存

任务目标：

- 学会各种文档的创建方式。
- 学会文档的各种保存与另存为操作。
- 会熟练使用 Word 2010 工作界面和各功能选项区菜单及任务按钮。

任务描述：

● Word 2010 是 Microsoft 公司推出的 Office 2010 软件中最常用的包含 5 大组件之一，它继承了 Windows 友好的图形界面，可方便地进行文字、图形、图像和数据处理，是常使用的文档处理软件之一。在工作和学习中，经常要用计算机处理一些基本的文档，如公文、海报、招聘启示、合同等。用户只有掌握基本操作，才能使办公过程更加轻松、方便。

训练一　创建新文档

启动 Word 2010 后，系统会自动创建一个空白文档，在 Word 2010 中，如果要创建新文档，常用的有以下几种方法：

方法一：单击【文件】功能选项标签，然后选择新建命令。

方法二：按【Ctrl＋N】组合键。

方法三：在桌面空白区域单击鼠标右键，从弹出的快捷菜单中选择相关的新建命令。

训练二　保存文档

方法一：新建文档或对旧文档进行编辑修改后，就必须保存文档，具体操作步骤如下：

按【Ctrl＋S】组合键，或单击快速访问工具栏上的【保存】按钮，即可打开【另存为】对话框，在【保存位置】下拉列表中选择要保存的位置，在【文件名】对话框中输入文件名，在【保存类型】下拉列表框中选择所需的文件类型(比如 docx 或者 doc 等)，然后单击【保存】按钮即可。

方法二：单击【文件】功能选项标签，然后选择保存命令。

实训三　文档内容的录入与编辑

任务目标：

- 学会在 Word 2010 中熟练地录入文档中所有的文字、特殊字符。
- 学会将录入的 Word 文档进行编辑、修改。

● 会熟练地在 Word 工作窗口应用编辑控制键。

任务描述：

● Word 2010 是一款功能强大的文字排版软件，在日常工作中，文档的处理工作量非常大，其中文字的录入与编辑是所有文档处理的源头。本次实训的目的就是让学习者熟练地掌握 Word 2010 中的文字、各种符号的快速输入技巧，学会熟练地应用系统提供的各种控制键编辑文档。

训练一 文字的录入

输入字母和汉字：输入方法与模块二中介绍的中英文输入法相同，在此不再赘述。

训练二 插入点的移动

在文档编辑区中有一条闪烁的短竖线，称为插入点。插入点位置指示着将要插入的文字或图形的位置以及各种编辑修改命令将生效的位置。移动插入点有如下几种方法：

方法一：利用鼠标移动插入点。

方法二：使用键盘控制键移动插入点，键盘控制键的功能，如表 4-1 所示。

表 4-1 控制键插入移动点的功能

按 键	功能说明
↑ ↓ ← →	将插入点移动到上一行、下一行、左一个字符、右一个字符
Home/End	移动插入点到行首/行尾
PageUp/PageDown	移动插入点到上一屏/下一屏
Ctrl+PageUp/Ctrl+PageDown	移动插入点到上一页窗口顶部/下一页窗口顶部
Ctrl+Home/Ctrl+End	移动插入点到文档开始处/文档结尾处
Ctrl+←/Ctrl+→	将插入点左移一个单词(词组)/右移一个单词(词组)
Ctrl+↑/Ctrl+↓	将插入点上移一个段落/下移一个段落

方法三：利用定位对话框快速定位。

方法四：返回上次编辑位置。按下【Shift+F5】键，就可以将插入点移动到执行最后一个动作的位置。Word 能记住最近三次编辑的位置，只要一直按住【Shift+F5】键，插入点就会在最近三次修改的位置跳动。

训练三 项目符号、编号、符号及特殊符号的录入

1.项目符号、编号输入

使用项目符号和编号列表，可以对文档中并列的项目进行组织，或者将顺序的内容进行编号，以便这些项目的层次结构更清晰、更有条理。Word 2010 分别提供了 7 种标准的项目符号和编号，并且允许用户自定义项目符号和编号。

(1)添加项目符号和编号

Word 2010 提供了自动添加项目符号和编号的功能。在以“1.”、“(1)”、“a”、“一、”等字

符开始的段落中按 Enter 键，下一段开始将会自动出现“2.”、“（2）”、“b”、“二、”等字符。也可以单击段落工具栏中的【项目符号 】、【编号 】、【多级列表 】按钮来实现。

（2）自定义项目符号和编号

在 Word 2010 中，除了可以使用提供的 7 种项目符号和编号之外，还可以自定义项目符号样式和编号。单击段落工具栏中“项目符号”右侧的下拉按钮，弹出如图 4-3 所示的【插入项目符号】对话框。单击【定义新项目符号】按钮，弹出【定义新项目符号】对话框，选择项目符号为图片，弹出【图片项目符号】对话框，选择其中一张图片作为项目符号，如图 4-4 所示。

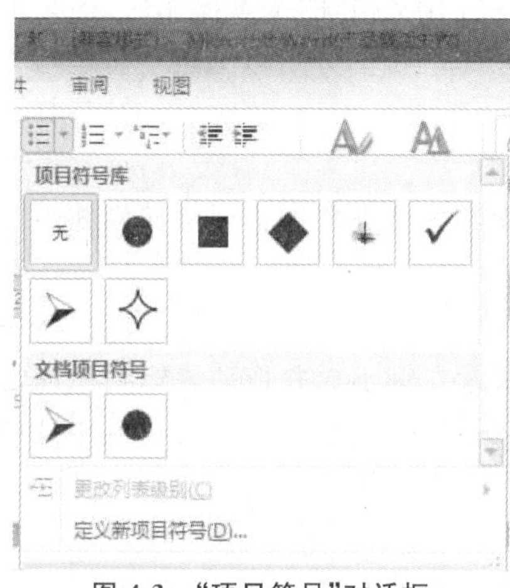

图 4-3　“项目符号”对话框

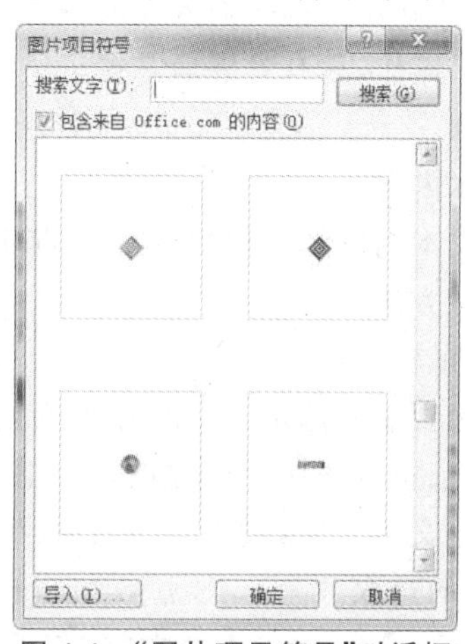

图 4-4　“图片项目符号”对话框

2.符号、特殊符号输入

输入特殊符号可以使用 Word 2010 中【插入】选项卡相关工具，插入步骤为：

（1）单击要插入符号的位置。

（2）在【插入】选项卡上的【符号】组中，单击【符号】，打开【符号】对话框，如图 4-5 所示。

（3）在下拉列表中单击所需的符号。

如果要插入的符号不在列表中，请单击【特殊符号】。在【字符】框中，单击要插入的符号，然后单击【插入】，如图 4-6 所示。

（4）单击【关闭】。

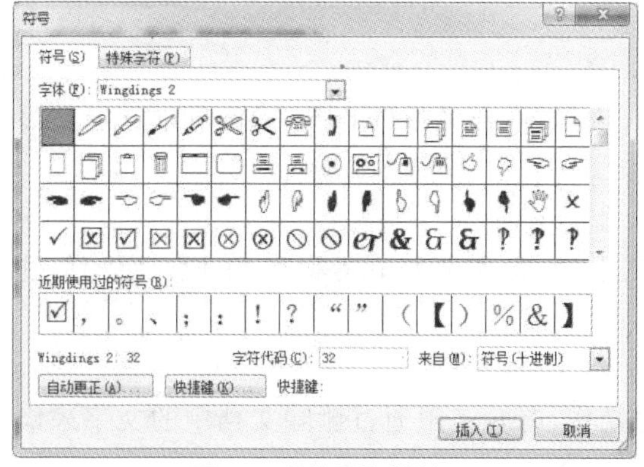

图 4-5　【符号】对话框

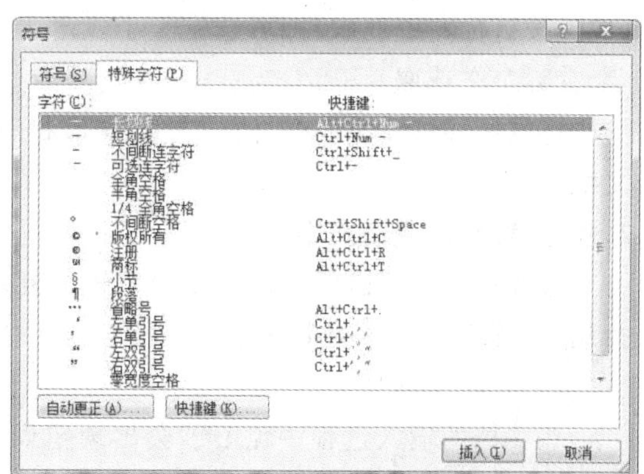

图 4-6　【特殊符号】对话框

3.删除项目符号

对于不再使用的项目符号或编号可以即时将其删除，具体步骤如下：

(1)选择要删除其项目符号或编号的文本。

(2)重新单击【格式】工具栏上的【项目符号】按钮或【编号】按钮，即可删除其项目符号或编号。

训练四　文本基础编辑

在学会“新建文档→输入文本→保存文档→打开文档”的基本操作后，还必须了解文本的基本编辑操作，只有熟练地掌握了这些基础的编辑操作，才可以为进一步学习文档排版打下良好基础。

1.选定文本内容

选定文本内容是一切文本操作的基础，是学习办公类软件必须掌握的知识。选定文本有以下几种方法。

(1)用鼠标选取

将光标置于要选定文字的开始位置，按住鼠标左键不放并拖动鼠标到要选定文字的结束位置松开；或者按住【Shift】键，在要选定文字的结束位置单击，也可以选中这些文字。利用鼠标选定文字方法对连续的字、句、行、段的选取都适用。

(2)句的选取

按住【Ctrl】键，单击文档中的一个地方，鼠标单击处的整个句子就被选取。

(3)行的选取

行的选取可以分为单行选取和多行选取两种：

选定一行文字：将鼠标移到该行左边首部，此时光标变成斜向右上方的箭头，单击即可选择整行文本。

选择多行文本：在文档中按左键上下进行拖动可以选定多行文本；配合【Shift】键，在开始行的左边单击选中该行，按住【Shift】键，在结束行的左边单击，同样可以选中多行。

(4)段落的选取

将鼠标移到该段落左侧，待光标改变形状后双击，或者在该段落中的任意位置三击鼠标(快速按鼠标左键三次)即可选定整个段落。

(5)全文选取

将鼠标移到文档左侧，待鼠标改变形状后三击鼠标，或者按【Ctrl＋A】键可以选定整篇文章。

2.删除、移动和复制文本

选取文字的目的无非是为了对它进行复制、删除、拖动、加格式等操作，下面介绍如何进行删除、移动和复制文本操作。

(1)删除文本

在文档的输入过程中免不了会出现错误的操作，有时必须通过删除文档中的文字来修正错误，具体的操作步骤如下：

①选定要删除的文本。

②按【Backspace】键或【Delete】键，可以删除文本。

(2)复制文本

对重复输入的文字，利用复制和粘贴功能来实现会比较方便，常用的方法有以下两种：

菜单命令法。先选定要重复输入的文字，使用【开始】选项卡或右键快捷菜单中的【复制】命令或快捷键【Ctrl+C】对文字进行复制；然后将光标置于要输入文本的地方，使用右键快捷菜单中的【粘贴】或快捷键【Ctrl+V】可以实现粘贴，这样可以免去很多输入的麻烦。

鼠标拖动法。先选定要重复输入的文字，同时按【Ctrl】键和鼠标左键，拖动鼠标指针。此时，鼠标指针会变成一个带有虚线方框的箭头，光标呈虚线状。当光标移动到了要插入复制文本的位置后释放鼠标和【Ctrl】键，就可以实现文本的复制。还可以利用【剪贴板】。

在 Word 2010 中，不管采用哪一种复制方法，都会在粘贴的文本后面出现一个粘贴选项按钮 (Ctrl)，单击该按钮可以展开粘贴命令菜单。在粘贴命令菜单中，有 4 种方式供大家选择：【保留源格式】、【匹配目标格式】、【仅保留文本】和【设置默认粘贴】。

【保留源格式】：所粘贴的内容的属性不会改变。

【匹配目标格式】：所粘贴的内容的字体、大小等属性和目标一样。

【仅保留文本】：表示只粘贴文本内容。

【设置默认粘贴】：通过设置默认粘贴可以自定义粘贴方式。

3.移动文本

移动文本就是将选择的文本原样移到指定的地方。文本移动的方法主要有以下两种。

常规法：选择需要移动的文本，使用【开始】选项卡或右键快捷菜单中的【剪切】命令或快捷键【Ctrl+X】对文字进行剪切；然后将光标置于要输入文本的地方，使用右键快捷菜单中的【粘贴】命令或快捷键【Ctrl+V】可以实现粘贴。

鼠标拖动法：先选中要移动的文字，同时按鼠标左键，拖动鼠标指针。此时，鼠标指针会变成一个带有虚线方框的箭头，光标呈虚线状。当光标移动到了要插入文本的位置后释放鼠标，就可以实现文本的移动。

训练五　查找、替换与定位

在文档的编辑过程中，经常要查找某些内容，有时还需要对某一内容进行统一替换。对于比较长的文档来说，如果人工逐字逐句进行查找或替换，不仅费时费力，而且很容易出现遗漏。利用 Word 2010 提供的查找和替换功能，可以很方便地完成这些工作，如图 4-7 所示。

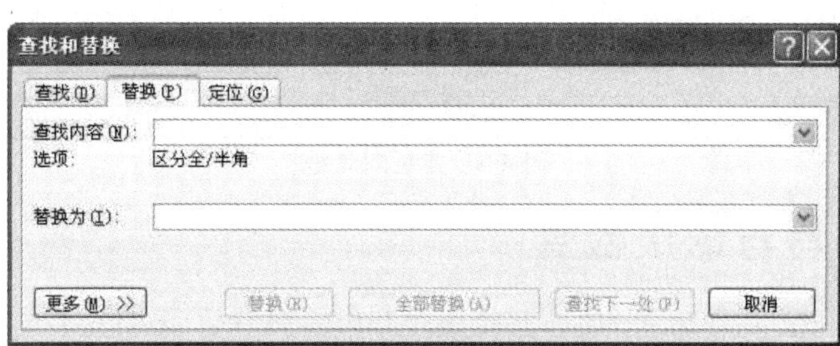

图 4-7　查找、替换对话框

1.查找

要想在文档中查找内容,可以单击【开始】选项卡中的【查找】命令,也可以利用快捷键【Ctrl+F】来打开如图 4-7 所示的【查找和替换】对话框,查找完成插入点定位于被找到的文本位置上,具体步骤如下:

(1)设置开始查找的位置(如文档的首部),Word 默认从插入点开始查找。

(2)单击【开始】选项卡中的【查找】命令或按【Ctrl+F】键,打开【查找和替换】对话框。

(3)在【查找内容】文本框中输入要查找的文本。

(4)单击【查找下一处】按钮,即可在文档中进行查找。如果要继续查找,可以再次单击【查找下一处】按钮。

(5)如果要结束查找,可以单击【取消】按钮,关闭对话框。

提示:如果对查找有更高的要求,可以单击【更多】按钮,Word 2010 将在对话框中显示更多的搜索选项,如【搜索方向】、【区分大小写】等。

2.替换

要在当前文档中用新的文本替换原来的文本,可以使用 Word 2010 的替换功能。具体步骤如下。

(1)设置开始替换的位置。

(2)单击【开始】选项卡中的替换命令或【Ctrl+H】组合键,打开【查找和替换】对话框。

(3)在【查找内容】文本框中输入要查找的文本,然后在【替换为】文本框中输入新的文本。

(4)若要替换所有查找到的内容,则可以单击【全部替换】按钮,若是对查找到的内容进行有选择的替换,则应单击【查找下一处】按钮,逐个进行查找;如果要替换当前查找到的文本,则单击【替换】按钮,否则单击【查找下一处】按钮继续查找。

3.定位

如果有文档编辑中要将光标定位在指定的位置,需使用 Word 2010 的定位功能,如图 4-8所示。可以任意将光标定位至页、节、题注、脚注和表格等多种目标下,前提是在文档编辑中用到这些功能。

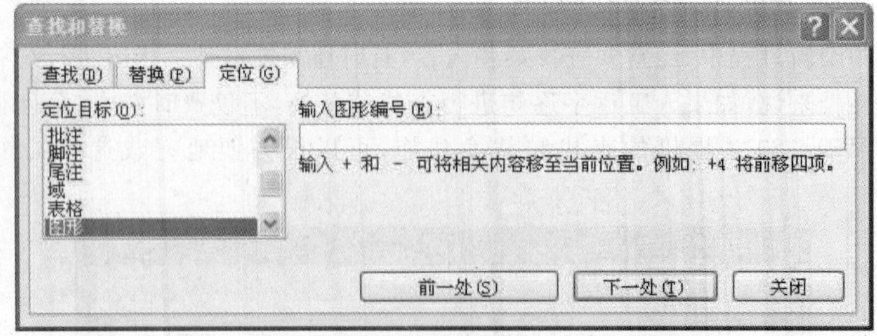

图 4-8　定位对话框

训练六　拼写与语法检查

在编辑文档时,可以使用 Word 提供的拼写和语法检查功能,自动检查编辑过程出现的拼写和语法错误。

1. 单击【审阅】选项卡，打开【审阅】工具组，单击工具组中的【拼写和语法】命令按钮，打开【拼写和语法】对话框，如图 4-9 所示。

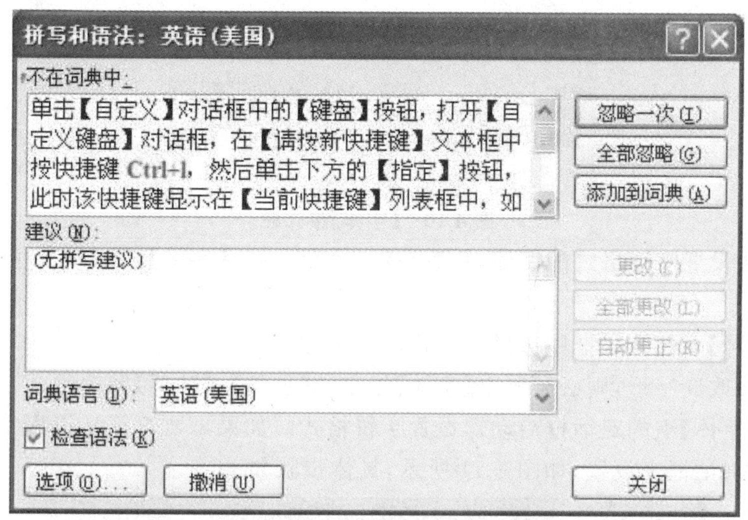

图 4-9　【拼写和语法检查】对话框

2. 在带有波浪下划线的词语上，单击鼠标右键，在弹出的快捷菜单上选择更改选项。如果觉得该处没有错误，可单击【全部忽略】命令。语法错误的修改与此类似。

实训四　图文混合排版

任务目标：

- 会熟练在中文 Word 2010 中进行文档的字符格式、段落格式设置。
- 会熟练设置文字、段落、页面的边框与底纹。
- 学会使用格式刷及应用管理文档样式。
- 掌握插入图片、艺术字的方法。
- 学会文本框的插入及绘制各种图形。
- 学会在文档中插入公式样式。

任务描述：

- Word 2010 提供了强大的格式设定；插入图片、艺术字、文本框；制作各种图形及结构图；插入各种嵌入式对象等功能。通过本次实训，让学习者能熟练地制作各种复杂的文档，实现图文混排效果。

训练一　设置文档格式

要完成一份整洁，大方的文档，除特殊要求外，其格式设置主要包括以下几个方面：

1.字符格式化设置

首先必须学会如何对输入的文本进行格式设置，常用的字符格式设置方法有以下几种。

(1)利用【开始】选项卡的【字体】组相关命令设置字符格式，如图 4-10 所示。

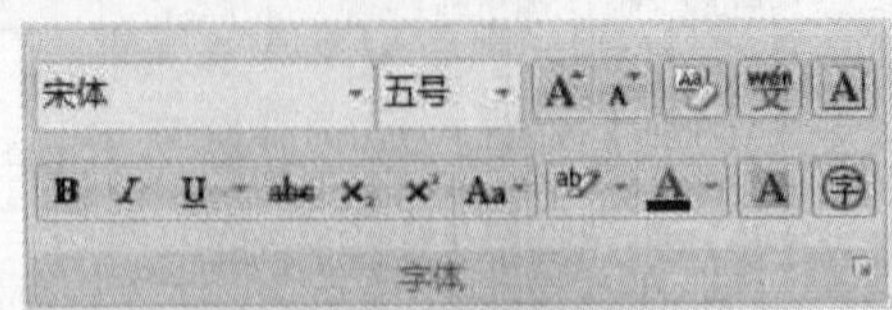

图 4-10 【字体】格式栏

(2)选择要设置字符格式的字体，然后在【字体】组中的【字体】下拉列表框中选择一种合适的字体。

(3)在【字号】下拉列表框中选择一种合适的字号。

(4)如果要改变字形，则必须单击【字体】组中的【加粗】、【倾斜】等按钮。

(5)利用【字体】组的对话框启动器设置字符格式。如果需要全面地设置字符格式，则需要利用【字体】对话框来设置，如图 4-11 所示，具体步骤如下：

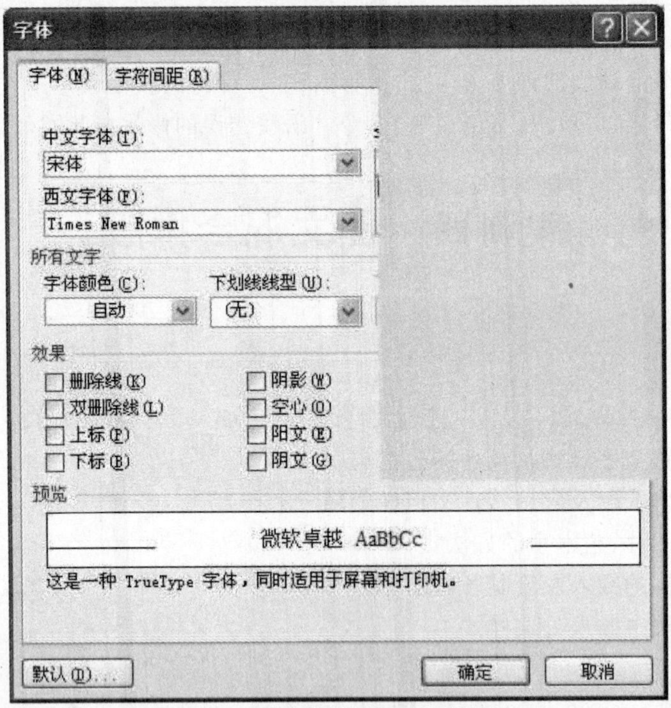

图 4-11 【字体】格式设置对话框

(6)选择要设置字符格式的字体，然后打开【字体】组的对话框启动器，打开【字体】对话框。

(7)在此对话框中分别有【字体】和【字符间距】2 个选项卡，用户可以根据需要进行格式设置。在【字体】选项卡中可以设置文字、字形、字号、字体颜色和基本字体效果等参数。

(8)在【字符间距】选项卡中可以设置字符的间距和位置等参数。

2.段落格式化设置

除了对文本进行格式设置外，还必须掌握段落的格式化设置方法，即学习怎样对一个段落的整体布局进行格式设置，比如设置段落的缩进和对齐、行距和间距等。与段落格式相关的设置都可利用【开始】选项卡【段落】组的浮动工具栏和利用【段落】对话框两种方式进行。

(1)设置段落对齐方式

在 Word 中常用的段落对齐方式有 5 种，分别是左对齐、居中对齐、右对齐、两端对齐和分散对齐。

①利用【段落】组相关命令进行段落对齐操作，具体步骤如下。

● 选中要设置对齐方式的段落。

● 在【段落】组中选择一种对齐方式，比如单击【居中对齐】按钮。

②利用【段落】组的对话框启动器进行设置，具体步骤如下：

● 选中要设置对齐方式的段落。

● 单击【段落】组的对话框启动器按钮，打开【段落】对话框，如图 4-12 所示，在【对齐方式】下拉列表框中选择需要的对齐方式，并单击【确定】按钮完成操作。

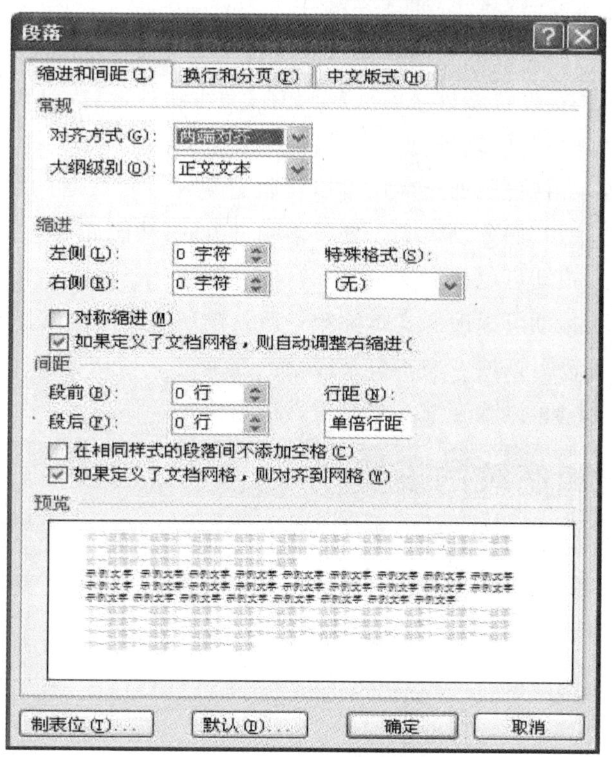

图 4-12　【段落】设置对话框

(2)设置行距和段落间距

①行距就是行和行之间的距离，设置行距的步骤如下：

● 选中全文。

● 单击图 4-12 中【行距】下拉列表框中的下拉箭头，选择【1.5 倍行距】，然后单击【确定】按钮，就可以改变整个文档的全部行距了。

②设置段落间距的步骤如下：

● 把光标定位在要设置的段落中。

● 在【段落】对话框中【间距】选项区中，单击【段后】设置框中的向上箭头设置间距为【3 磅】，然后单击【确定】按钮，这样该段落和后面的段落之间的距离就拉开了。

(3)设置段落缩进

缩进段落就是增加段落的边缘与页边距的距离。段落的缩进有首行缩进、左缩进、右缩进和悬挂缩进 4 种形式，设置段落缩进可以分别使用【段落】对话框和【段落】组等几种方法来实现。

①使用【段落】对话框设置缩进，可以精确地设置段落缩进量，具体步骤如下：

● 选择要设置缩进的段落。

● 打开【段落】对话框，在【缩进和间距】选项卡中的【缩进】选项区中可以精确地设置缩进量，在【左】和【右】文本框中设置缩进量，可以调整选定段左右边界的大小。

● 在【特殊格式】下拉列表框中设置缩进的格式，其中【首行缩进】只缩进段落首行，而【悬挂缩进】则可以缩进除段落首行外的所有行。

● 单击【确定】按钮保存缩进设置。

②使用【段落】组按键设置缩进：【段落】组上有【减少缩进量】按钮和【增加缩进量】按钮，单击即可减少或增加一个字的缩进量。

③利用标尺设置段落缩进：通过标尺可以比较直观地设置段落的缩进距离，Word 2010 标尺栏中有 4 个小滑块，它们分别代表 4 种段落缩进方式，功能如下：

【首行缩进】标记：拖动可以改变文本第一行的左缩进。

【悬挂缩进】标记：拖动可以改变文本除第一行外的所有行的左缩进。

【左缩进】标记：拖动可以改变文本整个段落的左缩进。

【右缩进】标记：拖动可以改变文本整个段落的右缩进。

训练二　边框和底纹的设置

当设置了字符格式和段落格式后，整个文档就比较规范和美观了。除此之外，还可以为文档中各元素添加边框和底纹，添加边框可以使文档的各个部分很好地区分开来，而添加底纹可以使整个文档不会显得过于空白，起到了一定的美化作用。

1.添加边框

步骤如下：

(1)选中需要添加边框的页面元素，比如文本。

(2)选择【段落】组中的【边框和底纹】命令按钮，打开【边框和底纹】对话框，如图 4-13 所示。根据需要选中所需的线型、颜色和宽度等。

(3)如果要为整个页面添加边框，可以选择对话框中的【页面边框】选项卡，在对话框中设置页面边框，然后单击【确定】按钮。

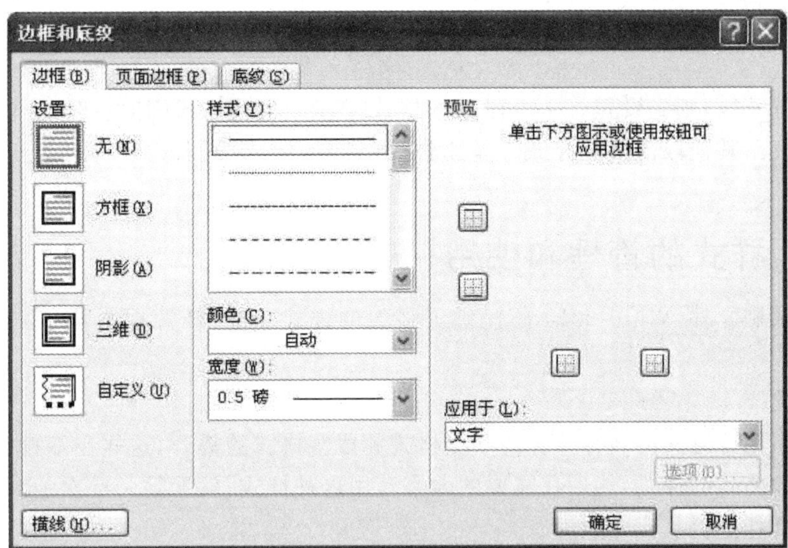

图 4-13　边框和底纹对话框

2.添加底纹

步骤如下:

(1)选中需要添加边框的页面元素,如文本。

(2)选择【段落】组中的【底纹】命令按钮,设置所选文字或段落等的底纹背景色,如图4-14所示。如果对话框中没有你所需要的颜色,单击其他颜色选项,打开如图 4-15 所示对话框,调和你所需要的颜色。

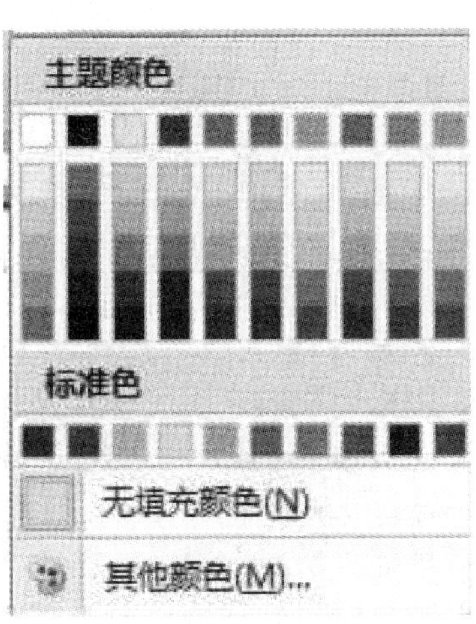

图 4-14　【底纹】颜色设置对话框

图 4-15　【底纹】颜色【自定义】设置对话框

训练三　使用格式刷工具

格式刷用来复制格式。在 Word 2010 中格式同文字一样是可以复制的。选中这些文字,单击【格式刷】按钮,鼠标就变成了一个小刷子的形状,用这把刷子刷过的文字格式就变得和选中的文字一样了。

还可以复制整个段落和文字的所有格式。方法如下:把光标定位在段落中,单击【格式刷】按钮，鼠标变成了一个小刷子形状，然后选中另一段，该段的格式就会变得和前一段的一模一样。

如果有好几段，则先设置好一个段落的格式，然后双击【格式刷】按钮，这样在复制格式时就可以连续给其他段落复制格式。单击【格式刷】按钮或按【Esc】键即可退出格式刷编辑状态。

训练四　样式的管理和使用

除了格式刷之外，Word 2010 还提供了强大的样式功能，极大地方便了格式化文档的操作。

1.样式的概念

样式是指用有意义的名称保存的字符格式和段落格式的集合，这样在编排重复格式时，先创建一个该格式的样式，然后在需要的地方套用这种样式，就无须一次次地对它们进行重复的格式化操作了。

样式还便于改变所有应用到同一样式的字符和段落，若需对它们的格式进行变动，只需对它们的样式进行修改，而各个字符和段落格式的修改就会由 Word 自动完成。

2.新建样式

Word 2010 本身自带了许多内置的样式，如图 4-16 所示。用户可以根据自己的需要选择适当的样式效果，如果默认样式效果没有自己需要的，也可以进行新建样式的操作，具体操作步骤如下：

图 4-16 【样式】按钮

(1)单击【样式】组中的对话框启动器。

(2)单击对话框底部的【新样式】按钮，打开【新建样式】对话框，在【名称】文本框中输入新样式的名称，展开【样式类型】下拉列表框，选择需要的样式类型，在这里可以设置【段落】和【字符】等选项；如果是在原有的基础上修改创建样式，可以选择【样式基于】下拉列表框中的选项；在【后续段落样式】下拉列表框中可选择应用于后续段落的样式。

(3)在【格式】区域中设置新建样式的字体、字号、字型和对齐方式等格式。

(4)如果选中【自动更新】复选框，那么当修改此样式的格式时，所有应用了此样式的字符或段落都将重新定义此样式。

(5)单击【确定】按钮。

3.修改和删除样式

对于不满足需要的样式效果，可以直接进行修改或者删除，具体步骤如下。

(1)单击【样式】组中的对话框启动器。

(2)单击对话框底部的【管理样式】按钮，对样式进行修改删除操作。

训练五　插入图片、艺术字

1.插入图片

制作一份精美的文档，需要插入一些合适的图片，并在 Word 中设置图片的相关属性，才能使文档达到图文并茂的效果。Word 2010 在常规操作中改进最大的方面之一，就是加强了图片的编辑功能，试用之后感觉可以媲美一般的图片处理软件了，再加上它与 Word 融合得如此完美，实在可以算是新版本的一大亮色。

在文档中插入图片的具体步骤如下：

(1)将光标置于要插入图片的位置。

(2)选择【插入】选项卡中的【图片】命令 ，打开【插入图片】对话框，并在对话框中选择要插入的图片，然后单击【插入】按钮。

2.图片编辑

插入图片后，图片的大小、位置和效果等属性是否能与文档配合和谐，这是影响文档美观的一个重要因素，因此必须学会对插入的图片进行编辑。

在插入图片后，Word 2010 会自动在功能区出现图片的【格式】选项卡，如 4-17 所示。有关于图片的工具都会集中呈现在选项卡上，分为【调整】、【图片格式】、【排列】和【大小】四个组。Word 2010 之中重点加强了前两个组的内容。

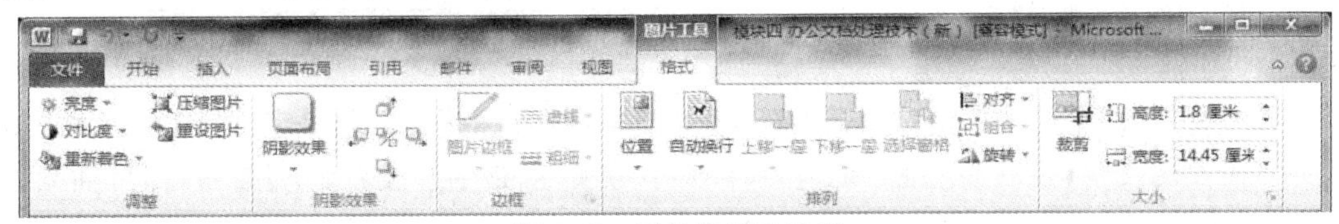

图 4-17　图片编辑工具栏

(1)调整：主要是剥离了旧版图片工具中的亮度和对比度等功能，增加了【重新着色】和【压缩图片】的工具，采用直接点击和下拉菜单选择相结合的操作。

(2)图片样式：这是 Word 2010 图片处理新增的最为出彩的功能，它使用了文字样式功能，对图片的样式预设了几十种风格，这个功能一定会使图片的表现力更加出色。

操作上与前述工具类似，选定图片后直接点击目的样式，鼠标移动就可以预览不同样式的效果。

右侧的【形状边框】则可以对图片框线作进一步处理，而在【图片效果】中更是有多达几十种图片样式。

图片效果分为【预设】、【阴影】、【映像】、【发光】、【柔滑边缘】和【三维旋转】等种类繁多十分精彩的预设样式，每一项都有更加详细的个性设置。

(3)图片排列：图片排列功能基本保留了旧版的内容，将几个常用的功能突出在了面板上，新增了很多位置排列的功能。另外，在角落的下拉箭头有更多细节供设置。

(4)图片大小：图片大小的调整基本没有变化，面板突出了裁减的工具，工具栏还增加了位置排列的内容，在排版上更加方便。

3.插入艺术字

Word 2010 中提供的创建艺术字工具，可以创建出各种各样的艺术效果，并以此完善文档的最终效果。插入艺术字的具体步骤如下：

(1)将光标置于要插入艺术字的位置或选中要转换为艺术字的文字，然后单击【插入】选项卡中的【艺术字】按钮，打开如图 4-18 所示界面。(有些用户会发现，插入【艺术字】时会打开如图 4-19 所示的【艺术字】样式界面，这是因为你打开的文档是在低于 Office 2010 版本下建立的文档，在这里出现了兼容模式，这时你会发现标题栏上出现【兼容模式】字样。)

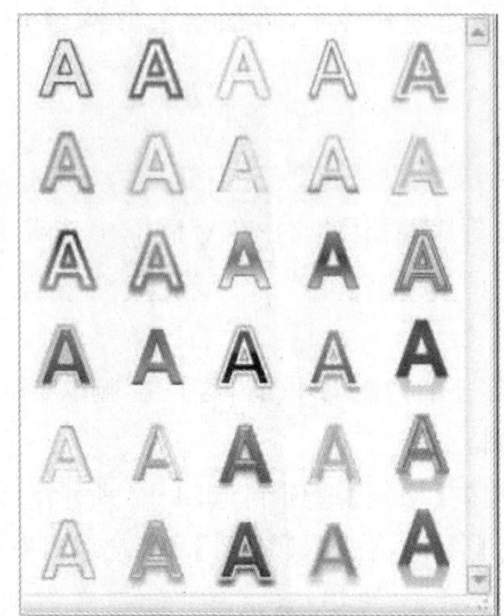

图 4-18 【艺术字】样式界面

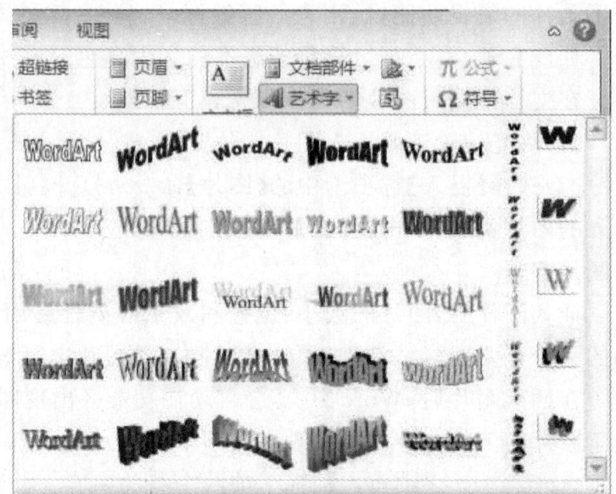

图 4-19 兼容模式下的【艺术字】样式界面

(2)从弹出的菜单中单击选择需要的艺术字体，在出现的【编辑艺术字文字】对话框中输入你所需要的文字，并设置艺术字的字体和大小等属性，最后单击【确定】按钮，即可插入艺术字，如 4-20 所示。

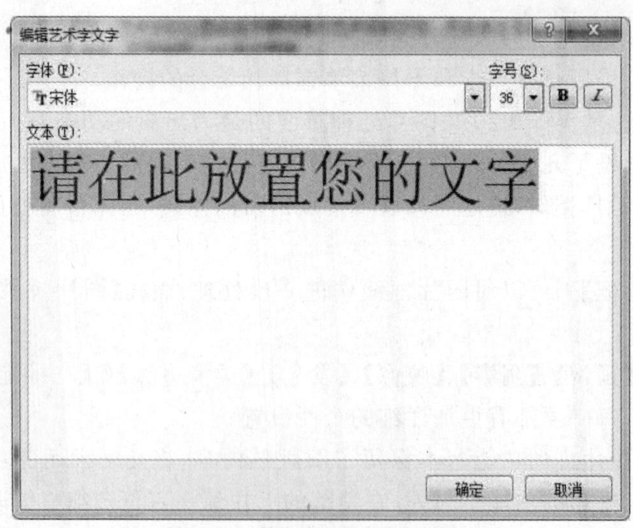

图 4-20 【艺术字】设置对话框

(3)插入艺术字后，功能区会出现【艺术字】格式设置工具栏，你可根据自己的需求，对艺术字形状、阴影效果、三维效果等进行设置调整。

训练六　插入文本框及绘制图形

1.插入文本框

文本框是一种特殊的图形对象，它可用于存放文本或图形，可以放置在文档中的任意位置，并可调整大小。Word 2010 提供了内置的文本框，用户也可以根据自己的需求绘制文本框，下面介绍文本框的操作步骤和方法：

（1）将光标置于要插入文本框的地方，然后单击【插入】选项卡中的【文本框】按钮。

（2）从弹出的菜单中选择 Word 内置文本框或者单击【绘制文本框】按钮进行绘制。

（3）创建好文本框后，将出现文本框工具的【格式】工具栏，如 4-21 所示，此时可以对文本框进行各种格式设置。

图 4-21　【文本框】格式工具栏

2.绘制简单图形

用于增强 Microsoft Office Word 文档的基本图形类型有：图形对象、SmartArt、图表、图片和剪贴画。绘图指绘制一个或一组图形对象。

图形对象包括形状、图表、流程图、曲线、线条和艺术字（艺术字：使用现成效果创建的文本对象，并可以对其应用其他格式效果）。这些对象是 Word 文档的组成部分。可以使用颜色、图案、边框和其他效果更改并增强这些对象。

Word 中的绘图指一个或一组图形对象。例如，一个由形状和线条组成的图形对象，应首先从绘图画布开始。

（1）绘制画布：在 Microsoft Word 中创建绘图时，必须首先插入一个绘图画布。绘图画布帮助用户排列绘图中的对象并调整其大小。

● 单击文档中要创建绘图的位置。

● 在【插入】选项卡上的【插图】组中，单击【形状】，然后单击【新建绘图画布】。文档中将插入一个绘图画布。

（2）设置画布格式：插入绘图画布时，可以在【绘图工具】的【格式】选项卡上执行以下任一操作：

● 绘图画布在绘图和文档的其他部分之间提供了一条框架式的边界。在默认情况下，绘图画布没有背景或边框，但是如同处理图形对象一样，可以对绘图画布应用格式。

● 绘图画布还能帮助用户将绘图的各个部分进行组合，这在绘图由若干个形状组成的情况下尤其有用。如果计划在插图中包含多个形状，最佳做法是插入一个绘图画布。

（3）画布上绘制图形：若要进行绘图，请单击【形状】，并且在【线条】下单击【任意多边形】或【自由曲线】。双击可停止绘制任意多边形或自由曲线。

（4）画布大小调节：通过选择画布并单击【大小】组中的箭头来调整画布大小，或单击【大小】对话框启动器以指定更精确的度量。

小提示：

● 如果要应用【形状样式】组中未提供的颜色和渐变效果，请先选择颜色，然后再应用渐变效果。

● 使用阴影和三维（3-D）效果增加绘图中形状的吸引力。

● 对齐画布上的对象。若要对齐对象，请按住【Ctrl】键并选择要对齐的对象。在【排列】组中，单击【对齐】以从各种对齐命令中进行选择。

● 删除整个或部分绘图：选择绘图画布或要删除的图形对象，按【Delete】键。

训练七　插入公式

在编写理工类著作或论文时，经常需要处理复杂的数学公式。

1. 启动公式编辑器

启动公式编辑器的具体方法如下：

(1)在文档中确定插入位置，单击【插入】选项卡，单击【公式】命令，可打开内置的【公式】选项，如图 4-22 所示。

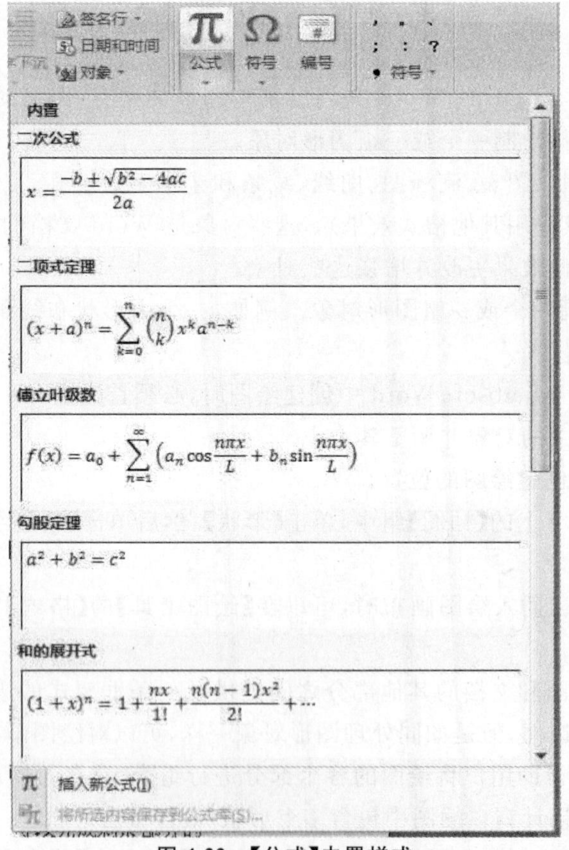

图 4-22 【公式】内置样式

(2)如果内置格式中没有所需要的公式，请选择【新建公式】命令，即可启动如图 4-23 所示的公式编辑工具组。

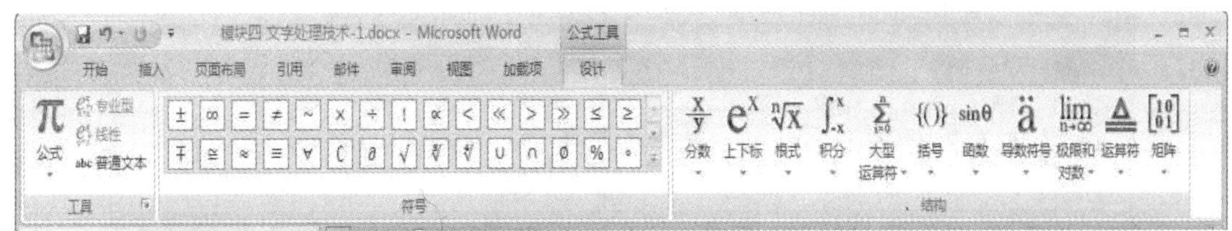

图 4-23　【公式】工具组

(3)在【公式】工具栏中，提供了【工具】、【符号】和【结构】三类选项，以便完成各种数学公式的编辑，用户可在页面上出现的编辑公式框中输入需要的内容。

2.编辑公式实例

例如，在文档中创建公式 $a^3 \pm b^3 = (a \pm b)(a^2 \mp ab + b^2)$，具体步骤如下。

(1)在编辑区中，单击公式编辑器中的【下标和上标模块】按钮，打开上下标符号菜单，从中选择上标符号，在底数编辑区内用键盘输入“a”，在上标编辑区中输入“3”。

(2)单击键盘中的向右方向键【→】，或者单击鼠标左键使插入点恢复到正常输入位置。在公式编辑器中的【运算符号】栏中选择“±”符号，即可插入到公式编辑框中光标所在的位置处。

(3)在编辑区中，单击公式编辑器中的【下标和上标模块】按钮，打开上下标符号菜单，从中选择上标符号，在底数编辑区内用键盘输入“b”，在上标编辑区中输入“3”。将插入点恢复到正常输入位置，然后选择符号区的“＝”插入到光标处。

(4)选择【结构】选项中的【括号】类型，从中选择“()”，然后用前面(1)～(3)操作步骤键入公式中所包含的内容。用同样的方法可以完成剩余部分的输入。

(5)在公式编辑区外单击鼠标即可退出编辑状态而返回 Word。插入公式如图 4-24 所示，它将成为文档中的一个独立对象，类似于一张图片。

$$a^3 \pm b^3 = (a \pm b)(a^2 \mp ab + b^2)$$

图 4-24　编辑好的公式

训练八　制作流程图

1.文档建立与页面设置

(1)新建一个 Word 文档，将其保存为“森林资源调查流程图”。

(2)在【页面布局】选项卡中的【页面设置】组中，单击【页边距】选项，选择【自定义边距】命令。在【页边距】选项卡中，将上、下、右边距设为“2.5 厘米”，左边距设为“3 厘米”，单击【确定】按钮完成页面设置。

2.插入艺术字

(1)在【插入】选项卡上的【文本】组中，单击【艺术字】，选择 5 行 4 列艺术字样式。

(2)输入“森林资源调查流程图”，单击【确定】按钮，完成艺术字的插入，如图 4-25 所示。

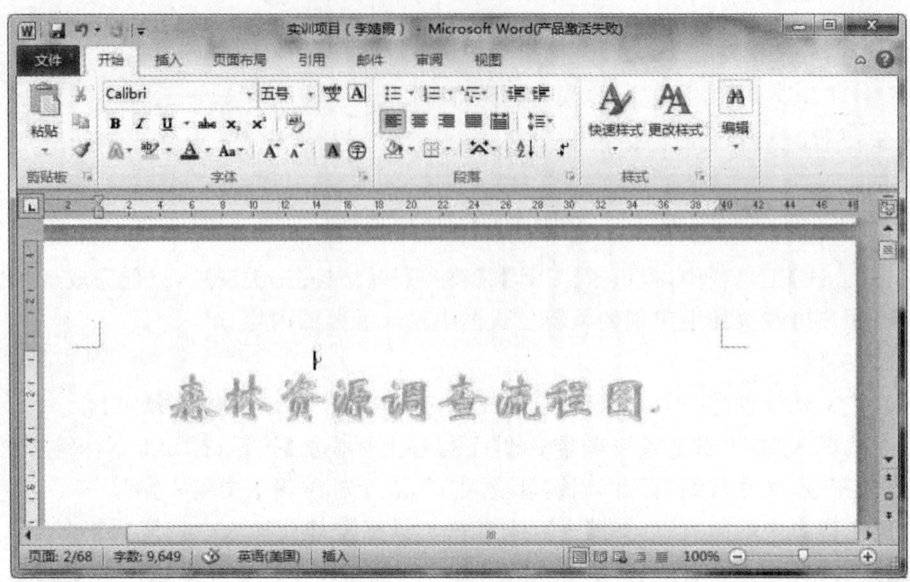

图 4-25 插入艺术字

3.创建画布

在 Microsoft Word 中创建绘图时，必须首先插入一个绘图画布。绘图画布帮助用户排列绘图中的对象并调整其大小。

(1)单击文档中要创建绘图的位置。

(2)在【插入】选项卡上的【插图】组中，单击【形状】，然后单击【新建绘图画布】。如图4-26所示，文档中将插入一个如图 4-27 所示的绘图画布。

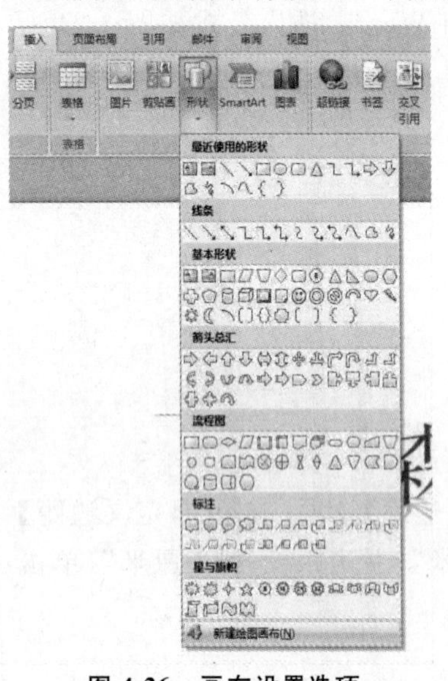

图 4-26 画布设置选项

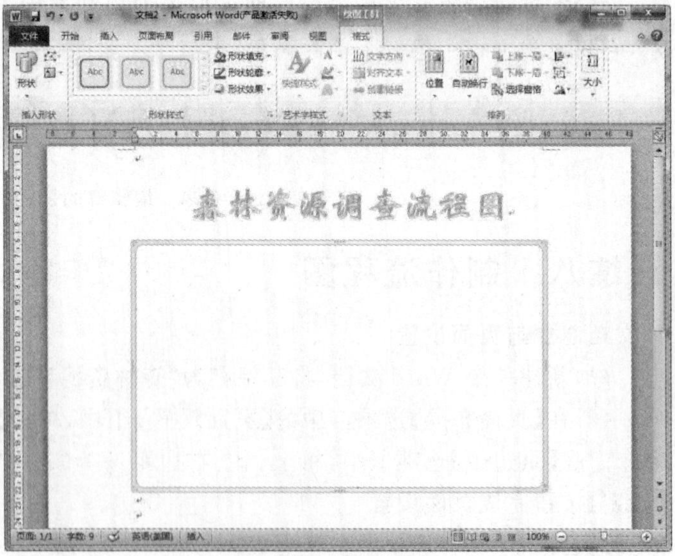

图 4-27 绘图画布

(3)单击绘图画布，按住鼠标左键拖动下方的拖动柄，使绘图画布铺满整个页面。

小提示：绘图画布的作用是将图形中的各部分整合在一起，并在文档中定位图形的位置。本案例中，如果流程图不是绘制在画布中，将不能使用连接符始终连接在一起。

4.插入流程图元素

(1)在【绘图工具】下,【格式】选项卡插入【形状】组中,选择【流程图】元素面板中的【决策】图形。

(2)在画布上拖动鼠标到适当大小,松开鼠标左键,即可在画布上绘出如图 4-28 所示图形,在形状样式选项栏中选择【彩色轮廓一橄榄绿】样式。

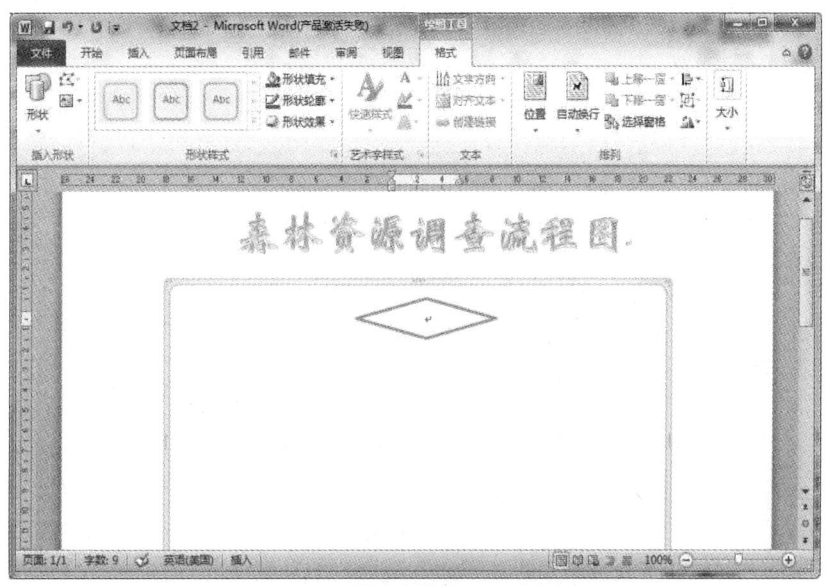

图 4-28　绘制出的图形元素效果

(3)右键单击该图形,在弹出的快捷菜单中选择【添加文字】选项,然后在图形中输入文字——“申报立项”。为了使图形中的文字和图形的边框紧密接触,可单击【自选图形】,然后将鼠标移至其边框上,等光标变为四个方向的箭头形状时,单击鼠标右键,在弹出的快捷菜单中选择【设置自选图形格式】选项,打开如图 4-29 所示的【设置自选图形格式】对话框,在【文本框】选项卡的【内部边距】区中,将左、右、上、下边距均设为“0 厘米”即可。

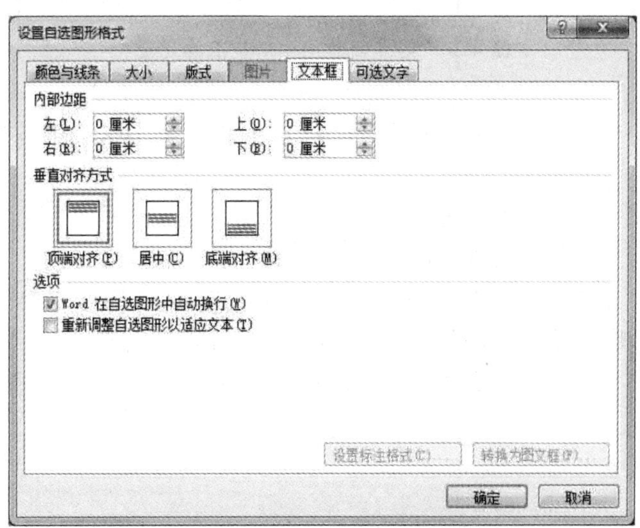

图 4-29　设置自选图形格式对话框

(4)要改变已经绘制好的流程图类型,可选定要改变的图形对象,在【文本框工具】下【格式】选项卡【文本框样式】组中,单击【更改形状】命令,在打开的【流程图】元素面板中选择相应的图形类型。

(5)使用同样的方法,按照图 4-30 所示,在画布上绘出此流程所需的各个流程图图形元素并加注文字。

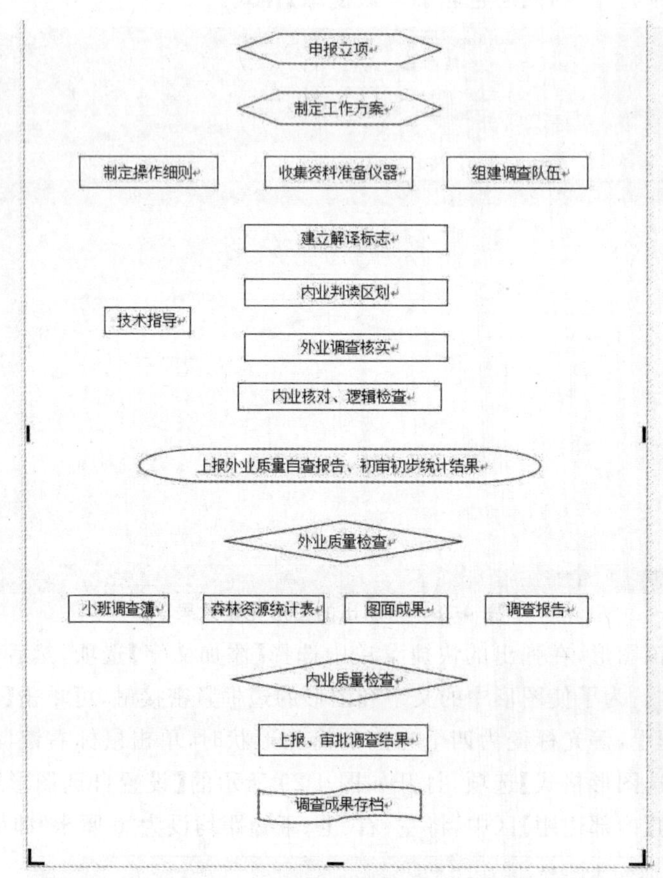

图 4-30 绘制流程图中所在图形元素

5.美化流程图

(1)整流程图中的文字。首先分别选定各个图形中的文字,将字形设置为【加粗】,且水平【居中】对齐。

(2)图形中的文字只能设置水平方向居中对齐,而不能设置垂直方向居中对齐。

(3)使用拖动的方法分别调整各流程图的大小。

(4)使图形对象在画布上对齐:使用鼠标在画布上拖动鼠标选定中间一系列的流程图型,也可以通过按住【Ctrl】键逐个选定;在【文本框工具】下,【格式】选项卡【排列】组中,单击【对齐】命令,选择【对齐画布】→【对齐所选对象】,如要居于画布中间,还可以选择【左右居中】,如图 4-31 所示。

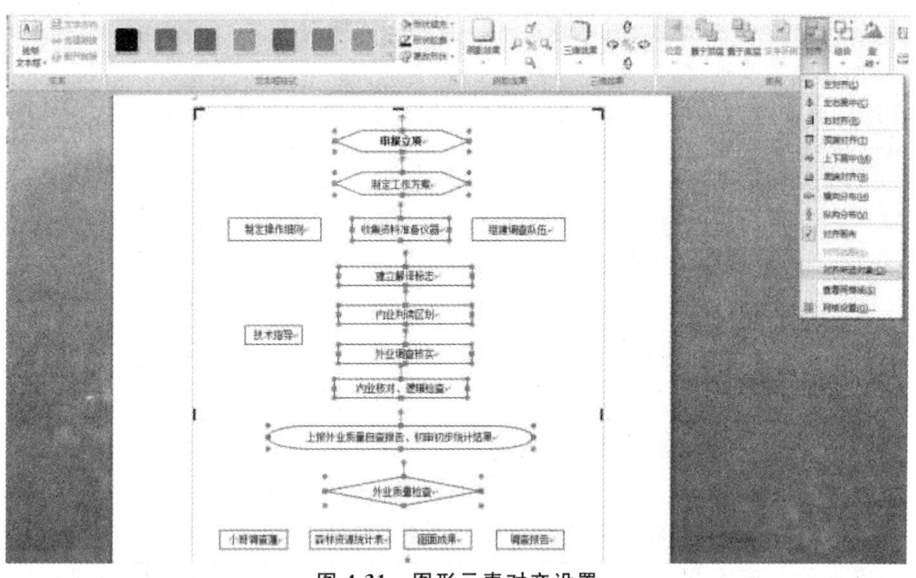

图 4-31　图形元素对齐设置

(5)设置图形对象的填充样式：选定要设置填充效果的图形，这里是选择全部的流程图。在【文本框工具】下，【格式】选项卡【文本框样式】组中，单击点开文本框内置样式表，如图 4-32所示；选择【对角渐变——强调文字颜色 3】样式，得到如图 4-33 所示的效果。

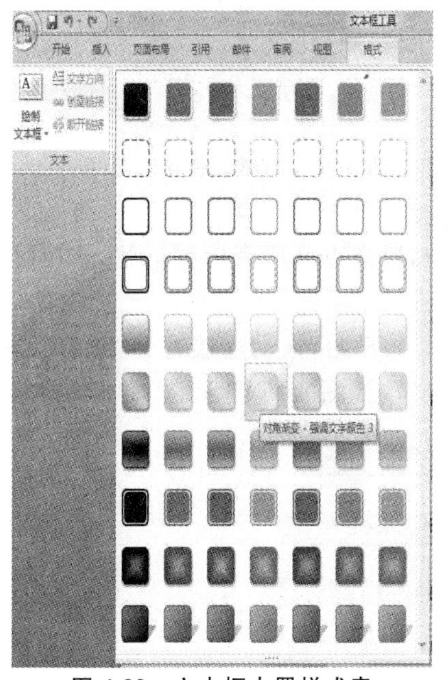

图 4-32　文本框内置样式表

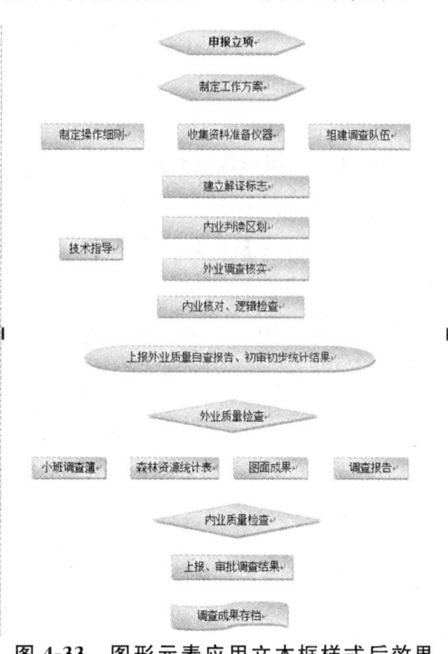

图 4-33　图形元素应用文本框样式后效果

6.连接工作流程

上面只画了流程图的框，缺少连接线，下面为流程图的各个框之间添加连接符。连接符的作用就是使用线条来连接形状并保持他们之间的连接。连接符可以让读者更准确快速地把握整个流程的走向。连接符看起来是线条，但是它将始终与其附加到的形状相连。也就是说，无论怎样拖动各种形状，只要它们是以连接符相连的，就会始终连在一起。在 Word

中提供了直线、肘形线和曲线 3 种线形的连接符用于连接对象。

(1)添加直线箭头连接符

①在绘图画布空白处单击，显示【绘图工具格式】选项卡，在【插入形状】组中，单击点开所有内置形状，选择如图 4-34 所示的“直线箭头连接符”。

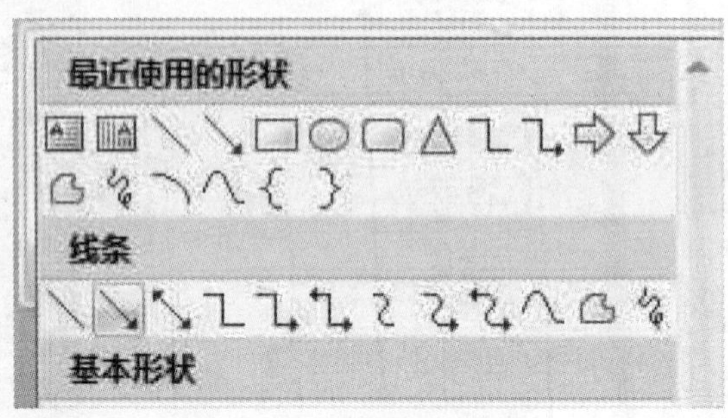

图 4-34　直线箭头连接符

②在两个需要添加连接符的图形之间拖动鼠标，当鼠标移动到图形对象上时，图形会显示如图 4-35 所示的连接点，这些点表示可以附加连接符线的位置。用鼠标在两个图形之间拖动连接符即可将两个图形连接在一起，如图 4-36 所示。

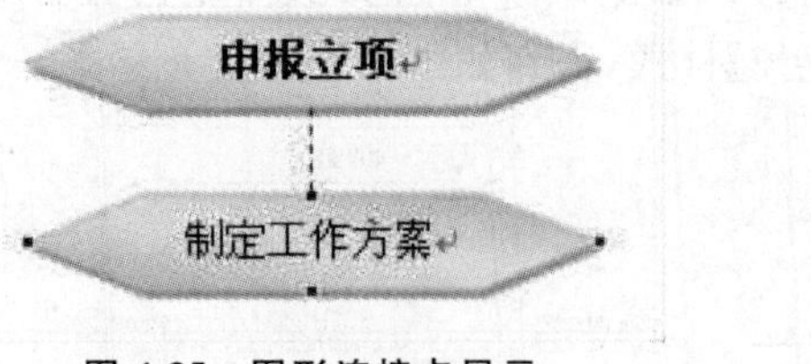

图 4-35　图形连接点显示

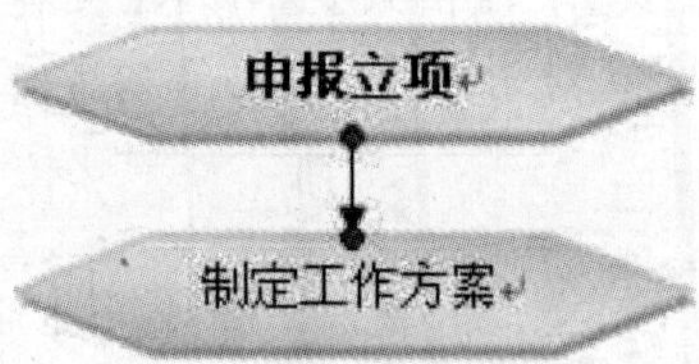

图 4-36　图形直线连接符

(2)添加折线(肘形)连接符。

①在【绘图工具格式】选项卡下【插入形状】组中，单击点开所有内置形状，选择【线条】组中的【肘形箭头连接符】。

②用鼠标从“制定操作细则”图形左侧的连接点上开始，拖动连接符到“外业质量检查”图形左侧的连接点即可添加这两个图形的折线连接符，如图 4-37 所示。

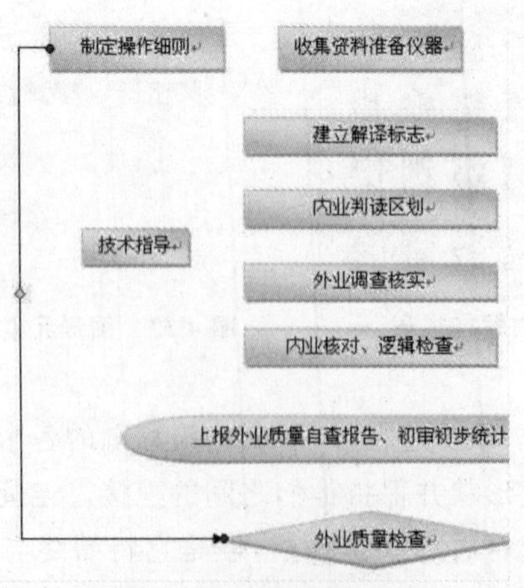

图 4-37　图形折线连接符

③单击选择此肘形连接符，使用鼠标拖动肘形连接符上的小黄点可以调整肘形线的幅度。依次用连接符将各个流程图连接到一起，如图 4-38 所示。

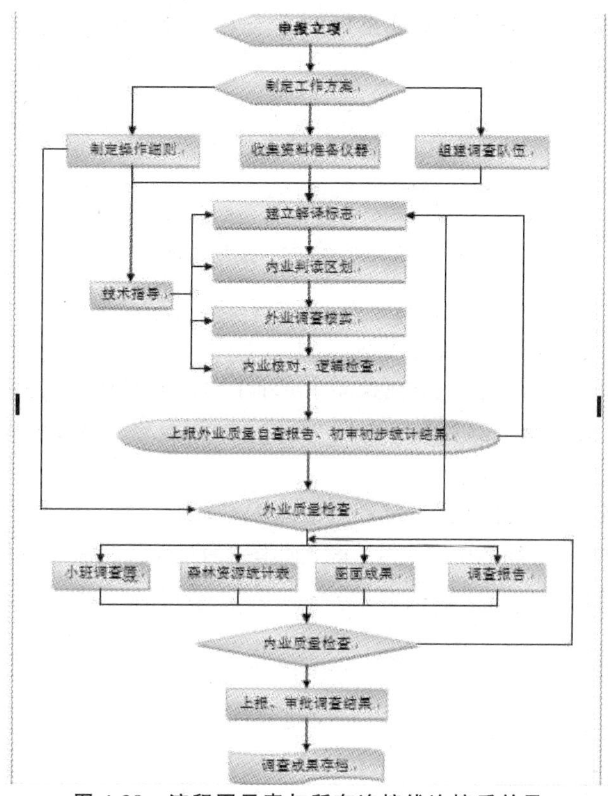

图 4-38　流程图元素与所有连接线连接后效果

(3)调整连接符

①在连接过程中若发现有一条连接符连接错了，需要进行调整。首先需要解除连接符的锁定，移动连接符的任一端点，则该端点将解除锁定或从对象中分离，然后可以将其锁定到同一对象的其他连接位置。

②并不是所有的连接都连接到图形连接点的，如图 4-39 所示的“内业质量检查”和“外业质量检查”之间。这种连接的缺陷就是不能始终保持与其连接的形状相连。要注意不要随便移动这种普通连接的图形位置。

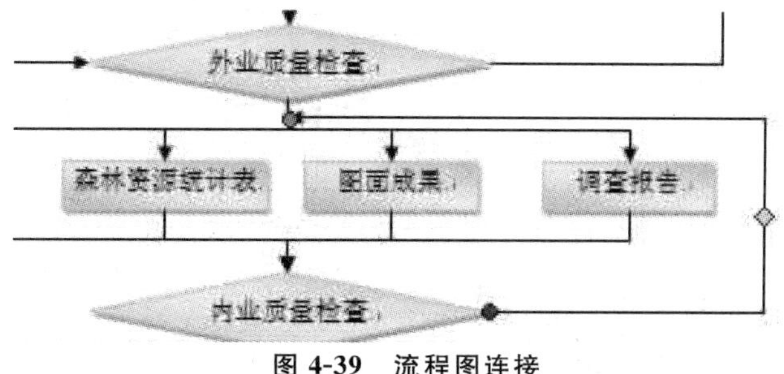

图 4-39　流程图连接

7.给流程添加文字说明

在流程图中，除了流程图形和连接符，还会有一些辅助性的说明文字，这些说明文字一般是通过文本框来实现的。

(1)在【绘图工具格式】选项卡下【插入形状】组中，单击点开所有内置形状，选择【基本形状】组中的【文本框】按钮，在画布上拖动鼠标到适当大小，松开鼠标左键，即可在画布上绘制出一矩形文本框，如图 4-40 所示。

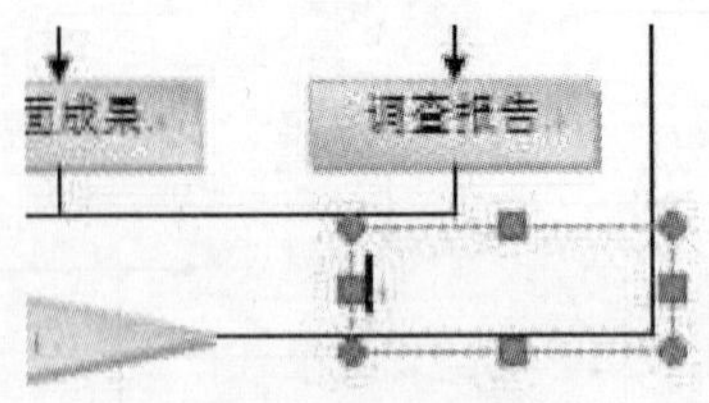

图 4-40　文本框绘制

(2)在文本框内输入文字，这里输入的是“不合格”。

(3)选定此文本框单击右键，在快捷菜单上选择【设置文本框格式】，在打开的【设置文本框格式】对话框中单击【线条与颜色】选项卡，将线条的颜色设置为【无线条颜色】，取消文本框的颜色。

(4)拖动文本框到合适的位置，并设置合适的大小。

(5)同样在画布中输入其他说明文字，得到如图 4-41 所示的最终效果图。

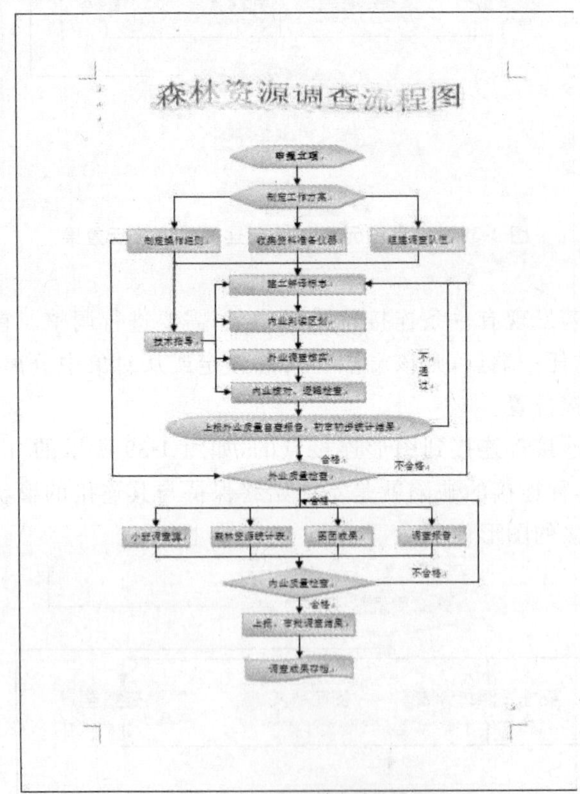

图 4-41　流程图合成效果

(6)整个流程图已经制作成功。为了保证流程图的完整性，最好把整个流程图组合成一个整体。即先选定画布中所有的元素，然后单击鼠标右键，在快捷菜单中的【组合】菜单中选择【组合】选项。

实训五　制作表格

任务目标：

- 掌握 Word 2010 中表格制作的几种方式。
- 学会表格的编辑、修改、美化表格。
- 学会表格计算、掌握表格与文本之间的转换。
- 学会创建不规格表格。

任务描述：

● 表格的制作在日常工作中是必不可少的，Word 2010 提供了各种不同表格的制作方法，可以满足人们生活与工作中的各种需求。

● 本次实训使学习者掌握 Word 2010 中的表格制作、编辑、修改、美化、计算；能熟练地进行表格与文本之间的转换；会制作各种复杂的表格并完成基本的表格数据计算。

训练一　创建表格

1.新建空白表格

方法 1：通过功能区快速新建表格。在功能区选择【插入】选项卡，弹出一个下拉界面，该下拉界面的上方是一个由 8 行 10 列方格组成的虚拟表格，用户只要将鼠标在虚拟表格中移动，虚拟表格会以不同的颜色显示，同时会在页面中模拟出此表格的样式。用户根据需要在虚拟表格中单击就可以选定表格的行列值，即在页面中创建了一个空白表格。

方法 2：通过【插入表格】对话框新建表格。在【插入】选项卡中单击【插入表格】按钮，打开【插入表格】对话框，如图 4-42 所示。在【列数】和【行数】框设置或输入表格的列和行的数目。最大行数为“32767”，最大列数为“63”。单击【确定】按钮即可创建出一张指定行和列的空白表格，表中的一些标记如图 4-43 所示。

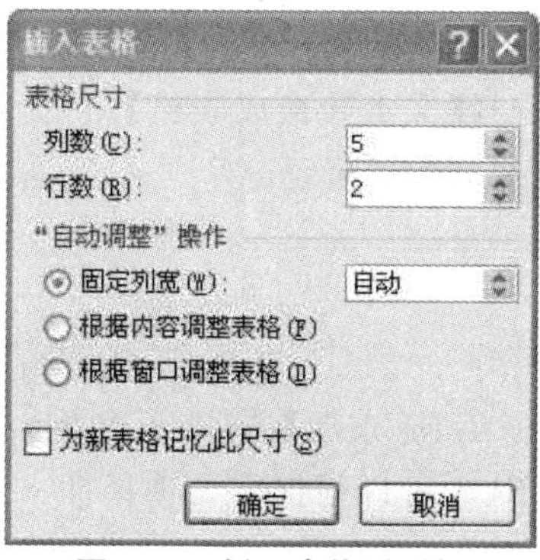

图 4-42　插入表格对话框

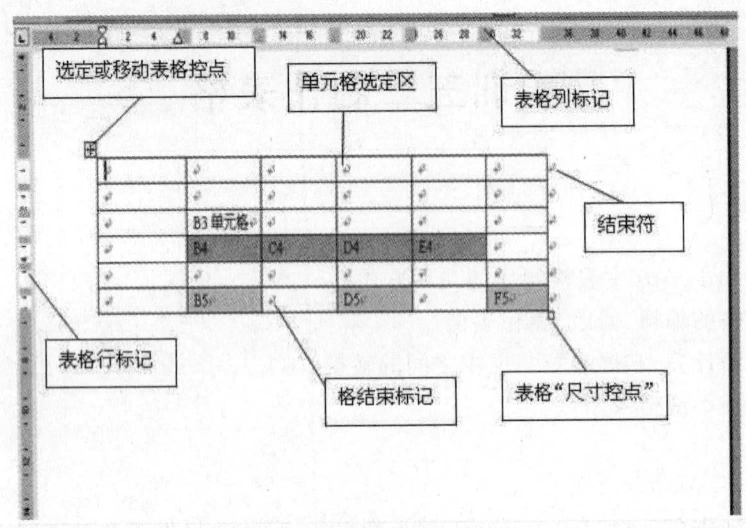

图 4-43　表格中的符号标记

方法 3:手绘表格。在【插入】选项卡【表格】组中单击【表格】按钮,在弹出的下拉菜单中单击【绘制表格】命令,鼠标会变成笔的形状,在页面上表格的起始位置按住鼠标左键并拖动,会在页面用笔划出一个虚线框,松开鼠标即可得到一个表格的外框。绘制外框后,在中间可以根据需要绘制出横纵的表线。

方法 4:使用快速表格功能,即使用内置表格。在【插入】选项卡【表格】组中单击【表格】按钮,在弹出的下拉菜单中用鼠标指向【快速表格】,弹出二级下拉菜单,从中选择需要的表格类型。

2.表格内容填写

表格建好后,可向表格输入内容。单元格是一个小的文本编辑区,其中文本的键入和编辑操作与 Word 正文编辑区的操作基本相同。在单元格中单击鼠标,可将插入点定位在单元格中;按【Tab】键可使插入点移到右侧的单元格;按【Shift+Tab】可使插入点移到左侧单元格,并选定其中的文本;也可以使用键盘的方向键移动插入点。

3.将文字转换成表格

在 Word 中,可将用段落标记、逗号、制表符、空格或其他特定字符作分隔符的文本转化为表格。在将文字转换成表格时,Word 自动将分隔符转换成表格列边框线。

将文字转换成表格的方法是:选定要转换的文字,在【插入】选项卡【表格】组中单击【表格】按钮,在弹出的下拉菜单中选择【文本转换成表格】命令,打开【将文字转换成表格】对话框,在对话框指定文字的分隔符和列数即可。

训练二　编辑表格

1.选定表格操作对象

菜单选择的方法:选择【表格工具/布局】选项卡,如图 4-44 所示,在【表】组中单击【选择】按钮,会弹出一个下拉菜单,从中可以根据需要选择插入点所在单元格或是行、列,甚至是整个表格。

(1)选择单元格:鼠标放至单元格左边线,当鼠标变成向右斜黑色箭头时,单击鼠标选中单元格。

(2)选择行:将鼠标移至表格行左边线,当鼠标变成向右斜空心箭头时,单击鼠标选中表格整行。

(3)选择列:将鼠标移至表格列上边线,当鼠标变成向下黑色箭头时,单击鼠标选中表格整列。

(4)选择整个表格:将鼠标插入表格内任意单元格内,这时表格左上角会出现带方框的四箭头,单击此标志选中整个表格。

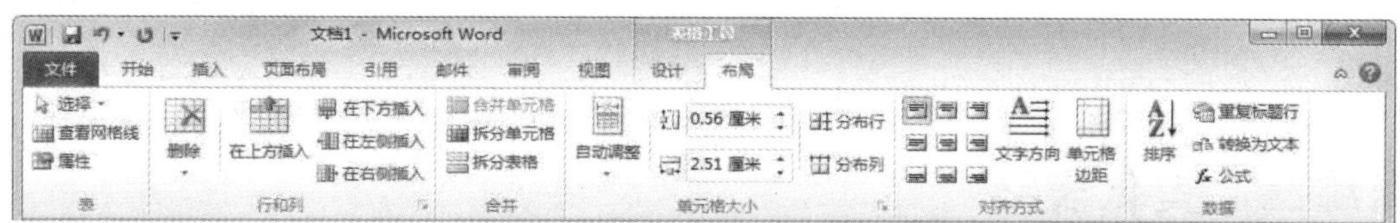

图 4-44　【表格工具/布局】选项卡

2.增删行、列和单元格

(1)增加行和列

选择【表格工具/布局】选项卡【行和列】组,如图 4-45 所示,单击鼠标右键,选择插入【行】或【列】。

快速增加一行,可将插入点定位在行尾标记前,然后按【Enter】键即可;或者将插入点定位在最后一个单元格的段落标记前,按【Tab】键,增加单元格。

(2)删除行、列和单元格

选择【表格工具/布局】选项卡【行和列】组,单击【删除】按钮。

(3)删除整个表格

选中整个表格,按【Backspace】键。

(4)拆分和合并表格、单元格

拆分表格:将表格分成上下两个表格。选择【表格工具/布局】选项卡【合并】组,如图4-46所示,单击【拆分表格】按钮,快捷键【Ctrl+Shift+Enter】。

合并表格:只要将表格之间的空行删除即可。

拆分单元格:选择【表格工具/布局】选项卡【合并】组中单击【拆分单元格】按钮。

合并单元格:选择【表格工具/布局】选项卡【合并】组中单击【合并单元格】按钮。

另外,在【表格工具/设计】选项卡【绘图边框】组中单击【擦除】按钮,此时鼠标呈橡皮状态,单击需要合并的单元格之间的框线,即可擦除该框线,也即实现了单元格合并。

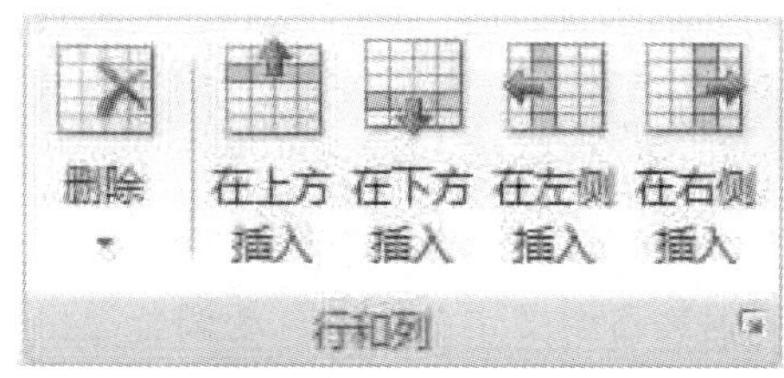

图 4-45　【表格工具/布局】选项卡【行和列】

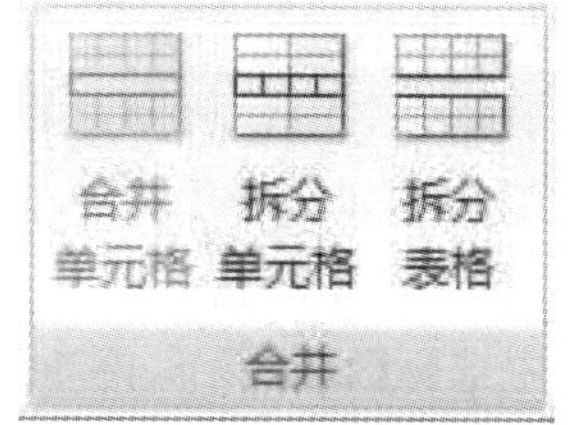

图 4-46　【表格工具/布局】选项卡【合并】组

3.绘制斜线表头

将插入点置于表格中,然后在【表格工具/布局】选项卡【表】组中单击【绘制斜线表头】按钮,如图 4-47 所示。弹出的【插入斜线表头】对话框,如图 4-48 所示。在该对话框中,单击【表头样式】下拉列表,选择合适的样式,Word 2010 提供了 5 种斜线表头样式;然后在【字体大小】框中设置表头文字的大小;在【行标题】和【列标题】文本框中输入用于斜线表头的文字。

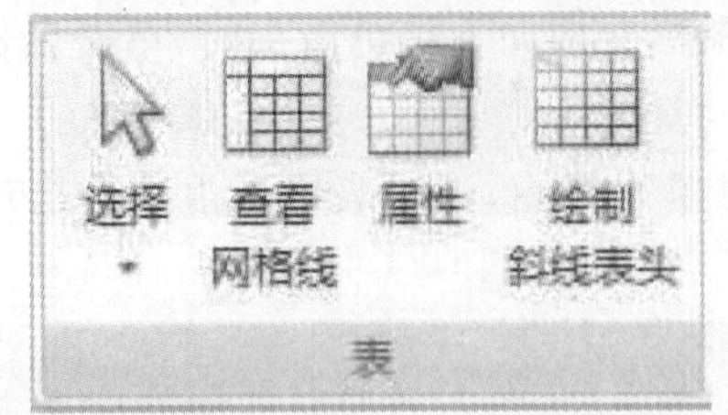

图 4-47 【表格工具/布局】选项卡【表】组

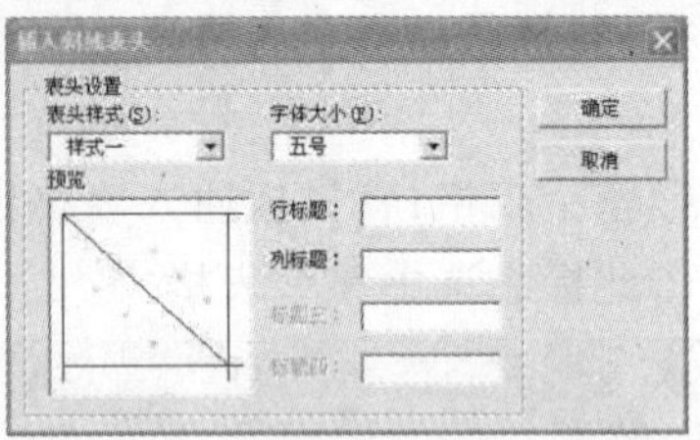

图 4-48 插入斜线表头对话框

训练三 美化表格

1.设置表格文字格式

(1)设置表格中的文字方向:【页面布局】选项卡【页面设置】组中,单击【文字方向】按钮,也可在选定的单元格上右击,在弹出的快捷菜单上选择【文字方向】命令,打开【文字方向】对话框,如图 4-49 所示。

(2)设置单元格中文字的对齐方式:在【表格工具/布局】选项卡【对齐方式】组中进行设置;也可在右键快捷菜单中指向【单元格对齐方式】中设置。

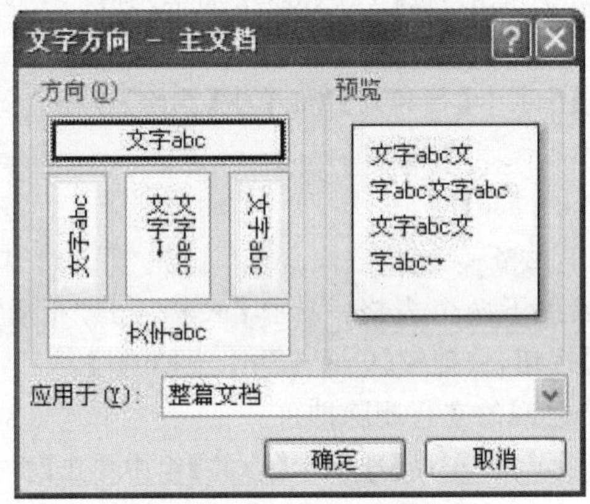

图 4-49 【文字方向】对话框

2.调整表格列宽和行高

方法 1:使用表格尺寸控点,拖动调整。

方法 2:使用鼠标拖动列标志改变列宽,同理,拖动行标志改变行高。同时按住鼠标左键和 Alt 键,水平标尺上即显示列宽的数值。

方法 3:使用【自动调整】命令。

根据内容自动调整表格:在【表格工具/布局】选项卡【单元格大小】组中单击【自动调整】按钮,在菜单中选择【根据内容自动调整表格】。根据表格中文字的数量自动调整表格列宽。如果列宽固定,不管输入什么内容,都不会自动调节列宽,但文字太长无法在一行显示时,会自动调整行高。

方法 4:精确设置列宽和行高。

在【表格工具/布局】选项卡【单元格大小】组中单击【对话框起动器】按钮,或者在【表格工具/布局】选项卡【表】组中单击【属性】按钮，可在【表格属性】对话框进行精确设置；或在【表格工具/布局】选项卡【单元格大小】组中进行精确设置。行高有两种格式，一种是固定行高，不论行中内容能不能完整显示，都始终保持此高度；另一种是最小行高，如果该行中文字达不到指定的高度，也保持此高度，而一旦行中内容高度超过此设置，就会自动增加行高。

在【表格工具/布局】选项卡【单元格大小】组中通过表格【行高度】框和表格【列宽度】框进行设置。

3.设置文字至表格线的距离

把插入点置于表格的任意单元格中，单击【表格工具/布局】选项卡，在【对齐方式】组中单击【单元格边距】按钮，弹出【表格选项】对话框。在【表格选项】对话框中，在【上】、【下】、【左】和【右】4个微调框中可以分别调整单元格内文字到上、下、左、右表格框线的距离。

如果要单独调整某个单元格内文字与框线的距离，则按下面方法进行。选定需要调整的单元格，打开【表格属性】对话框【单元格】选项卡，单击【选项】按钮，打开【单元格选项】对话框，取消选中【与整张表格相同】复选框后，就可以分别调整指定单元格内文字与上、下、左、右框线之间的距离了。

4.表格的对齐方式和环绕方式

表格的对齐方式是指表格相对于页面的位置，有三种对齐方式：左对齐、居中和右对齐，设置方法为：

选定整个表格后，单击【开始】选项卡【段落】组中的对齐按钮，直接进行设置。

或者打开【表格属性】对话框【表格】选项卡，在其中的【对齐方式】区设置表格的对齐方式。

表格的环绕方式，是指表格与周围文字的关系，在【表格属性】对话框【表格】选项卡进行表格的环绕方式设置。

单击【定位】按钮打开【表格定位】对话框后可以精确设置表格与文字的环绕关系。

5.表格的简单数据处理

(1)表格的计算。

Word计算公式中，用“A、B、C…..”代表表格的列；用“1，2，3……”代表表格的行。“LEFT、RIGHT、ABOVE、BELOW”代表公式计算时引用数据位置参数。将插入点移到准备显示计算结果的单元格中，在【表格工具/布局】选项卡【数据】组中单击【公式】按钮，打开【公式】对话框，如图4-50所示，在【粘贴函数】列表框中选择计算函数，在【编号格式】列表框中选择结果显示的格式。

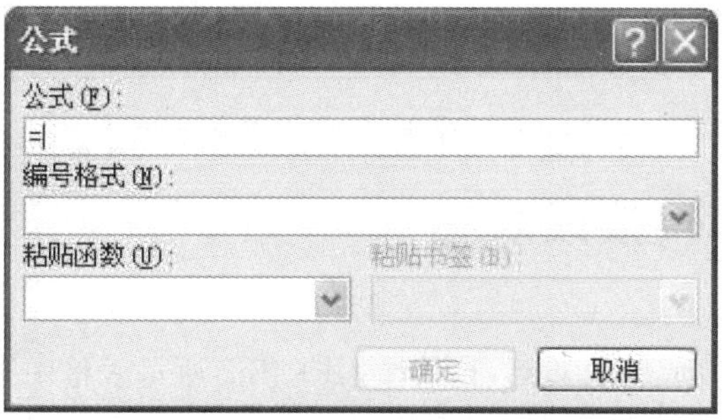

图4-50　Word【公式】输入对话框

小提示:将公式复制到其他单元格后,选中目标单元格后,应按【F9】键更新域。

(2)表格的排序:在表格中选中要排序的行或列,在【表格工具/布局】选项卡【数据】组中单击【排序】按钮,打开【排序】对话框,如图 4-51 所示,按照需要选择要排序的对象及属性,即可对选中对象进行排序计算。

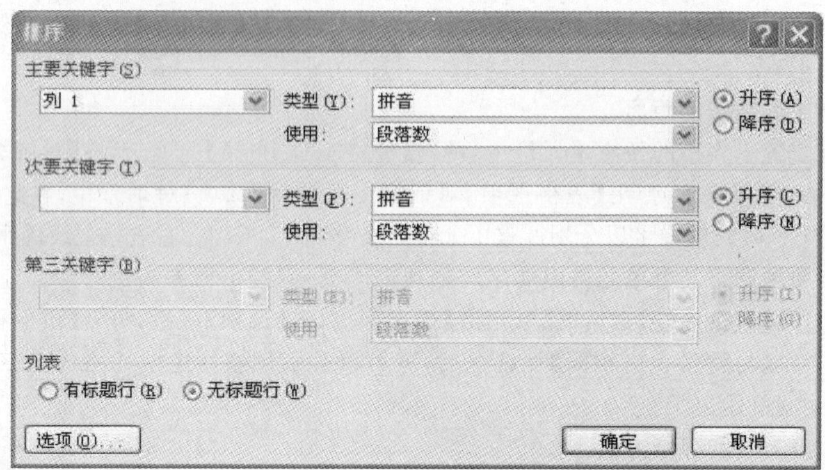

图 4-51 【排序】对话框

训练四 制作学生成绩表

利用前面所学表格制作技术完成图 4-52 所示表格效果。

2010 年期末考试成绩表						
科目 姓名	英语	数学	政治	计算机	体育	总分
张三	81	98	87	90	85	440
王明	80	91	93	90	89	443
刘兵	93	88	86	90	65	422
李大	97	74	87	89	85	432
冷梅	77	86	87	82	75	425
焦廷	72	92	86	85	85	420
寒梅	86	53	84	87	96	406
海宁	96	94	84	82	75	431
高民	83	78	94	83	86	424
丑妞	86	53	84	87	96	406
平均分	85.1	80.7	87.2	86.5	83.7	

图 4-52 学生成绩表最终效果图

训练五 将文本转换成表格

1.文本录入

在 Word 中新建学生成绩表文档,直接输入图 4-52 所示表格中第 2~12 行的文字内容,要求这些内容每字段间用一个统一的符号隔开,如:逗号、空格号或分号等。但分隔符的数量及全角、半角必须一致。

2.文本转换表格

将录入的文本全部选中，打开【插入】【表格】选项区小三角选择【文本转换成表格】命令，弹出【文本转换成表格】对话框，如图 4-53 所示。将【列数】设置为“7”，在【文字分割位置】栏中选择【空格】(也可选择其他)单选钮，最后单击【确定】按钮，生成 9 行 7 列的表格，如图 4-54所示。

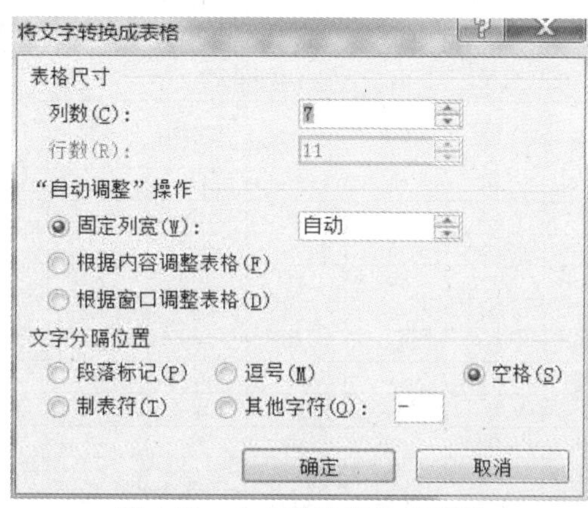

图 4-53　文本转换表格对话框

张三	81	98	87	90	85	440
王明	80	91	93	90	89	443
刘兵	93	88	86	90	65	422
李大	97	74	87	89	85	432
冷梅	77	86	87	82	75	425
焦廷	72	92	86	85	85	420
寒梅	86	53	84	87	96	406
海宁	96	94	84	82	75	431
高民	83	78	94	83	86	424
丑妞	86	53	84	87	96	406
平均分	85.1	80.7	87.2	86.5	83.7	

图 4-54　文本转换为表格后效果

3.表格转换文本

选中图 4-54 中的表格，打开【插入】【表格】选项区小三角选择【表格转换成文本】命令，弹出【表格转换成文本】对话框，即可将表格转换成文本。

训练六　调整表格

1.添加表标题

在最上方给表格添加一个标题。选中第一个单元格，执行【表格】→【插入】→【行在上方】命令；然后合并插入行的单元格，并输入标题“2010 年期末考试成绩表”；将表格的对齐方式全部设置为【垂直居中对齐】。

2.绘制斜线箭头

将光标定位在第二行、第一列，然后执行【表格】→【绘制表格】命令，鼠标指针变成铅笔形，然后在单元格中画出一条斜线，在斜线的两侧分别输入“科目”和“姓名”，再分别设置其对齐方式为【右对齐】和【左对齐】，如图 4-55 所示。

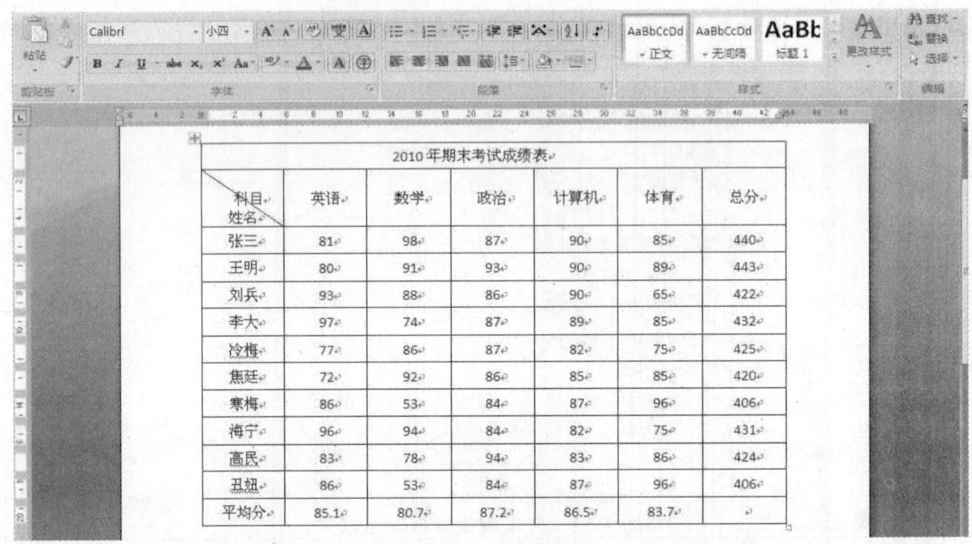

2010 年期末考试成绩表						
科目 / 姓名	英语	数学	政治	计算机	体育	总分
张三	81	98	87	90	85	440
王明	80	91	93	90	89	443
刘兵	93	88	86	90	65	422
李大	97	74	87	89	85	432
冷梅	77	86	87	82	75	425
焦廷	72	92	86	85	85	420
寒梅	86	53	84	87	96	406
海宁	96	94	84	82	75	431
高民	83	78	94	83	86	424
丑妞	86	53	84	87	96	406
平均分	85.1	80.7	87.2	86.5	83.7	

图 4-55　表格调整后效果

训练七　表格计算

1.表格排序

选中【总分】下面的一列，再选择【表格工具】选项区【布局】标签，在【数据】选项区中单击【公式】命令，弹出【排序】对话框，如图 4-56 所示。在其中设置【主要关键字】为“列 7”，类型为【数字】，选择【降序】排列，单击【确定】按钮后，表格中的数据就按照从高到低的顺序排列好了。

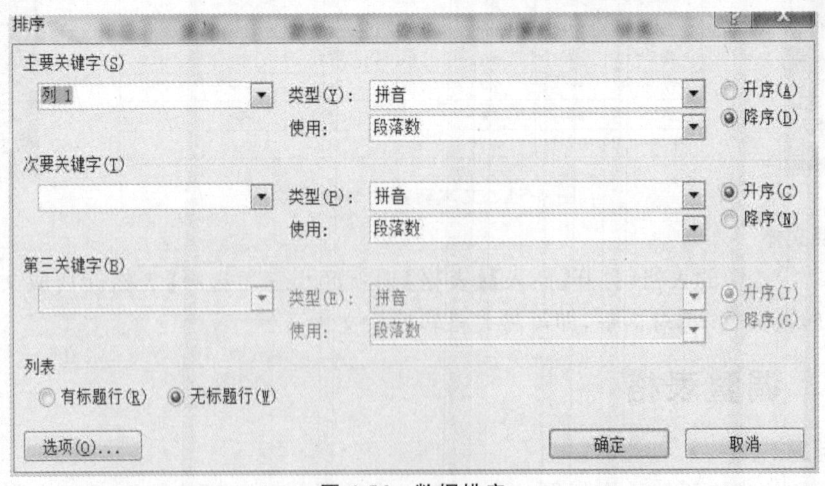

图 4-56　数据排序

2.计算单科平均数

(1)先在表格的下方插入一行，再在插入行的第一个单元格内输入“平均分”。

(2)将光标定位在第二个单元格内,然后选择【数据】→【公式】命令,弹出【公式】对话框,如图 4-57 所示,在【公式】栏中输入"=AVERAGE(ABOVE)"后,单击【确定】按钮,英语成绩平均分的计算结果如图 4-58 所示。

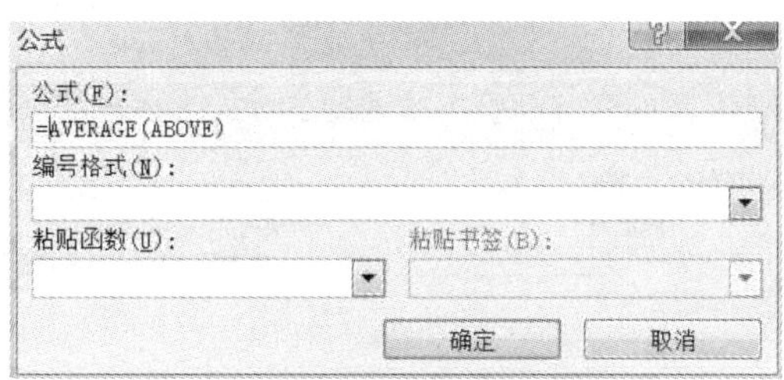

图 4-57　公式计算对话框

2010 年期末考试成绩表						
科目 姓名	英语	数学	政治	计算机	体育	总分
张三	81	98	87	90	85	440
王明	80	91	93	90	89	443
刘兵	93	88	86	90	65	422
李大	97	74	87	89	85	432
冷梅	77	86	87	82	75	425
焦廷	72	92	86	85	85	420
寒梅	86	53	84	87	96	406
海宁	96	94	84	82	75	431
高民	83	78	94	83	86	424
丑妞	86	53	84	87	96	406
平均分	85.1	80.7	87.2	86.5	83.7	

图 4-58　使用【公式】栏计算平均分

用同样的方法求出其他科目的平均分,可以按【F4】键重复上次操作。

3.域的更新

Word 还有一个非常不错的优点,就是对数据进行更新。比如张三的语文成绩输入错了,那么将他的分数改过来之后,总分和平均分也要改,这时只需选中张三的平均分所在的单元格,单击鼠标右键,在快捷菜单中选择【更新域】命令,平均分就被改过来了。如果总分也是通过公式计算出来的,那么用同样的方法也可以更新总分。

训练八　创建不规则表格

1.制作个人简历表

(1)把光标移到需要插入表格的位置。

(2)制作 11 行 5 列的表格。

(3)用合并单元格的方法合并"贴照片处"、"主要经历"和"备注"区域。

(4)用【表格和边框】工具栏中的【橡皮】擦除不需要的线条,用【铅笔】绘制需要的线条。制作"性别"和"民族"等单元格。

2.设置表格字符格式

(1)选中表名"个人简历表",设置字体为"华文楷体",字号为"三号"。

(2)选中全部表格,设置字体为"华文楷体",字号为"四号"。

(3)将表头文字设置为居中对齐,将表格中文字均设置为水平居中、垂直居中。

3.设置表格的边框和底纹

为了美化表格或突出表格的某一部分,可以为表格添加边框和底纹。

(1)将光标移到表格中,单击鼠标右键,选择【边框和底纹】命令,打开【边框和底纹】对话框,如图 4-59 所示。

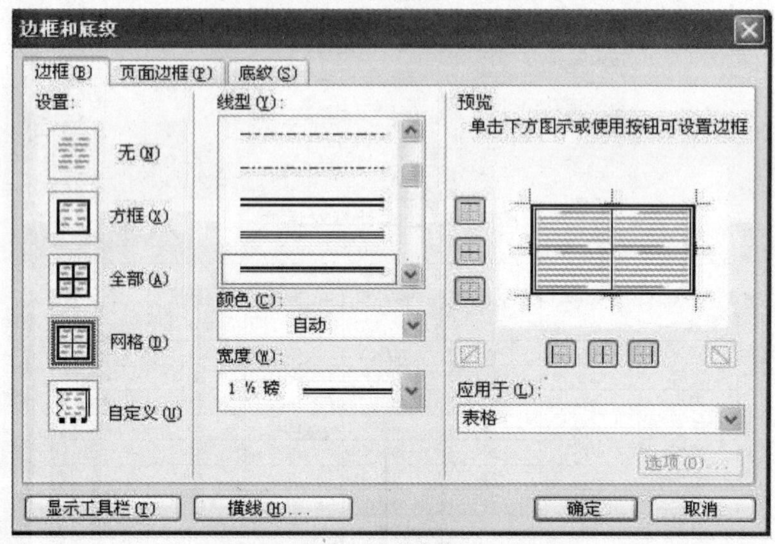

图 4-59 表格【边框和底纹】对话框

(2)选择【边框】选项卡,在【设置】选项区域中选择"网格"选项,在【线型】列表框中选择"双线型",在【宽度】下拉列表框中选择"2.25 磅"选项。

(3)单击【确定】按钮,完成边框的设置。

(4)用相同的方法设置内网格线为 1.0 磅的单实线,效果如图 4-60 所示。

个人简历表

姓 名	张三运	性别	男	民族	汉	贴照片处
曾用名						
政治面貌						
家庭住址						
主要经历						
年 月至 年 月	在何地区何部门					证明人
备注						

图 4-60 个人简历表设置边框后效果

(5)选择【底纹】选项卡，在【填充】下拉列表框中选择“水绿色”，在【图案】选项区域的【样式】下拉列表框中选择“5%”，如图 4-61 所示。

(6)单击【确定】按钮，完成底纹的设置，效果如图 4-62 所示。

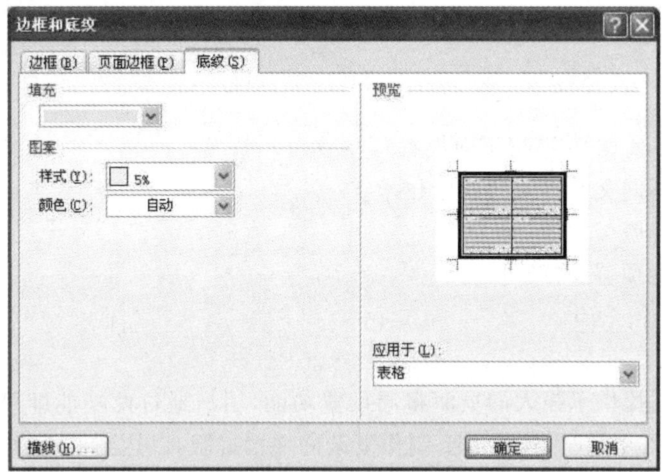

图 4-61　表格底纹设置

个人简历表

<table>
<tr><td>姓　名</td><td>张三选</td><td>性别</td><td>男</td><td>民族</td><td>汉</td><td rowspan="4">粘照片处</td></tr>
<tr><td>曾用名</td><td></td><td colspan="2"></td><td colspan="2"></td></tr>
<tr><td>政治面貌</td><td></td><td colspan="2"></td><td colspan="2"></td></tr>
<tr><td>家庭住址</td><td></td><td colspan="2"></td><td colspan="2"></td></tr>
<tr><td colspan="7">主要经历</td></tr>
<tr><td>年　月至　年　月</td><td colspan="5">在何地区何部门</td><td>证明人</td></tr>
<tr><td></td><td colspan="5"></td><td></td></tr>
<tr><td></td><td colspan="5"></td><td></td></tr>
<tr><td></td><td colspan="5"></td><td></td></tr>
<tr><td></td><td colspan="5"></td><td></td></tr>
<tr><td>备注</td><td colspan="6"></td></tr>
</table>

图 4-62　添加底纹后的表格效果

实训六　页面布局

任务目标：

- 学会在 Word 2010 进行页面设置。
- 学会设置不同文字方向的排版技术。
- 学会分栏排版。
- 学会文档的预览及打印操作。

任务描述：

- Word 2010 提供了强大的页面布局设置功能，用户通过此功能即可设置所见即所得的效果，在日常工作中，我们往往需要制作复杂的文档排版，以达到良好的视觉效果。
- 本次实训使学习者学会文档的页面设置、文字方向设置、分栏操作及打印文档技术。

训练一　页面设置

在 Word 2010 中，将所有与页面内容布局有关的设置功能全部集中到了【页面布局】选项栏中，单击【页面布局】标签可显示如图 4-63 所示的工具组。该工具组由【主题】、【页面设置】、【稿纸】、【页面背景】、【段落】和【排列】六部分分项工具组组成，下面学习页面布局的操作方法。

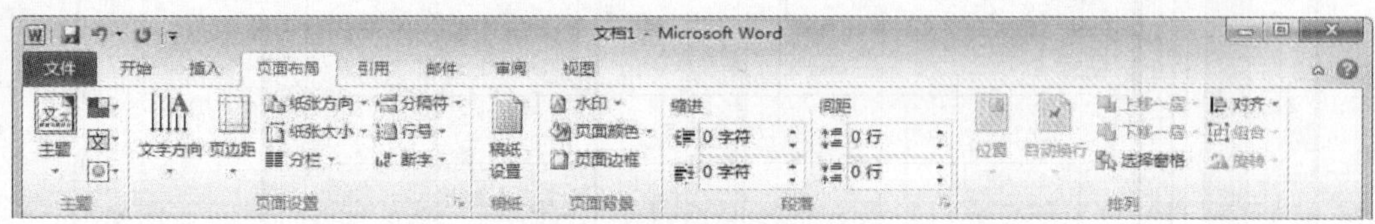

图 4-63　【页面布局】工具组

页面设置主要是设置文档的页面方向、纸张大小、页边距、装订线和页眉页脚等。页面设置的具体步骤如下：

1. 单击【页面设置】选项组中的【页边距】按钮，打开如图 4-64 所示的内置【页边距】样式，如果样式中没有所需要的，请选择【自定义边距】命令，打开【页面设置】对话框，如图 4-65 所示。

2. 单击【页边距】选项卡，在【上】、【下】、【左】和【右】文本框中设置页顶端、底端、左端、右端与文本的距离。还可以设置装订线的位置和页面方向。

3. 单击【纸张】选项卡，在【纸张大小】下拉列表中，可以将纸张的大小设置成 A4、A3、B5、16 开和 32 开等标准。Word 2010 默认纸张的型号是“A4”，当然也可以输入纸张的宽度和高度来自定义纸张大小，如图 4-66 所示。

4. 单击【版式】选项卡，可设置页眉和页脚的格式，在【节的起始位置】下拉列表框中可以改变分节符类型；在【垂直对齐方式】下拉列表中可以选择文本在垂直方向的对齐方式。此外，还可以单击【行号】和【边框】按钮进行行号和边框的设置。

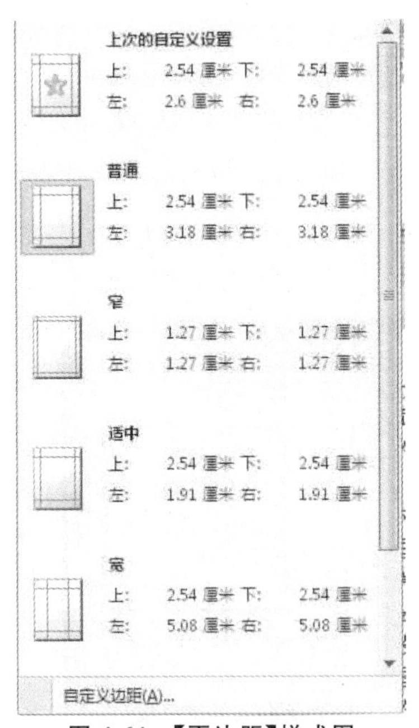

图 4-64　【页边距】样式图

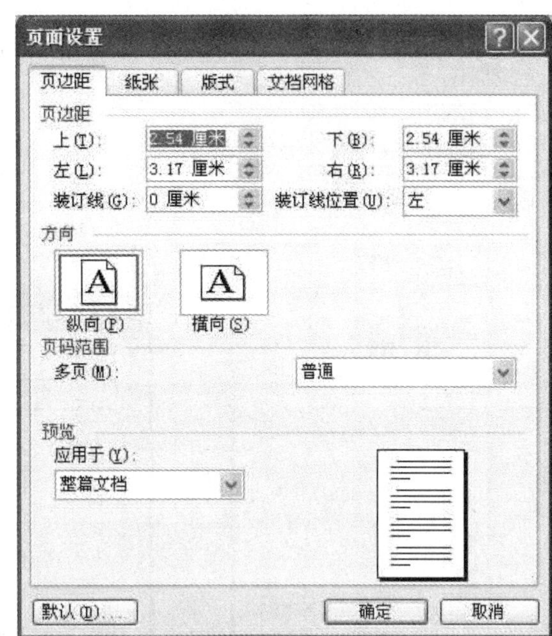

图 4-65　【页面设置】中的【页边距】设置选项卡

5. 单击【文档网络】选项卡，可以设置文档每页的行数、每行的字数、正文的字体、字号、栏数以及字符间距和行距等。

6. 单击【确定】按钮，则完成页面的设置。

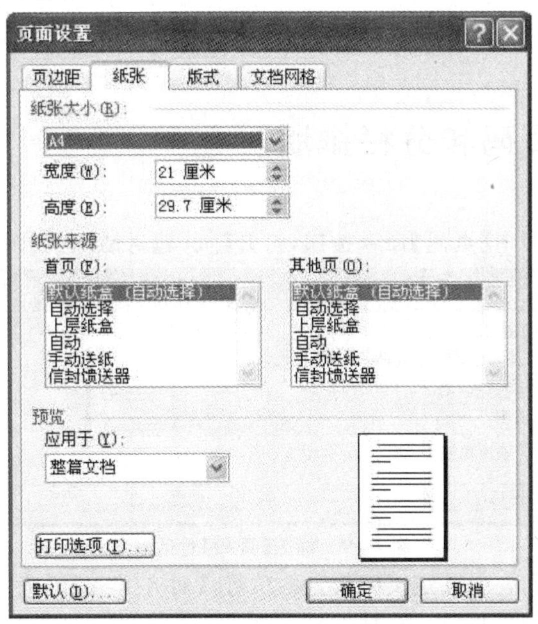

图 4-66　【纸张】参数设置图

训练二　文字方向

1. 单击【页面设置】选项中的【文字方向】按钮命令，弹出内置的文字方向样式，如图 4-67

所示。如果样式中没有所需要的,请选择【文字方向选项】命令,打开文字方向设置对话框,如图 4-68 所示。

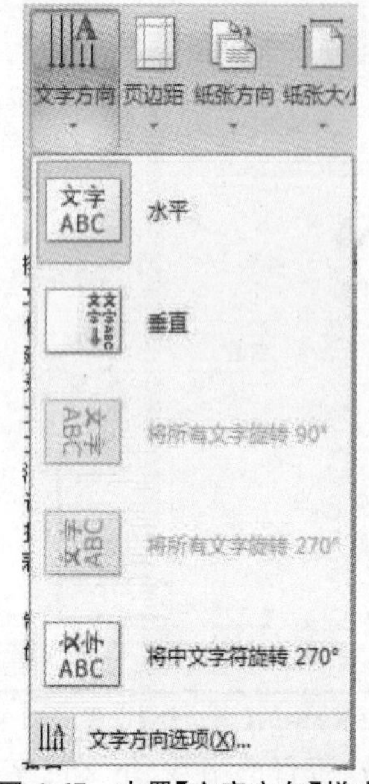

图 4-67 内置【文字方向】样式

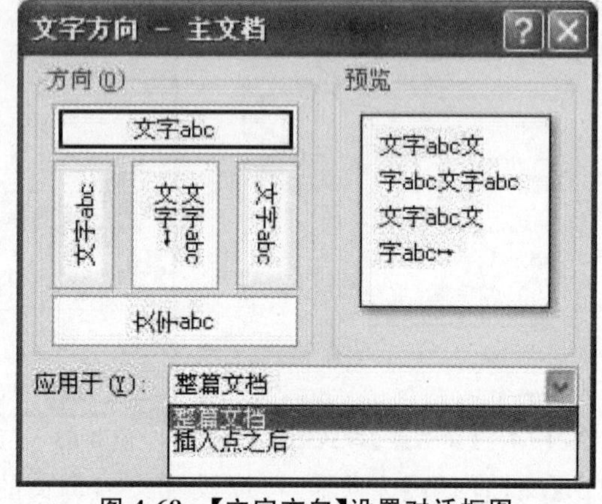

图 4-68 【文字方向】设置对话框图

2. 选择某一文字方向时,要确定应用于“整篇文档”还是“插入点之后”。

小提示:

在一篇文档中,要想实现文字“纵横混排”效果,要将需要设置特殊文字方向的字符放入“文本框”中。

训练三 插入页码和分栏排版

1. 插入页码

(1)单击【插入】选项中【页码】命令按钮,打开【页码】对话框,如图 4-69 所示。

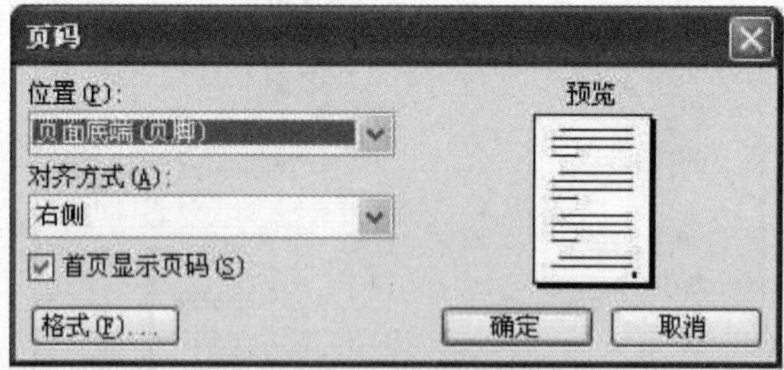

图 4-69 插入【页码】对话框

(2)在【位置】下拉列表中选定页码放置的位置;【对齐方式】可确定页码在左右边距之间的位置;【首页显示页码】控制第一页是否显示页码。

(3)单击【格式】按钮,打开【页面格式】对话框,选择页码格式的类型。

(4)依次单击【确定】按钮,就可以在页面上看到设置的页码了。

2. 分栏排版

(1)选中要分栏的文档内容,单击【页面布局】→【分栏】命令按钮,打开如图 4-70 所示的内置【分栏】样式。如果样式中没有所需要的，请选择【更多分栏】命令，打开【分栏】对话框，如图 4-71 所示。

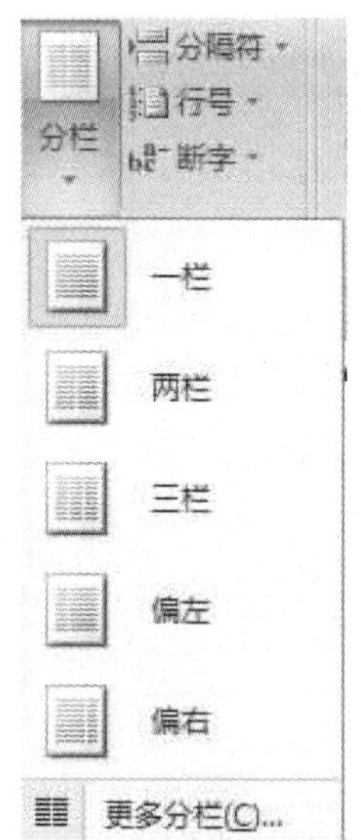

图 4-70　内置【分栏】模式

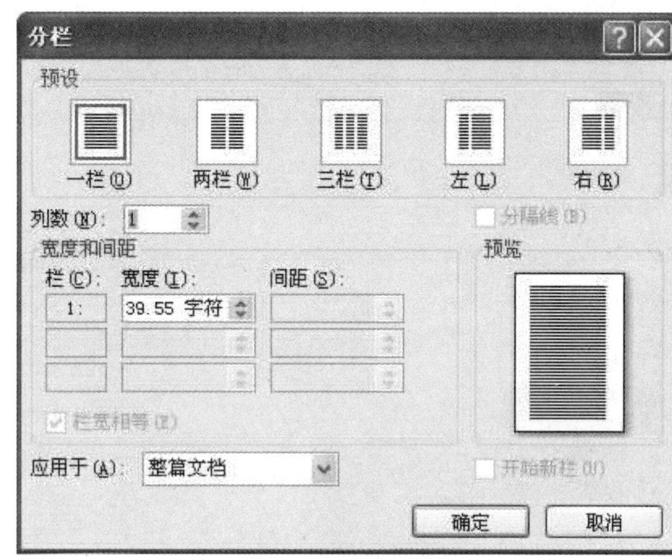

图 4-71　设置【分栏】对话框

(2)单击选择【两栏】，再单击【确定】按钮，分栏效果如图 4-72 所示。

(3)如果要显示分隔线，可在【分栏】对话框中选中【分隔线】复选框。

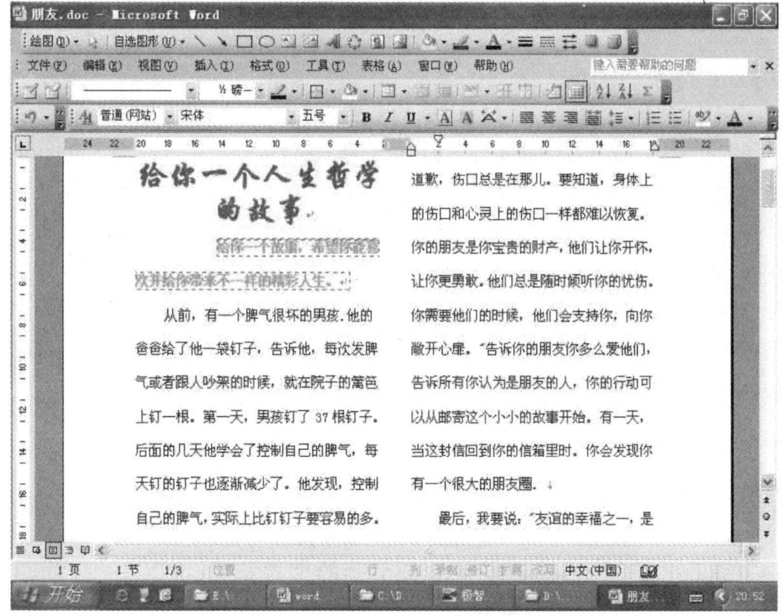

图 4-72　设置"两分栏"后的文档排版效果

训练四　打印预览和打印

页面设置完成后，通过【打印预览】可以看到实际的打印效果。预览时，依然可以对文本进行常规的编辑。操作步骤为：

1. 单击【Office】按钮图标，在打开下拉菜单中选择【打印】命令，如图 4-73 所示。在对话框的右边直接显示打印预览效果，你可以拖动右下方【显示比例】按钮，选择【放大】、【单页】、【多页】。

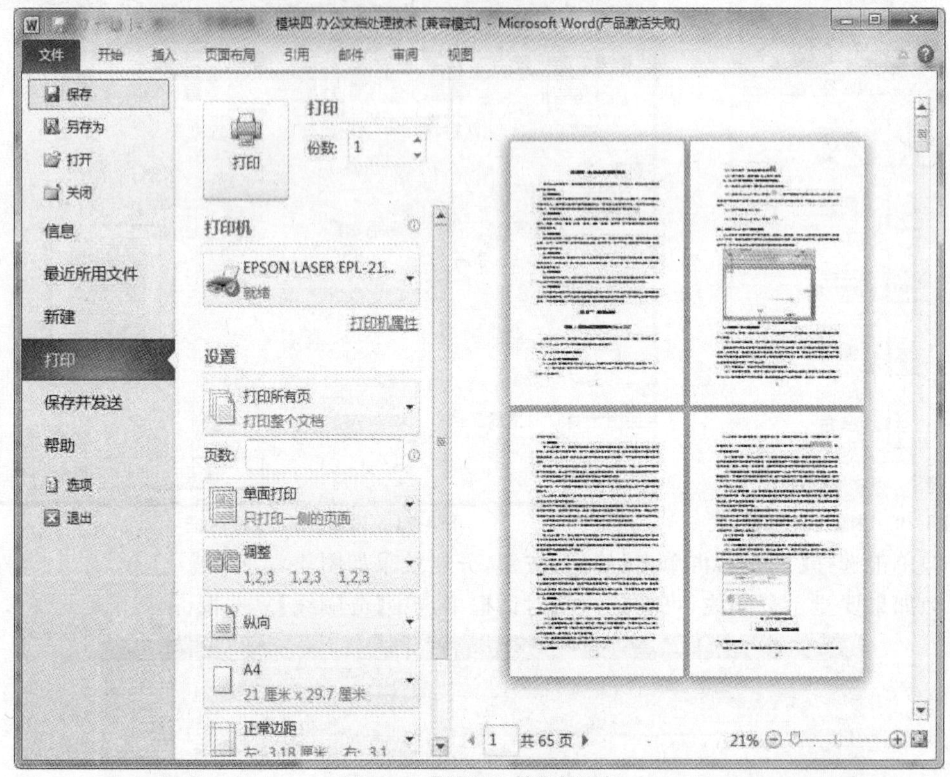

图 4-73 【打印文档】选项卡

2. 在【打印】对话框中，用户可以对打印做一些要求，如一次打印多份，选择哪部打印机，纸张大小，单/双面打印等等，都可在此对话框中进行具体设置。

3. 设置好后，单击【确定】按钮便可以打印了。

实训七 长文档的编辑

任务目标：

- 掌握在高级办公应用中，比较复杂的长文档的编排技术。
- 掌握页眉页脚、目录、自定义样式的制作技术。
- 学会使用文档结构图辅助完成长文档阅览与排版技术。

任务描述：

本内容的学习使用户通过一篇调查报告的制作，从中学习长文档的编排特点和制作方法。实例效果如图 4-74 所示。

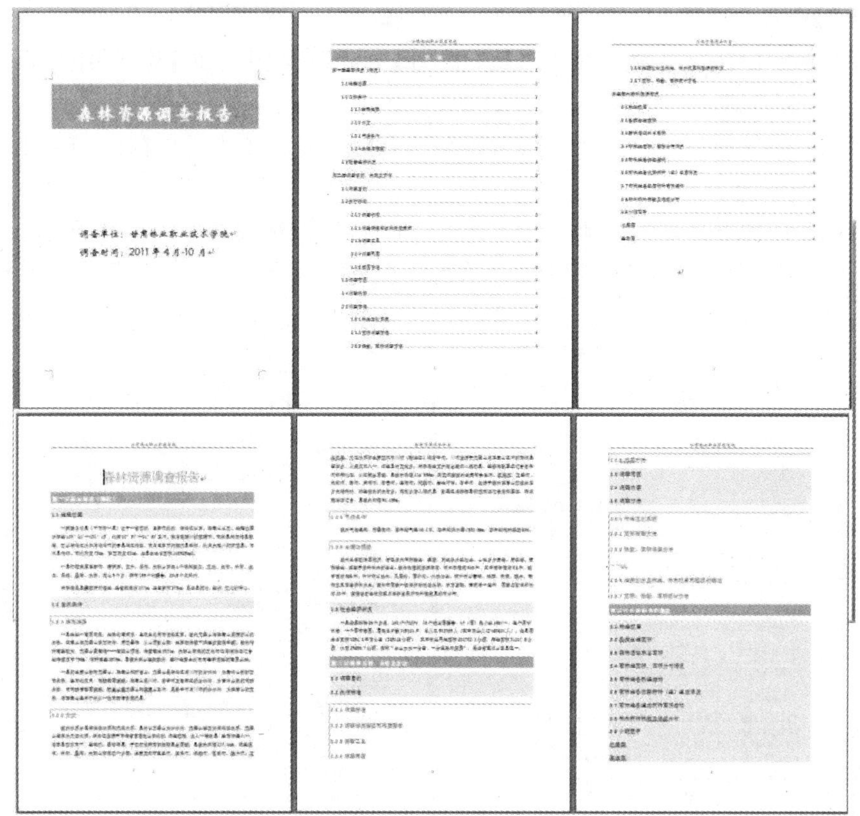

图 4-74　长文档排版后效果

训练一　设置文档样式

1.应用样式

(1)打开"森林资源调查报告"文件(见资源库),在【开始】选项卡上的【样式】组中,查看所需的样式。如果未看见所需的样式,请单击【更多】按钮 以展开【快速样式】库。如图4-75所示。

图 4-75　快速样式库

(2)将光标定位在标题"森林资源调查报告"段落中,在【开始】选项卡上的【样式】组中,单击【标题】样式。

(3)将光标定位在"第一章基本情况(概况)"段落中,在【开始】选项卡上的【样式】组中,单击【标题 1】样式。

(4)将光标定位在“1.1 地理位置”段落中，在【开始】选项卡上的【样式】组中，单击【标题 2】样式。

(5)将光标定位在“1.2.1 地形地势”段落中，在【开始】选项卡上的【样式】组中，单击【标题 3】样式。

(6)按照相同的方法设置其他一级、二级、三级标题，最终效果如图 4-76 所示。

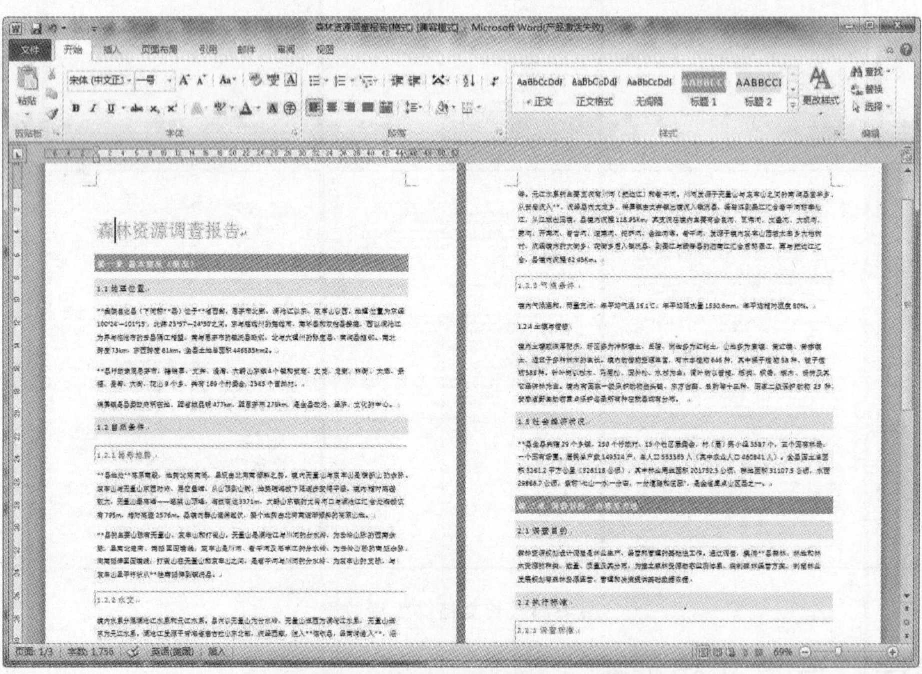

图 4-76　文档各标题应用样式后效果

2.创建新样式

用户可以根据实际需要创建新的样式。

(1)选择要创建为新样式的文本：选择 1.1 的正文内容，在所选内容上方显示的微型工具栏上，单击【宋体(正文)】和【10 号】来设置文本的格式。

(2)在【开始】选项卡中的【段落】组中，单击段落设置标志，设置段落格式为【首行缩进】。

(3)右键单击所选内容，指向【样式】，然后单击【将所选内容保存为新快速样式】，如图 4-77所示对话框。在对话框中，输入样式名称，然后单击【确定】按钮。

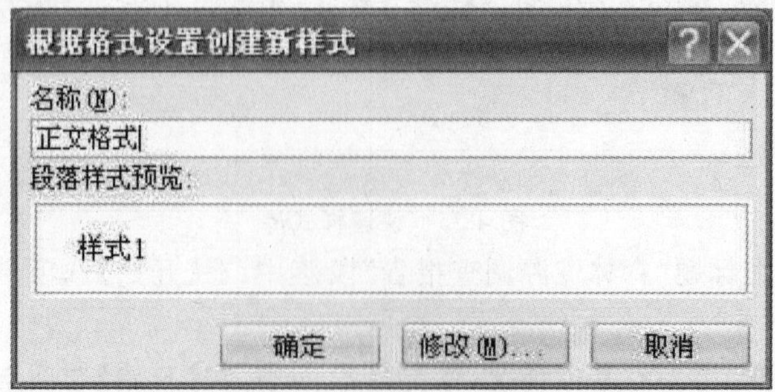

图 4-77　为新样式命名

这样，创建的正文样式以及为它提供的名称显示在快速样式库中，随时可以使用它。

(4)用同样的方法对文档中的其他正文文字设置格式。

3.修改样式

(1)光标定位到第一行“森林资源调查报告”，在【开始】选项卡上的【样式】组中，右键单击要更改的【标题】样式，单击【修改】，打开图 4-78 所示对话框，在对话框中找到对齐方式按钮，设为“居中对齐”。

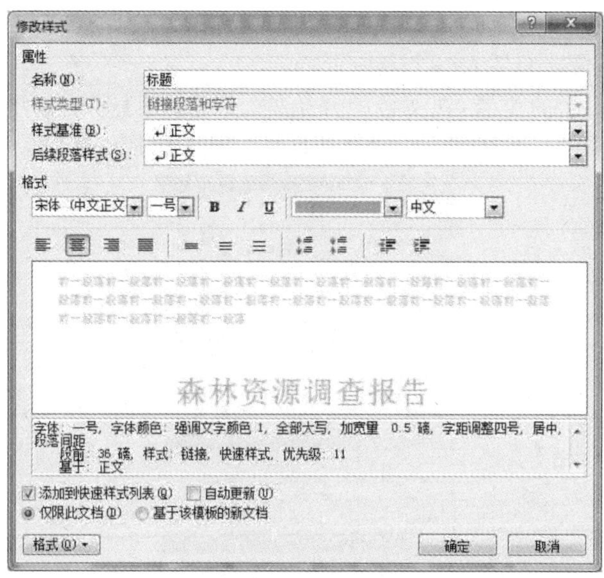

图 4-78　修改样式

(2)在【开始】选项卡上的【样式】组中，单击【更改样式】，选择【颜色】——【都市】，这时你会发现整个文档的色彩都发生了变化，如图 4-79 所示。

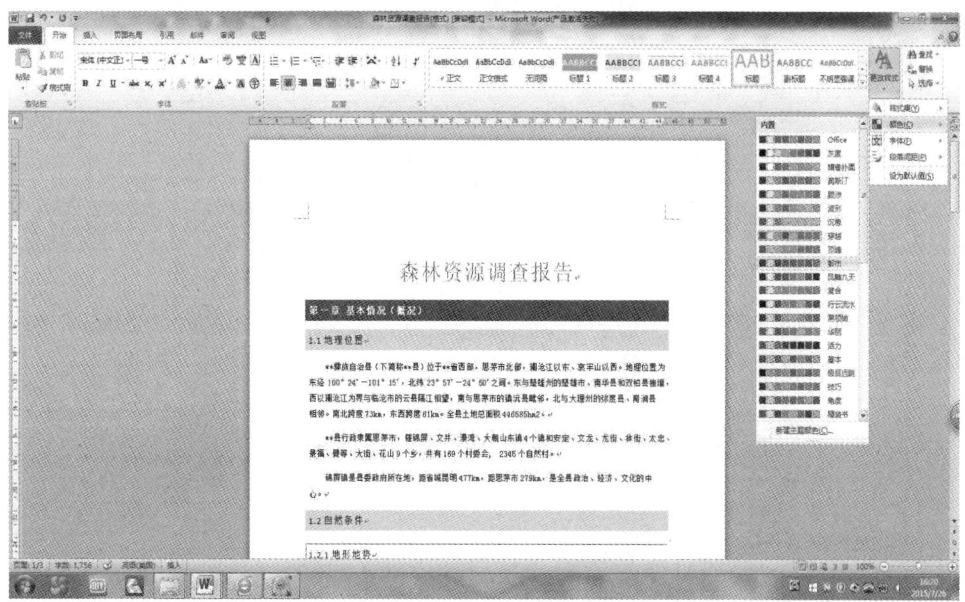

图 4-79　更改样式颜色

训练二　生成和设置目录

1.生成目录

在文档中应用了标题样式后就可以生成目录了，目录一般放在文档的首页，因此需要在文档内容的最前面插入一个空白页，大多情况下，文档都要产生一个封面，因此，在插入目录前最好插入两张空白页。

(1)将光标定位在标题的前面，然后选择【插入】选项卡中【页】组中的【插入空白页】，此时即可在文档内容的最前面插入一个空白页。

(2)单击要插入目录的位置，即文档的开始处。在【引用】选项卡上的【目录】组中，单击【目录】，然后单击所需的目录样式 ——“自动目录 1”，如图 4-80 所示。

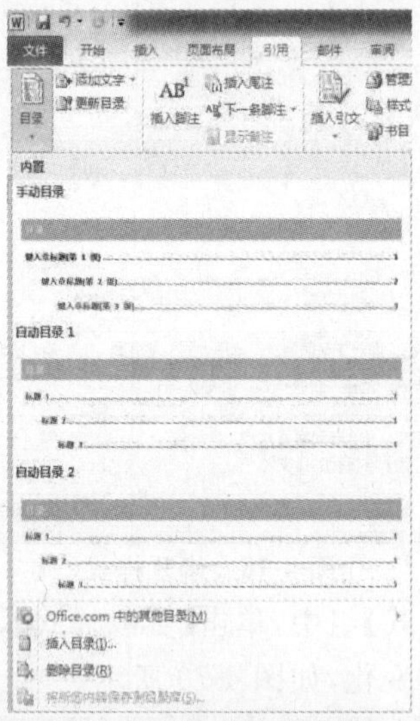

图 4-80　目录样式选择

(3)如此即可生成该文档的目录，如图 4-81 所示。

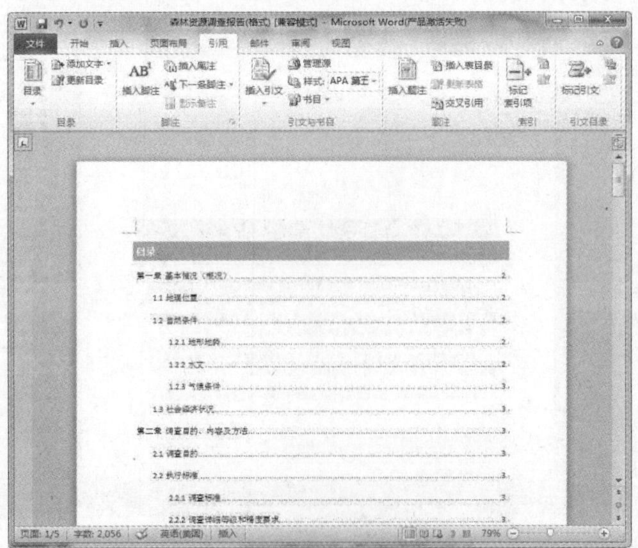

图 4-81　目录生成后效果

(4)按住【Ctrl】键的同时单击某一目录行,系统会自动切换至该级目录所对应的文档位置。

2.更新目录

如果添加或删除了文档中的标题或其他目录项,可以快速更新目录。

(1)在【引用】选项卡上的【目录】组中,单击【更新目录】。

(2)单击【只更新页码】或【更新整个目录】,如图 4-82 所示。

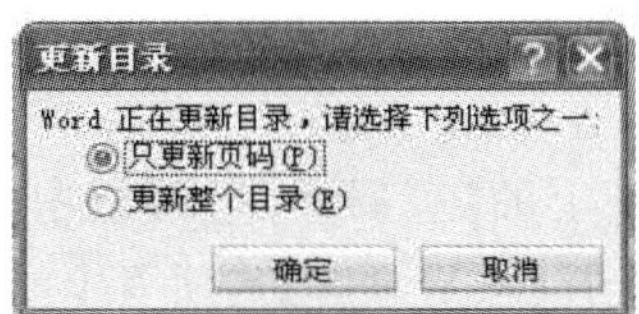

图 4-82 更新目录对话框

(3)单击【确定】按钮,目录的页码已被更新。

训练三 修饰文档版面

1.制作封面

在长文档排版中,一般都会涉及封面、目录、正文制作与排版问题。在本例中,制作好目录后,将光标移到目录顶端,选择插入空白页,这时插入到目录前面的空白页会保留前面目录样式中的部分元素,可采用该模板制作封面,制作步骤如下:

(1)输入相关文字信息,设置题目为【华文新魏】——【初号字】——【加粗】——【居中】。

(2)选中题目文字,在段落选项栏中选择设置【边框底纹】,在【底纹】标签中选择与本文色彩一致的颜色,点击【确定】按钮。

(3)选中下面其他文字,设置为【华文新魏】——【二号字】——【加粗】,调整好文字之间的间距。

2.设置页面

(1)设置封面页面边距为:上边距为“5 厘米”,下边距为“2.8 厘米”,左、右边距分别为“2.6 厘米”,效果如图 4-83 所示。

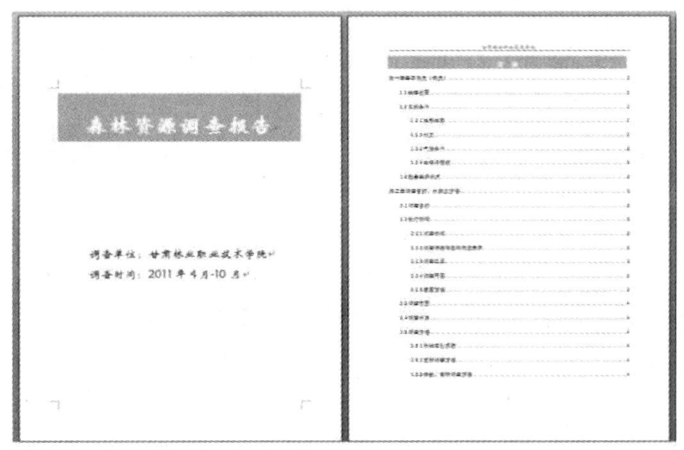

图 4-83 封面与其他页面边界设置效果

(2)设置其他页面边距为:上、下边距分别为“2.8 厘米”,左右边距分别为“2.6 厘米”。

训练四　设置页眉、页脚

在长文档中，由于页数较多，为了便于使用文档，一般都为文档设置页眉和页脚。奇数页和偶数页的页眉和页脚可以不相同。如本实例中奇数页页眉为调查任务承担单位，偶数页页眉为调查报告标题，页脚为页码，均为居中对齐。另外，封面和目录页面不设置页眉和页脚，目录页码与正文页码分别设置，本文对封面不设页眉页脚，目录页与正文分别重新编页码。操作步骤如下：

1.封面页眉和页脚

在图 4-84 所示【插入】选项卡上的【页眉和页脚】组中，单击【页眉】，选择【编辑页眉】。打开【编辑页眉和页脚】工具组，选择【页眉页脚】选项组中的【首页不同】复选框，然后单独设置首页或取消页眉和页码的编排。

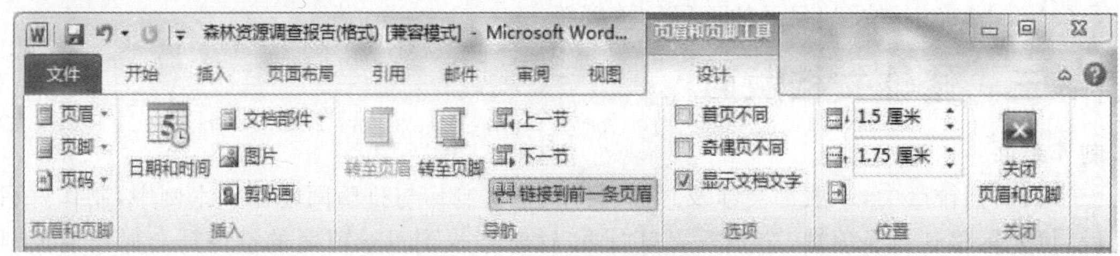

图 4-84　【页眉页脚】选项组

2.目录与正文中奇偶数页页眉设置

选择【页眉页脚】选项组中的【奇偶页不同】复选框，分别对奇偶页的页眉进行设置，奇数页页眉设置为"甘肃林业职业技术学院"，格式为"华文新魏、五号字"；偶数页页眉设置为"森林资源调查报告"，格式为"华文新魏、五号字"；效果如图 4-85 所示。

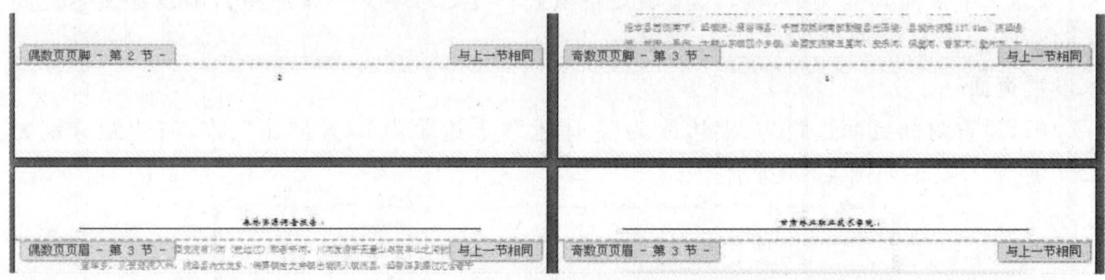

图 4-85　奇偶页不同的页眉与页脚

3.目录与正文页脚设置

要想得到目录与正文中页脚的重新编号，需在正文顶端插入分节符，然后分别设置目录页页脚与正文页页脚。在正文页页脚设置时，选择【编辑页码】选项，设置页码起始编号从"1"开始，如图 4-86 所示，这时就可实现正文重新编号的效果。

图 4-86　页码格式选项卡

实训八　邮件合并及文档的审阅与修订

任务目标:

- 学会 Word 2010 提供的邮件合并功能。
- 会熟练的建立批量同类文档。
- 会熟练使用文档的审阅与修订功能。

任务描述:

- 在办公过程中,办公人员有时要做大批量格式相同的邀请函、通知等,如果逐个制作,既浪费时间又容易出错,利用 Word 中的【邮件合并】功能可实现制作多份格式相同的文件。
- 本次实训使学习者学会邮件合并处理日常工作中需要批量处理的公文;学会利用软件提供的审阅与修订功能为他人审核文档。

训练一　邮件合并

本实例是某林业部门为工作人员制作的任务通知书,任务通知书的效果图如图 4-87 所示。

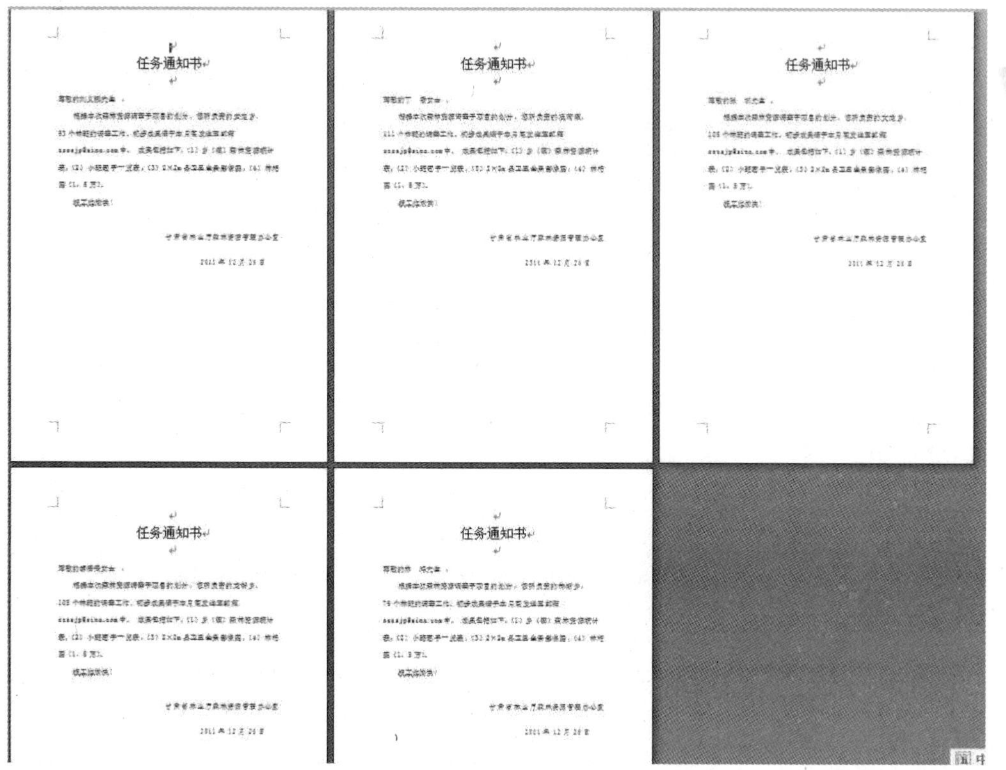

图 4-87　邮件合并后效果

1.创建数据源

批量制作任务通知书的前提是有一个接受任务工作人员信息表，也就是数据源。可以利用 Word 或 Excel 制作数据源，本实例使用 Word 表格制作一份工作人员信息表，如图 4-88所示。

姓　名	性　别	联系电话	负责区域	林班数	通讯地址	邮政编码
刘义鹏	男	18093829562	安定乡	93	甘肃省定西市安定区林业局安定乡林业站	743001
丁　香	女	18093887234	漫湾镇	111	甘肃省天水市安定区林业局漫湾镇林业站	743002
张　帆	男	38675432	文龙乡	105	甘肃省定西市安定区林业局文龙乡林业站	743003
胡倩倩	女	13309385321	龙街乡	105	甘肃省定西市安定区林业局龙街乡林业站	743004
林　海	男	13893803470	林街乡	79	甘肃省定西市安定区林业局林街乡林业站	743005

图 4-88　工作人员信息表

2.制作任务通知书

(1)新建一个 Word 文档，输入任务通知书的基本内容并做基本排版，如图 4-89 所示。与效果图相比，没有输入“姓名”、“先生或女士”、“负责区域”和“林班数”。

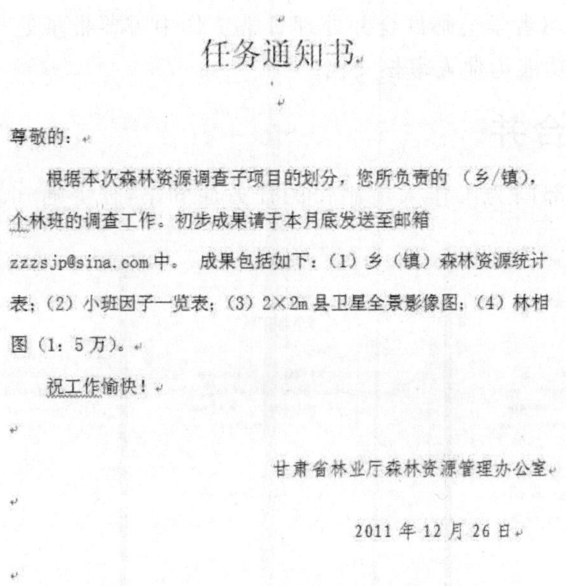

任务通知书

尊敬的：

根据本次森林资源调查子项目的划分，您所负责的 （乡/镇），个林班的调查工作。初步成果请于本月底发送至邮箱 zzzsjp@sina.com中。 成果包括如下：(1) 乡（镇）森林资源统计表；(2) 小班因子一览表；(3) 2×2m 县卫星全景影像图；(4) 林相图（1：5万）。

祝工作愉快！

甘肃省林业厅森林资源管理办公室

2011 年 12 月 26 日

图 4-89　输入信函的文本内容

(2)选择【邮件】选项卡，如图 4-90 所示，点击【开始邮件合并】命令按钮右边的下拉列表，选择【信函】选项。

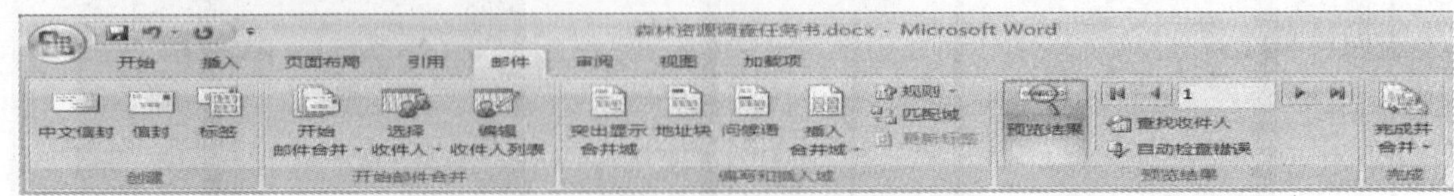

图 4-90　邮件选项卡工具组

(3)单击工具栏中【选择收件人】按钮下的【使用现有列表】打开数据源，如图 4-91 所示。

图 4-91　【选取数据源】对话框

(4)将光标定位在“尊敬的”文本后面，单击工具栏上的【插入合并域】按钮旁边的下拉箭头，在【域】列表框中选择“姓名”选项，如图 4-92 所示。

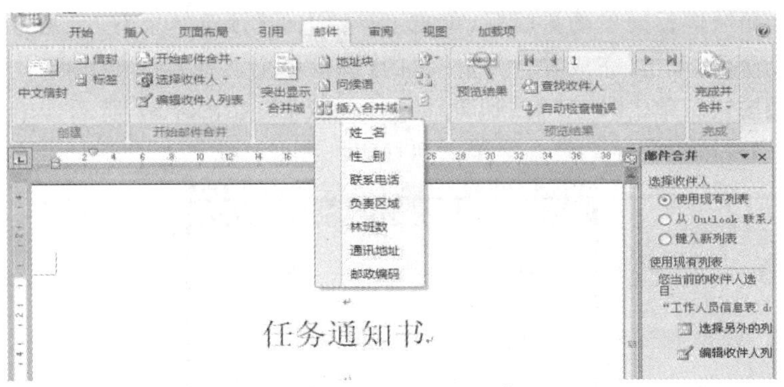

图 4-92　【插入合并域】选项

(5)将光标定位在“尊敬的《姓名》”文本后面，点击 规则 按钮，选择【如果-那么-否则】选项，出现如图 4-93 所示的对话框。“性别”选项根据收信人的性别来确定称呼。在本实例中，如果性别为“男”，则插入文字“先生”，否则插入文字“女士”。

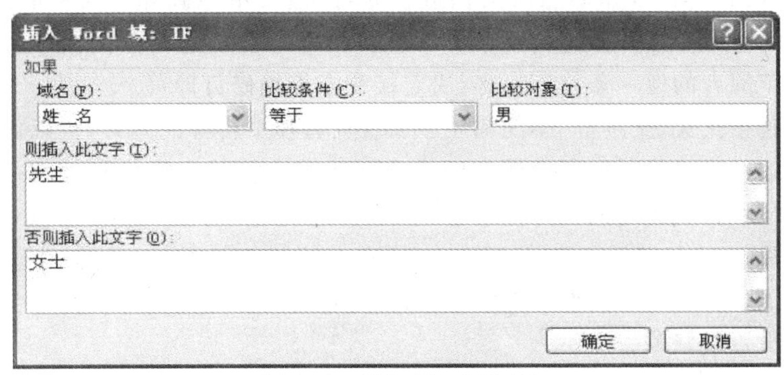

图 4-93　插入 Word 域:IF

(6)将光标定位在“您所负责的”文本后面，再在【域】列表框中选择【负责区域】选项。

(7)将光标定位在“个林班的”文本前面，再在【域】列表框中选择【林班数】选项。插入

Word 域后的任务通知书如图 4-94 所示。

任务通知书

尊敬的«姓__名»先生：

根据本次森林资源调查子项目的划分，您所负责的«负责区域»，«林班数»个林班的调查工作。初步成果请于本月底发送至邮箱 zzzsjp@sina.com 中。成果包括如下：(1) 乡（镇）森林资源统计表；(2) 小班因子一览表；(3) 2×2m 县卫星全景影像图；(4) 林相图（1：5 万）。

祝工作愉快！

甘肃省林业厅森林资源管理办公室

2011 年 12 月 26 日

图 4-94 插入 Word 域后的文本内容

(8)对插入的域进行简单的排版后，单击工具栏上的【预览结果】按钮下查看数据合并后的结果，正确无误后，单击【完成并合并】按钮的【编辑单个文档】，弹出如图 4-95 所示的对话框，选择【全部】按钮。单击【确定】按钮即生成全部文档，如图 4-87 所示。单击工具栏上的【合并到打印机】按钮将合并结果直接传送到打印机进行打印。

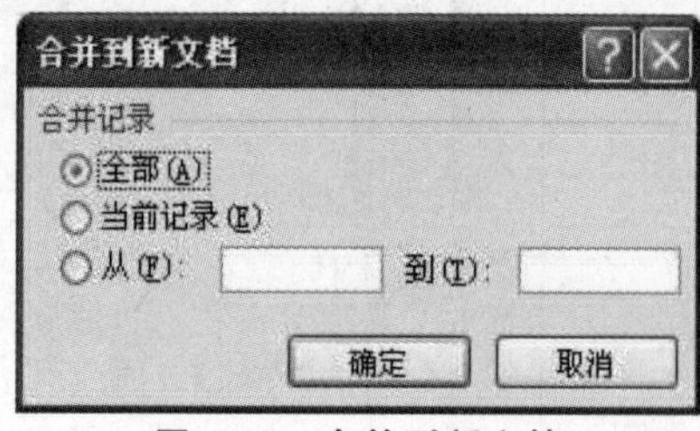

图 4-95 合并到新文档

训练二 文档审阅与修订

在审阅别人的文档时，如果想对文档进行修订，但又不想破坏原文档的内容或者结构时，可以使用 Word 中的【修订】功能，它可以使多位审阅者对同一篇文档进行修订，作者只需要浏览每个审阅者的每一条修订内容，决定接受或拒绝修订即可。

修订内容包括正文、文本框、脚注和尾注以及页眉和页脚等的修订，可以添加新内容，也可以删除原有的内容。为了保留文档的版式，Word 在文档的文本中只显示一些标记元素，而其他元素则显示在页边距的批注框中。

1.设置用户信息

一篇文档可以有多个审阅者，每个审阅者都有自己的标记，所以，在修订文档之前，要对用户信息进行设置或修改。

选择【审阅】选项卡，打开如图 4-96 所示的工具组。在该工具组中单击【修订】命令按钮下的黑色小箭头，选择【更改用户信息】选项，打开如图 4-97 所示的对话框，更改的用户信息会在批注框内显示出来。

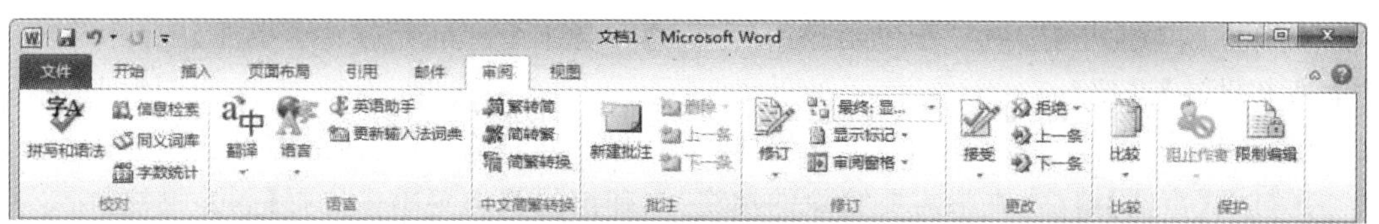

图 4-96　【审阅】工具组

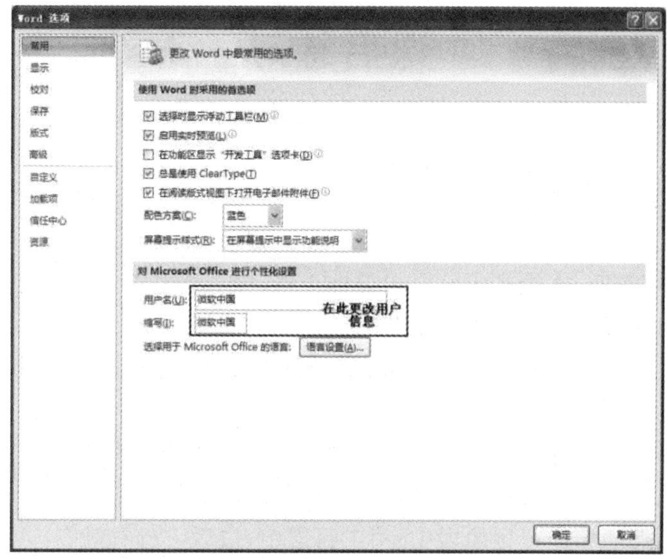

图 4-97　设置修订用户信息

2.审阅与修订

(1)打开【审阅】工具栏,单击工具栏上的【修订】按钮,文档才处于修订状态。

(2)修订完毕后,作者要根据需要对修订进行接受或拒绝。将光标定位在需要接受的修订处,单击【审阅】工具栏上的【接受所选修订】按钮,在弹出的下拉列表中选择【接受修订】选项即可;将光标定位在需要拒绝的修订处,单击【审阅】工具栏上的【拒绝所选修订】按钮,在弹出的列表中选择【拒绝修订/删除批注】选项即可。

(3)不管文章被多少人修订过,作者都可以按审阅者来查询和浏览修订的内容,例如,只显示用户"王鹏"修订的内容,单击【审阅】工具栏上的【显示标志】下拉按钮,在弹出的列表中选择【审阅者】—【王鹏】复选框,则文章中只显示王鹏所做的修订内容。在王鹏所做的批注框中,如果标记是"WANGP"表明这是用户"王鹏"做的一个批注。将光标放在批注框上,则显示详细的信息。经过审阅修订后的文档其表现形式如图 4-98 所示。

图 4-98　插入【批注】后效果

3.添加批注

(1)插入批注:将光标移到需插入批注的文本或对象处,单击【审阅】工具组中的【新建批注】,在文档中会出现如图 4-98 所示标志。审阅者可在批注框中输入想表达的文字内容。

(2)删除批注:对于不需要的批注直接将其删除即可,删除批注的方法有以下三种:

①选择某一批注,单击【审阅】工具栏上的【拒绝所选修订】按钮,在弹出的列表框中选择

【拒绝修订/删除批注】选项。若想删除所有批注，则选择【删除所有显示批注】或【删除文档中的所有批注】选项。

②选择某一批注并右击，在弹出的快捷菜单中选择【删除批注】命令即可。

③打开【审阅】窗格，右击需要删除的批注，在弹出的快捷菜单中选择【删除批注】命令。

课后练习

任务一　文档的格式设置与编排

任务要求：

打开资源库/模块四/文档格式设置与编排文档，按下列要求设置、编排文档格式。

1.设置【任务 1A】如【样文 4-1-1】所示结果

(1)设置字体：第一行标题为华文中宋；第二行为楷体；正文除第一段外为黑体；最后一行为仿宋。

(2)设置字号：第一行标题为小二；第二行为小四；正文除第一段外为小四。

(3)设置字形：正文第一段加着重号；第二段倾斜，加下划线。

(4)设置对齐方式：第一行标题居中；第二行居中；最后一行右对齐。

(5)设置段落缩进：全文左右各缩进 2 字符；正文首行缩进 2 字符。

(6)设置行(段落)间距：第一行标题段后一行；第二行段后 0.5 行；正文段前、段后各 0.5 行。最后一行段前为 18 磅。

【样文 4-1-1】

范仲淹

庆历四年春，滕子京谪守巴陵郡。越明年，政通人和，百废具兴，乃重修岳阳楼，增其旧制，刻唐贤今人之诗赋于其上，属予作文以记之。

予观夫巴陵胜状，在洞庭一湖。衔远山，吞长江，浩浩荡荡，横无际涯，朝晖夕阴，气象万千。此则岳阳楼之大观也，前人之述备矣。然则北通巫峡南极潇湘，迁客骚人，多会于此。览物之情，得无异乎？

若夫霪雨霏霏，连月不开；阴风怒号，浊浪排空；日星隐曜，山岳潜形；商旅不行，樯倾楫摧；薄暮冥冥，虎啸猿啼；登斯楼也，则有去国怀乡，忧谗畏讥，满目萧然，感极而悲者矣。

至若春和景明，波澜不惊；上下天光，一碧万顷；沙鸥翔集，锦鳞游泳；岸芷汀兰，郁郁青青。而或长烟一空，皓月千里；浮光耀金，静影沉璧；渔歌互答，此乐何极。登斯楼也，则有心旷神怡，宠辱皆忘，把酒临风，其喜洋洋者矣。

嗟夫！予尝求古仁人之心，或异二者之为何哉？不以物喜，不以己悲。居庙堂之高，则忧其民；处江湖之远，则忧其君。是进亦忧，退亦忧，然则何时而乐耶？其必曰：先天下之忧而忧，后天下之乐而乐欤。噫，微斯人，吾谁与归。

——摘自《范仲淹文集》

2.设置【任务 1B】如【样文 4-1-2】所示

(1)拼写检查:改正【任务 1B】中的单词拼写错误。

(2)项目符号或编号:按照【样文 4-1-2】设置项目符号或编号。

【样文 4-1-2】

- 🕮 You have really lived your life which now arrives at a complacent stage of serenity indifferent to fame or wealth. There is no need to resort to hair-dyeing-the snow-capped mountain is itself a beautiful scene of fairyland.
- 🕮 A young person, especially a female radiant with beauty and full of life, has all the favor granted by God. Any attempt to make up would be self-defeating. Youth, however comes and goes in a moment of doze. Packaging for the middle-aged is primarily to conceal the furrows ploughed by time.

任务二　文档表格的创建与设置

任务要求:

打开资源库/模块四/文档表格的创建与设置,按下列要求创建、设置表格。

1.创建表格并自动套用格式:将光标置于文档第一行,创建一个 4 行 7 列的表格;为新创建的表格自动套用网格型 3 的格式。如【样文 4-2-1】所示。

【样文 4-2-1】

2.表格行和列的操作:将“04”和“02”两个单元格的位置互换;在表格最后一行的下方插入一新行;调整插入新行的高度为 1 厘米。

3.合并或拆分单元格:将“金额”下方的一个单元格拆分为 5 行 6 列;将插入的新行的所有单元格合并为一个单元格;并输入如【样文 4-2-2】所示的内容。

【样文 4-2-2】

商业发票

客户名称:

货号	品名规则	单位	数量	单价	金额					
					千	百	十	元	角	分
01	瑞达	元	1	70			7	0	0	0
02	伟成	元	2	120		2	4	0	0	0
03	立志	元	4	80		3	2	0	0	0
04	众成	元	10	12	1	2	0	0	0	0
合计人民币(大写) 壹仟 捌佰 叁拾 零元　　1830.00 元										

4. 表格样式：将表格中各单元格的对齐方式设置为居中；将最后一行中的单元格的字体设置为楷体、小四、加粗。

5. 表格边框：将表格的外边框设置为0.75磅的双实线；将网格线设置为0.5磅的双点划线。

任务三　文档的版面设置与排版

任务要求：

打开资源库/模块四/文档的版面设置与排版，按下列要求设置、编排文档的版面，如【样文4-3-1】所示。

【样文4-3-1】

文档的版面设置与排版

微生物与人类健康

传染病[1]一直是威胁人类生存的大敌，传染病的根源就是一些致病的微生物在作怪。传染病曾给人类造成过空前浩劫，14世纪时，鼠疫像“黑色妖魔”一样，猖獗于欧洲大陆，毁灭了不少城市，夺走了2500万人的生命，在世界史册上记下了阴森恐怖、令人毛骨悚然的一页。1918年，西班牙发生的“流行性感冒”，很快蔓延到许多国家，死亡总人数竟达2000万人之多，超过第一次世界大战中死亡人数的2倍。

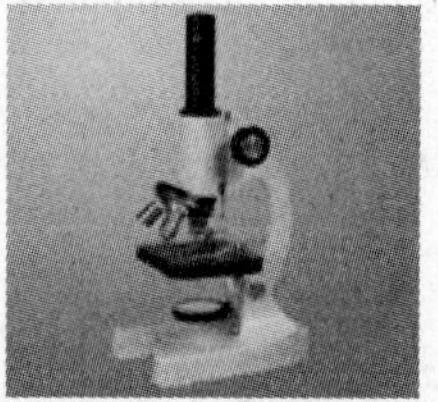

人所以会生病，固然与许多因素有关，但就传染病的病理病因来说，主要是由病原微生物、传染途径和人体抵抗力这三大因素组成的“发生环”所决定的。

作为引起传染病根源的病原菌，只有在其毒力大、数量多的情况下才能引起传染。在瞬息万变的生活环境里，每天向你袭击的病菌何止10亿、20亿，那么，你是靠什么来保护自己的呢？如果说，健全的皮肤是阻挡多种病原菌侵袭的第一道防线的话，那么皮肤之外还有一些外围防线，能把某些病菌歼灭于“国门”之外。有人试验过，一滴泪水加入2000克清水，仍可以至少消灭一种细菌，因为泪水中含有溶菌酶，抵御细菌的功能极强。另外，唾液、鼻腔内的粘液都是人体的有效防线。

人类在到处布满微生物的世界上生活了几百万年，由于人学会了适应，所以才得以生存下来。但人类也不是不会得病，在一般情况下，人体的防御结构能够有效地防止病菌侵害，如果身体抗病能力差，敌不过病菌的进攻进犯，人们就不得不借助于各种药物了。

[1]传染病：是指由病原体（如细菌、病毒、寄生虫等）引起的、可能在人与人之间或人与动物之间传播的疾病。

第1页

1. 页面设置：设置页边距上、下为 2.5 厘米，左、右为 3.2 厘米。

2. 艺术字：标题“微生物与人类健康”设置为艺术字，艺术字式样为第 3 行第 4 列；字体为隶书；形状为左牛角型；阴影为阴影样式 14；文字环绕为四周型。

3. 分栏：将正文第三段设置为两栏格式，第 1 栏宽 16 字符，栏间距 2.02 字符，加分隔线。

4. 边框和底纹：将正文第二段设置上下框线，线型为双波浪线。

5. 图片：在样文所示位置插入图片：显微镜.jpg；图片缩放为 70%；环绕方式为紧密型。

6. 脚注和尾注：在正文第 1 段第 1 行“传染病”三个字添加下划线，插入尾注“传染病：是指由病原体（如细菌、病毒、寄生虫等）引起的、可能在人与人之间或人与动物之间传播的疾病。”

7. 页眉和页脚：按样文添加页眉文字，插入页码，并设置相应的格式。

模块五　数据分析与处理技术

实训一　初识数据处理软件 Excel 2010

任务目标：

- 会熟练启动、退出软件。
- 熟悉文字处理软件 Excel 2010 的界面组成。
- 了解文字处理软件 Excel 2010 的主要功能。

任务描述：

Microsoft Excel 是美国微软公司开发的电子表格软件，能够方便地制作人们日常工作中的各种表格。同时，Excel 还提供了大量的函数，在表格中可以直接运用这些函数进行财务、统计、工程以及投资等领域的数据计算和分析、制作各种分析报表、绘制各种图表。用户首先必须对软件的组成及功能进行充分了解，掌握基本操作方法，才能使办公过程更加轻松、方便对工作中的各种数据进行分析处理。

训练一　Excel 2010 的启动与退出

1. Excel 2010 的启动

启动 Excel 2010 的方法有多种，例如：

(1)选择【开始】—【所有程序】—【Microsoft Office】—【Microsoft Office Excel 2010】菜单，启动软件。

(2)首先在桌面上创建 Excel 2010 的快捷方式，然后双击其快捷图标，启动软件。

(3)双击任何 Excel 工作簿文件的名称，就会启动 Excel 软件，并在其中打开该工作簿文件。

执行上述任一操作后，都会启动 Excel 2010，显示出如图 5-1 所示的用户界面。

2. Excel 2010 的退出

退出 Excel 2010 有以下几种方法。

(1)单击 Excel 2010 窗口右上角的关闭按钮図。

(2)选择【文件】—【退出】菜单项。

(3)按组合键 Alt+F4。

(4)双击窗口左上角的控制菜单按钮 ,选择关闭菜单项。

执行上述操作时,如果文件未保存,则系统会提示用户是否保存文件,如果选【是】,则保存文件并退出;如果选择【否】,则不保存退出;如果选择【取消】,则返回 Excel 2010 工作状态。

训练二 认识工作界面

1.Excel 中的功能区

启动后,显示屏幕上就会出现如图 5-1 所示的 Excel 工作界面,在该界面中我们可以看到,Excel 2010 用功能区取代了早期版本中的菜单、工具栏和大部分任务窗格,功能区中包括文件菜单、功能选项卡、命令按钮、库和对话框内容。

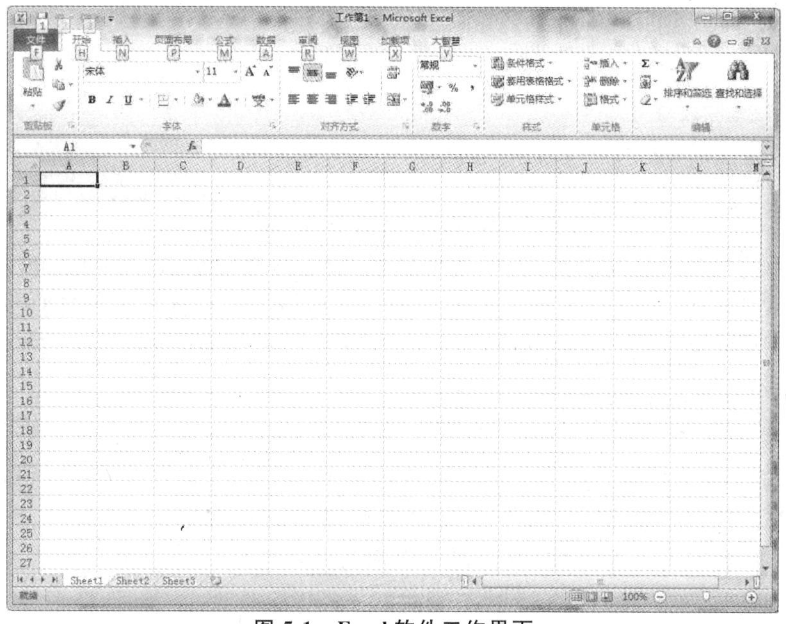

图 5-1 Excel 软件工作界面

(1)Microsoft Office Backstage 视图

Microsoft Office 2010 用【文件】选项卡取代了 Office 2007 中的 Microsoft Office 按钮,具有更加强大的功能,提供了一种称为 Microsoft Office Backstage 视图的新增功能。它是 Microsoft Office Fluent 用户界面的最新创新技术,并且是功能区的配套功能。单击【文件】中的【信息】菜单即可访问 Backstage 视图,如图 5-2 所示。通过 Backstage 视图,可以打开、保存、打印、共享和管理文件以及设置程序选项。

(2)选项卡

Excel 2010 的功能区由【开始】、【插入】、【页面布局】、【公式】、【数据】、【审阅】、【视图】、【Load Test】、等选项卡组成。各选项卡是面向任务的,每个选项卡以特定任务或方案为主题组织其中的功能控件。例如,【开始】选项卡以表格的日常应用为主题设置其中的功能控件,其中包含了实现表格的复制、粘贴,设置字体、字号、表格线、数据对齐方式以及报表样式等常见操作的功能控件。每个选项卡中的控件又细分为几个逻辑分组，每个组中再放置实现具体功能的控件。图 5-1 显示出的是【开始】选项卡中的内容。

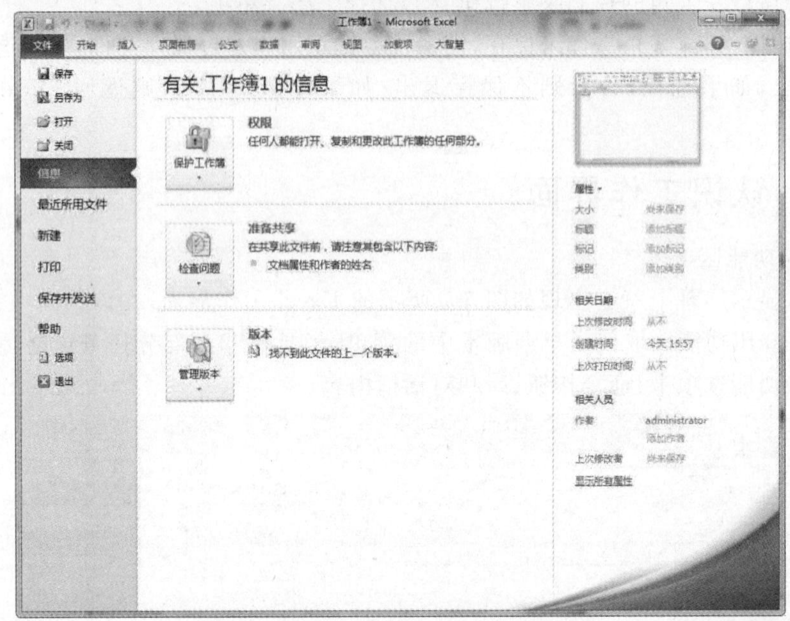

图 5-2 Microsoft Office Backstage 视图

功能区中的选项卡是动态的，为了减少屏幕混乱，某些选项卡平时是隐藏的，在执行相应的操作时，它们会自动显示出来。比如在图 5-1 中没有显示出【图表工具】选项卡，但若在工作表中插入了图表，当图表被激活后，Excel 就会自动在功能区中添加一个【图表工具】选项卡，这就是 Office 2010 的【Load Test】选项卡。

(3)组

Excel 2010/2007 将以前版本中那些隐藏在菜单和工具栏中的选项和按钮，以面向任务的方式放置在不同的逻辑组中，每个逻辑组能够完成某种类型的子任务。例如，在图 5-1 中，剪贴板、字体和对齐方式等都是组，每个组都与某项特定任务相关。剪贴板中包括实现工作表复制和粘贴等功能的控件，字体组则包括了设置字体大小、型号、颜色等功能的控件。

(4)快速访问工具栏

位于 Excel 2010 界面左上角的是快速访问工具，其中包含一组独立于当前所显示的选项卡的命令，无论用户选择哪个选项卡，它将一直显示，为用户提供操作的便利。在默认情况下，快速访问工具栏中包括文件【保存】、【撤销】和【恢复】最近操作 3 个工具按钮。但它其实是一个可自定义的工具栏，用户可将经常使用的命令按钮添加到其中。

(5)标题栏

位于功能区最上边，Excel 将在其中显示当前正在使用的工作簿文件的名称。

2.工作表区

工作表区是 Excel 为用户提供的“正常办公区域”，它由多个工作表构成，每个工作表相当于人们日常工作中的一张表格，可在其中的网格内填写数据、执行计算、处理财务数据、绘制图表，并在此基础上制作各种类型的工作报表。

(1)工作表

工作表就是人们平常所说的电子表格,是 Excel 中用于存储和处理数据的主要文档。它与我们日常生活中的表格基本相同。由一些横向和纵向的网格组成,横向的称为行,纵向的称为列,在网格中可以填写不同的数据。Excel 2010/2007 的一个工作表最多可有 1048576 行、16384 列数据(而 Excel 2003 为 65536 行、256 列)。当前正在使用的工作表称为活动工作表。图 5-1 展示的是 Sheet1 工作表的界面。

(2)工作表标签和插入新工作表

工作表标签代表工作表的名称。图 5-1 中的 Sheet1 Sheet2 Sheet3 都是工作表标签,代表了 3 个不同的工作表。当存在多个工作表,其中某些工作表的标签不可见时,可以通过标签导航按钮 ⏮ ◀ ▶ ⏭ 前后滚动工作表标签,显示出被遮住的工作表标签。

单击工作表标签按钮可使对应的工作表成为活动工作表,双击工作表标签按钮改变它们的名称,因为 Sheet1、Sheet2 这样的名称不能说明工作表的内容,把它们改为"学生名单"、"成绩表"这样的名称更有意义。

在默认情况下,Excel 只打开 3 个工作表:sheet1、sheet2 和 sheet3,往往不够使用。单击插入新工作表按钮就会在后面插入一个新工作表 sheet4,再单击一次就会插入新工作表 sheet5。

(3)行标题

Excel 2010/2007 工作表由 1048576 行组成,每行用一个数字进行编号,称为行标题。在图 5-1 中,左边的数字按钮 1,2,3,…,1048576 都是行标题。

单击行标题可以选定其对应的整行单元格,如果右击行标题,将显示相应的快捷菜单。上下拖动行标题下端的边线,可增减该行的高度。

(4)列标题

Excel 2010/2007 允许一个工作表最多可包括 16384 列,每列用英文字母进行标识,称为列标题。如图 5-1 所示的工作表上的 A,B,C,D,…就是列标题。当列标题超过 26 个字母时就用两个字母表示,如 AA 表示第 27 列,AB 表示第 28 列……当两个字母的列标题用完后,就用 3 个字母标识,最后的列标题是 XFD。

单击列标题可选定该列的全部单元格,如果右击列标题,将显示相应的快捷菜单。左右拖动某列标题右端的边线,可增减该列的宽度,双击列标题的右边线可自动调整该列到合适的宽度。

(5)单元格、单元格区域

工作表实际上是一个二维表格,单元格就是这个表格中的一个"格子"。单元格由它所在的行、列标题所确定的坐标来标识和引用,在标识或引用单元格时,列标题在前面,行标题在后面,如 A1、B5。

当前正在使用的单元格称为活动单元格,其边框不同于其他单元格,是粗黑色的实线,且右下角有一黑色的实心方块,称为填充柄。活动单元格代表当前正在用于输入或编辑数据的单元格。图 5-1 中的 A1 单元格就是活动单元格,从键盘输入的数据就会出现在该单元格中。

单元格是输入数据、处理数据及显示数据的基本单位,数据输入和数据计算都在单元格中完成。单元格中的内容可以是数字,文本或计算公式等。Excel 2010 单元格最多可包含32767 个字符,一个公式中最多有 8192 个字符。单元格区域是指多个连续单元格的组合,例如:【A2:B4】代表一个单元格区域,包括 A2,B2,A3,B3,A4,B4 单元格;只包括行标题或列标题的单元格区域代表整行或整列。例如:1:1 表示第一行的全部单元格组成的区域,1:j则表示由第 1～5 行全部单元格组成的区域;A:A 表示第一列全部单元格组成的区域;A:D 则表示由 A、B、C、D 4 列的全部单元格组成的区域。

(6)全选按钮、插入函数按钮 fx 、名称框和编辑框

工作表的行标题和列标题交叉处的按钮 称为全选按钮,单击它可以选中当前工作表中的所有单元格。

fx 是插入函数按钮,单击它时将弹出【插入函数】对话框,通过此对话框可向活动单元格的公式中输入函数。

名称框用于指示活动单元格的位置。在任何时候,活动单元格的位置都将显示在名称框中。名称框还具有定位活动单元格的能力,比如要在单元格 A1000 中输入数据,可以直接在名称框中输入 A1000,按回车键后,Excel 就会使 Al000 成为活动单元格。此外,名称框还具有为单元格定义名称的功能。

编辑栏用于显示、输入和修改活动单元格中的公式或数据。当在一个单元格中输入数据时,用户会发现输入的数据同时也会出现在编辑栏。事实上,在任何时候,活动单元格中的数据都会出现在编辑栏中。当单元格中数据较多时,可以直接在编辑栏中输入、修改数据。

(7)工作表查看方式与工作表缩放

工作表下边框的右侧提供的 3 个按钮用于切换工作表的查看方式,其中 是普通查看方式,这是 Excel 显示工作表的默认方式,图 5-1 就是用这种方式显示工作表的。 是页面布局显示方式,单击它将以打印页面的方式显示工作表。 是分页预览方式,如果工作表数据较多,需要多张打印纸才能打印完成时,在此查看方式下,Excel 将以缩小方式显示出整个工作表的数据,并在工作表中显示出一些页边距的分割线,相当于将所有打印出的纸张并排在一起查看。

工作表缩放工具 100% 可以放大或缩小的方式查看工作表中的数据,单击 可以放大工作表,单击 可以缩小工作表,每单击一次缩放 10%。当然,左右拖动其中的 按钮也可以缩放工作表。

实训二 工作簿及工作表基本操作

任务目标:

- 理解工作簿、工作表的概念。
- 学会各种工作簿的建立及保存方法。
- 掌握工作表中关于行、列、单元格参数修改操作。

● 学会设置用户工作环境。

任务描述：

工作簿及工作表的基本操作是 Excel 2010 数据分析处理的基础，是所有工作任务完成的入口。因此，通过本实训练习，要求用户能熟练地进行工作簿的建立、保存；工作表的增、删、命名；工作表中的行、列、单元格的参数的设置；用户环境的设置。为后序进一步展开数据处理与分析技术打下基础。

训练一　工作簿的建立与保存

在 Excel 中创建的文件称为工作簿，工作簿是 Excel 管理数据的文件单位，相当于人们日常工作中的“文件夹”，它以独立的文件形式存储在磁盘上。在 Excel 2010 中的默认扩展名是“. XLSX”。工作簿由独立的工作表组成，可以是一个，也可以是多个。Excel 2003 及之前的版本中最多可包括 255 个工作表，Excel 2007 之后一个工作簿内的工作表个数仅受内存限制，可以无穷。对于新建的工作簿，系统会将之自动命名为“工作簿 1. XLSX”。在默认情况下，一个工作簿包含 3 个工作表，名字分别为 Shect1、Sheet2、sheet3。Excel 可同时打开若干个工作簿，每个工作簿对应一个窗口。

1.建立新工作簿

可以建立一个只含有几个空白工作表的工作簿，也可以基于 Excel 模板建立具有某种格式的工作簿。所谓模板，就是指一个已经输入了内容，并设置好了表格式样（如设置好了标题、字体、字形及表格网格线等）的由 Excel 或其他人建立好的工作簿。根据它建立工作簿，只需在其中进行少量的数据修改就可以建立起需要的表格，如通讯录或财务的资产负债表等。这种建表方式可以利用别人的工作成果，减少表格内容输入以及版面设计所花费的时间，以提高工作效率。

(1)启动 Excel 之后，它会自动建立并打开一个新工作簿，其默认名称为工作簿 1. XLSX（一般情况下后缀名是不用输入的，系统自动加载，大家不要画蛇添足）。如果在打开了一个工作簿的同时，还要建立另外一个新工作簿，则选择【文件】→【新建】菜单项，显示图 5-3 所示的 Excel Backstage 视图，其中提供了创建工作簿的许多模板和方法。

(2)根据模板建立工作簿。Backstage 视图中的【样本模板】是安装 Excel 时已经安装在计算机中的模板；【我的模板】则是用户创建的模板，其内容据用户所建模板而异；【Office. com】中的模版则由微软网站提供，存储在网站中。其中内容很多且经常更新，用户可以随时将它下载到本机，然后就可以用它创建工作簿。

当用户选中上述某种类型的模板后，在 Backstage 视图的右侧就会显示出用该模板所建工作表的式样。满意后，单击预览视图下面的【创建】按钮，就会据此模板建立工作簿。

(3)根据现有内容建立工作簿。选择图 5-3 中的【根据现有内容新建】选项，然后通过 Excel 弹出的打开文件对话框，选择一个以前已经建立的工作簿。Excel 就会创建一个与所选工作簿完全相同的工作簿，快捷而有效。

图 5-3　新建工作簿的 Backstage 视图

2.保存工作簿

保存工作簿的方法很简单,其操作方法如下。

(1)单击【文件】菜单中的【保存】或【另存为】命令。

(2)单击【保存】按钮。

在执行上述任一操作时,如果是新建文件,就会弹出【另存为】对话框,在该对话框中【文件名】文本框中输入工作簿名,否则将以"工作簿 1. XLSX"作为该工作簿的文件名。如果选择的是【另存为】命令,也会弹出【另存为】对话框。

训练二　工作表基本操作

1.工作表切换、插入、删除

(1)工作表切换:在图 5-1 打开的工作簿的下边有工作表标签按钮,可以看出 Sheet1 与另外两个标签不同,表示 sheet1 是当前正在应用的工作表,即活动工作表。如果要在 sheet1 中输入数据,只需单击 Sheet1 标签就行了。在不同的工作表之间切换就是通过单击工作表标签来完成的,被单击的标签所在的工作表就会成为活动工作表。

(2)工作表插入:单击插入新工作表按钮 ,或按 Shift+F11 组合键,或单击任意一个工作表标签,然后从弹出的快捷菜单中选择【插入】菜单项,都可以在当前工作簿中插入新工作表。

(3)工作表删除:右击要删除的工作表标签,再从弹出的快捷菜单中选择【删除】菜单项就可以删除该工作表。

2.工作表移动

移动工作表的操作步骤如下:

(1)单击要移动的工作表标签,并按下鼠标左键,这时鼠标指针所指示的位置会出现一个图标。

(2)用鼠标将工作表标签拖放到目标位置就可将对应的工作表移到相应位置。如在 Sheet1 Sheet2 Sheet3 Sheet4 4 个工作表中,要把 sheet3 移动到 Sheet2 与 Sheet4 之间只需用鼠标器把 sheet3 标签拖放到 Sheet4 的前面即可。

3.修改工作表标签的名称

在默认情况下,工作表的标签为 Sheet1,Sheet2,Sheet3,这样的标签名称意义不明确。往往需要将其改为与工作表内容相符的名称,如财务报表、一月份职工考勤表等。修改工作表格签名的方法是,双击要修改的标签名,然后删除已有标签名,输入新的标签名称。

4.复制工作表

如果要建立两个具有很多相同数据的工作表,那么采用工作表复制的方法会很有效。复制工作表的方法非常简单,首先按住键盘上的【Ctrl】键,然后单击要复制的工作表标签,并将其拖放到另一个工作表的前面(或后面),拖放完成后,才能释放【Ctrl】键。在拖动工作表标签的过程中,会显示出一个工作表复制的图标。

5.修改新工作簿的默认工作表个数

Excel 的默认工作表个数是 3 个,如果经常需要包括多个工作表的工作簿,可以修改新工作簿的默认工作表个数。其操作方法如下:

(1) 选择【文件】→【选项】菜单项。

(2) 在弹出的【Excel 选项】对话框的【常规】选项卡中,在【新建工作簿时】下面的【包含的工作表数】微调框中指定所需的工作表数,关闭【Excel 选项】对话框即可。但设置完工作表数后,在当前打开的工作簿中工作表数不会发生变化,用户要先关闭 Excel 软件,再次打开应用程序时,这时你会发现工作簿中的工作表数发生变化了。

训练三　工作表的行、列操作

1.选择行、列

选择单行的操作,单击要选择的行号就可以选择该行。选择连续多行的操作方法是:把鼠标指针移到最前面的行标上,按下鼠标并拖动指针到最后的行号上,这样鼠标指针拖过的行都会被选中,在拖动的过程中会出现一个较粗的箭头形指针。

连续行的选择还可以先点鼠标选中第 1 行,然后按下 Shift 键,再单击要选择的最后一行。不连续行的选择是按下 Ctrl 键,再用鼠标依次单击要选择的行号。

列的选择方法与行的选择方法大致相同。

2.删除行、列

删除行、列的操作步骤如下:

(1)选中要删除的行或列。

(2)单击【开始】→【单元格】组中的【删除】选项按钮。

也可以右击删除行列的行号或列标.然后从弹出的快捷菜单中选择【删除】单项。

3.插入行、列

有时用户在表中输入数据时,中间少输入了行数据,这时可以在相应位置加一行数据。插入一行或一列数据的方法如下:

(1)选中要插入行(或列)的下一行(或右一列)。

(2)单击【开始】→【单元格】组中的【插入】选项按钮。

4.调整行高

在默认情况下,Excel 工作表中的所有行高都是一样的,但有时需要不同行高的表格。

(1)选中要调整行高的行中的任一单元格。

(2)单击【开始】→【单元格】组中的 格式 按钮中的下三角按钮,从弹出的快捷菜单中选择【行高】子菜单命令。

(3)在弹出的对话框中输入新的行高数值。

更为直观的方法是,把鼠标指针移向要调整行高的行号下边的表格线附近,当鼠标指针变成黑色的十字形时按下左键并拖动鼠标,这样就可增加或减少该行的行高。如果要同时调整多行的高度,可以先选中多行,然后拖动选中区域中任意行号的下边线,向下(增加行高)或向上(减少行高)。

5.调整列宽

单元格预设了 8 个字符的宽度,当输入的字符超过 8 个时,多余的符号不会显示出来(或者向右边的单元格扩展),但不会丢失,用户可自己调整单元格的列宽以显示出单元格的所有内容。调整列宽的方法与调整行高的方法相似,可参照执行。

不过,Excel 还有更简单的列宽、行高调整方法,即双击要改变列宽的列的右线(或要调整行高的下边线),Excel 会自动调整该列的宽度(或行高度)以适应该列最宽(或该行最高)的数据单元格。

训练四　单元格基本操作

单元格是 Excel 处理数据的基本单位,数据的输入、计算和存储等操作都在单元格中进行。单元格的窗口常规操作包括以下几种方式:

1.选择单元格

想选择一个单元格很简单,只要单击要选择的单元格就行了。选择连续的多个单元格的方法是,在选择区域的左上角第一个单元格中按下鼠标左键。然后将鼠标指针拖动到最右下角的最后一个单元格释放即可;也可单击左上角第一个单元格后,按下 Shift 键,然后单击最后一个单元格。选择不连续的多个单元格的方法是:按下 Ctrl 键,然后用鼠标依次单击所有要选择的单元格。

2.输入数据

选中要输入数据的单元格后,就可以通过键盘输入数据了,不同类型数据的输入方法将会在后面的实训中进行介绍。

3.清除单元格内容

当发现不再需要单元格的内容或单元格内容有错误时,可以先选中这些单元格,然后再按盘上的 Delete 键删除其中的内容。如果发现单元格的内容包括格式全部有错误时,用鼠标右击选中的单元格,从弹出的快捷菜单中选择【清除内容】菜单项。

4.删除单元格

对单元格、单元格区域执行删除与清除操作是不同的,清除仅仅是把原单元格中的内容去掉,而删除则把内容与单元格本身都要去掉,删除后原单元格就不复存在了,它所在的位置由其下边或者右边的邻近单元格移过来代替它。

5.插入单元格

有时，需要在某个单元格位置插入一个单元格。其操作方法是：选中单元格，然后单击【开始】→【单元格】→【插入】命令按钮，或右击此单元格并在弹出的快捷菜单中选择【插入】菜单项，当出现如图 5-4 所示的【插入】对话框时，选择其中的【活动单元格下移】单选按钮。

6.移动单元格

移动单元格的操作步骤如下：

(1)选中要移动的单元格或单元格区域。

(2)单击【开始】→【剪贴板】组中的剪切工具按钮。

(3)把鼠标指针移到目标单元格位置，单击【开始】→【剪贴板】组中的粘贴按钮。

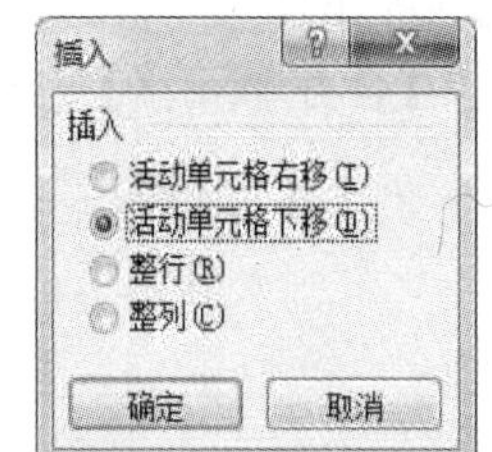

图 5-4　【插入】单元格对话框

最直接的方法是：选中要移动的单元格，将鼠标指向选定区域的边框。当指针变成移动指针时，将单元格或单元格区域拖放到目标位置即可。

7.复制单元格

Excel 之所以能够高效地工作，表格及单元格能够复制也是一个重要原因。例如：在图 5-5 所示的案例中，单位和奖金都相同，因此不需要单独输入，其操作方法如下：

(1)在 C3 单元格中输入“运维部”，然后按 Enter 键。

(2)单击 C3 单元格，并将鼠标指向 C3 单元格黑色边框右下角的黑色小方块，当出现一个黑色十字指针时，按下并向下拖动鼠标。

(3)释放鼠标后，发现鼠标所拖过的单元格中都出现了“运维部”几个字。奖金的输入也可以采用相同的方法。

F7　fx　347

	A	B	C	D	E	F	G
1	某单位春节奖金发放表						
2	职工编号	姓名	部门	奖金	加班补助	缺勤扣除	应发金额
3	ZK001	张纯	运维部	3000	351	218	3133
4	ZK002	刘满	运维部	3000	946	77	3869
5	ZK003	黄三	运维部	3000	704	58	3646
6	ZK004	王革	运维部	3000	772	151	3621
7	ZK005	林立	运维部	3000	127	347	2780
8	ZK006	杜勋	运维部	3000	995	353	3642
9	ZK007	交全	运维部	3000	872	175	3697

Sheet1　Sheet2　Sheet3

就绪　100%

图 5-5　复制单元格

也可以这样操作：选中要复制单元格或单元格区域后，按下 Ctrl 键，同时指向选定区域的边框。指针变成复制指针时，将单元格或单元格区域拖到目标位置即可。

8.合并单元格(跨列居中)

表格的标题往往需要占据多个单元格的宽度，这可以通过单元格的合并来实现。合并单元格就是把两个或多个单元格合并为一个单元格，合并后的单元格自然就比其他单元格宽了。假设要制作图 5-5 中的表头，以通过单元格合并来完成，其操作方法如下：

(1)在 A1 单元格中输入表头文字“某单位春节奖金发放表”。这几个字只能在 A1 中输入，在输入的过程中，不要管它是否越过了 Al 单元格的边线。

(2)选中单元格区域 A1:Gl,即选中 A1、Bl、C1、D1、E1、Fl、G1 单元格。

(3)单击【开始】→【对齐方式】组中的合并后居中按钮,即可将 A1:G1 合并。

注意:若选中已合并的单元格.然后单击按钮,就可以取消已合并的单元格。

此外,也可以选中 A1:G1 区域后,单击【开始】→【对齐方式】组中的对话框启动器按钮,系统将弹出图 5-6 所示的【设置单元格格式】其中的【对齐】标签。然后在【文本控制】选项组中选中【合并单元格】复选框。

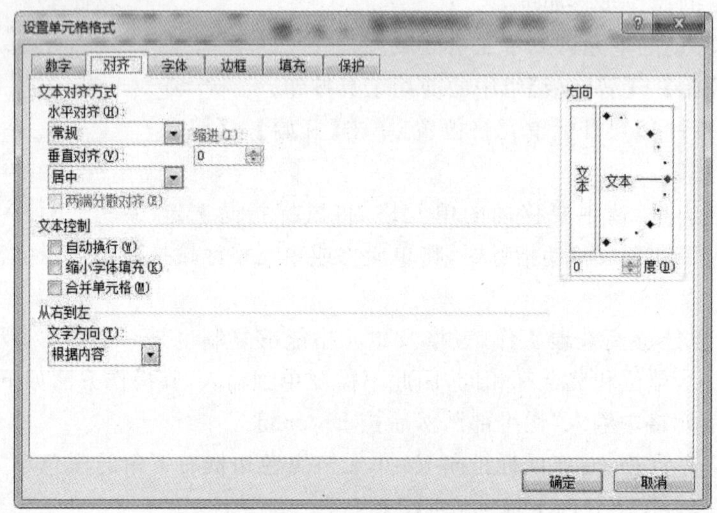

图 5-6 【设置单元格格式】对话框

(4)在如图 5-6 所示的【对齐】选项卡中,单击垂直对齐列表框,选择【居中】。并选择【合并单元格】前面的复选框即可。要取消单元格合并,只需在此对话框中取消选中【合并单元格】复选框即可。

训练五 配置工作环境

Excel 2010 默认的工作界面能够满足绝大多数用户的需要,各功能选项卡中的命令按钮提供了操作 Excel 工作表和单元格绝大部分功能。但是为了满足不同用户的不同需要 Excel 还允许用户修改、定制快速访问菜单和功能选项卡,或者自定义新的功能选项卡,重新设置相关的工作环境。

1.Excel 选项对话框

Excel 2010 除了新增加了功能区提供的各项选项卡外,还有许多对 Excel 进行功能设置的选项,用户可以根据自己的实际需要设置 Excel 的功能,还可以根据自己的偏好配制 Excel 的工作环境,如设置 Excel 的布局、色彩、工作表中的字体、字型以及工作表网格线的粗细虚实等。单击【文件】→【选项】,Excel 将弹出如图 5-7 所示的【Excel 选项】对话窗。

其中:

【常规】用于设置 Excel 的配色方案(Excel 功能区、工作表区的色彩、单元格中的字体颜色和背景色等),工作簿的字体、字型,启动 Excel 时工作表的显示样式等。

【公式】用于设置工作簿的计算方式(如手动计算或自动计算等),公式进行迭代的次数,单元格的引用方式(RlC1 引用或 Al 引用)和错误检查规则等内容。

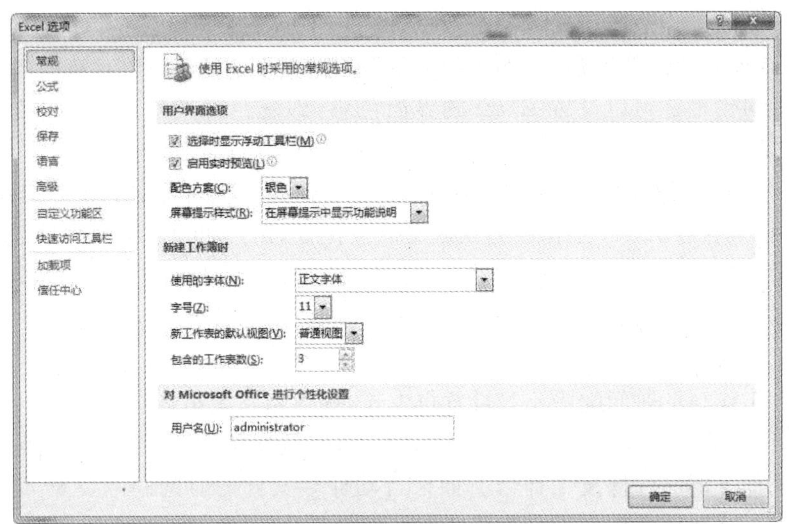

图 5-7　【Excel 选项】对话框

【校对】用于设置对工作表中的数据或文本进行自动更正和拼写检查的规则，如是否忽略字母大写、是否根据自定义字典更正输入的单词或文本等。

【保存】主要用于设置 Excel 文件保存的位置、自动存盘的时间间隔以及工作簿的默认保存类型等内容。

【语言】用于指定工作表采用的语言(如中文、日文、英文等)。

【高级】用于设置一些编辑功能(如在单元格中输入完成后，按 Enter 键是将输入光标移到下一个单元格还是右边的单元格)，设置小数点后的默认位数，设置是否允许使用单元格的填充柄、是否允许在单元格中输入百分数，设置打印质量，设置 Excel 的日期系统，设置与 Lotus－1－ 2－3 的兼容性，设置是否显示工作表的编辑栏、滚动条，设置是否显示打印分隔符。

【自定义功能区】可根据用户需要对属于 Microsoft Office Fluent 用户界面中的部分功能区进行个性化设置。例如，可以创建自定义选项卡和自定义组来包含常用命令。注意，尽管可以向自定义组添加命令，但无法更改 Microsoft Office 2010 中内置的默认选项卡和组命令按钮。

【快速访问工具栏】用于定义快速访问工具栏中的命令按钮。

【加载项】用于扩展 Excel 的功能。一方面，用户可以将自己设计的 Excel VBA 程序添加到系统中；另一方面，Excel 还有许多功能组件在默认安装时并没有安装，它以加载项的形式提供给用户，允许用户在需要时通过【加载项】选项对话框加载需要的功能，如分析工具库、规划求解工具等。

【信任中心】用于指定 Excel 程序的安全设置和隐私设置。Office 的早期版本中使用的安全级别(“非常高”、“高”、“中”和“低”)，现在已被更简化的安全系统所取代。

2.设置工作簿文件的保存位置、默认工作表数目、自动保存时间间隔

在默认情况下，Excel 中创建的文件被保存在“c:\Documents and Settings\××\My Documents”文件夹中，其中的××是 Excel 所在计算机的用户名，新建工作簿中的工作表数目为 3 个，每间隔 10 分钟自动保存一次工作簿文件。这些都可以根据需要重新设置。修改新建工作簿中默认工作表数目的方法是:在如图 5-7 所示的【常规】选项对话框中,找到其中的【新建工作簿时】选项,修改【包含的工作表数】中的数目为需要的数。从图 5-7 中看出,通过【常规】选项对话框还可以设置 Excel 的界面色彩(即配色方案),工作表中的字体类型和字体大小。

选择【Excel 选项】对话框中的【保存】选项,可以显示出【保存】对话框。其中的【默认文件位置】用于指定保存 Excel 工作簿的默认文件夹位置,用户可以将它修改为需要的磁盘目录位置。其中的【将文件保存为此格式】可以设置工作簿的默认类型,【保存自动恢复时间间隔】用于指定工作簿自动保存的时间间隔,其默认值为 10 分钟,即每隔 10 分钟 Excel 就会自动保存一次工作簿。

自动保存工作簿的时间间隔不宜设置得太长,因为当系统出现故障时,如计算机突然断电时,还未来得及保存工作簿 Excel 就异常中止了,在这些情况下,当 Excel 被重新启动后,它会根据自动保存的文件恢复工作簿。如果自动保存文件的时间间隔设置太长,一旦出现故障就很难将工作簿恢复到最近的工作状态。

3.定制快速访问工具栏

Excel 2010 将其功能分布到了功能区的各选项卡中。在使用 Excel 时会经常在各选项卡之间切换,而某些操作是任何时候都可能用到的。如打开文件,复制、剪切和粘贴单元格区域等,这就需要在不同功能选项卡之间进行频繁的切换,很不方便。

快速访问工具栏相当于以前 Excel 版本中的工具栏,它会一直显示在那里,不会因为功能选项卡的切换而隐藏。在默认情况下,快速访问工具栏位于 Excel 窗口界面的左上角,即【文件】选项卡上方,其中只包括几个命令按钮,使用很不方便。但这并不是固定的,用户可以在其中添加需要的功能按钮,也可以将它显示在功能区的下面。

对于普通 Excel 用户而言,在快速访问工具栏中配制打开、保存、复制、剪切、粘格式刷、边框线、字体、字号、对齐方式、跨列居中等功能按钮能够带来许多操作上的便利。定制快速访问工具栏的方法如下:

(1)在如图 5-7 所示的【Excel 选项】对话框中,选中【快速访问工具栏】选项,右击快速访问工具栏处的快捷菜单,选择【自定义快速访问工具栏】菜单项,显示出【Excel 选项自定义快速访问菜单栏】对话框。

(2)在自定义选项对话框的【从下列位置选择命令】的下拉列表中选中【所有命令】。

(3)从【所有命令】的列表中,选中需要添加到快速访问工具栏中的命令,然后单击对话框中的【确定】。

训练六 查看工作表数据

1.按 Excel 2010 的【视图】选项卡提供的方法查看

Excel 2010 的【视图】选项卡提供了多种查看数据的方法,包括:工作簿查看方式,如页面视图、普通视图、分页预览等;窗口查看方式,如窗口冻结、拆分、并排比较:按比例缩放查看工作表,如图 5-8 所示。用户可以用不同的方式查看工作表中的数据,以便更快、更轻松地查找所需要的信息。

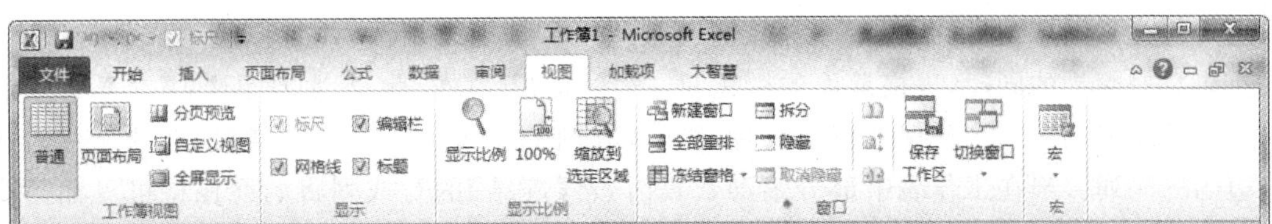

图 5-8　Excel 2010 视图选项卡中的数据查看方式

2.在多窗口中查看数据

有时,需要对比同一工作表中两个不同区域中的数据,如果工作表数据较多,那么当查看后面的数据时,前面的数据却看不见了(滚动到屏幕最上方而被隐藏起来了);当查看前面的数据时,却又看不见后面的数据了。

这个问题的解决方法是拆分工作表。在任何时候,要单独查看或滚动工作表不同部分,可以将工作表水平或垂直拆分成多个单独的窗格。将工作表拆分成多个窗格后,就可以同时查看工作表的不同部分。这种方法在对比查看同一工作表中不同区域的数据,或在较大工作表中的不同区域间粘贴数据时非常有用。图 5-9 是拆分一个较大工作表的示例,通过拆分后,可以在上、下、左、右 4 个窗口中对比。

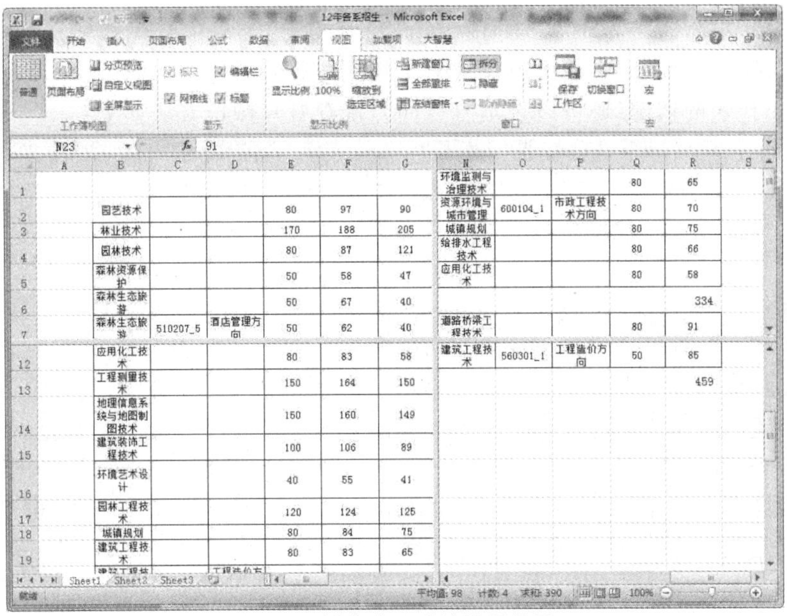

图 5-9　拆分窗口后的数据显示

拆分工作表的操作方法如下:

(1)用鼠标单击要进行窗口分隔的单元格位置。

(2)单击【视图】→【窗口】→【拆分窗口】命令按钮。

(3)如果对拆分的比例不满意,可以用鼠标拖动分隔线,重新进行定位。这样就可以重新划分各个窗格的大小。

要撤销对窗口的分隔,使整个屏幕恢复分隔前的状态,只显示一个 Excel 工作窗口,只需要再次单击【视图】→【窗口】→【拆分】命令按钮即可。

3.冻结行列标题查看数据

在一般情况下,工作表的前几行中很可能包含了表格的标题,而表格最左边的几列则相当于本行数据的标识。如果工作表中的数据较多时，需要上下或左右滚动工作表。然而在工作表数据滚动的同时，表格前面的标题和左边的标识性数据也会因此而不见。

为了在滚动工作表时保持行或列标题或者其他数据可见，可以【冻结】顶部的一些行或左边的一些列。当在工作表中部分滚动数据时，被【冻结】的行或列将始终保持可见而不会滚动。

冻结窗口的操作方法如下：

(1)用鼠标单击要冻结的行下边，要冻结列右边的交叉点的单元格。

(2)单击【视图】→【窗口】→【拆分】命令按钮。

(3)单击【视图】→【窗口】→【冻结窗格】→【冻结拆分窗格】命令按钮。

经上述操作后，在【冻结窗格】的命令列表中，将显示出【取消冻结窗格】命令按钮，单击它可取消窗口冻结，让工作表恢复原状。

4.并排查看两个工作表中的数据

有些时候，需要对来源于不同工作簿中的两个工作表进行比较，以查找数据差异或问题所在。在这种情况下，可以利用 Excel 的【并排查看】功能对两个工作表进行同步比较。设置了并排查看功能的两个工作表，当在一个工作表中上、下滚动数据行时，另一个工作表中的数据行也会跟着一起滚动，能够方便地对工作表数据进行对比。图 5-10 是按水平方向并排查看两个工作表的情况(还可以按垂直方向并排查看)，操作方法如下：

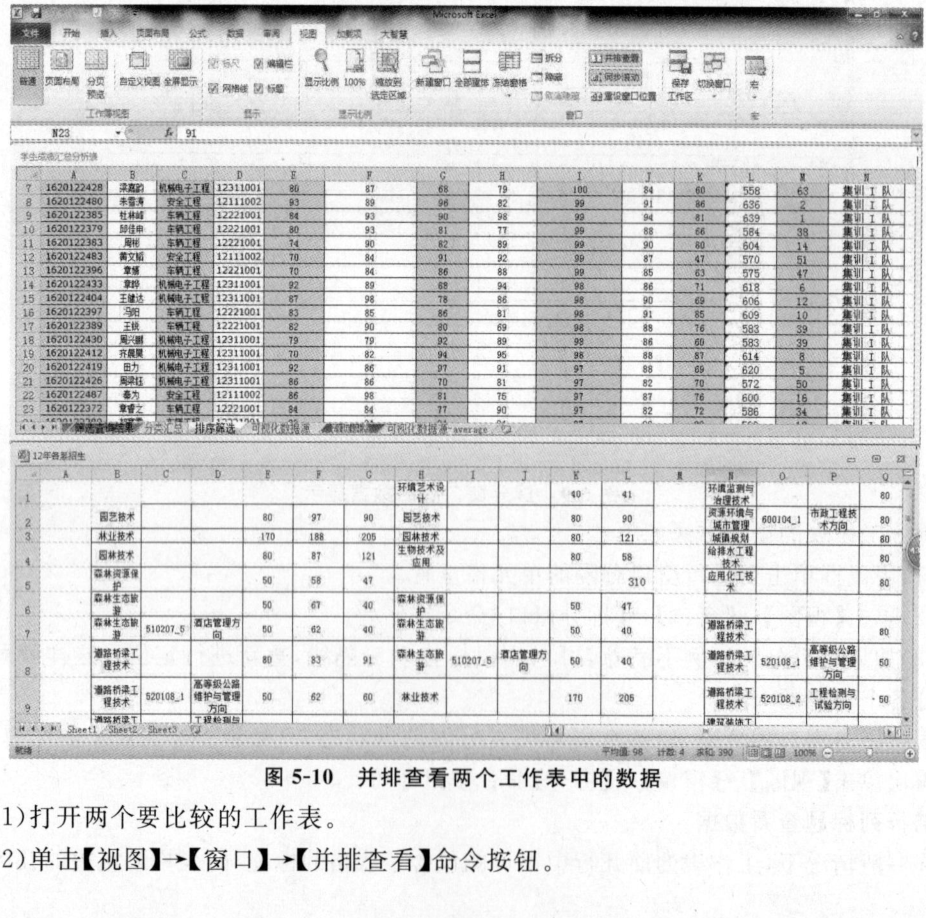

图 5-10　并排查看两个工作表中的数据

(1)打开两个要比较的工作表。

(2)单击【视图】→【窗口】→【并排查看】命令按钮。

再次单击【并排查看】命令按钮可取消并排查看，只显示其中一个工作表数据。

训练七　工作表的打印

1.认识打印界面

工作表的打印非常简单，只要打印机连接正确，装有打印纸，而且处于工作状态，那么做好工作表之后，选择【文件】选项卡中的【打印】命令就可以显示出如图5-11所示的Backstage视图界面。该界面集成了打印设置、打印预览和打印等功能，通过界面可以设定打印机、打印份数、设置打印纸张大小、边界和打印方向等内容，并将工作表打印出来。

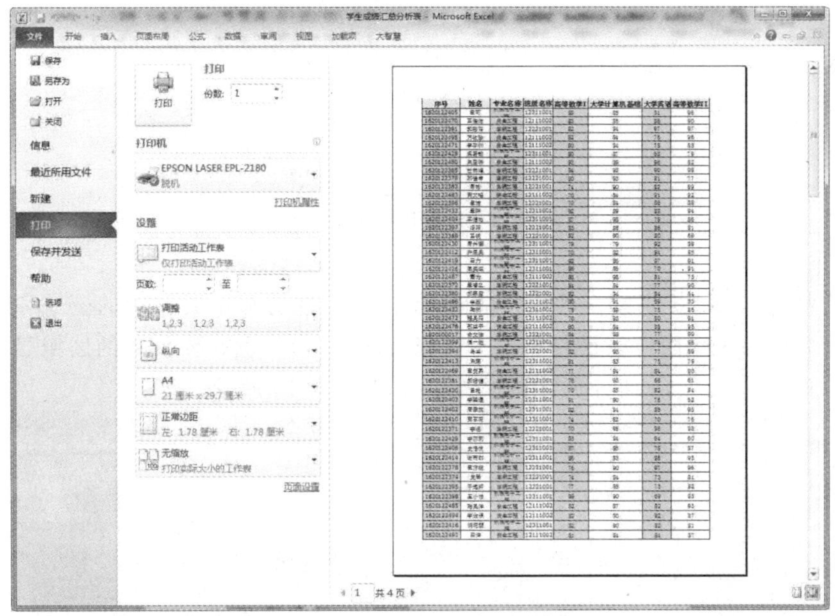

图5-11　Backstage视图界面

2.打印纸及页面设置

(1)设置打印纸的大小:单击图5-11中的【纸张大小】下拉列表框的下三角按钮，然后从列表中选择与打印机中型号相同的打印纸。

(2)设置打印纸的边距:单击图5-11中的【页面边距】选项，或选择Excel功能选项卡上的页面布局，在页面设置选项栏中选择【页边距】，选择你所需要的边距参数，如果没有你所需要的参数，请选择自定义边距，打开如图5-12所示对话框，然后在“上”、“下”、“左”、“右”4个边距的微调框中输入几个边框的值。一般情况，为了让打印的内容在表格的正中央，还会选中【水平】和【垂直】两个复选框。

3.打印预览及分页预览

(1)打印预览

打印预览是一种有用的功能，它是打印稿的屏幕预现，其效果与最终的打印效果没有什么区别。在进行工作表的正式打印之前，有必要进行打印预览，以便及早发现问题，进行页面和纸张的重新设置，避免打印出无用的表格。如在图5-11的Backstage视图中，右边为打印数据的预览结果，通过预览看工作表的内容是否被完全打印在设定的纸张上，如果不能，打印结果肯定是不合理的，应该对打印纸的左右边距进行重新设置，使全部内容打印布局合理。

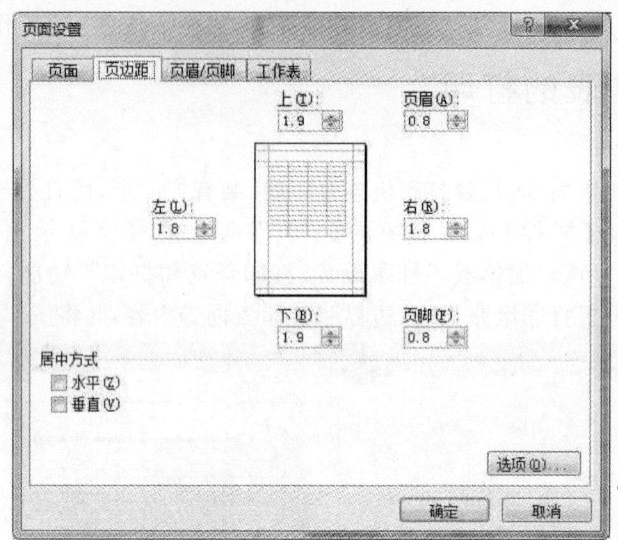

图 5-12　设置打印纸的边距

(2)分页预览

分页预览是 Excel 提供的一种工作表查看方式,它能够显示要打印的区域和分页符(在一个分页符后面的表格内容将被打印到下一张打印纸上)位置。要打印的区域显示为白色,自动分页符显示为虚线,手动分页符显示为实线,如图 5-13 所示。

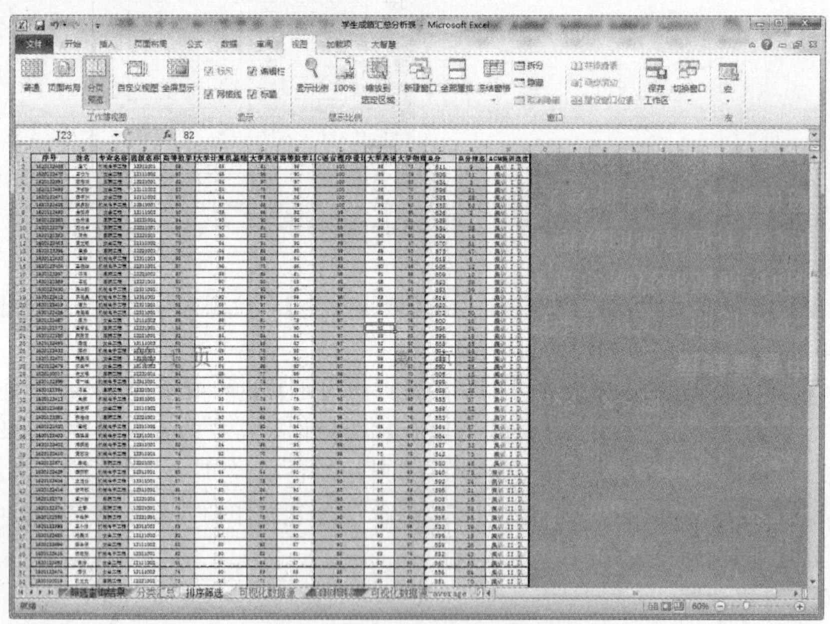

图 5-13　【分页预览】视图界面

在分页预览视图中可以调整当前工作表的分页符(分页符是为了便于打印,将一张工作表分隔为多页的分隔符。Excel 根据纸张的大小、页边距的设置、缩放选项和插入的任何手动分页符的位置来插入自动分页符)。在分页预览视图中还可以调整打印区域(打印区域是在不需要打印整个工作表时,打印的一个或多个单元格区域。如果工作表包含打印区域,则只印【打印区域】中的内容)的大小。

单击【视图】→【工作簿视图】→【分页预览】命令按钮，Excel 就将以分页预览的方式显示工作表。在这种视图中，能够看见该工作表将被打印成几页，每页的分页符在什么位置，并可调整分页符的位置，以使打印结果更理想。图 5-13 中的两条水平和垂直方向上的直线就是分页符，水平分页符的上边和下边将被打印在不同的张纸上，垂直分页符的左边和右边也将被打印在不同的纸上。图 5-13 中的工作表至少会被打印在 4 张纸上。

4.缩放打印比例以适应打印纸大小

在打印工作表的过程中，有时会遇到一些比较糟糕的情况：只有一两行(列)的内容被打在了另一页上。经过对页面进行调整后，依然不能将它们打印到同一页（在某些场合，打印纸的大小有统一规定）。而另一种情况则与之相反，打印的内容不足一页，整张打印纸显得内容较少，页面比较难看。

在遇到这两种情况时，可以按一定比例对工作表进行缩小或放大打印。方法如下：

(1) 选中【页面设置】对话框中的【页面】选项卡，如图 5-14 所示，然后在【缩放比例】微调框中输入一个比例数据，然后进行预览，不断调整比例，直到满意为止。

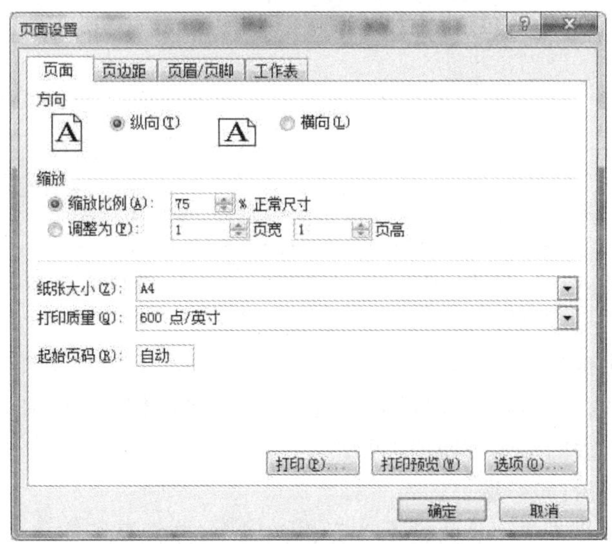

图 5-14　【页面】选项卡参加设置

(2)也可以直接设置打印稿的页数，让系统自动进行打印缩放比例的调整。其方法是：选中【页面设置】对话框的【调整为】单选项，然后指定打印稿的页面尺寸，如图 5-14 所示。

5.打印标题、页码、全工作簿、指定工作表或工作表区域

Excel【页面布局】功能选项卡，如图 5-15 所示，其中提供了许多与打印设置和打印纸页面布局相关的功能，通过它可以完成诸如打印纸大小、打印方向、打印纸边界的设置。

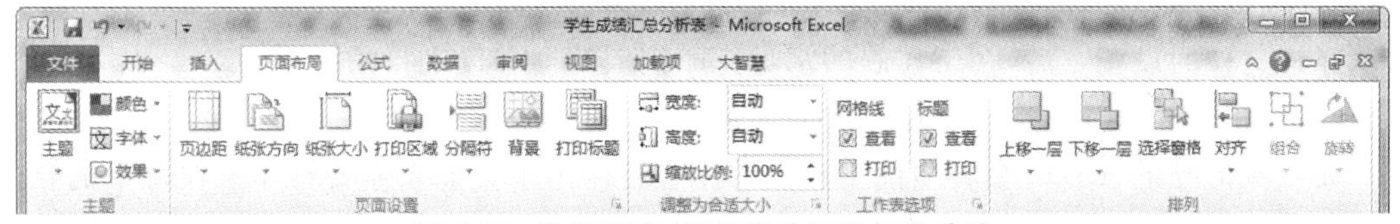

图 5-15　【页面布局】提供的打印相关功能

当一个工作表内容较多，需要在很多张打印纸上才能打印完毕时，表格的标题很可能只会被打印在第一页打印稿上。若要将标题打印在每张打印纸上，可用下面的方法。

(1)通过页眉打印标题

页眉位于打印纸的最上边,即打印内容上边距到打印纸张上边界之间的区域。在页眉中的文本将被打印到工作表的每张打印稿上。在页眉中常常设置工作表的页码、制表日期、作者或标题等内容。用页眉设置工作表标题的方法如下:

①单击图 5-15【页面设置】右边的对话框启动器按钮,然后在弹出的【页面设置】对话框中,单击【页眉/页脚】→【自定义页眉】命令按钮,系统会弹出如图 5-16 所示的【页眉】对话框。

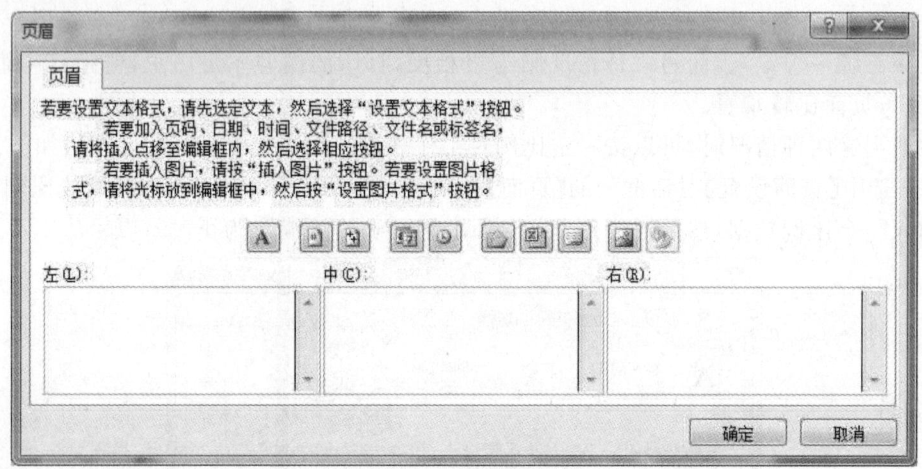

图 5-16 【页眉】对话框

②如果要用日期、时间、页码、第×页、共×页之类的内容作为页眉,可单击图 5-16 中的对应按钮设置页眉内容,然后将其格式化为需要的样式。

③如果要在每页都打印工作表的标题,如“××公司职工销售明细表”、“××学校学生档案表之类,则在中间的文本框中输入标题内容,然后单击【确定】按钮。经过上述设置后,页眉将被打印在工作表的每张打印稿上。

(2)通过页面设置打印标题

如果表格的标题位于工作表的某个单元格区域中(经常是工作表的第一行),而工作表的内容又较多,需要多张打印纸才能打印完毕时,后面各页将没有标题。如果要在每页打印纸上都打印标题,可以通过页面设置完成,其方法如下:

①选择【页面设置】对话框中的【工作表】选项卡,如图 5-17 所示。

②在图 5-17 的【顶端标题行】文本框中输入标题所在的行。如果标题在第 1 行则输入 \$1:\$1,如果标题在第 3 行则输入 \$3:\$3,以此类推。

经过这样的设置之后,在工作表的每页打印稿上都会有设定行的标题。

③打印整个工作簿、指定工作表或工作表区域

在默认情况下,Excel 会将当前工作表的内容打印出来。如果需要打印工作簿中的全部内容工作表,或打印一个工作表的指定区域,可按如下方法进行:单击【文件】→【打印】→【设置】下拉列表(参考图 5-11,从中可以选择【打印整个工作簿】),或者【打印选定区域】,或者【打印活动工作表】选项,完成相应的打印任务。

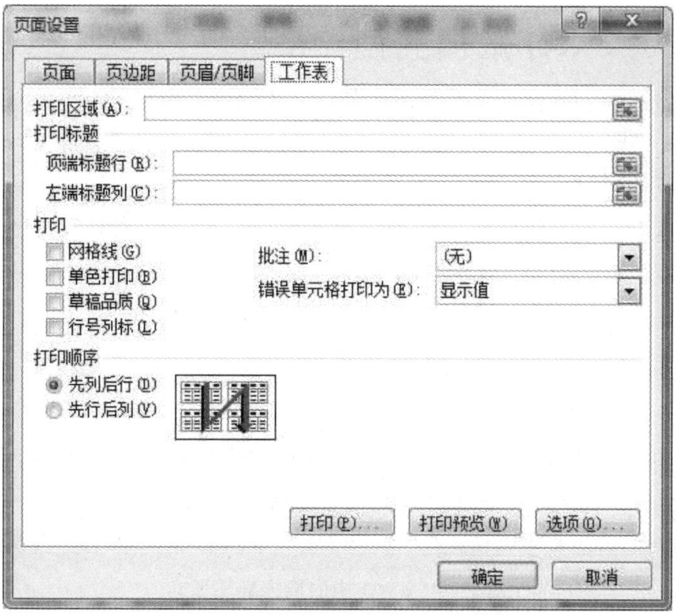

图 5-17　设置打印标题的对话框

6. Excel 帮助系统

Excel 帮助系统非常完善，其中不但有对 Excel 2010 新技术和新增功能的介绍，而且涉及了 Excel 方面数据输入方法、工作表打印的各类疑难问题，各种 Excel 函数功能介绍和应用举例，各种不同版本的文件格式和兼容性的问题。一言概之，它的帮助系统详尽地介绍了 Excel 的每一个技术问题，小到标点符号，它是 Microsoft 提供给用户一个不可多得的宝贵资源，它比任何一本 Excel 著作详尽全面。建议多用它，方法很简单，按 F1 键就行了。

实训三　Excel 中数据输入

任务目标：

- 了解 Excel 中数据类型。
- 学会各种不同数据的输入方法。

任务描述：

人们在日常工作和学习中常常会与不同形式的数据打交道，例如姓名、保险号、人员编号、工资、学习成绩、电话号码等。在信息化办公过程中，遇到的第一问题就是将这些数据输入到计算机中，然后才对这些数据进行信息分析和处理。如何快捷而准确地输入原资料数据，不是一件简单的事情，若方法不当，不仅输入的速度慢，而且还要反复地检查数据的正确性。Excel 不仅是一个优秀的数据分析软件，而且具有强大的数据输入功能，甚至可以作为一些数据库应用系统的数据采集工具。本实训的目的就是让学习者学会各种不同类型的数据在 Excel 中的恰当输入方法。

训练一 认识 Excel 数据类型

Excel 中的数据类型可以大致分为数值型、日期和时间型、文本型、逻辑型和错误值 5 种不同类型。

1.数值

数据型数据是 Excel 中使用最广泛的数据类型，可以表现为货币、小数、百分数、科学记数法各种编号、邮政编码、电话号码等多种形式。如图 5-18 所示，为 Excel 数据的各种表现形式。

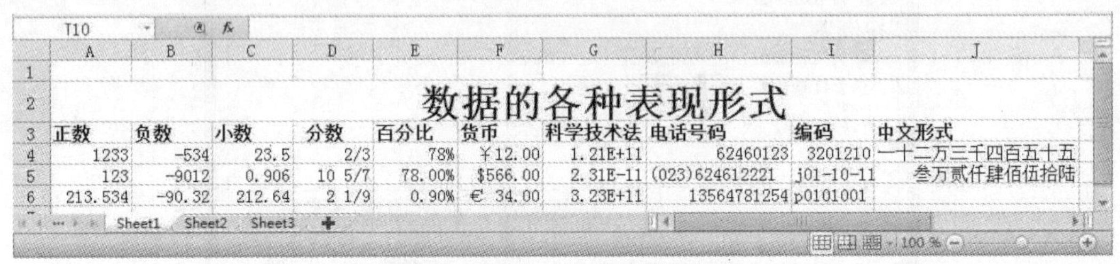

图 5-18 Excel 中的数据表现形式

图 5-18 仅是数值型数据表现形式的示例，在实际工作中，数值可能还有更多的表现形式。请注意图中的“编码”、“货币”和“中文形式”栏的数据。它们看上去不像是数值，而更像文本，但这种形式是通过数字的格式化设定的，在这些单元格中输入的的确是纯数值。

Excel 能够处理较大数值范围内的数据，但并非没有限制。表 5-1 是 Excel 单元格中数据的最大取值范围。从表 5-1 可以看出，数字的精度为 15 位，对于超出 15 位有效数字的数据，15 位以后数字将被 Excel 改变为 0，并在单元格中用科学记数法表示。对于超出 15 位有效数字的小数，超出部分将被截去。例如，在某单元格中输入 123456789123456789 将被显示为 1.23457E+17，其实际保存的值为 123456789123456000；输入 1.23456789123456789 后实际保存在单元格中的值为 1.234 567 891 234 56。

表 5-1 Excel 的数值最大取值范围

功　能	最大限制	功　能	最大限制
数字精度	15 位	最小负数	－2.2250738585072E－308
单元格中可输入的最大数值	9.99999999999999E307	最小正数	2.229E－308
最大正数	1.79769313486231E308	最大负数	－2.2250738585073E308

2.日期和时间

日期和时间在 Excel 中是按数值型数据处理的。也就是说，在 Excel 中，日期时间型数据是按数值进行运算和存储的。

Excel 以序列号的形式存储和计算日期。序列号是一个小数，整数部分表示日期，小数部分表示时间。在默认情况下，1900 年 1 月 1 日的序列号是 1，1900 年 1 月 2 日的序列号为 2。而 2012 年 4 月 24 日的序列号是 41023，这是因为它距 1900 年 1 月 1 日有 41023 天。

在工作表中所见到的各种形式的日期，如“2004 年 3 月 26 日星期五”、“2004-3-26”、“99-12-21”、“17:23 P”等。在 Excel 中都是数字，它们经过格式化之后就显示为对应的日期和时间样式，但在 Excel 中存储的则是其对应的序列数。例如，2012 年 4 月 24 日在 Excel

中保存的实际值为 41023。

3.文本

文本就是人们常见的各种文字符号，比如人们常见的姓名、报刊杂志、表格标题等都是文本。在默认情况下，数值在 Excel 的单元格中靠单元格的右线对齐的，而文本在单元格中是靠左对齐的。当然，人们可根据实际需要，对单元格内容的方式进行重新设置。

4.逻辑值

在日常生活中常常会遇到假设或判定方面的问题，如明天会下雨吗？A 大于 B 吗？李明的老婆明天要生小孩，会是个男孩吗？这类问题的答案只能是正确或不正确两个值之中的一个，不会出现第三个答案。在计算机中用逻辑值来表示这种类型的数据，在 Excel 中用 True 和 False 两个值来表示，True 表示正确，False 表示错误。

5.错误值

有时，在单元格中会显示出＃＃＃＃＃、＃DIV/0!、＃N/A、＃NAME?、＃NULL!、＃NUM!、＃REF、＃VALUE! 等内容一这些是错误值。严格意义上讲，错误值不能称为一种数据类型，它们是由于公式或调用函数发生了错误而产生的结果，这些错误值的含义及产生原因见表 5-2。在默认情况下，错误值和逻辑值在单元格中采用居中对齐方式。

表 5-2 Excel 中的错误值的含义及产生原因

错误值	错误原因
＃＃＃＃＃＃＃＃	单元格所含的数字、日期或时间比单元格宽，或者单元格的日期、时间公式产生了一个负值，就会产生＃＃＃＃＃错误。可以拖动列标之间的边界来修改列宽，使单元格中的所有数据都显示出来
＃VALUE!	1.在需要数字或逻辑值时输入了文本，Excel 不能将文本转化为正确的数据类型。 2.输入或编辑数组公式时，按了 Enter 键。 3.把单元格引用、公式和函数作为数组常量输入。 4.把一个数值区域赋给了只需要单一参数的运算符或函数，如在 B1 单元格中输入格式"＝SIN(A1:A5)"就会产生＃VALUE! 错误
＃DIV/O	1.输入的公式中包含明显的除数零，例如：＝5/0。 2.在公式中，除数使用了指向空单元格或包含零值单元格的单元格引用(在 Excel 中如果运算对象是空白单元格，Excel 将此空值当作零值)，都会产生这种错误
＃NAME?	1.在公式中输入文本时没有使用双引号。Microsoft 将其解释为名称，但这些名字没有定义。 2.函数的名称拼写错误。 3.删除了公式中使用的名称，或者在公式使用了定义的名称。 4.名字拼写有错
＃N/A	1.内部或自定义工作表函数中缺少一个或多个参数。 2.数组公式中使用的参数的行数或列数与包含数组公式的区域的行数或列数不一致。 3.在未排序的表中使用 VLOOKUP、HLOOKUP 或 MATCH 工作表函数来查找值
＃REF	删除了公式引用的单元格区域

（续表）

错误值	错误原因
#NUM	1. 计算产生的数值太大或太小，Excel 不能表示。 2. 在需要数字参数的函数中使用了非数字参数
#NULL!	在公式的两个区域中加入了空格从而要求交叉区域，但实际上这两个区域并无重叠区域

训练二　工作表中的基本数据输入技术

1. 基本输入方法

Excel 中的数据类型除了逻辑值和错误值通常是公式产生的以外，其他几种类型的数据则需要输入，其基本操作过程为：

(1)选定要输入数据的单元格。可用鼠标单击该单元格，或通过移动键盘上的方向键使要输入数据的单元格成为活动单元格。

(2)从键盘上输入数据。

(3)按 Enter 键后，本列的下一单元格将成为活动单元格，也可用键盘方向键或鼠标选择下一个要输入数据的单元格。当光标离开输入数据的单元格时，数据输入就算完成了。

案例：如图 5-19 是一个虚拟电话公司的用户资料表，该表涉及多种不同类型的数据。其中的“客户编号”是从 10 000 开始的连续数字编号；“申请日期”是按中文习惯显示的；“电话类型”只能是“办公、私人、公话”三者之一；办公电话的“月租费”是 30 元，私人电话的月租费是 24 元，公用电话的“月租费”是 35 元(取决于电话类型)；“保险号”是从 000000000 开始，一直到 99999999 之间的一个数字编号，它具有一定的格式，以 P 开头，然后连接 9 位数字，中间用“－”分隔某些位，比如“111111999”，是“p11－111－1999”(在实际生活中，保险号可能更复杂)；“身份证号”的前 6 位数是相同的；“电话号码”从 63321240 开始连续编号，可能有 5000 个号码，也可能有几万个；“缴费账号”的前 15 位是其身份证号码的后 15 位，最后 8 位缴费账号是其电话号码。

图 5-19　某电话公司的用户档案表

要一字不误地输入表中的数据，不是一件容易的事情，因为在输入的过程中极易出错，特别是像“身份证号”和“缴费账号”这样的长串数字。

2．输入数值

数值的输入可以采用普通记数法与科学记数法。例如输入 123343，可在单元格中直接输入 123343，也可以输入 1.23343E5；0.0083 可以直接输入。也可以输入 8 3E－3 或 8.3e－3。其中 E 或 e 表示以 10 为底的幂。

输入正数时，前面的“＋”可以省略，输入负数时，前面的“－”不能省略，但可用()表示负数。例如输入 78，可在单元格中直接输入 78，也可输入(78)。在输入时，“()”表示负数。

输入纯小数时，可省掉小数点前面的 0，如 0.98 可输入为.98。

对于较大的数据，为了便于查看阅读，在输入完成后，可以将它分节显示。例如，在某单元格中输入“122121212121212”后，单击【开始】→【数字】功能组中的“,”按钮，Excel 会将该数据显示为“122,121,212,121,212,00”；也可以在输入时就按数据的分节形式输入，在对应的单元格中输入“1 22 121 212 121 212”。

分数在 Excel 中表现为“a c/b”形式，其中的 a 是整数部分，c 是分子，b 是分母。比如 13 $\frac{21}{98}$ 则应当输入 13 21/98，而不会是 13 $\frac{21}{98}$ 。请注意，13 后面的空格是必需的。对于没有整数部分的数，比如 $\frac{1}{8}$ ，也必须输入整数部分“0”，即输入“0 1/8”，0 后面的空格也不能省略。如果直接输入“1/8”，Excel 将认为输入的是“1 月 8 日”，因为在 Excel 中，“/”和“－”是年月日之间的间隔符，所以 Excel 会将你的输入误以为某个日期了。Excel 可以对分数进行各种算术运算。

3.输入文本

文本数据是指出现在一对半角“”中的文字和符号串，它可以是包含字母、汉字、数字各种符号组成的字符串。在实际输入由非纯数字构成的文本时，不需要输入“”，直接输入文本内容。

在默认情况下，一个单元格中只显示 8 个字符，如果输入的文本宽度超过了单元格宽度，应该接着输入，表面上它会覆盖右侧单元格中的数据，实际上它仍是本单元格的内容，并不丢失。不要因为看见输入的内容已到达该单元格的右边界就把后面的内容输入到右边的单元格中，这样会给工作表数据的格式化带来麻烦。

(1)非数字型文本的输入

非数字型文本的输入操作很简单，只需用鼠标单击要输入文本单元格，然后直接输入相关的文字符号即可。

(2)特殊标点符号的输入

如果在输入文本的过程中，涉及较多的标点符号，而你对这些符号在盘上的对应字符又不太熟悉的情况下，可以将 Excel 的符号工具栏显示出来。单击【插入】选项卡【符号】，Excel 就会显出如图 5-20 所示的符号对话框。然后用鼠标双击需要的标点符号即可。

(3)数学公式的输入

如果需要在 Excel 中输入数学公式，如：

$$f(\chi,\mu,\sigma)=\frac{1}{\sqrt{2\pi\sigma}}\,e^{(\frac{(\chi-\mu)^2}{2\sigma^2})}$$

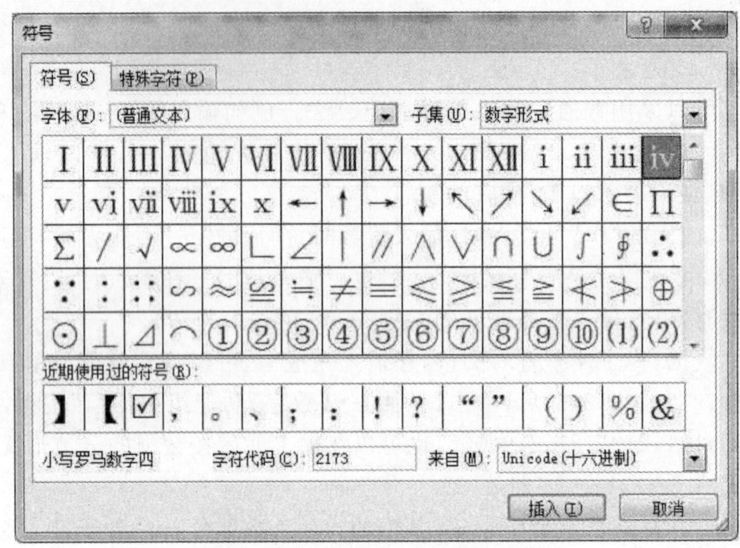
图 5-20 Excel 2010 的符号对话框

则需要单击【插入】→【文本】组中的【对象】按钮，然后在 Excel 弹出的【对象】对话框中选择【新建】签，并选择【对象类型】列表框中的【Microsoft 公式 3.0】。Excel 将会显示公式编辑器，如图 5-21 所示。该公式编辑器提供了各种数学符号，用它可以建立各种复杂的数学数字型文本的输入。

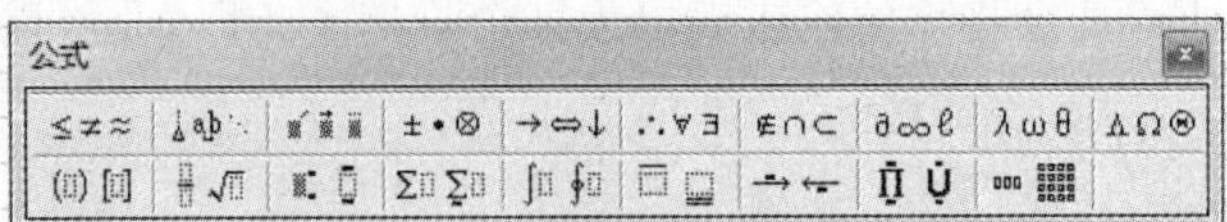
图 5-21 Excel 2010 的公式编辑器

(4)数字型文本输入

日常生活中有许多数字型的文本，如身份证号码、各种银行号、QQ 号码、股票代码等。虽然它们全由 0～9 的数字组成，但不需要进行数字计算。在输入数字形的字符串时，为了不与相应的数值混淆，需要在输入数据的前面加单引号“'”，或输入＝“数字串”。如输入邮政编码 430065，则应输入'430065 或输入＝“430065”。

此外，采用这种方式输入时，Excel 会按输入内容的原样存储数据，不会将文本数字最前面的 0 及小数点最后面的 0 省略掉；对于数字位数较多的文本，也不会将 15 位数右边的数字设置为 0。如输入'12.300、'00231 及'510238198012112876，则对应单元格的内容即为：12.300、00231 及 510238198012112876。

在图 5-19 中，“客户”列的数据必须一字不误地输入，因为它们都是没有任何规律的文本数据。

4. 输入日期和时间

输入年月日的格式为“年/月/日”或“年－月－日”。例如“2015/3/26”，可输入“2015/3/26”，也可输入“15/3/26”，或者输入“2015-3-26”，或者输入 15-3-26。

输入月份和日期的格式为“月/日”或“月－日”，例如“3 月 26 号”，应该输入“3/26”，或者输入“3－26”。

输入时间的格式为“时:分”，如输入“10 点 12 分”，则应输入“10:12”。

按【Ctrl＋；】组合键可输入当前系统日期，按【Ctrl＋Shift＋；】组合键可输入当前系统时间。

案例：在图 5-19 中，“申请日期”列数据的输入方法如下：

(1)选中 C 列数据(用鼠标单击列标 C)，然后单击【开始】→【数字】组中的对话框启动器按钮，Excel 会弹出如图 5-22 所示的【设置单元格格式】对话框。

(2)单击图 5-22 中的【数字】选项，然后在【分类】列表框中选择【日期】，并在右边的【类型】列表框中选择“二〇〇一年三月十四日”。这个日期仅是一个样例形式，表示 C 列数据将以这种日期形式显示，并非一个实际的日期值。

(3)当要在 C 列输入某客户申请电话的日期时，只需要按前面介绍的方法输入，Excel 就会将它们显示为图 5-19 中的形式。比如，C3 单元格中的“二〇一〇年七月四日”，在此单格中实际输入的是“10/7/4”。

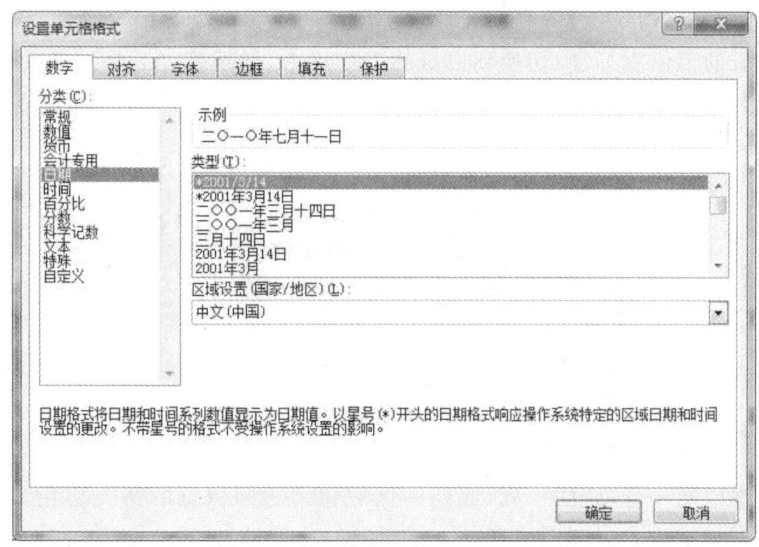

图 5-22　【设置单元格格式】对话框

训练三　工作表中特殊数据的输入

1. 输入公式

公式是对工作表中的数值进行计算的等式，是 Excel 中极其重要的内容，在其中可以包含对单元格和各种函数的引用，是 Excel 完成各种复杂计算的基础。公式要以等号“＝”或加号“＋”开始，接着在等号的右边输公式的内容。

按【Ctrl＋’】组合键，或单击【公式】→【公式审核】→【显示公式】命令按钮可在公式结果与公式本身之间进行切换。

2. 相同数据的输入

在制作工作中的报表时.常常会遇到具有相同数据的表格。在 Excel 中，相同数据的输入方法主要有以下几种。

(1)复制相同数据

如果要建立具有相同数据的不同工作表，可以采用复制的方法进行相同数据的复制。

案例:某班主任要为高三年级的 5 个班建立如图 5-23 所示的成绩表,由于每个班所开设的课程都一样,所以只需要建立第一个成绩表的表头,其余成绩表的表头只需从第一个表中复制即可。建立 5 个班的成绩表的表头的操作步骤如下:

	A	B	C	D	E
1	成绩登记表				
2	课程名称	数据结构	计算方法:平时20%,期末80%		
3	班级	0300701	学期	2008-2009(2)	
4	填表教师	杜康	填表日期2009/1/24		
5	学好	姓名	平时成绩	期末成绩	学期总评
6	99310301	王斐	9	68	63.4
7	99310302	刘助	14	27	35.6
8	99310303	黄明	15	74	74.2
9	99310304	王海	10	56	54.8

图 5-23 选中成绩表的表头并复制

①建立一班的成绩表。建立表头,输入学生成绩,如图 5-23 所示。

②格式化一班的成绩表,然后选中表头(A1:E5),请参见图 5-23。

③单击【开始】→【剪贴板】的复制按钮。

④单击二班的工作表标签,切换到二班的工作表中,并单击 A1 单元格,然后再单击【开始】→【剪贴板】中的工具按钮,就将从一班复制到的成绩表表头粘贴到了二班的工作表中,如图 5-24 所示。

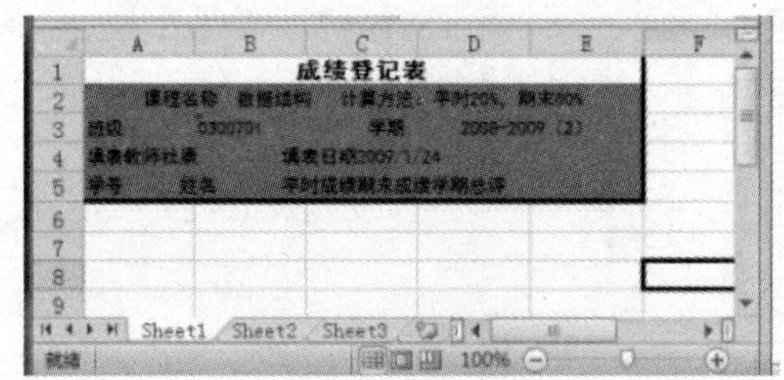

图 5-24 从一班复制粘贴到二班的表头

(2)用填充复制或 Ctrl 键输入相同数据

在一个表格的同一行,或同一列,或同一区域包含相同数据的情况实在太常见了,这样的数据可用填充复制或 Ctrl 键快速输入。

案例:建立图 5-25 所示的学生档案表。在图 5-25 中,同一个班的所有学生都具有相同的入学时间,相同的班级编号,相同的专业。在 Excel 中,至少有两种方法可以较快地输入这类数据。第一种方法是用 Ctrl 键进行输入,其方法如下:

①用鼠标选中要输入相同数据的单元格区域(也可以是多个不连续的独立单元格)。

	A	B	C	D	E	F	G	H
1	学号	姓名	入学时间	性别	出生年月	班级	专业	备注
2	1003020101	李卯	2003/9/1	男	1983/2/2	JK0001	计算机通信	
3	1003020101	王本成	2003/9/1	男	1985/7/5	JK0001		
4	1003020101	孙自立	2003/9/1	女	1980/6/5	JK0001		
5	1003020101	张磊	2003/9/1	女	1982/6/3	JK0001		
6	1003020101	黄明	2003/9/1	女	1987/3/2	JK0001		
7	1003020101	岸边	2003/9/1	男	1988/3/3	JK0001		
8	1003020101	王实参	2003/9/1	男	1986/2/12	JK0001		
9	1003020101	李玉刁	2003/9/1	男	1979/3/1	JK0001		

用鼠标向下拖动此填充句柄,就可以自动输入“计算机通信”在相应的单元格中。

图 5-25 某校的学生档案表

②输入数据,输完后按住 Ctrl 键,然后再按 Enter 键,则所有被选中的单元格中都被输入了相同的数据。例如图 5-25 中所有同学的“入学时间”,首先用鼠标选中 C2:C11 单元格区域,然后直接输入“03/9/1”,最后按下组合键【Ctrl+Enter】,则 C2:C11 区域内的每个单

元格中都被输入了“2003-9-1”。

按同样的方法可输入 F 列的班级和 G 列的专业。第二种方法是用填充柄进行复制，以图 5-25 中 G 列数据的输入为例，其方法如下：

①G2 单元格中输入“计算机通信”，然后按 Enter 键。

②用鼠标单击 G2 单元格，会看见该单元格右下角有一个黑色的小方块，这个小方块就称为填充柄。将鼠标指向此小方块并按下鼠标左键，然后向下拖动鼠标，鼠标拖过的单元格都被填入了“计算机通信”。

3．编号的输入

在不同的表格中，常会看见各种不同形式的编号，这些编号往往都具有一定的规律。有等差数列形式，有等比数列形式，还有的编号具有特殊的格式。在输入这类数据时具体问题具体分析。总的来说，大概可以分为下面几种类型。

(1)复制输入连续编号、等差、等比性质的数字

有规律的连续编号，或具有等差、等比性质的数字，应该采用复制或序列填充的方式进行输入，这样可以充分利用 Excel 的自动计算功能，提高工作效率。例如，公司或单位的职工编号、电话号码、手机号码、零件编号等。

案例：建立如图 5-26 所示的成绩表，其中从 32990101～32990199 这 99 个学号，在 Excel 中较科学的输入方法如下：

①在 A2 单元格中输入 32990101，在 A3 单元格中输入 32990102。

②在 A2 中按下鼠标左键并向下拖动鼠标到 A3，选中 A2、A3 两个单元格。

③把鼠标移到 A3 右下角的黑色小方块上，直到出现一个黑色十字形指针时，按下鼠标左键。

④向下拖动鼠标。在拖动的过程中会发现 A4 中出现了数据 32990103，A5 中出现了数据 32990104……当发现所有的数据都已产生时，释放鼠标，学号的输入就完成了。

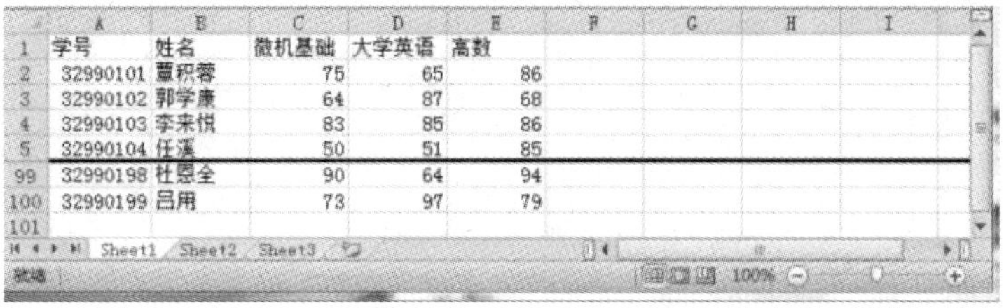

	A	B	C	D	E	F	G	H	I
1	学号	姓名	微机基础	大学英语	高数				
2	32990101	董积蓉	75	65	86				
3	32990102	郭学康	64	87	68				
4	32990103	李来悦	83	85	86				
5	32990104	任溪	50	51	85				
99	32990198	杜恩全	90	64	94				
100	32990199	吕用	73	97	79				
101									

Sheet1 Sheet2 Sheet3

就绪 100%

图 5-26 学生成绩表

(2)填充产生连续的编号

当输入的数据较多，比如要输入电话号码 62460000～62480000，共有 20000 个数据采用上面的输入方法虽然方便，但不好控制鼠标的拖放过程。对于这类数据的输入，应该采用序列填充的方式进行输入。

案例：假设电话号码 62460000 放在 A2 单元格，62460001 放在 A3 单元格，然后依次向下，则采用序列填充方式，输入的过程如下：

①在 A2 单元格中输入起始电话号码“62460000”。

②单击【开始】→【编辑】→【填充】命令按钮，从弹出的下拉列表框中选择【系列】选项，系统将弹出【序列】对话框，如图 5-27 所示。

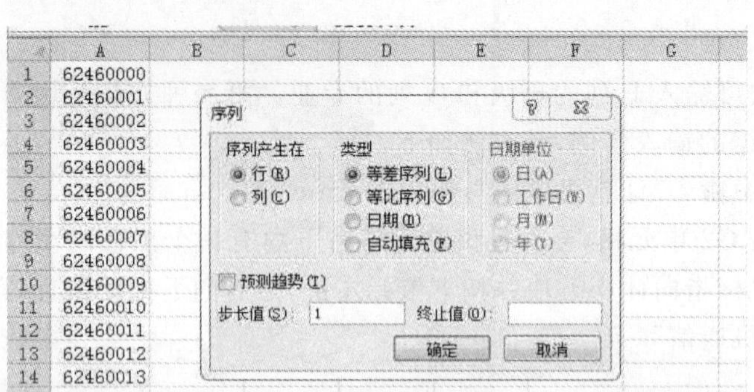

图 5-27 【序列】对话框

③选中【序列】对话框中的【列】和【等差序列】单选按钮，在【步长值】文本框输入“1”，在“终止值”中输入“62480000”。

④单击【确定】按钮，所有电话的输入就完成了。

(3) 利用自定义格式产生特殊编号

在日常生活中，人们常会遇到各种具有特殊格式的编号，比如图 5-19 中的“保险号”，它就是一个有特殊格式的连接编号，第 1 个人的保险编号是 P00－000－0001，第 2 个人的保险编号是 P00－000－0002，以此类推。在生活中有太多这样的编号，比它更为复杂的编号也不计其数，利用 Excel 单元格的自定义格式进行这类编号的输入非常便捷。利用这种方法，在输入前面提到的第 1 个保险号时，只需要输入 1。输入第 2 个保险号时，只需要输入 2，Excel 就会将自动输入的 1 转化为“P00－000－0001”，将输入的 2 转化成“P00－000－0002”。如果输入 32323333，Excel 就会将它转换成“P03－ 232 －3333”。

案例：某工厂的客户订购其产品的情况如图 5-28 所示，利用自定义格式输入其中的“订购产品代码”。方法如下：

	A	B	C	D	E
1	姓名	顾客身份识别码	订购产品代码	定金	
2	张海军	33680019230117700800	PKM-001	1000	
3	孙定山	33680019230117700801	PKM-002	2000	
4	王处一	33680019230117700802	PKM-003	5000	
5	吴天	33680019230117700803	PKM-004	4000	
6	李生军	33680019230117700804	PKM-005	8000	
7	王民	33680019230117700805	PKM-006	10000	
8	刘德一	33680019230117700806	PKM-007	12000	
9	孙小兵	33680019230117700807	PKM-008	8000	
10	陈大应	33680019230117700808	PKM-009	5000	
11	康建国	33680019230117700809	PKM-010	2000	
12	武媚媚	33680019230117700810	PKM-011	4000	
13					

Sheet1 Sheet2 Sheet3 就绪 100%

图 5-28 利用自定义格式输入 C 列的特殊编号

①选中 C2 单元格，然后单击【开始】→【数字】组中的右下箭头，Excel 会弹出【设置单元格格式】对话框，如图 5-29 所示。

②单击【数字】选项卡，并选择【分类】列表框中的【自定义】选项。

③删除【类型】文本框中的内容，然后输入“PKM”－000(请参见图 5-29 注意引号的位置)，输入完成后，单击【确定】按钮。

④选中 C2 单元格，然后利用填充柄向下拖放，尽管 C2 看上去没有任何内容，但实际上已将它的格式复制到了鼠标器拖过的单元格中。

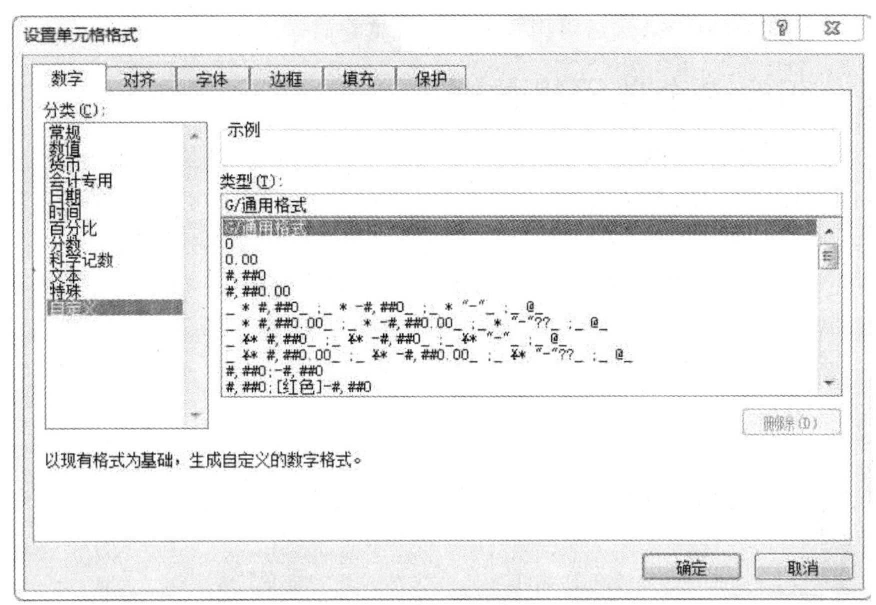

图 5-29　“设置单元格格式”对话框

⑤在复制了 C2 格式的单元格中输入一个数字，Excel 就会自动将它转换成“PKM－xxx”的形式。比如在 C3 单元格中输入 3，Excel 会将它转换成“PKM－003”；在 C5 单元格中输入 1，Excel 会将它转换成“PKM－001”。当需要编号“PKM－078”时，只需要在对应的单元格中输入 78 就行了，其他产品编号的输入以此类推。

(4)利用自定义格式产生大数字编号

当在单元格中输入一个位数较多的数值时(比如超过 1 5 位的整数)，Excel 会自动将输入的数据显示为科学记数法，这可能并不符合我们的需要。对于这类位数较多的大数字编号，可以按照前面介绍的数字型文本的方式输入。此外，还可以用自定义格式进行输入。

案例：在如图 5-28 所示的订购产品的订金数据表中，利用单元格自定义格式快捷输入“顾客身份识别码”连续的大数字编号。方法如下：

①选中 B2 单元格，打开如图 5-29【设置单元格格式】对话框。

②单击【单元格格式】对话框中的【数字】选项卡，并选择【分类】列表框中的【自定义】选项，然后在【类型】文本框中输入“35680099310215500”000。其中“”中的内容由 Excel 自动填充，不需要输入。该格式最后面的“000”表示数字占 3 位，不足 3 位的由 Excel 自动补充 0，比如输入“2”，Excel 会自动将它扩充为“002”。

③单击【确定】按钮，然后将 B2 单元格向下填充复制。设置好 B 列单元格的自定义格式之后，在输入该列的数据时，只需输入最后 3 位数据，Excel 会自动将“356800993102115500”添加在输入的数据前面。

④在 B2 单元格中输入 900，在 B3 单元格中输入 901，然后选中 B2:B3 单元格区域，拖动 B3 的填充柄向下进行填充复制，Excel 就会自动建立图 5-28 中的 B 列数据。

另外，图 5-28 中的“顾客身份识别码”也可以按文本方式输入，比如对于 B2 单元格中的“35680099310215500900”，可以先输入单引号“'”，然后再输入大数字编号。

还有一种方法是把大数字编号分解为多个组成部分，然后在同一行的不同单元格中分别输入各个组成部分的内容,然后再用"&"运算符将它们连接成一个整体。

训练四　组合多个单元格数据

"&"为字符连接运算,其作用是把前后的两个字符串(也可以是数值)连接为一个字符串。如"ADKDKD"&"DKA"的结果为 ADKDKDDKA,"中国"&"人民"的结果为"中国人民"。"123&45&678"的结果为"'12345678",这个结果是一个文本数据。

案例:图 5-30 是某信用社的客户资料,其中的区域代码有 17 位数据,"顾客身份识别码"由同行的"区域代码"和"顾客编号"组合而成,有 20 位数据。如果逐个输入,很显然是低效而容易出错的。因为这样的数据不仅输入困难,而且容易出错,一旦出错,还不容易发现。比较简单的建表方法为:

	A	B	C	D	E	F	G
1	姓名	年龄	区域代码	顾客编号	公开身份识别码	定金	
2	张海工	39	35680099310215500	901	,35680099310215500901	2000	
3	孙定山	43	35680099310215500	902	,35680099310215500902	5000	
4	王处一	31	35680099310215500	903	,35680099310215500903	60000	
5	吴天	35	35680099310215500	904	,35680099310215500904	2000	
6	李牛	45	35680099310215500	905	,35680099310215500905	30000	
7	李本山	31	35680099310215500	906	,35680099310215500906	10000	

图 5-30　采用"&"链接数据

(1)在 C2 单元格中输入'3568∞99310215500,然后将 C2 单元格的数据向下填充复制,产生 C 列数据。注意在 C1 中输入的第一个符号是西文方式下的单引号。

(2)在 D2 中输入 900,在 D3 中输入 901,然后同时选中 D2、D3 单元格,向下填充复制,产生 D 列数据。

(3)在 E2 单元格中输入公式"=C2&D2",然后将此公式向下填充复制,产生 E 列数据。& 运算符还常和文本函数 left、right、mid 合用,这几个函数都很简单,其调用语法如下:

```
left(text,n)
Right(text,n)
Mid(text,n1,n2)
```

其中的 left 函数的功能是截取 text 文本左边的 n 个字符. 比如 left("1234",2)="12"。right 函数的功能是截取 text 文本有边的 n 个字符,比如 right("123 4",2)="34"。mid 函数的功能是从 text 的第 n1 字符开始,取 n2 个字符,比如 mid("1234",2,2)="23"。

训练五　数据有效性验证列表选择输入数据

在工作表中经常见到一些少而规范的数据,如职称、工种、部门及产品类型等。这类数据适宜采用 Excel 的【数据有效性】检验方式以下拉列表的方式输入,不仅效率高,而且不容易出错。

案例:如图 5-31 所示为某学校教师档案表,其中的性别、学历和职称列数据比较规范,通过数据有效性检验方法以下拉列表方式输入比较便捷。现以职称列数据的输入为例,说明数据有效性检验方法的设置过程。

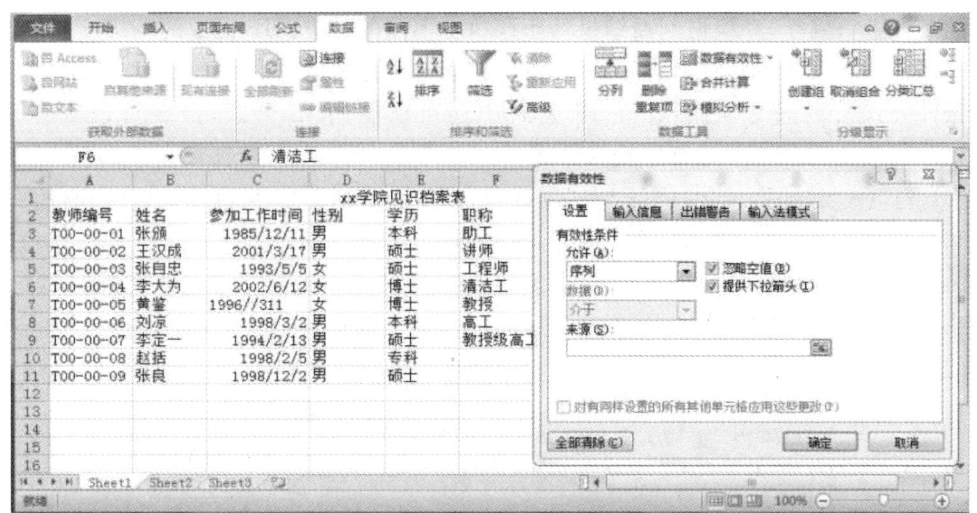

xx学院见识档案表					
教师编号	姓名	参加工作时间	性别	学历	职称
T00-00-01	张颁	1985/12/11	男	本科	助工
T00-00-02	王汉成	2001/3/17	男	硕士	讲师
T00-00-03	张自忠	1993/5/5	女	硕士	工程师
T00-00-04	李大为	2002/6/12	女	博士	清洁工
T00-00-05	黄鉴	1996//311	女	博士	教授
T00-00-06	刘凉	1998/3/2	男	本科	高工
T00-00-07	李定一	1994/2/13	男	硕士	教授级高工
T00-00-08	赵括	1998/2/5	男	专科	
T00-00-09	张良	1998/12/2	男	硕士	

图 5-31　通过下拉列表输入数据

职称只能是“助教、助工、讲师、工程师、副教授、教授、高工、教授级高工”8 种职称之一，建立其下拉列表输入的方法如下：

选中 F 列要输入职称的单元格区域，然后单击【数据】→【数据工具】→【数据有效性】命令选项的下箭头，系统会弹出【数据有效性】对话框，见图 5-31(右半部分)。

(1)选择【设置】标签，然后从【允许】下拉列表框中选择【序列】选项。

(2)在【来源】文本框中输入职称名字“助教，助工，讲师，工程师，副教授，教授，高工，教授级高工”。注意，职称名字之间的“逗号”必须是西文方式中的“,”。

(3)单击【确定】按钮，Excel 就会为选中的单元格设置职称名称的下拉列表。建立职称的下拉列表后，每次要输入职称时，只需用鼠标单击对应的单元格，Excel 就会将职称名称显示在下拉列表框中，然后用鼠标选择需要的职称名称即可。

训练六　利用 IF 公式进行数据的转换输入

如果表格中的不同数据列之间存在一定的依赖关系，那么用 IF 公式进行数据的转换输入是一种效率较高的输入方法。

案例：图 5-32 是某学院的年度奖金表，其中的奖金是根据职称确定的。教授的奖金是 2000 元，副教授的奖金是 1500 元，讲师的奖金是 1000 元，助教的奖金是 500 元。

x x学院年度奖金						
教师编号	姓名	参加工作时间	性别	职称	奖金	备注
T00-00-01	张颁	1985/12/11	男	教授	2000	
T00-00-02	王汉成	2001/3/17	男	助教	500	
T00-00-03	张自忠	1993/5/5	女	讲师	1000	
T00-00-04	李大为	2002/6/12	女	讲师	1000	
T00-00-05	黄鉴	1996/3/11	女	教授	2000	
T00-00-06	刘凉	2001/8/3	男	副教授	1500	

图 5-32　用 IF 公式进行数据转换输入

利用 IF 函数对图中的奖金进行转换输入最为方便。IF 函数又称为条件函数，它能够对

给出的条件进行判断,并根据判断结果的正误执行不同的运算。IF 函数的调用形式如下:

IF(条件式,条件正确时函数的取值,条件错误时函数的取值)

条件公式可以嵌套使用,即在 IF 公式中还可以使用 IF 公式,最多可以嵌套 7 层。图 5-32中的奖金,在 F3 单元格中输入公式:

=IF(E3="教师",2000,IF(E3="副教授",1500,IF(E3="讲师",10000,IF(E3="助教",500))))

然后向 F 列下面的单元格填充复制该公式,这样就可以计算出每个教师的奖金。该函数的执行过程如图 5-33 的标注 1、2、3、4 所述。

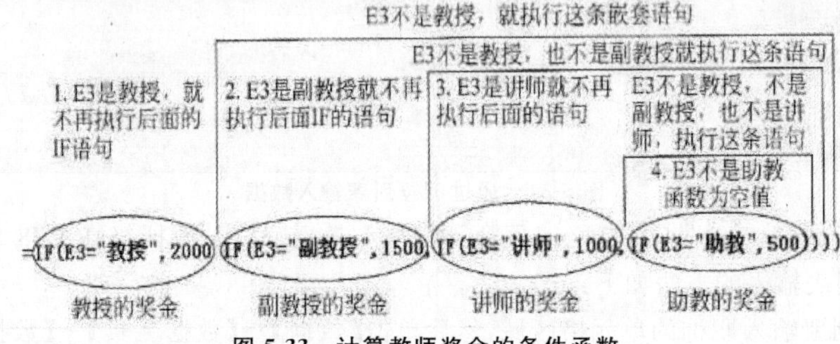

图 5-33　计算教师奖金的条件函数

训练七　快速输入数据填充序列

所谓数据序列,就是指一组数据,这组数据有先后顺序,内容固定,在应用中常常以一组数据的整体形式出现。

1.内置序列的输入

对于经常使用的一些数据序列,比如月份、星期和季度等,Excel 已经将它们内置在系统中,在输入这些数据时,只需要输入第 1 个数据,其余的可以采用填充复制的方法由 Excel 自动产生。

如图 5-34 所示,采用 Excel 内置的填充序列自动输入月份、星期和季度等数据。

例如,当需要在工作表中输入"一月"、"二月"、……、"十二月"时,只需要在第 1 个单元格中输入"一月",然后向右(或向下)拖动"一月"所在单元格的填充柄,Excel 将会自动将"二月"、"三月"……依次填入到鼠标器拖过的单元格中。

	A	B	C	D	E	F	G	H	I	J	K	L	M
1													
2		一月	二月	三月	四月	五月	六月	七月	八月	九月	十月	十一月	十二月
3		january	february	march	april	may	june	july	august	september	october	november	december
4		jan	feb	mar	apr	may	jun	jul	aug	sep	oct	nov	dec
5		sun	mon	tue	wed	thu	fri	set					
6		Monday	Tuesday	Webnesday	Thursday	Friday	Saturday	Sunday					
7		星期一	星期二	星期三	星期四	星期五	星期六	星期日					
8		一	二	三	四	五	六						
9		第一季	第二季	第三季	第四季								
10		甲	乙	丙	丁	戊	已	庚	辛	壬	癸		

A4　Sheet1　Sheet2　Sheet3　就绪　100%

图 5-34　Excel 的内置填充序列

2. 自定义序列

Excel 无法预知所有用户的常用数据序列，不能将太多的数据序列都内置于系统中，但它允许每个用户在系统中添加数据序列，无论谁都可以将常用的数据列表以自定义的形式加入到系统中，然后就可以像内置序列一样操作这些数据。

自定义序列是一种较为有效的数据组织方式，它为那些不具规律而又经常重复使用的数据提供了一种较好的输入方案，极大地满足了每个用户的需要。

案例：如图 5-35 所示，某大学中有“计算机学院、通信学院、经济管理学院、法律学院、中药学院电子技术学院”等多所学院，学校办公室在制作各类报表时经常要用到这些学院名称。现以此为例说明 Excel 自定义序列的建立方法。

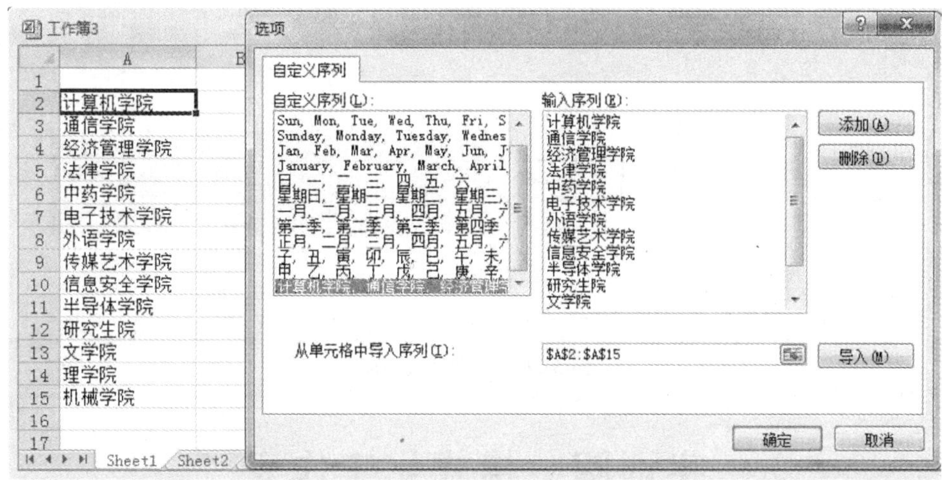

图 5-35　建立自定义序列

（1）在工作表的某行或某列中输入自定义序列的内容，比如在 A 列中输入各个学院的名称，如图 5-35 中的 A2：A15 所示。

（2）单击【文件】→【选项】菜单项，Excel 会弹出【Excel 选项】对话框。

（3）单击该对话框中的【高级】标签，然后单击【常规】栏目的【编辑自定义列表(O)】命令按钮，弹出【自定义序列】对话框，如图 5-35 所示。在该图的【自定义序列】列表中列出了系统已经建立好的序列。

（4）在【导入】前面的文本框中输入自定义序列所在的单元格区域，然后单击【导入】按钮。

经过上述操作步骤之后，Excel 就会将输入在 A2：A15 区域中的学院名称导入到 Excel 中。以后需要在其他工作表中填写这些学院的名称时，只需要单元格中输入第一个学院的名称（即“计算机学院”），然后通过填充复制就能产生其他学院的名称了。

也可以事先不在 Excel 中建立序列，直接在图 5-35 所示对话框的【输入序列】编辑框中直接输入序列各项内容，每输入一项后按 Enter 键使每项保持为一行内容，输完所有项后，单击【添加】按钮，同样可以完成自定义序列的建立。

训练八　输入矩阵的转置

矩阵涉及较多的数据，它由紧密相连的一组单元格区域构成，矩阵的运算比较复杂，

Excel提供了一组矩阵运算的函数。这里介绍转置矩阵的输入方法。当原矩阵输入之后，与之相对应的转置矩阵则不用输入，可用复制的方法产生。

案例： 已知某矩阵数据如图5-36中的A2:D8所示，建立其转置矩阵。

操作方法如下：

(1)在A2:D8单元格区域中输入原矩阵，然后选中该矩阵区域，并在【开始】选项卡【剪贴板】组中，单击【复制】工具按钮。

(2)用鼠标单击要输入转置矩阵的单元格区域左上角的单元格，即G3。

(3)【开始】→【剪贴板】组中粘贴下三角按钮，并在弹出的下拉命令列表中单击【转置】粘贴命令按钮。Excel就会将原矩阵的转置矩阵贴在G3:M6单元格区域中。

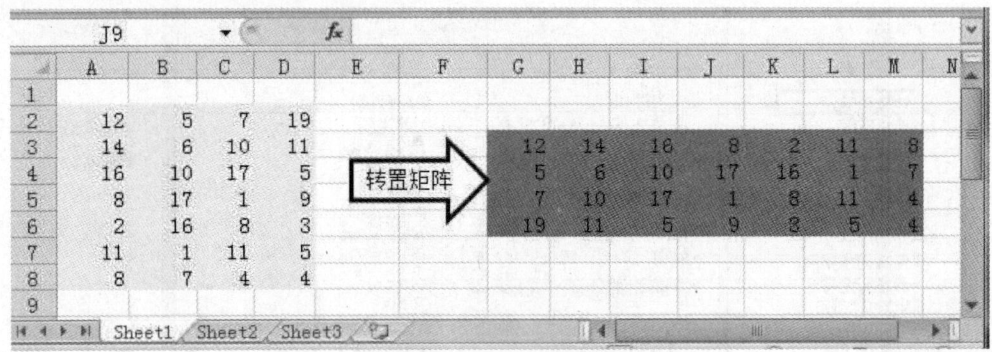

图5-36 建立转置矩阵

实训四 格式化工作表

任务目标：

- 掌握工作表格式化操作技巧。
- 掌握单元格的格式化、文本的格式化及数据的格式化操作。
- 学会条件格式的应用。
- 学会自定义格式设置。

任务描述：

当工作表的数据输入和数据计算完成之后，需要对工作表进行或多或少的美化工作。工作表格式化的目的不仅仅是使工作表更加漂亮，而且能够使表格所表达的信息更清晰，更易于阅读、理解和接受。

本实训主要通过学习，使学习者学会工作表、单元格、标题、表格及各种数据类型的格式化方法，包括工作表样式、条件格式、图标集、背景、主题、色阶和自定义格式等内容，学会通过数字格式化减少输入量，提高工作效率的方法。

训练一　工作表的格式化

1.Excel 的格式的特性

(1)应用了格式的单元格会一直保存其设置的格式,直到重新为它设置新格式或删除该格式。

(2)编辑一个单元格的内容(如输入、修改或删除单元格的数据)时,不会影响单元格原有的格式。

(3)当复制或剪切一个单元格(或区域),然后将它们粘贴到其他单元格(区域)时,单元格的格式也会一起被传递.

2.自动套用表格格式

在 Excel 2010 中,为表格预定义了许多格式,称为表格样式。可以先套用表格的预定义格式来格式化工作表,再用手工方式对其中不太满意的部分进行修改,很快就能够完成工作表的格式化。

表格(也称为表,在早期版本中称为【Excel 列表】,从 Excel 2007 开始称为表格)是 Excel 中管理数据的一种特殊对象,由一系列包含相关数据的行和列构成。表格具有数据筛选、排序、汇总和计算等多项功能,并能自动扩展数据区域,构造动态报表。表格和单元格区域相互转换,为了更加容易地管理和分析一组相关数据,有时需要将单元格区域转换为表格,有时却需要将表格转换为普通区域。

案例:如图 5-37 所示,是某班某次期末考试的成绩表,通过套用表格样式得到如图 5-38 的效果图。

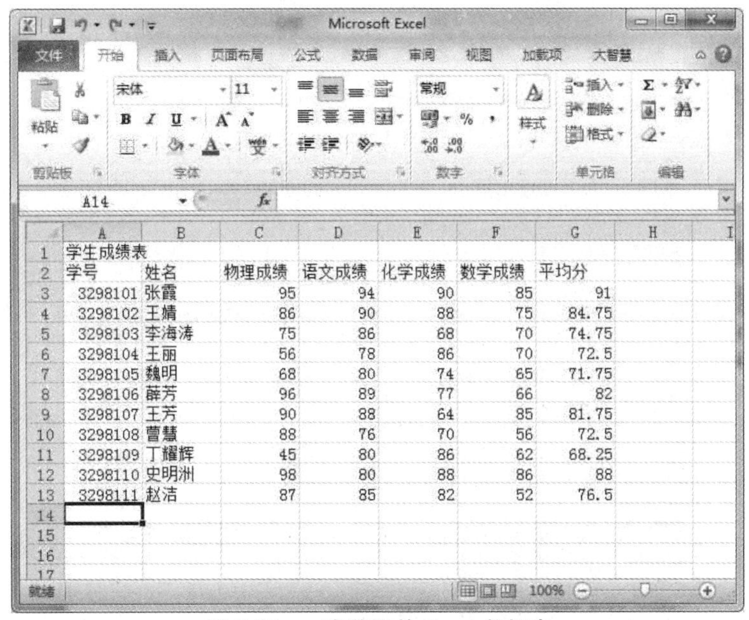

学生成绩表						
学号	姓名	物理成绩	语文成绩	化学成绩	数学成绩	平均分
3298101	张霞	95	94	90	85	91
3298102	王婧	86	90	88	75	84.75
3298103	李海涛	75	86	68	70	74.75
3298104	王丽	56	78	86	70	72.5
3298105	魏明	68	80	74	65	71.75
3298106	薛芳	96	89	77	66	82
3298107	王芳	90	88	64	85	81.75
3298108	曹慧	88	76	70	56	72.5
3298109	丁耀辉	45	80	86	62	68.25
3298110	史明洲	98	80	88	86	88
3298111	赵洁	87	85	82	52	76.5

图 5-37　一张普通的 Excel 数据表

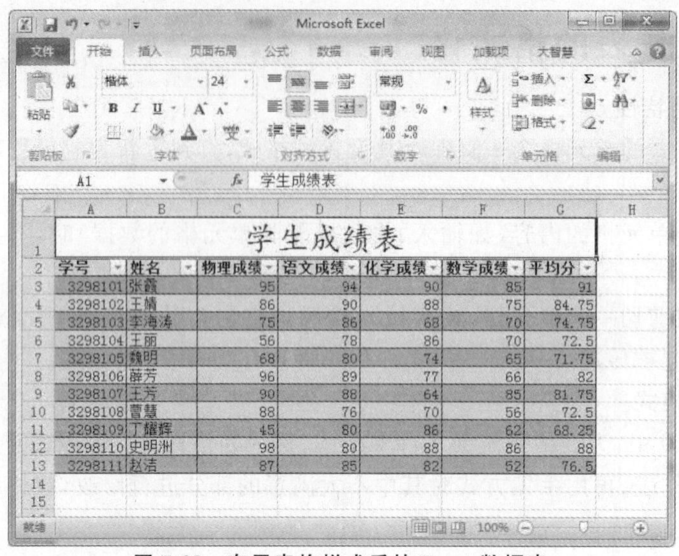

学号	姓名	物理成绩	语文成绩	化学成绩	数学成绩	平均分
3298101	张鑫	95	94	90	85	91
3298102	王婧	86	90	88	75	84.75
3298103	李海涛	75	86	68	70	74.75
3298104	王丽	56	78	86	70	72.5
3298105	魏明	68	80	74	65	71.75
3298106	薛芳	96	89	77	66	82
3298107	王芳	90	88	64	85	81.75
3298108	曹慧	88	76	70	56	72.5
3298109	丁耀辉	45	80	86	62	68.25
3298110	史明洲	98	80	88	86	88
3298111	赵洁	87	85	82	52	76.5

图 5-38 套用表格样式后的 Excel 数据表

3.套用表格样式格式工作表的操作过程

(1)单击要格式化的工作表中的任一单元格或选中要格式化的单元格区域。本例选中了 A2:G12 区域。

(2)单击【开始】选项卡【样式】组中的【套用表格格式】按钮,弹出如图 5-39 所示表格样式列表,用鼠标单击其中某种样式即可。本例选中了【中等深浅】中的【表样式中等深浅 22】(即【中等深浅】区域中左下角的那个表格样式)。

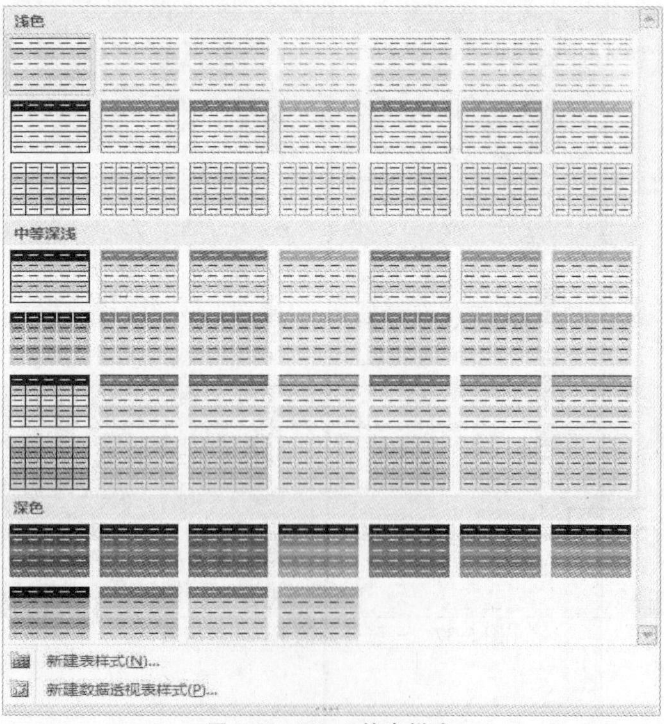

图 5-39 Excel 的表样式

【套用表格格式】选项板具有预览预定义的表格样式功能。将鼠标指针停留在选项板中的某种样式上,Excel 就会临时性地应用该格式化创建的表格,在选项板中不断移动鼠标指针,就会实时地看到鼠标所指样式应用在表格中的效果。只有当单击某个样式后,Excel 才会真正应用此样式格式化表格。

(3)根据用户需求,对表中的文字等再进行格式设置,直到达到所需要的效果。

Excel 从颜色、边框线和底纹等诸多方面为表格提供了许多格式化样式。用户可以根据表格中的实际内容选择需要的格式,对工作表进行格式化设置。

4.应用主题格式化工作表

主题采用是的一套统一的设计元素和配色方案,是为文档提供的一套完整的格式集合。其中包括主题颜色(配色方案的集合)、主题文字(标题文字和正文文字的格式集合)和相关主题效果(如线条或填充效果的格式集合)。利用文档主题,可以非常容易地创建具有专业水准、设计精美、时尚的文档。用户也可以对现有的文档主题进行修改,并将修改结果保存为一个自定义的文档主题。文档主题可以在应用程序之间共享,通过文档主题共享可使所有 Microsoft Office 文档(Word、Excel 或 PowerPoint 文档)保持相同的、一致的外观。

在 Excel 中格式化工作表时,最好是首先应用某种主题格式化工作表,然后对其中不满意的地方进行修改。

应用主题格式化工作表的过程如下:

(1)建立工作表。

(2)单击【页面布局】选项卡,可以见到位于功能区左边的【主题】组。【主题】组中有 3 个按钮:颜色、字体和效果,单击它们会显示相应的选项板。

(3)单击【颜色】按钮会显示出一个颜色选项板,其中包括了一组非常协调的颜色主题,如图 5-40 所示。

(4)单击【字体】按钮时,会显示一个字体选项板,其中提供了一组字体的集合,每种字体主题都包括两种字体格式:一种用于设置表格标题;另一种用于设置表格内容,如图 5-41 所示。

(5)单击【效果】按钮会显示效果选项板,其中的主题可用于设置图形的外观、线条和填充效果,如图 5-42 所示。

(6)单击【主题】按钮时,会显示出 Excel 内置的主题组,如图 5-43 所示,其中列出了 Excel 已设置好的主题,每个主题都包括一组已设置好颜色、字体和效果三方面内容的格式。使用这里面的主题格式化工作表时,活动工作簿中所有可应用的格式都会立即发生变化,包括工作表中的文本、背景、超链接、标题、字体、单元格边框、填充效果和图形格式等。

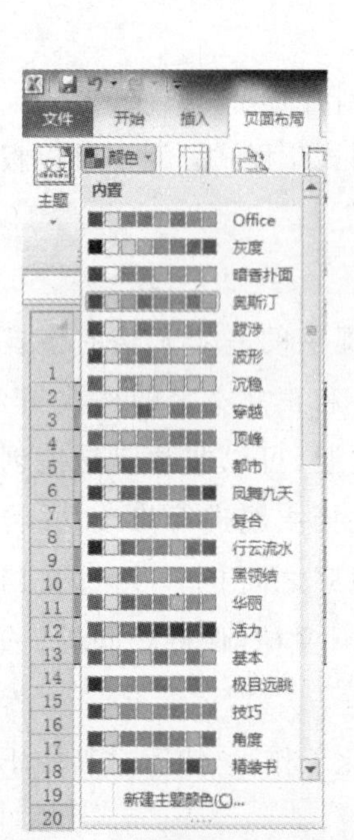

图 5-40　主题【颜色】选项板

图 5-41　主题【字体】选项板

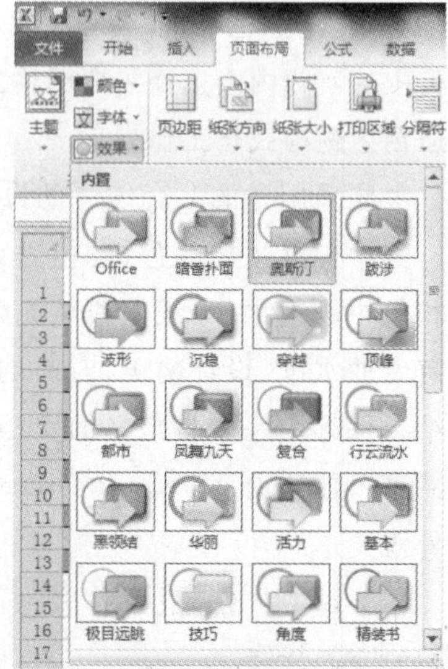

图 5-42　主题【效果】选项板

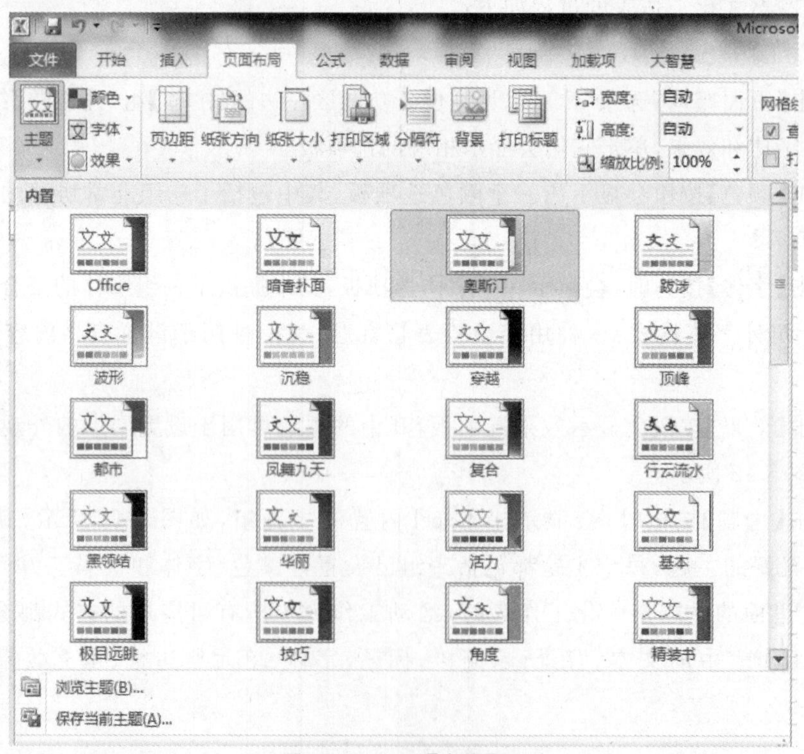

图 5-43　Excel【主题】组

当将鼠标指针指向其中的某个主题时，其已搭配好的颜色、字体和效果会立即反映在整个工作簿中，表格中的字体、颜色和网格线就会随之发生变化。将鼠标指向不同的主题，就立即看到用该主题格式化工作表的效果，当发现满意的主题时，单击它就能够将该主题应用于当前工作簿的所有工作表中。

5.应用单元格样式格式化工作表

为了方便用户格式化单元格，Excel 2010 设计了许多单元格样式，并将它们放在【开始】选项卡的【样式】组中，在进行工作表的格式化工作时，可以直接应用这些样式来格式化单元或单元格区域。

案例：利用单元格格式对前面的学生成绩表进行格式化。步骤如下：

(1)选中要应用单元格样式的单元格或单元格区域。

(2)单击【开始】→【样式】→【单元格样式】按钮，会弹出【单元格样式】选项板，如图 5-44 所示。

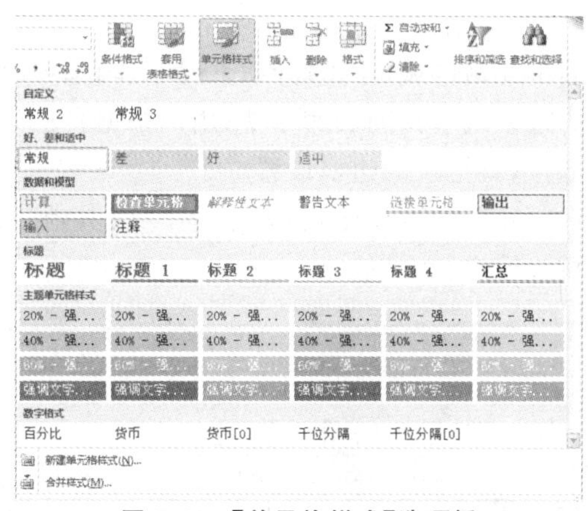

图 5-44 【单元格样式】选项板

(3)将鼠标指向【单元格样式】选项板中的各命令按钮，立即就会显示出选中单元格应用该样式后的效果。单击某个样式的按钮后，才会将此样式实际应用于选中单元格。

单元格样式选项板中包括 6 个类别的单元格样式，每个类别具有不同的格式化功能。

① 好、差和适中：此类别下的样式采用不同色彩来突出显示单元格中的内容，选中单元或单元格区域后，指向其中的“好”、“中”、“差”、“适中”，就会立即看到选中单元格应用此格式后的效果。【常规】格式也位于此类别下，选择它时会对选中的单元格或区域使用默认的单元格格式。

② 数据和模型：此类别下的单元格样式具有特定的用途，如“解释性文本”样式将单元格的内容设置为注释性文本(以斜体字显示)，“输Ⅲ”样式常用于设置显示计算结果的单元格。

③ 标题：主要包括一些标题样式，每种标题具有不同粗细的边框和底纹，用它们可将选定单元格设置为颜色搭配协调的列标题。

④ 主题单元格格式：提供了许多“强调文字”的样式，这些样式依赖于当前选择的主题颜色，每个主题颜色提供了 4 种级别的强调色百分比，可以不同的色度显示单元格内容。

⑤ 数字格式：提供了数字的几种不同显示方式，它与【开始】选项卡中【数字】组中的功

能按钮相一致。

⑥ 新建单元格样式：允许用户定义新的单元格样式，并将用户定义的样式添加在选项板的顶部，以备后用。单击它会显示一个对话框，从中可以建立新的单元格样式。

6.设置工作表的边框和底纹

Excel的默认边框是虚线、无底纹，所有表格都表示为同一种样式，不便于特殊信息的突出显示。如果就在Excel的默认方式下打印工作表，打印出的结果将没有表格线（当然，可以通过打印设置让它显示表格线）。通过边框和底纹的设置，可使表格美观，也可改变信息的显示方式，让人们尽快掌握表格中的信息。

设置工作表边框和底纹的操作过程如下：

(1)在工作表中输入原始成绩。

(2)选中整个工作表(单击工作表的全选按钮，列标字母A左边的空白“列标题”)。

(3)取消选中【视图】→【隐藏/显示】选项组中的【网格线】复选框，这样就不会显示工作表中的网格线。

(4)选中要设置边框的单元格区域，单击【开始】→【字体】选项组中的【边框线】工具按钮右边的下三角形，在弹出的边框线下拉列表命令中，用户根据自己的要求选择线形、线号、颜色等，再选择应用框线的部位，就把表的边框设置好了。

(5)如果表中没有用户所需要的表线样式，请选择下文【其他边框】，打开如图5-45所示对话框，用户可根据要求对边框进行设置。

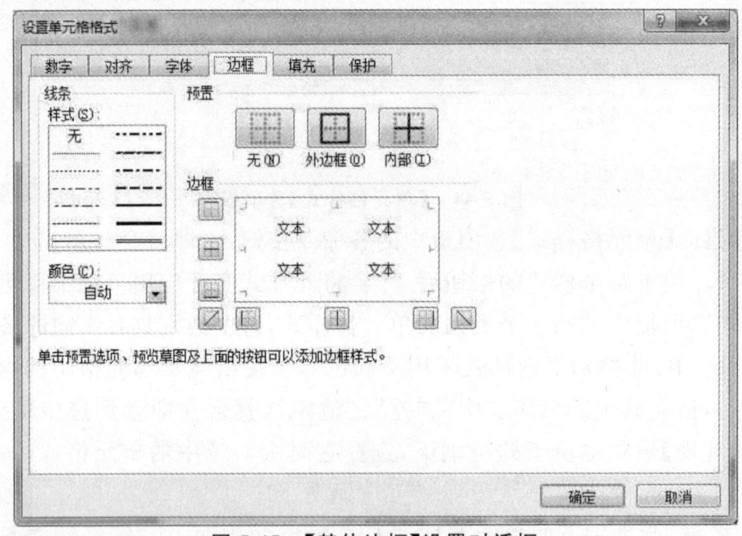

图5-45 【其他边框】设置对话框

训练二 单元格的格式化

单元格是Excel处理数据的基本单位，数据的输入、计算及格式化等操作都离不开单元格。Excel【开始】选项卡中的许多功能按钮都与单元格格式化有关，如图5-46所示。

图中的格式化按钮常用来对单元格或单元格区域进行格式化，其中某些按钮的右边有下三角形标记，单击此下三角按钮就会弹出更多的设置选项。

值得一提的是格式刷按钮，它是格式化单元格过程中最常用的控件，用途是把一个单元格的格式应用在其他单元格上。方法是先选中其格式要被应用的单元格，再单击格式刷按钮，然后单击要应用此格式的单元格或选中要应用其格式的文本。

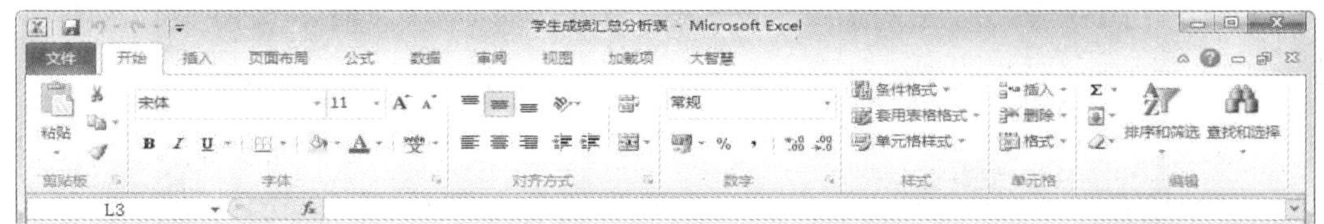

图 5-46　【开始】选项卡中常用的单元格格式化按钮

在默认情况下，Excel 单元格对齐方式是：文本靠单元格的左边对齐，数值靠单元格的右边对齐。

在一般情况下，使用 Excel 的默认对齐方式就可以了。但有时需要特殊的对齐方式，如斜线表头（在 Excel 中不应该存在这样的表头）、旋转字体、垂直居中等，这时可通过 Excel 的对齐方式进行设置。具体设置为：

1.合并多个单元格与跨列居中

在图 5-47 中，第一行的标题文字处于 A1：E1 单元格区域内，标题文字只属于一个单元格，它是由 A1：E1 单元格合并而成的一个单元格。其操作方法如下：

车辆学院2012级本科生第一学年公共基础课成绩

序号	姓名	专业名称	班级名称	高等数学I	大学计算机基础	大学英语I	高等数学II	C语言程序设计	大学英语II	大学物理
1620122371	李涵	车辆工程	12221001	70	95	86	83	95	85	66
1620122372	章睿之	车辆工程	12221001	84	84	77	90	97	82	72
1620122373	李金勋	车辆工程	12221001	61	80	74	84	82	85	84
1620122374	史慧	车辆工程	12221001	74	84	73	81	93	83	77
1620122375	章博潇	车辆工程	12221001	78	90	85	92	80	94	67
1620122376	马可	车辆工程	12221001	78	89	97	96	87	93	78
1620122377	闻波	车辆工程	12221001	65	95	85	93	77	91	80
1620122378	章方继	车辆工程	12221001	76	90	97	96	93	83	68
1620122379	邱佳申	车辆工程	12221001	80	93	81	77	99	88	66
1620122380	郝寒雪	车辆工程	12221001	82	84	84	84	97	88	80
1620122381	郝维健	车辆工程	12221001	76	93	66	61	96	85	76
1620122382	牛勇辉	车辆工程	12221001	88	84	75	63	76	83	73
1620122383	周彬	车辆工程	12221001	74	90	82	89	99	90	80

图 5-47　合并单元格效果

（1）在 A1 单元格中输入整个标题的文字（直接在 A1 中输入，而不要管它是否超出了 A1 的左右边界）。

（2）选中 A1：E1 单元格区域后，单击【开始】→【对齐方式】组中的 合并后居中 下三角按钮，然后把合并单元格的字号设置为 16。也可以通过单元格的【设置单元格格式】对话框进行设置，其操作方法如下：选中 A1：E1 单元格区域，然后单击【开始】→【对齐方式】组中的对话框启动器，弹出【设置单元格格式】对话框，如图 5-48 所示。

（3）单击其中的【对齐】选项卡，选中格式对话框中的【文本控制】组中的【合并单元格】复选框，然后单击【确定】按钮。

2.取消单元格的合并

有的时候，因为表格数据的变化或表格布局的变化，需要把一些合并的单元格取消。取消合并的方法非常简单，只需选中已合并的单元格，再次单击【开始】→【对齐方式】组中的 合并后居中 按钮，就可将单元格恢复到合并之前的状态。

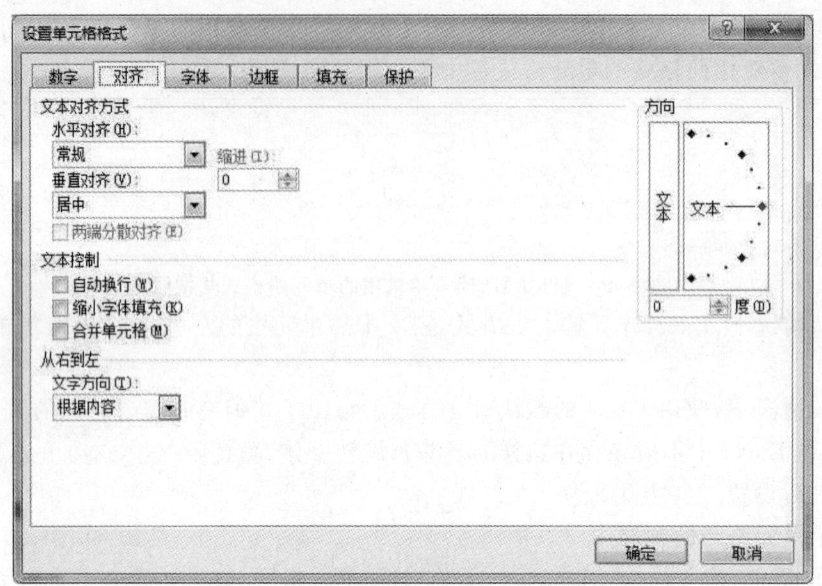

图 5-48 【设置单元格格式】对话框

此外,如果选中已合并的单元格.则在如图 5-48 所示的对话框中,会看见【文本控制】区域中的 合并单元格(M) ,用鼠标单击复选框,Excel 就会取消其中的【√】,这样就把已经合并的单元格分解为原来的模样了。

3.调整行高

请注意图 4-47 中的第 1 行(表格的标题行)的行高较其他行都高,上下拖动行号 1 下面的边线就可增加或减少对应行的高度。

4.单元格内文本换行

有时一个表的表头文字的内容较多,为了适合打印纸张的大小,需要把表头的内容分成 2 行或 3 行。许多工作人员在遇到这样的问题时,往往是采用把两行合并为一行,然后输入表头的方法;也有的工作人员把表头数据输入在两行靠近的单元格内,然后通过网格线的设置来完成表格的制作;也有人采用前面提到的方法(在输入一个单元格的内容时,采用 Alt+Enter 组合键换行)。

这些方法都不太好,因为它们很不灵活,当表格的内容或列宽需要调整时,又需要做许多重复的工作。利用将单元格格式设置为“自动换行”,就很轻松地解决了这个问题。其操作方法为:

(1)在单元格中输内容(直接输入,不要理会输入的内容是否超越单元格边界)。

(2)选中单元格区域。

(3)单击【开始】→【对齐方式】组中的 自动换行 命令按钮。

(4)调整单元格合适的高度、宽度后,系统将自动根据各列的宽度调整表头的数据在一行显示或多行显示,这显然更符合我们的需要,因为它更灵活、更方便。

训练三　文本、数据的格式设置

1.文本格式设置

使用 Word 编辑、排版文档时，文本的格式化大致包括字体、字型、修饰、对齐方和字体颜色设置等内容。在 Excel 中，文本格式化也包括这些内容，设置方法基本与 Word 相同，在此不再赘述。

2.格式化数据

有时在一个单元格中输入的内容会与显示内容不一致。例如，在一个单元格中输入一个带区号的电话号码“02362460111”，在单元格中显示的却是“23624660111”；输入一个数据 1 2/5，却发现显示的是 12 月 5 日。诸如上述的问题还有许多，它们都与数据的格式有关。

在 Excel 中，同一个数字可以被格式化为多种不同的形式，如图 5-49 所示。

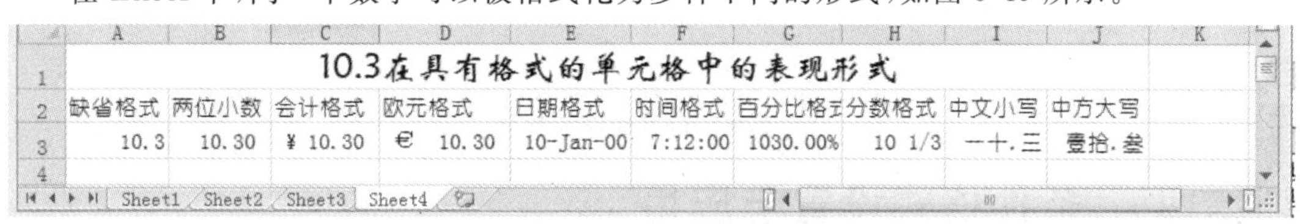

图 5-49　数字的不同表现形式

(1)Excel 的自动数据格式

存储在 Excel 单元格的数字、日期、时间等都是纯数字，没有经过格式化。当用户输入这些数字后，Excel 会自动对它进行格式化。例如，输入“02362460111”时，Excel 认为它是一个数字，数字前面的 0 显然可以丢掉；输入“12/5”时，Excel 认为输入的是日期，因为当它发现 2 个或 3 个数字用“/”或“—”作间隔符时，就认为该数字是一个日期。

有时候，Excel 的默认数字格式会导致一些问题，如果确实需要显示“12/5”这个分数，怎么办？很简单，对单元格的数据进行格式化。

(2)使用系统提供的数据格式

Excel 提供了许多数据格式，包括数据的精确度、显示方式等内容(货币：美元、欧元、人民币，百分比等)。常见的数据格式设置有以下几种：数据的精确度，以百分比显示数据，数据的分节显示等。

以上格式的设置都是通过【设置单元格格式】对话框来实现的。设置时，选择要设置数据格式的单元格，点击鼠标右键，弹出如图 5-50 所示对话框，用户可根据需求，选择一种数据格式进行设置。

注意：格式设置仅仅对数据的显示形式起作用，而单元格中的内容仍然是数字，它可以参与数据的一切运算。

Excel 提供的内部数据格式能够满足多数表格的需求，但也有例外。例如，在编制独特的数字目录、电话号码、产品编号等类型的表格时，如果找不到合适的数据格式，就可运用 Excel 的自定义格式功能来解决这类问题。限于篇幅在此不再介绍，有兴趣的用户，如果有需求，可自行寻找资料进一步研究。

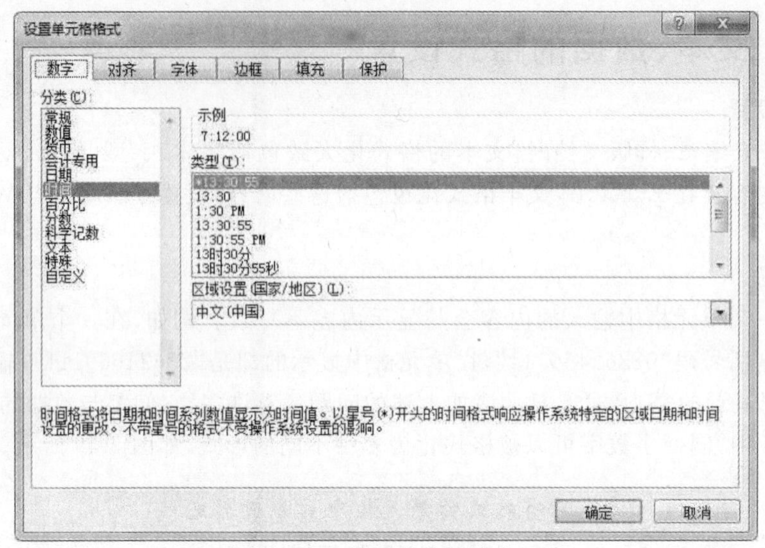

图 5-50 设置数字的格式

训练四 条件格式设置与应用

对于不同的数据,可按不同的条件设置其显示格式。例如,把学生成绩表中所有不及格成绩显示为红色,可以非常轻松地看出其中不及格的成绩情况;对于企业的销售表,把其中利润较小的或无利润的数据设置为黄色,而将利润最大的数据设置为绿色,可以使人在查看这些数据时一目了然。

1. Excel 2010 条件格式概述

Excel 中的条件格式是指基于某种条件更改单元格区域中数据的表现形式;如果条件成立,就基于该条件设置单元格区域的格式(如设置单元格的背景、用图形符号表示数据),如果条件不成立,就不设置单元格区域的格式。

Excel 2010 对条件格式进行较大的改进,对条件格式的任务分得更细,涉及的内容更多,也更具实用性。比之于以前的版本,更容易达到突出显示所关注的单元格或单元格区域;强调异常值;使用数据条、颜色刻度和图标集来直观地显示数据。

案例:某食品公司 2014 年的食品销售利润表如图 5-51 所示。在该工作表中突出显示以下信息:利润小于 20 的食品销售情况,销售利润最高或最低的 10 种食品是哪些,用条型图直观显示出各食品在各省的销售情况,用不同的图形显示出各种食品在各省的销售情况,标识出利润占前 30%的食品销售情况。

祥云食品有限公司2014年销售利润统计表

	重庆	上海	北京	山东	海南	云南	贵州	河南	山西	西藏
咖啡	106	129	162	114	169	143	73	34	163	120
酱油	95	154	22	52	102	131	139	181	185	185
奶粉	175	24	89	149	128	117	168	107	87	112
大枣	6	183	176	106	12	72	102	23	186	37
蛋白粉	48	14	50	138	40	174	46	50	192	65
纯净水	85	122	62	52	134	48	194	154	187	111
火腿肠	29	169	154	59	55	110	68	41	134	10
鸡蛋	167	56	31	9	90	125	40	120	182	37
火锅底料	43	8	114	64	5	71	104	62	24	180
王老吉	63	19	167	184	177	25	137	19	87	80

图 5-51 一个为应用条件格式的普通工作表

在 Excel 2010 中，通过条件格式可以轻松实现上述要求。条件格式位于【开始】选项卡的【样式】组中，单击【条件格式】按钮，将显示条件格式的命令列表，如图 5-52 所示。

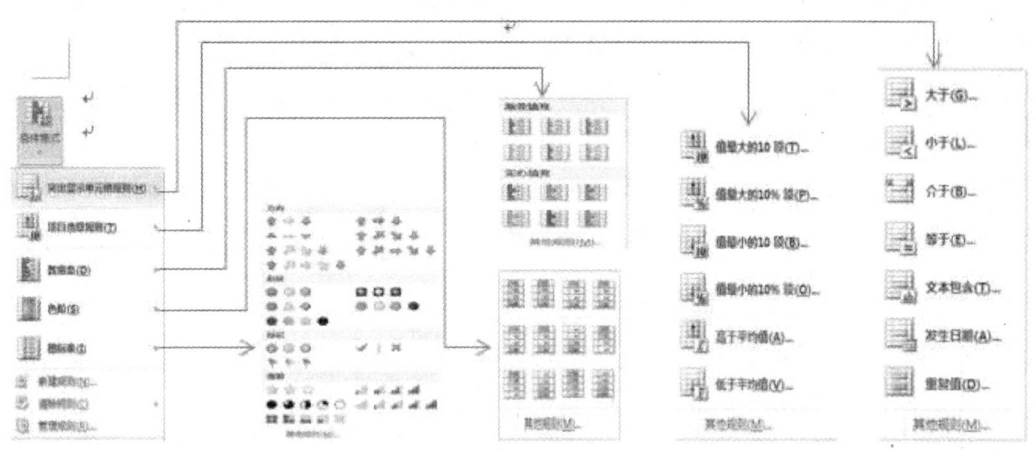

图 5-52　条件格式

2.条件格式类型

(1)突出显示单元格规则

对单元格区域设置一定的条件，将按指定的规则突出显示该区域中满足条件的单元格，默认的规则用某种色彩填充单元格背景。例如，如果单元格的值大于、小于或等于某指定值，就将单元格的背景填充为绿色，突出显示该单元格中的值。图 5-53 是突出显示图 5-51 中利润小于 20 的销售数据的情况。该图的制作方法如下：

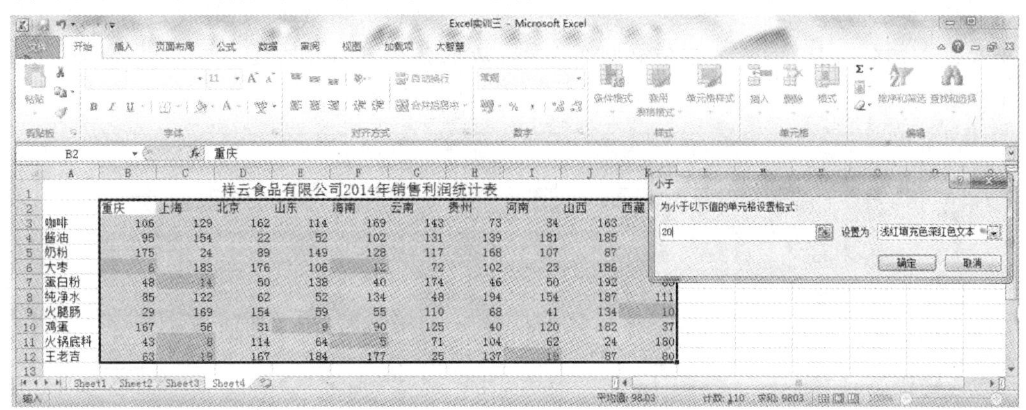

图 5-53　突出显示单元格数据的规则

① 选择 B2:K12 区域，然后单击图 5-52 中【突出显示单元格规则】菜单的【小于】命令【小于】条件的格式定义框。

② 在【为小于以下值的单元格设置格式】文本框中输入 20，在【设置为】下拉列表中选择一种条件格式。

从图 5-52 中可以看出，【突出显示单元格规则】还包括【文本包含】规则，此规则可以对包括某个指定文本的单元格设置显示方式，其中的“发生日期”是以系统当前日期为参照突出显示昨天、上周、上个月、今天、明天、下周等单元格中的内容。

(2)项目选取规则

对选中单元格区域中小于或大于某个给定阈值的单元格实施条件格式。单击此规则中的【值最大的 10 项】、【值最大的 10%项】、【高于平均值】等条件，Excel 都会显示出一个条件设置对话框.从中可以设置单元格中的条件格式。图 5-54 是突出显示 B2:K12 中 10%最大销售利润的情况。

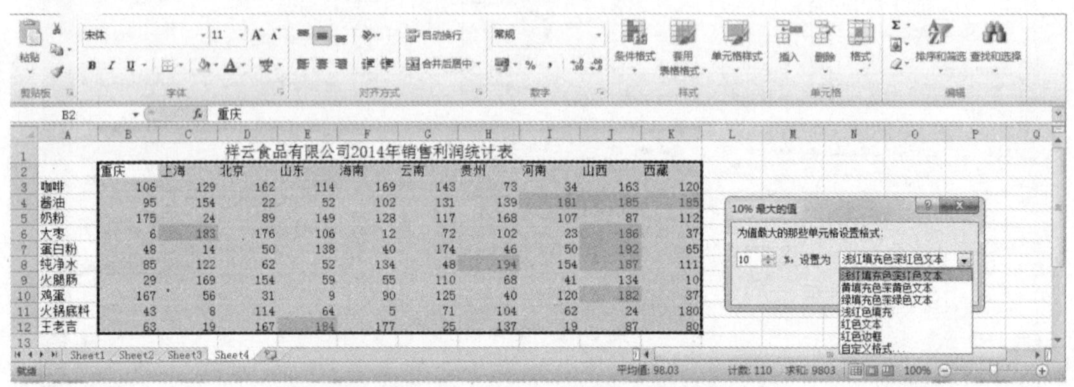

图 5-54 突出显示最大 10%销售利润的条件格式

注意:虽然【项目选取规则】中的规则都是 10%，但它是可以修改的。例如，可以将图 5-54的增加框中的 10 改为 1～100 的数值，就可以设置任意百分比数据的条件格式。

(3)数据条

数据条以彩色条型图直观地显示单元格数据。数据条的长度代表单元格中的数值。数据条越长，表示值越高，数据条越短，表示值越低。在观察大量数据(如节假日销售报表中最畅销和最滞销的玩具)中的较高值和较低值时，数据条尤其有用。图 5-55 是以数据条显示的工作表。

祥云食品有限公司2014年销售利润统计表

	重庆	上海	北京	山东	海南	云南	贵州	河南	山西	西藏
咖啡	106	129	162	114	169	143	73	34	163	120
酱油	95	154	22	52	102	131	139	181	185	185
奶粉	175	24	89	149	128	117	168	107	87	112
大枣	6	183	176	106	12	72	102	23	186	37
蛋白粉	48	14	50	138	40	174	46	50	192	65
纯净水	85	122	62	52	134	48	194	154	187	111
火腿肠	29	169	154	59	55	110	68	41	134	10
鸡蛋	167	56	31	9	90	125	40	120	182	37
火锅底料	43	8	114	64	5	71	104	62	24	180
王老吉	63	19	167	184	177	25	137	19	87	80

图 5-55 以数据条格式显示工作表数据

(4)色阶

色阶用颜色的深浅表示数据的分布和变化，包括双色阶和三色阶。双色刻度使用两种颜色的深浅程度比较某个区域的单元格。颜色的深浅表示值的高低。例如，在绿色和红色的双色刻度中，可以指定较高值单元格的颜色更绿，而较低值单元格的颜色更红。3 色刻度使用 3 种颜色的深浅程度来比较某个区域的单元格。颜色的深浅表示值的高、中、低。

(5)图标集

使用图标集可以对数据进行注释,并可以按阈值将数据分为 3～5 个类别。每个图标代表一个值的范围,其形状或颜色表示的是当前单元格中的值相对于使用了条件格式的单元格区域中的值的比例。

图 5-56 中 B3:D11 采用的是【红黄绿】3 色阶条件格式,由红到绿的颜色渐变过程是单元格值逐渐变小的过程。G3:111 区域采用的是五圆圈图标集,每个圆圈代表一个范围,如空白圆圈代表最小值 20%,实心圆圈代表最大值 20%。

	A	B	C	D	E	F	G	H	I	J	K
2		重庆	上海	北京	山东	海南	云南	贵州	河南	山西	西藏
3	咖啡	106	129	162	114	169	143	73	34	163	120
4	酱油	95	154	22	52	102	131	139	181	185	185
5	奶粉	175	24	89	149	128	117	168	107	87	112
6	大枣	6	183	176	106	12	72	102	23	186	37
7	蛋白粉	48	14	50	138	40	174	46	50	192	65
8	纯净水	85	122	62	52	134	48	194	154	187	111
9	火腿肠	29	169	154	59	55	110	68	41	134	10
10	鸡蛋	167	56	31	9	90	125	40	120	182	37
11	火锅底料	43	8	114	64	5	71	104	62	24	180
12	王老吉	63	19	167	184	177	25	137	19	87	80

Sheet1　Sheet2　Sheet3　Sheet4

就绪　平均值: 95.93333333　计数: 30　求和: 2878　100%

图 5-56　色阶和图标集格式

3.条件格式规则

Excel 2010 中的条件格式是根据一组规则来实施完成的,这组规则称为条件格式规则。条件格式规则包括“基于各自值设置所有单元格的格式”、“只为包含以下内容的单元格设置格式”等 6 种。单击【开始】选项卡中的【条件格式】按钮,在弹出的快捷菜单中选择【新建规则】菜单项,出现如图 5-57 所示的【新建格式规则】对话框。在图中,【选择规则类型】列表框中列出了 Excel 2010 条件格式的 6 种规则,除了第一种规则外,其余每种规则的名称已明确表示出了该规则的条件格式意义。

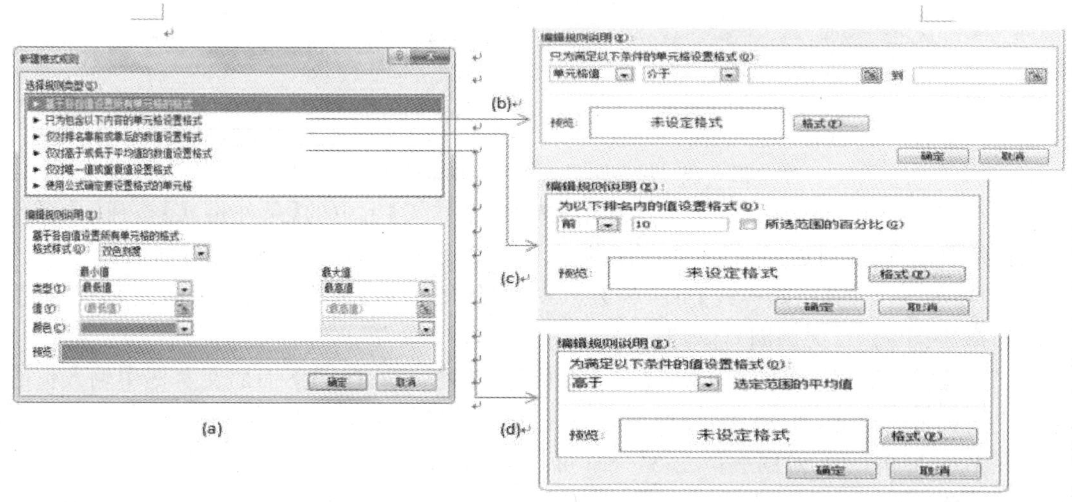

图 5-57　新建格式规则

第一种规则类型“基于各自值设置所有单元格的格式”，包括用于创建数据条、色阶和图标集的所有控件（可通过图 5-57(a)中【格式样式】的下拉列表选取）。

Excel 2010 为每种条件格式的规则设置了默认值，并将它们关联到各种条件格式中。在应用条件格式对单元格区域进行格式化时，Excel 将按默认规则格式化相应的单元格。例如，在应用具有 3 个图标的图标集格式时，每个图标均代表 33.33%比例的数值范围。

4.自定义条件格式

从形式上看，应用 Excel 默认的条件格式格式化工作表，能够使工作表中的数据更具表现力，通过它能够突出显示工作表中某些数据，表达特定的信息，并且能够应用图形、图标集和色阶使工作表中的数据更加美观和形象。这还不能满足某些应用需求，如在图 5-56 中，希望增加实心圆圈所占的比例，要有一半以上的单元格都是实心圆圈。这就需要建立新的条件格式规则或修改 Excel 条件格式的默认规则，加大实心圆圈图标在条件格式中所占的比例。

案例：某校采用学评教制度，学生对其任课教师进行评分。某次学评教成绩如图 5-58(a)所示。对该工作表进行格式化，标识出学评教分数最差的 20%，最好的 15%，以及中间的学评教成绩，以便于实施奖励与惩罚。

在 Excel 2010 中，可用多种条件格式（如色阶、图标集及项目选取规则等）实现本题的要求，但必须自定义或修改条件格式的规则。

图 5-58(b)是采用具有三个图标的图标集格式化该工作表的结果，图中的√表示学评教成绩排名前 15%的教师，×表示成绩排名后 30%的教师，!表示中间成绩的教师。格式化过程如下：

	A	B	C	D	E
1	XX学院年度评教成绩				
2	教师编号	姓名	性别	职称	学评教成绩
3	T00-00-01	张颁	男	教授	86
4	T00-00-02	王汉成	男	讲师	89
5	T00-00-03	张自忠	女	副教授	66
6	T00-00-04	李大伟	女	助教	64
7	T00-00-05	黄鉴	女	副教授	67
8	T00-00-06	刘凉	男	助教	66
9	T00-00-07	李定一	男	讲师	82
10	T00-00-08	赵括	男	讲师	71
11	T00-00-09	铁良	女	讲师	90
12	T00-00-10	卢不败	女	教授	100

(a)

	A	B	C	D	E
1	XX学院年度评教成绩				
2	教师编号	姓名	性别	职称	学评教成绩
3	T00-00-01	张颁	男	教授	! 86
4	T00-00-02	王汉成	男	讲师	! 89
5	T00-00-03	张自忠	女	副教授	× 66
6	T00-00-04	李大伟	女	助教	× 64
7	T00-00-05	黄鉴	女	副教授	× 67
8	T00-00-06	刘凉	男	助教	× 66
9	T00-00-07	李定一	男	讲师	! 82
10	T00-00-08	赵括	男	讲师	× 71
11	T00-00-09	铁良	女	讲师	! 90
12	T00-00-10	卢不败	女	教授	√ 100

(b)

图 5-58　用自定义条件格式格式化工作表

(1)选择 C3:E12 区域，然后单击【开始】选项卡【样式】组中的【条件格式】按钮，从弹出的快捷菜单中选择【新建规则】命令，出现如图 5-59 所示的【新建格式规则】对话框。

(2)在图 5-59 的【格式样式】下拉列表框中选择【图标集】选项，在【图标样式】下拉列表框中选择“三个符号(无圆圈)选项”。

(3)在【类型】下拉列表框中选择【百分点值】选项，然后在【值】下面的文本框中输入值的范围。完成上述设置，单击【确定】按钮后，格式化工作就完成了。

在 Excel 2010 中，对同一单元格区域，可以多次应用不同的条件格式。例如，对一个已经应用了色阶的单元格区域，可以再次应用图标集、数据条等条件格式。自定义条件格式也可以叠加。

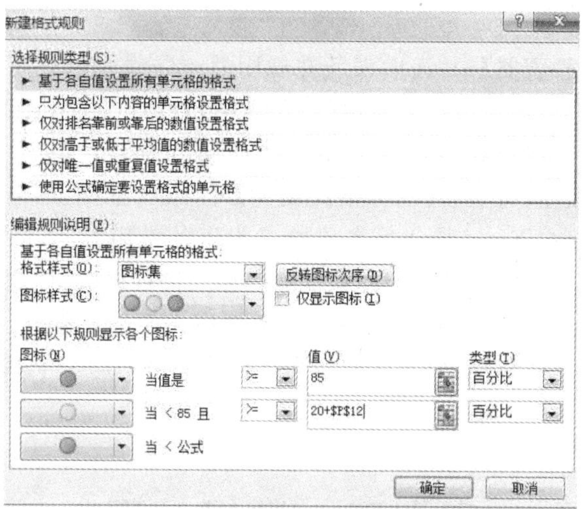

图 5-59 新建条件格式规则

5.条件格式规则的管理

早期版本 Excel 的条件格式,只支持同时应用 3 个条件。但在 Excel 2010 中,条件格式最多可以包含 64 个条件。如前所述,当要对区域设置多重条件时,需要分为多次进行,但每次的设置都会发生作用。

当对相同的单元格或区域设置了多重条件后,有可能引起条件规则的冲突。例如,一个规则将单元格字体颜色设置为红色,而另一个规则将单元格字体颜色设置为绿色。因为这两个规则冲突,所以只应用一个规则。到底应用哪个规则,要根据各条件规则的优先级来确定。条件规则的优先级可通过【条件格式规则管理器】对话框进行设置和管理,通过它还可以创建、编辑、删除和查看所有的条件格式规则。

在【开始】→【样式】组中,单击【条件格式】下三角按钮,然后单击【管理规则选项】出现【条件格式规则管理器】对话框,如图 5-60(b)所示。

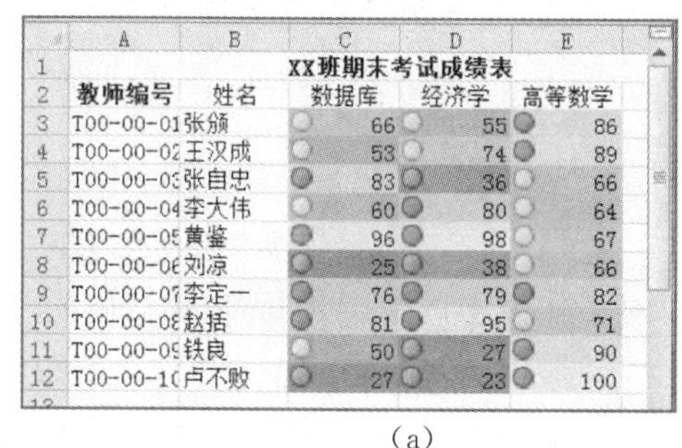

	A	B	C	D	E
1	XX班期末考试成绩表				
2	教师编号	姓名	数据库	经济学	高等数学
3	T00-00-01	张颁	66	55	86
4	T00-00-02	王汉成	53	74	89
5	T00-00-03	张自忠	83	36	66
6	T00-00-04	李大伟	60	80	64
7	T00-00-05	黄鉴	96	98	67
8	T00-00-06	刘凉	25	38	66
9	T00-00-07	李定一	76	79	82
10	T00-00-08	赵括	81	95	71
11	T00-00-09	铁良	50	27	90
12	T00-00-10	卢不败	27	23	100

(a)

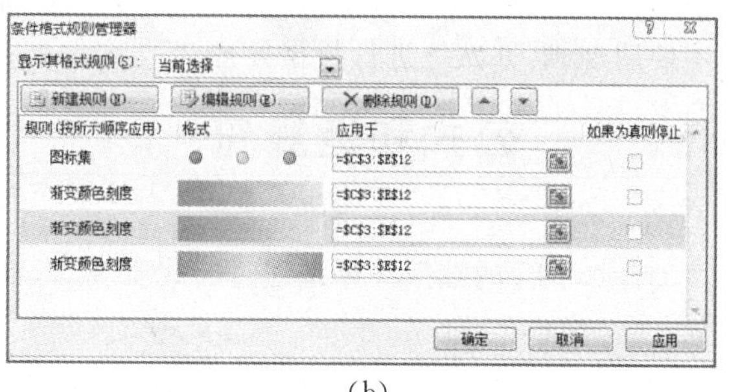

(b)

图 5-60 条件格式的多重应用及规则管理器

图 5-60(b)显示的是图 5-60(a)中的条件格式规则。从中可以看出,对图 5-60(a)中的 C3:E12 区域应用的条件格式有 4 种,包括图标集、双色色阶(即渐变颜色刻度)、数据条和【项目选取规则】(即单元格式<30)。

当将两个或更多的条件格式规则应用于同一个单元格区域时,它们在【条件格式规则管理器】中从上向下的次序就是其优先级从高到低的次序。在默认情况下,新规则总是添加到列表的顶部,因此具有较高的优先级,但可以通过格式管理器中的按钮,调整条件格式的优先次序。

在【条件格式规则管理器】中，选中某条件规则后，单击【删除规则】按钮，可以删除不再需要的规则；单击【新建规则】按钮，将显示【新建规则】对话框（如图 5-59 所示），从中可以创建新的条件格式规则，并将新规则应用于当前选中的单元格或区域。

单击【编辑规则】按钮，将显示【编辑格式规则】对话框（如图 5-59 所示），从中可以修改当前选中的规则。这是在 Excel 中进行条件格式设置的常用方式，即先用默认的条件格式设置单元格的格式，再通过此对话框对默认的条件格式进行修改，使之符合实际需求。

此外，在编辑工作表时，当复制和粘贴具有条件格式的单元格值，或用条件格式填充单元格区域，或用格式刷格式化单元格时，都会为目标单元格创建一个基于源单元格的新条件格式规则。

实训五　数据处理

任务目标：

- 学会 Excel 公式的输入。
- 识别 Excel 中的四种运算符。
- 掌握单元格的引用方法及规则。
- 掌握函数的引用方法及常用函数应用规则。

任务描述：

数据处理是 Excel 常规功能，其中公式输入、运算符选用、单元格引用、函数的引用等都是数据计算过程中必不可少的使用要素，学习者通过本次实训，要求学会并掌握这些要素的基本使用规则，并熟练进行数据处理。

训练一　公式和运算符

1.公式

Excel 2010 的数据计算是通过公式实现的，可以对工作表中的数据进行加、减、乘、除等运算。

Excel 2010 的公式以等号开头，后面是用运算符连接对象组成的表达式。表达式中可以使用圆括号“()”改变运算优先级。公式中的对象可以是常量、变量、函数及单元格引用，如：=C3+C4、=D6/3-B6、=sum(B3:C8)等。当引用单元格的数据发生变化时，公式的计算结果也会自动更改。

2.运算符

Microsoft Excel 包含 4 种类型的运算符：算术运算符、比较运算符、文本运算符和引用运算符。

(1)算术运算符：+(加号)、-(减号或负号)、*(星号或乘号)、/(除号)、%(百分号)、^

(乘方)。完成基本的数学运算,返回值为数值。例如,在单元格中输入"＝3＋3^2"后按回车键,结果为12。

(2)比较运算符:＝(等号)、＞(大于)、＜(小于)、＞＝(大于等于)、＜＝(小于等于)、＜＞(不等于)。用以实现两个值的比较,结果是逻辑值True或False。例如,在单元格中输入"＝2＞3",结果为False。

(3)文本运算符:文本运算符为"&",用来连接文本或数值,结果是文本类型。例如,在单元格中输入"＝"计算机"&"应用""(注意文本输入时须加英文引号)后按回车键,将产生"计算机应用"的结果。

(4)引用运算符:引用运算符包括":"、逗号","和空格。其中冒号为区域运算符,表示对两个单元格之间所有区域的引用,如(A1:D3);逗号为联合运算符,可以将多个单元格区域合并为一个区域,如(A1:D3,B1:C5);空格为交叉运算符,表示对两个区域共有单元格的引用,如(A1:D3 B1:C5)。

3.公式中的运算符运算优先级

公式中的运算符运算优先级从高到低为:(冒号)、空格、,(逗号)→%(百分比)→^(乘幂)→*(乘)、/(除)→＋(加)、－(减)→&(连接符)→＝、＜、＞、＜＝、＞＝、＜＞(比较运算符)。对于优先级相同的运算符,则从左到右进行计算。如果要修改计算的顺序,则应把公式中需要首先计算的部分括在圆括号内。

提示:

- 运算符必须是英文半角状态下输入。
- 公式的运算对象尽量引用单元格地址,以便于复制引用公式。

4.编制公式

选定要输入公式的单元格,输入一个等号(＝),然后输入编制好的公式内容,确认输入,计算结果自动填入该单元格。

训练二　单元格引用

Excel公式输入中用到其他单元格在表格中的位置,称作单元格引用。引用的作用在于标识工作表中的单元格或单元格区域,并指明公式中所使用的数据的单元格位置。通过引用,可以在公式中使用工作表不同部分的数据,或者在多个公式中使用同一个单元格的数值。还可以引用同一个工作簿中不同工作表上的单元格或其他工作簿中的数据。引用不同工作簿中的单元格称为链接。

单元格引用分为相对引用、绝对引用和混合引用3种。

1.相对引用

相对引用也称为相对地址引用,是指在一个公式中直接用单元格的列标题与行号来取用某个单元格格中的内容。比如在Al单元格中输入了一个公式"＝A2＋B5/D8＋20",该公式中的A2、B5、D8都是相对引用。如果含有引用的公式被复制到另一个单元格,公式中的引用会随之发生相应的变化,变化的依据是公式所在原单元格到目标单元格所发生的行、列位移,公式中所有的单元格引用都会发生与公式相同的位移变化。

2.绝对引用

绝对引用总是在指定位置引用单元格。如果公式所在单元格的位置改变,绝对引用保持不变。绝对引用的形式是在引用单元格的行列标题前面加"$"符号。比如，$A$1就是对A1单元格的绝对引用。

3.混合引用

混合引用具有绝对列和相对行，或是绝对行和相对列。例如，$A1、$B1就是具有绝对列的混合引用，A$1、B$1就是具有绝对引用行的混合引用。如果包含有混合引用的公式所在单元格的位置改变，则混合引用中的相对引用位置改变，而其中的绝对引用位置不变。

4.内部引用与外部引用

在Excel的公式中，可以引用相同工作表中的单元格，也可以引用不同工作表中的单元格，还可以引用不同工作簿中的单元格。如果引用同一工作表中的单元格就称为内部引用；如果引用不同工作表中的单元格就称为外部引用。下面几个公式是这几种引用的示例。

(1)引用相同工作表中的单元格"＝G3＋G5＋G10 * 10"

(2)引用同一工作簿的不同工作表中的单元格"＝Sheet1！G3＋ Sheet1！G5＋ Sheet1！E27"

(3)引用不同工作簿中的单元格"＝[Book1] Sheet1！$A$4＋[Book1] Sheet2！$E$7"

(4)同一公式中存在几种不同的引用"＝[Book1] Sheet1！A＋ Sheet1！G5＋F9"

无论上面涉及哪类工作名称的引用，当引用的工作表名称是以数字开头，或者包含空格和以下特殊字符时，应该将工作表名称放在一对半角单引号中。

$ % ` ～ ！ @ # ^ & ( ) ＋ － ＝ ， | " ； { }

例如引用工作表2abc中的单元格A1的公式为：＝＝'2abc'！A1

5.区域引用、三维引用及合并区域引用

(1)区域引用

在Excel公式中可以对多个连续单元格进行引用，称为区域引用。区域可以来源于同一工作表，不同工作表还可以是不同工作簿中的工作表。

(2)三维引用

三维引用是一种对连续多个工作表中相同区域的一种引用方式，其形式为：

'第一工作表:最后一个工作表！区域

三维引用在汇总或计算多个工作表相同区域中的数据时非常方便，请看下面的例子。

案例：某粮油杂货店将每月销售的大米分别保存在一个工作表中，一年共12个工作表，每个工作表的结构完全相同。一年要统计每季度，上半年，下半年及全年的大米销售总数量和总金额，如图5-61所示。

在汇总表的B3单元格中，输入第一季度大米销售总数量的三维引用求和公式：

＝SUM(一月:三月！C$4:C$34)

向下复制此公式，并修改其中的月份，B4中的公式为：

＝SUM(四月:六月！C$4:C$34)

B5中的公式为：

＝SUM(七月:九月！C$4:C$34)

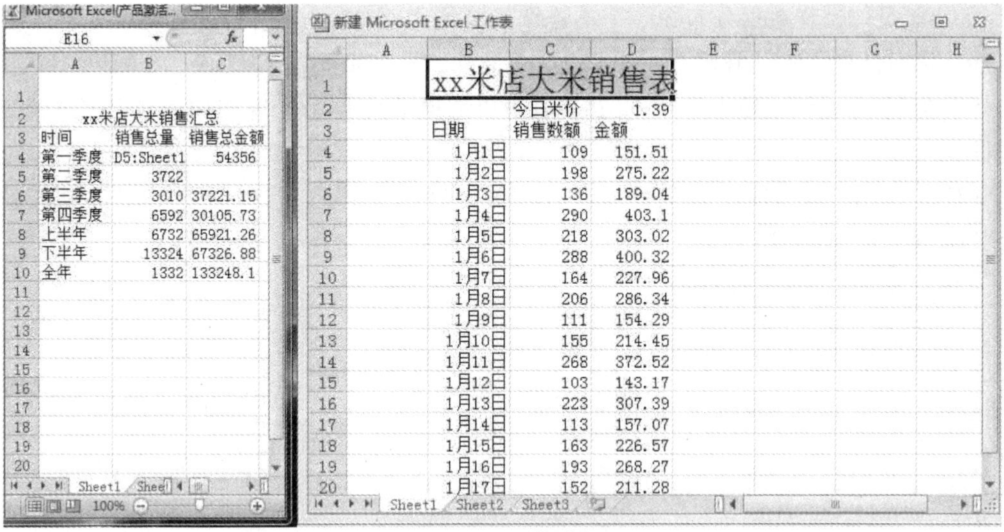

	A	B	C
1			
2	xx米店大米销售汇总		
3	时间	销售总量	销售总金额
4	第一季度	D5:Sheet1	54356
5	第二季度	3722	
6	第三季度	3010	37221.15
7	第四季度	6592	30105.73
8	上半年	6732	65921.26
9	下半年	13324	67326.88
10	全年	1332	133248.1

	A	B	C	D
1		xx米店大米销售表		
2			今日米价	1.39
3		日期	销售数额	金额
4		1月1日	109	151.51
5		1月2日	198	275.22
6		1月3日	136	189.04
7		1月4日	290	403.1
8		1月5日	218	303.02
9		1月6日	288	400.32
10		1月7日	164	227.96
11		1月8日	206	286.34
12		1月9日	111	154.29
13		1月10日	155	214.45
14		1月11日	268	372.52
15		1月12日	103	143.17
16		1月13日	223	307.39
17		1月14日	113	157.07
18		1月15日	163	226.57
19		1月16日	193	268.27
20		1月17日	152	211.28

图 5-61　三维引用

B6 中的公式为：

=SUM(十月:十二月! C$4:C$34)

B7 中的公式为：

=SUM(一月:六月! C$4:C$34)

B8 中的公式为：

=SUM(七月:十二月! C$4:C$34)

B9 中的公式为：

=SUM(一月:十二月! C$4:C$34)

然后选中 B3:B9 区域，向右拖动此区域的填充柄到 D3:D9 区域，就可以计算出相应时间区间内的大米销售总金额。

如果要对一个工作簿中除公式所在工作表之外的所有工作表的某相同区域进行计算，还可以使用通配符“*”代替工作表标签。如本例中汇总工作表中 B9 和 D9 单元格下的公式也可以分别为"=SUM('*'! C$3:C$34)"和"=SUM('*'! D$3:D$34)"。

6.合并区域引用

同一工作表中的不连续区域称为合并区域，它可以出现在公式或函数中。合并区域的引用形式为："(区域 1,区域 2,……,区域 n)"。

Excel 提供了一个 rank 函数，可以用来对一组数据进行排名。用法如下：

RANK(number,ref,[order])

其中 Number 是需要找到排位的数字，ref 是一个数字列表数组或对数字列表的引用。order 指明数字排位的方式，如果为 0 或省略，按照降序排列。如果 order 不为 0，按照升序排列。

案例：某粮油连锁销售店在朝阳、光明和民主 3 个分店某天的销售记录如图 5-62 所示。计算各位职员的销售排名。

各位职员的销售数据分布在3个不连续的区域中，但需要对它们进行统一计算才能正确排名，采用合并区域引用方式可以实现这一任务。操作如下：

(1)在C4单元格中输入计算B2在所有销售数据中的排名公式，采用绝对引用方便公式的复制。

(2)将C4中的公式填充复制到C5:C12、H4:H12、M4:M12区域的单元格中，这时就可看到所有职员销售排名。

H4 =RANK(G4, ($B$4:$B$12, $G$4:$G$12, $L$4:$L$12))

	A	B	C	D	E	F	G	H	I	J	K	L	M
1	XX粮油店朝阳分店胡麻油销售表					XX粮油店光明分店胡麻油销售表					XX粮油店民主分店胡麻油销售表		
2	4月1日	今日油价	4.6			4月1日	今日油价	4.6			4月1日	今日油价	4.6
3	姓名	销售数量	销售排名			姓名	销售数量	销售排名			姓名	销售数量	销售排名
4	扬天	80	15			张在	130	7			韩升成	200	1
5	贾东升	120	8			高明	110	10			吕华伟	15	27
6	李永东	90	12			张三	50	23			杨昌妍	25	26
7	马明	70	19			李四	40	25			朱琳琳	45	24
8	刘慧	160	6			候东	180	4			方丹青	70	19
9	张明洲	200	1			黄伟	190	3			宁静	95	11
10	桑开祥	180	4			刘星星	85	13			邓光远	78	17
11	赵如君	70	19			欧阳婧	65	22			董明珠	83	14
12	武开诚	80	15			李娜	75	18			王林	112	9

Sheet1 Sheet2 Sheet3 Sheet4 Sheet5

图5-62 合并区域引用

7.表格与结构化引用

表格是从早期Excel版本中的列表演化而来的，其功能非常强大，适用于构造数据行随时可能增加或减少的动态表格。后面将对表格进行更加详细的介绍，在此仅对其提供的结构化引用进行简介，以便于读者理解其意义和强大功能，在公式和函数中多应用它们以实现对可变数据区域的各类计算与分析。

表格的第一行通常为标题行，其中的各个标题代表了对应列的数据，在公式或函数可以直接引用表格中的列标题进行数据计算，这就是所谓的结构化引用。其特点是当表格中的数据行增多或减少时，公式或函数中的结构化引用可以自动适应表格中的数据变化，计算出正确的结果。在结构化引用时，表格列标题应放在一对中括号中，最常见的几种引用形式如下。

- 引用表格中某列标题对应列的方法是：

  表名称[列标题名称]

- 引用表格中连续多列的方法是：

  表名称[[最左边列标题名称]:[最右边列标题名称]]

- 引用表格中与公式同行中某列所对应的单元格：

  表名称[@[列名称]]

- 引用表格与公式同行中连续几列的单元格：

  表名称[@[最左边列标题名称]:[最右边列标题名称]]

案例：某学校的教师档案表如图5-63所示，采用结构化引用所有教师的基本工资总和，计算各位教师的实发工资。

E7　1945-2-13

南海商学院2004年6月份教师工资档案表

序号	姓名	部门	职称	出生年月	身份证编号	基本工资	加班工资	实发工资		k列同行中的结构化引用公式
jx001	王兰科	财务部	工程师	1964-12-14	51467312	3000	713	3713		
jx002	杨文晶	财务部	工程师	1978-1-24	52467985	3000	1490	4490	总基本工资	38700=SUM（表1[基本工资]）
jx003	梁应	教务处	副教授	1974-3-26	51465479	3200	114	3314		
jx004	任晓芳	教材科	副教授	1965-7-26	51698521	3200	470	3670	基本工资和加班	46573=SUM(表1[[基本工资]:[加班工资]])
jx005	高明娟	计算机系	讲师	1945-2-13	51468721	300	25	3025	工资总和	
jx006	翟慧婷	通信系	高级工程师	1947-3-21	51697731	3400	985	4389		
jx007	兰芳萍	计算机系	副教授	1985-25-1	51369845	3200	1038	4238		
jx008	李涵卿	通信系	教授	1954-8-4	51347954	3500	430	3930		
jx009	武志香	通信系	讲师	1995-5-28	51235754	3000	266	3266		
jx010	于曦格	计算机系	副教授	1965-45-5	51697361	3200	1423	4623	本行G:H列总和	4623=SUM(表1[@[基本工资]:[加班工资]])
jx011	黄晓丹	管理系	教授	1945-45-3	51354675	3500	611	4623	本行G:H列总和	4111=表1[@基本工资]+表1[@加班工资]
jx012	吴英请	管理系	教授	1968-12-2	51456879	3500	335	3835		

图 5-63　表格结构化引用

建立表格并结构化引用表格中行列数据的方法和过程如下：

(1)选中表格数据区域 A3:I15，单击【插入】—【表格】组中的【表格】命令按钮，将此区域转换成表格。

转换成表格后，Excel 将在每个列表题的右边加上一个"筛选"下拉列表箭头，并格式化表格。每个表格都有一个唯一的名称，通过此名称可引用表格的内容。在默认情况下，第一个插入表格的名称为"表 1"，可通过"表格工具"－"设计"－"属性"组中的"表名称"修改其名，方法是先在此删除旧名称，然后直接输入新名称。

(2)在 K5 和 K7 中分别输入以下两公式，可以计算出所有职工基本工资总和，与所有职工基本公式和加班工资总和。

K5 中的公式：＝SUM(表 1[基本工资])

K7 中的公式：＝SUM(表 1[[基本工资]:[加班工资]])

此两公式具有自动识别表格数据区域的能力，当在第 16 行输入新职工的数据后，它们能够自动包括这些数据，并对之求和。同样，当删除表格中的数据行后，也能够自动缩减表区域，重新计算以得出正确数据。

(3)在 K13 和 K14 中输入计算同行基本工资和加班工资总和的计算的公式：

K13 中的公式：

＝sum(表 1[@[基本工资]:[加班工资]])

K14 中的公式：

＝表 1[@基本工资]＋表 1[@加班工资]

这两个公式在本质上是相同的，主要说明表格中单列和连续多列中的某行数据的引用方法。其中 K14 中的公式为"＝表 1[@[基本工资]]＋表 1[@[加班工资]]"，Excel 对它进行了简化。在实际引用时，按此两种方式输入都是可以的。

训练三　　函数引用

1.函数的概念

函数是为了方便用户对数据进行运算而预定义好的公式。2010 按功能不同将函数分为 11 类，分别是数据库函数、财务函数、日期与时间、数学与三角函数、统计函数、查找与引用函数、文本和数据函数、逻辑函数、信息函数、工程函数、自定义函数等。

2.函数引用的格式

Excel 中函数引用的格式大致分为函数名和参数表两部分，其中参数可以是常量、单元格引用和其他函数。

函数名(参数 1,参数 2,……参数 255)

3.函数引用的方法

函数引用又称函数调用,其调用方法有以下几种方式。

(1)在公式中直接输入

如果知道函数名称和需要的参数,可以在公式或表达式中直接输入函数。例如,求单元格区域 A1:D15 的数据的总和,结果保存在 E1 单元格中。如果对汇总函数 SUM 非常熟悉,就可以直接在 E1 单元格中输入公式"=SUM(A1:D15)"。输入完成并按 Enter 键后,Excel 就会自动把 A1:D15 区域中的所有数值之总和显示在 E1 单元格中。

(2)使用函数向导

Excel 提供了 300 多个可用的工作表函数,这些函数覆盖了许多应用领域,每个函数又允许使用多个参数。要记住所有函数的名称、参数及其用法是不可能的。当知道函数的类别以及需要计算的问题时,或知道函数的名称但不知道函数所需要的参数时,可以使用函数向导来完成函数的输入。具体方法:

①单击工具栏上的【插入函数】按钮 fx,或者选择菜单栏上【公式】→【 函数库】→【插入函数】命令,弹出如图 5-64 所示【插入函数】对话框。

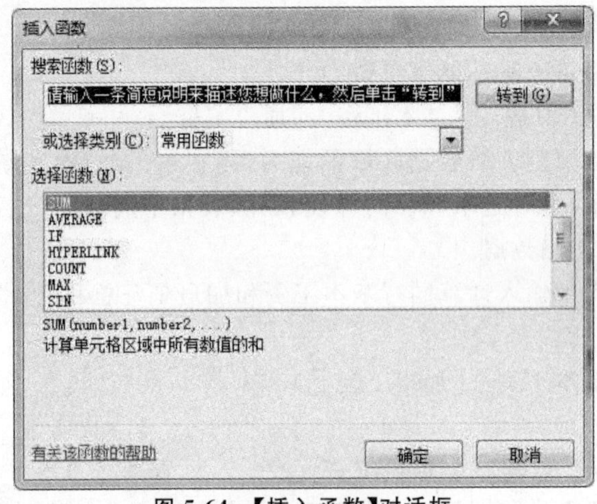

图 5-64 【插入函数】对话框

②在【插入函数】对话框中选择函数类别及引用函数名。例如,为求平均分,应先选常用函数类别,再选求平均值函数 AVERAGE。然后单击【确定】按钮,弹出如图 5-65 所示的【函数参数】对话框。

③在"AVERAGE" 参数栏中输入参数。即在 Number1,Number2,……中输入要参加求平均分的单元格、单元格区域。可以直接输入,也可以用鼠标单击参数文本框右面的"折叠框"按钮,使【函数参数】对话框折叠起来,然后到工作表中选择引用单元格,选好之后,单击折叠后的"折叠框"按钮,即可恢复【函数参数】对话框,同时所选的引用单元格已自动出现在参数文本框中。

④当所有参数输入完后,单击【确定】按钮,此时结果出现在单元格中,而公式出现在编辑栏中。

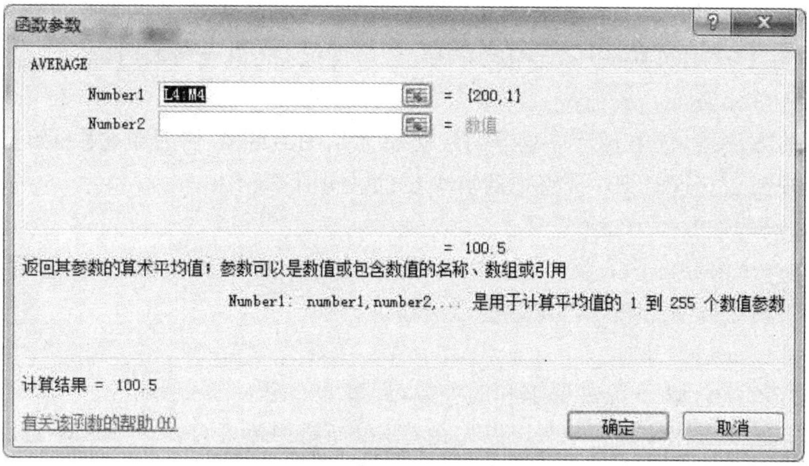

函数参数

AVERAGE

Number1　L4:M4　= {200,1}

Number2　　= 数值

= 100.5

返回其参数的算术平均值；参数可以是数值或包含数值的名称、数组或引用

Number1: number1,number2,... 是用于计算平均值的 1 到 255 个数值参数

计算结果 = 100.5

有关该函数的帮助(H)　　确定　　取消

图 5-65　【函数参数】对话框

4.常用工作表函数

案例：某班学生成绩表如图 5-66 所示，现要统计出其中的平均分、总分、参考人数、等级及缺考人数等数据。

	A	B	C	D	E	F	G	H	I
1					XX班学生成绩表				
2	学号	姓名	计算机	英语	高数	C程序	总分	平均分	等级
3	3101001	李秋来	98	90	97	93			
4	3101002	王鸿举	43	42	70				
5	3101003	张千瓦	84	82	87	98			
6	3101004	刘柏志		89	76	28			
7	3101005	黄安	88	70	76	65			
8	3101006	王朝	95	78		32			
9	3101007	秋云	23	61		94			
10	3101008	齐军	64	32	72	29			
11	平均分								
12	最高分								
13	最低分								
14	参考人数								
15	缺考人数								
16	70-80分的人数								
17	不及格人数								

图 5-66　学生成绩表

在如图 5-66 所示的成绩表中，每个科目所对应的列中的空白表示对应的学生没有参加该科目的考试，比如 C6 为空白，表示刘柏志没有参加计算机科目的考试；等级按总分进行评判，总分在 360 以上的为“优”，总分在 320～360 之间的为“良”，总分在 280～320 之间的为“中”，其余的为“差”。要计算出这些数据。就需要了解以下几个常用的工作表函数。

(1)汇总求和函数

简单的求和运算可以通过公式完成，比如计算图 5-66 中的“总分”，可以先在 G3 中输入公式“＝C3＋D3＋E3＋F3”，然后将此公式向下复制，就能计算出每个同学的总分。但并不是所有的求和运算都这样简单，如果遇到复杂的求和运算，这样的公式就无能为力了。为此，Excel 至少提供了以下 3 种求和方式。

①自动求和按钮

对工作表的行、列求和是一种常见的表格运算。使用频率极高，为了方便操作，Excel 提供了一个自动求和按钮。利用它可以极其方便地对行、列数据进行求和，一次可以求一行或一列的总和，也可同时求几行或几列数据之和。

比如在图 5-66 中，要计算第 3 行的总成绩(即李秋来的成绩)，只需先选中 G3 单元格，然后单击【开始】→【编辑】组中的∑自动求和，然后再把 G3 单元格的内容向下填充复制到所有同学的总分单元格。

最简单的方法是，选中要计算总分的所有单元格 G3:G10，然后单击【开始】→【编辑】中的自动求和按钮∑。这时 Excel 将把所有人员的总分计算出来。

②SUM 函数

SUM 是一个求和汇总函数，与自动求和按钮的功能相同，但它更灵活，它可以计算任意单元格区域中所有数字之和。该函数的语法如下：

```
SUM(x1、x2、……x255)
```

其中，x1. x2，…，x255 为需要求和的参数，最多 255 个。

例如计算图 5-66 中的"总分"，可以先在 G3 单元格中输入公式"＝SUM(C3:F3)"，然后将此公式向下复制，就能计算出每个同学的总分。

③条件求和函数 SUMIF 和 SUMIFS

SUMIF 函数用于对需要满足单个条件的若干单元格求和，SUMIFS 用于对需要同时满足多个条件的区域求和。(该部分内容超出本课程学习范围，如果有兴趣的学习者请自行选择参考资料进行研究学习)。

(2)条件函数 IF

IF 函数非常有用，其用法是：IF(条件，表达式 1，表达式 2)。其功能是：当条件成立时，计算出表达式 1 的值；当条件不成立时，计算出表达式 2 的值。

IF 函数常用于数据的转换或选择，也常用于数据的查找。图 5-66 的"等级"需要依赖 IF 函数进行转换，但还需要结合求和函数才能完成，其方法如下：

①在图 5-66 的 I3 单元格输入公式："＝IF(G3＞＝360，"优"，IF(G3＞＝320，"良"，IF(G3＞＝280，"中"，"差")))"。

②将此公式向下填充复制到最后一个同学所对应的单元格，即 I10。Excel 就会在所对应的 I 列中显示出该同学的成绩等级。

③在图 5-66 的 J3 单元格输入公式："＝IF(OR(C3＜60，D3＜60，E3＜60，F3＜60)，"*"，"")"。

④将此公式向下填充复制到最后一个同学所对应的单元格，即 J10。Excel 就会在有补考的同学所对应的 J 列单元格中填写上一个"*"。

(3)求平均值函数 AVERAGE、AVERAGEA 函数

这两个函数的功能都是计算给定参数的平均值，但他们对文本、逻辑值的处理不同，下面分别对他们进行简单介绍。其语法如下：

```
AVERAGE(n1,n2,n3,…n255)
```

其中，n1，n2，…n255 是要计算平均值的参数，该函数最多允许有 255 个参数。参数可以是数字、涉及数字的名称、数组或引用。如果数组或单元格引用参数中有文字、逻辑值或空单元格，则这些参数不参与平均值的计算。但是，如果单元格包含零值则计算在内，如果需要包括文本或逻辑值的参数也参与平均值的计算，则需要使用下面的函数：

```
AVERAGEA(x1,x2,x3,…x255)
```

同 AVERAGE 函数一样,AVERAGEA 函数的参数必须为数值、名称、数组或引用,但在该函数中,参数中的文本、逻辑值将参与平均值的计算。其中的文本被视为 0,逻辑值为 TUER 被视为 1,false 被视为 0,空文本("")也作为 0 计算。如果平均值的计算终不能包含文本值,就应该只有 AVERAGE 函数。

图 5-67 说明的是 AVERAGE 函数与 AVERAGE 函数的区别。

	A	B	C	D	E	F	G	H
1								
2		参数1	参数2	参数3	参数4	参数5	参数6	参数7
3		5	TRUE	FALSE	""	text	text	987
4		6	2	3	4	0	1	5
5								
6		在H6中输入公式：=AVERAGE(B3:H4)						3.25
7		在H7中输入公式：=AVERAGEA(B3:H4)						1.928571
8		在H8中输入公式：=AVERAGE(RA，F3,H3，12，15，{4，5，6})						7.833333
9		在H9中输入公式：=AVERAGEA(RA，F3,H3，12，15，{4，5，6})						4.363636

命名B3：E4区域为RA

相同的参数，但两个函数的计算结果是不同的

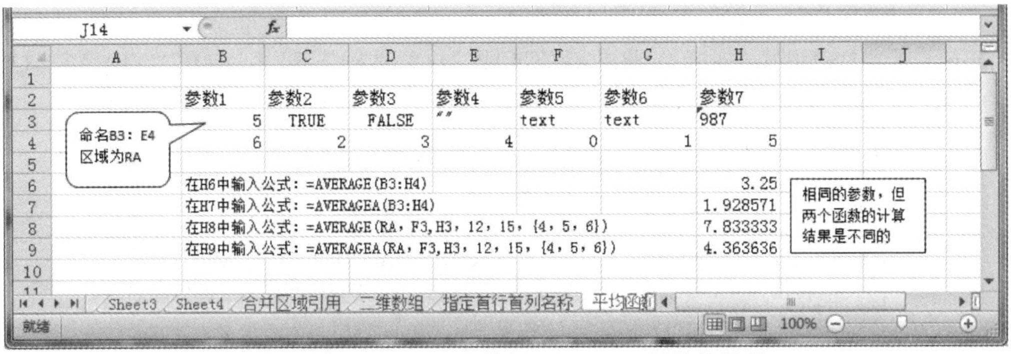

图 5-67　AVERAGE 函数与 AVERAGE 函数的区别

在图 5-67 的 H6 单元格中输入的公式为"＝AVERAGE(B3:H4)",H7 单元格中输入的公式为"＝AVERAGEA(B3:H4)"。这两个函数的参数完全一样,但结果有很大的差别。因为 AVERAGE(B3:H4)参与平均值计算的单元格只有 B3:H4 区域中的数值单元格,即只有 B3、B4、C4、D4、E4、F4、G4、H4 参与计算。请注意,H3 中的"987"是字符串,它不参与 AVERAGE 的平均值计算;但 AVERAGEA(B3:H4)参与计算的是整个 B3:H4 区域,共 14 个单元格,其中的 E3:H5 被视为 0(它们是文本),C3 为 1(逻辑值 true),D3 为 0(逻辑值 false)。

在 H8、H9 单元格中输入的公式说明了这两个函数的多参数应用情况,其中 RA 是单元格区域 B3:E3 的名字。

(4)计数函数 COUNT、COUNTA、COUNTBLANK、COUNTIF

这 4 个函数都与计数有关,只是统计的方式不同而已。

①COUNT 和 COUNTA 函数

COUNT 统计数值型数据的个数,COUNTA 统计非空单元格的个数,COUNTBLANK 统计空白单元格的个数。COUNT 和 COUNTA 函数的用法如下

```
COUNT(v1,v2,…)
COURTA(v1,v2,…)
```

其中,vl,v2,…是包含或引用的各种类型数据的参数(1～255)。COUNT 函数只统计数值类型数据的个数,而 COUNTA 函数则计算数组或单元格区域中数据项的个数,只要单元格不空,就要被计数。图 5-68 是用这两个函数对同一区域进行统计的不同结果。在图 5-68中,COUNT(D2:D10)的结果是表明该区域中有 4 个数值,即 2001-1-2、¥6,555.0、43、8.99。需要说明的是,Excel 中的日期是以数值形式保存的,金额也是数值,¥符号只是数值显示的一种形式。

统计区域同样是 D2:D10,但 COUNTA 结果是 8。在 D7 单元格中输入了一个空白符号,空白符号也是一个符号,所以 D7 也要参与 COUNTA 的计数。

COUNT 函数对公式中的逻辑常数与单元格引用中的逻辑常数的处理方式不一样，直接出现在公式中的逻辑值 false 或 true 是按 0 或 1 处理的，而单元格中的 false 或 true，则被视为文本，要参与 count 的计数。

②COUNTBLANK 函数

C()UNTBLANK 统计指定区域中空白单元格的个数，它只有一个参数，其用法如下：

```
COUNTBLANK(range)
```

range 是要计算其中空白单元格数目的区域。比如在图 5-68 中，COUNTBLANK(D2：D10)＝1。因为 D2：D10 区域中的 D7 单元格是空白。

	A	B	C	D	E
1		姓名		产品	
2	编号	张三		彩电	
3	ZK001	李四		彩电	
4	ZK002	王五		2001/1/2	
5	ZK003	赵六		¥ 6,555.00	
6	ZK004	钱七		43	
7	ZK005	刘八			
8	ZK006	孙九		8.99	
9	ZK007	魏十		TRUE	
10				k09	
11					
12			COUNT(D2:D10)	4	
13			COUNTA(D2:D10)	8	
14			COUNTBLANK(D2:D10)	1	
15					

图 5-68　不同计数函数的区别

③COUNTIF 函数

Countif 函数是一个统计函数，它可以计算出符合条件的数据的个数，其用法如下：

```
COURTIF(range,criteria)
```

其中 RANGE 是需要统计个数的单元格区域，CRITERIA 是统计的条件，它可以是数字、表达式或文本。

例如，假设 A3：A6 中的内容分别为 apples、oranges、peaches、apples，则 COUNTIF(A3：A6，"apples")＝2，意思是 A3：A6 区域中有两个单元格的内容为 apples；再如 B3：B6 中的内容分别为 32，54、75、86，则 COUNTIF(B3：B6，"＞55")的结果为 2。

(5)求最大值、最小值函数 MAX、MIN

```
MAX(number1,number2,…)
MIN(number1,number2,…)
```

numberl，number2，…是要从中找出最大值或最小值的 1～255 个数字参数，也可以是单元格或单元格区域的引用。

例如 MAX(2，1，43，－9)的结果是 43，而 MIN(2，1，43，－9)的结果是－9；MIN(A1：D20，F2，E3)将计算出 A1：D20 区域、F2 和 E3 中所有单元格中的最小值。

(6)逻辑函数 AND、NOT、OR、TRUE、FALSE

所谓逻辑表达式，就是用逻辑运算符(AND、NOT、OR)把两个或两个以上的比较式连接起来的式子，这种式子的最终结果不是 true 就是 false。函数的用法如下：

```
AND(11,12,13,…)
OR(11,12,13,…)
NOT(logical)
TRUE(  )
FALSE(  )
```

其中，参数 11,12,…表示待检的 1～255 个条件值或为 true 或为 false。

AND 函数表示逻辑与，当所有参数的逻辑值为真时返回 true，只要一个参数的逻辑值为假返回 False。

OR 函数表示逻辑或，只要有一个参数的逻辑值为真时就返回 true，当所有参数都为逻辑假时，其结果才为 false。

NOT 函数只有一个参数 logical，该参数是一个可以计算出 ture 或 false 的逻辑值或逻辑表达式。如果逻辑值为 false，函数 NOT 返回 true；如果逻辑值为 ture，函数 NOT 返回 false。

使用 AND 与 OR 函数时，参数的使用应注意以下几点：

①参数必须是逻辑值，或者包含逻辑值的数组或引用。

②如果数组或引用的参数包含文字或空单元格，则其值将被忽略。

③如果指定的单元格区域内包括非逻辑值，则 AND 函数将返回错误值“#VALUE!”案例：

```
AND(ture,ture)=ture
OR(ture,ture)=ture
AND(true,false,true,true)=false
OR(ture,false,ture,ture)=ture
```

(7)常用数学和三角函数

EXCEL 提供了许多数学三角函数，它们能够完成大多数数学和三角运算，这些函数可以在公式中直接引用。然后将公式的计算结果返回到输入公式的单元格中。

数学三角函数很多，这里只对常用的几个简单介绍，对于其他函数，读者可通过 Excel 的帮助信息查询。

①MOD(number,divisor)

计算两数相除的余数，结果的正负号与除数相同，number 为被除数，divisor 为除数，如果 divisor 为零，MOD 函数返回错误值“#DIV/O!”。

例如，MOD(3,2)=1，MOD(−3,2)=1，MOD(3,−2)=−1，MOD(−3,−2)=−1

②TRUNC(number,num_digits)

截尾函数，将数字的小数部分截去，返回整数。number 是需要截尾取整的数字，num_digits用于指定取整精度的数字，num_digits 的默认值为 0。

例如，TRUNC(8.9)=8，TRUNC(−8.9)=−8

③ABS(number)

绝对值函数，计算参数 mumber 的绝对值，如 abs(−98)=98

④SQRT(n)

平方根函数，返回 n 的正平方根。n 为正数，如果该数字为负，则函数 SQRT()返回错误值"＃NUM!"。

⑤SIN(number)，COS(number)，TAN(number)

SIN 是正弦函数，COS 是余弦函数，TAN 是正切函数，这几个函数的参数 number 均为弧度制。

⑥ASIN(n1)，ACOS(n1)，ATAN(n2)

ASIN 是反正数，ACOS 是反余弦，ATAN 是反正弦。其中，n1 的取值范围是【－1，＋1】，n2 是正切值，可取任意实数值。

⑦PI()

函数 PI 的值是 3.14159，表示 π。

⑧POWER(x,n)

计算 x 的 n 次方，即计算 x^2。x 是底数，可为任意实数。n 是指数；例如，POWER(5,2)＝25，POWER(98.6,3.2)＝2401077。

说明：在 Excel 中可以用"^"运算符代替函数 POWER 来表示对底数乘方的幂次，如5^2。

⑨LN(n)

计算正实数 n 的自然对数。LN 函数是 EXP 函数的反函数。

(8)文本字串提取函数

字串提取函数主要包括 LEFT、RIGHT 和 MID，它们可以从指定文本中，按照需要提取部分字符形成新的字符串或进行进一步处理，在实际工作中，其用处极大。用法如下：

```
IEFT(text,[num_chars])
RIGHT(text,[num_chars])
MID(text,[num_chars])
```

函数中的 text 是原始文本，num_chars 是要提取的字符个数。LEFT 函数从 text 的左边第一个字符开始提取 num_chars 个字符，RIGHT 函数用于从 text 的右边提取num_chars 个字符。如果省略 num_chars，则默认为提取一个字符。

MID 函数用于从 text 的第 start_num 位置开始，提取连续的 num_chars 个字符。

案例：如图 5-69 中，A5:B13 显示为联系人身份证号码和信息表，要求计算各身份证的省级代码、出生年月日、性别以及姓名和联系电话等信息。

	A	B	C	D	E	F	G	H	I
1	省级代码		11	12	13	15	35	…	62
2	所在省级行政区		北京	天津	河北	山西	福建		甘肃
3									
4		身份证信息识别							
5	身份证编号	联系信息	省份	出生日期	性别	姓名	联系电话		
6	356367530731511	张海13902912566	35	1953-07-31	男	张海	13902912566		
7	620503196804018006	王静18032911789	62	1968-04-01	女	王静	18032911789		
8	151495198402230032	董世德18939220170	15	1984-02-23	男	董世德	18939220170		
9	110117690201698	安军13855261729	11	1969-02-01	女	安军	13855261729		
10	120115198102170763	谢萍13519227063	12	1981-02-17	女	谢萍	13519227063		

图 5-69　文本字串提取函数应用

分析:身份证数字按照“地址码＋出生口期＋顺序码＋校验码”构成,共18位数字。其中,地址码6位,依次为“省级2位＋地市级2位＋县区市2位”;在15位身份证编码中出生日期6位(年2位＋月2位＋日2位),在18位身份证编码中出生日期8位(年4位＋月2位＋日2位);顺序码3位,如果末位(在15位的身份证中对应第15位,在18位的身份证中对应第17位)为偶数,代表女性,奇数代表男性。

①从身份证编码中提取省份编码

从上面分析可知,只要从身份证数字中提取左边两位数字,就可以计算出身份证中的省级代码。在C6中输入公式:

```
=LEET(A6,2)
```

将C6中的公式向下复制,即可计算出每个身份证中的省级编码。如果再用lookup之类的查找函数,可以从A1:AH2区域中,方便地查出身份证所在的省份。

②从身份证编码中提取出生年月日数据

在D6中输入下面的公式,可以从A6的身份证数字中提取出生年月日。

```
=TEXT(IF(LEN(A6)=15,"19"&MID(A6,7,6),MID(A6,7,8)),"0000-00-00")
```

此公式中的“IF(LEN(A6)=15,"19"&MID(A6,7.6),MID(A6,7.8))”首先用LEN计算身份证号码长度,如为15位身份证,则用“"19"&MID(A6,7,6)”在MID提取的6位出生年月日前面加上“19”,将之转换成8位年月日;否则(即为18位身份证)就直接用MID提取8位年月日。公式最后用TEXT函数将提取的数据转换成日期型文本类型。

③从身份证中提取性别信息

在E6输入下面的公式,计算身份证中的性别是男还是女。

```
=IF(MOD(1F(LEN(A6)=15,MID(A6,15,1),MID(A6,17,1)),2),"男","女")
```

公式内部的1F函数根据身份证数字的长度从身份证编码中提取代表性别的第15位或第17位数字,再用外部的IF函数通过MOD判断提取数字的奇偶特点,如为奇数则函数最后结果为“男”,否则即为“女”。

④从联系人信息中提取姓名和电话号码

在F6中输入下面的公式,从B列联系人字符串的左边提取姓名。

```
=LEFT(B6,LENB(B6)-LEN(B6))
```

由于在B列中,姓名位于左边,一个汉字用LENB函数计算其长度时为2,用IEN计算时则为l,两者之差即为汉字个数。可据此用LEFT余数从B6中恰当地提取姓名。

在G6中输入并向下复制下面的公式,提取联系人电话信息。

```
=RIGHT(B6,2*LEN(B6)-LENB(B6))
```

EN计算出B6中的实际字符数,乘以2即为实际字符数的2倍,IENB计算时每个数字长度为1,每个汉字长度为2,因此2*LEN(B6)-LENB(B6)的结果为数字的个数。所有的数字位于联系信息文本的右边,所以可用RIGIIT函数将其提取出来。

(9)使用Excel帮助理解函数

由于篇幅的原因,在此不再对其他函数进行详解。Excel的帮助系统具有强大的功能,利用它能够解决使用Excel过程中所遇到的各种问题,包括Excel的新技术、疑难、专用名字解释、函数说明、函数应用实例等。进入Excel帮助系统的常用方法有:

①按 F1 键。

②单机 Excel 右上角【Office 助手】工具按钮。

不管用哪种方法进入帮助系统，Excel 将在任务窗格中显示出有关的帮助信息，单击信息窗口中的【目录】，Excel 就会展开帮助信息的目录，在此可进一步查寻需要的帮助条目，并得到系统的帮助。

如果知道要寻求帮助的关键词，可以直接在【搜索】文本框中输入要查询的关键词。然后按 Enter 键或单击该文本框右边的搜索按钮，Excel 就会显示出查找关键词的相关帮助信息的多个条目，然后可从这些条目中进一步获取相关的帮助。帮助信息中不但有函数功能的描述、使用语法、函数各参数的数据图型及意义的讲述，而且还提供了函数应用的一些实际例子，相当全面。

训练四　数组公式及其用

1.数组的概念

前面介绍的公式都是只执行一个简单计算，并返回一个运算结果。如果需要同时对一组或两组以上的数据进行计算，计算的结果可能是一个，也可能是多个，这种情况只有数组公式才能处理。

在 Excel 中，数组公式能够对两组或两组以上的数据(两个或两个以上的单元格区域)进行计算。在数组公式中使用的数据称为数组参数，数组参数可以是一个数据区域，也可以是数组常量。

数组是指一行、一列或多行多列排列的一组数据元素的集合。同一行不同列中的元素用“,”;不同行相同列中的元素用“;”间隔。数组中的元素应该用“{ }”将它们括起来。例如,(10,20,30,40)是一个 1 行 4 列数组，相当于一个 1 行 4 列的引用；而{10,20,30,40;50,60,70,80}则表示第一行为 10、20、30、40 和下一行为 50、60、70、80 的 2 行 4 列的数据组常量。

2.数组公式及其应用

如果需要建立数组公式进行批量数据的处理，可按以下方法建立数组公式。

● 如果希望数组公式返回一个结果，可先选中需要保存数组公式计算结果的单元格。数组公式返回多个结果，则选择需要保存数组公式计算结果的单元格区域。

● 输入公式的内容。

● 公式输入完成后，按 Ctrl＋Shift＋Enter 组合键。

小提示:最后一步是相当重要的，在任何时候，输入公式后按 Ctrl＋Shift＋Enter 组合键就会把输入的公式视为一个数组公式。如果在最后一步只按 Enter 键，则输入的只是一个简单的公式，Excel 只在选中单元格区域的第 1 个单元格位置(选中区域的左上角单元格)显示一个计算结果。数组公式主要用在以下几个方面：

(1)用数组公式计算两个数据区域的乘积

当需要计算两个相同的矩形对应单元格的数据的乘积，可以用数组公式一次性计算出所有的乘积值，并保存在另一个大小相同的矩形区域中。

案例:某超市 3 月份进购的产品如图 5-70 所示，已知各种产品的数量、单价和折扣，要计算各种产品的应付金额。

	A	B	C	D	E	F	G	H	I	J
1										
2		xx超市3月进购单								
3		名称	数量	单价	折扣	金额				
4		菊花茶	30	¥32.00	¥0.90					
5		红葡萄酒	50	¥48.00	¥0.80	3: d9&e3: e9	选中F3: F9区域；输入数组公式：按Ctrl+Shift+Enter			
6		矿泉水	300	¥2.00	¥0.90	¥480.00				
7		牛奶	70	¥23.00	¥0.80	¥1,449.00				
8		完达山奶粉	50	¥25.00	¥0.70	¥1,000.00				
9		龙泉毛峰茶	60	¥27.00	¥0.80	¥1,134.00				
10		诗仙太白酒	40	¥58.00	¥0.85	¥1,972.00				
11						—				
12						—				

图 5-70　用数组公式计算金额

在图 5-70 中，金额可以用数组公式来计算，方法如下：

① 输入金额之外的其余数据。

② 选中 F3:F9 单元格区域。

③ 直接输入公式"=C3:C9 * D3:D9 * E3:E9"。

④ 按 Ctrl+Shift+Enter 组合键。

该数组公式的含义是：乘号" * "前后的两个单元格区域中相对应的单元格内容相乘，结果放入 F 列同行的单元格中。即将计算 C3 * D4 * E3 得到的结果放入 f3 中，将 c4 * d4 * e4 得到的结果放入 f4，其余的以此类推。

但这种方法需要在 F3～F9 这七个单元格中分别放入一个公式"=C3:C9 * Dg:D9 * E3:E9"。需要保存公式计算结果的单元格较多时，采用数组公式可以极大地节省存储空间。

(2)用数组公式计算多列数据之和

如果需要把多个对应列或行的数据相加，并得出对应的和值所组成的一列或一行数据时，可以用一个数组公式完成。

案例：图 5-71 中为"学生成绩表"，其中有 4 科成绩，先要计算各科成绩的总分，以及各科成绩的综合测评分数。总分的计算方式为各科成绩的总和。综合测评的计算方式为"政治济学 * 0.2+(技术经济学+计算机基础，PASCAL 语言程序设计) * 0.8"。该学生成绩表的计算方式采用数组公式计算。

	A	B	C	D	E	F	G	H	I	J	K
1											
2		姓名	学号	政治经济学	技术经济学	计算机基础	Pascal语言程序设计		总分	综合测评分	
3		钱贤	31010001	53	97	54		58	262	177.8	
4		周大充	31010002	70	70	95		59	294	178	
5		金龙	31010003	65	51	83		93	292	231.4	
6		丁研	31010004	82	97	72		80	331	190	
7		曹咏	31010005	56	65	54		84	259	187.2	
8		邵学田	31010006	90	82	58		86	316	210.8	
9		邓萍	31010007	80	97	83		96	356	222.4	
10		雷利	31010008	53	79	51		98	281	201	
11		潘德革	31010009	63	89	87		84	323	203.8	
12		任宇光	31010010	71	86	73		60	290	184.3	
13											
14											

图 5-71　用数组公式计算学生总成绩

图 5-71 所示工作表的建立过程如下：

① 在表中输入原始成绩各科成绩。

② 选中“总分”一列的计算区域：H3：H12。

③ 输入数组公式“＝D3：D12＋E3：E12＋F3：F12＋G3：G12”。

④ 按 Ctrl＋Shift＋Enter 组合键。

⑤ 输入数组公式“＝D3：D12＊0.2＋(E3：E12＋F3：F12＋G3：G12)＊0.8

⑥ 按 Ctrl＋Shift＋Enter 组合键。

从上面的两个例子中可以看出，当计算大量的数据时，如果采用的计算公式相关，可以利用数组公式进行计算。

3.二维数组

前面对于数组的讨论基本上都局限于单行或单列，在实际应用往往会涉及许多行或列的数据处理，这就是所谓的二维数组。在 Excel 中可进行二维数组的各种运算，如加、减、乘、除等。合理地运用二维数组的运算功能，会提高数据处理的能力，有时在不同工作表之间进行数据汇总时会特别有效。

案例：设某商场秋季进行换季服装大降价，所有服装统一降价 13%。计算打折后的新价格。降价前后的价格对比如图 5-72 所示。图中的服装新价是通过二维数组计算出来的，其操作步骤如下：

(1)选中保存计算结果的单元格区域 G4：I15

(2)输入公式“＝B4：D15＊(100－13)%”(或输入公式“＝B4：D15＊(1－0.13)”)。

(3)按 Ctrl＋Shift＋Enter 组合键。

G4　fx {=B4:D15*(100-13)%}

	A	B	C	D	E	F	G	H	I
1									
2		春季服装原价					春季服装原价(打折13%)		
3	型号	衬衣	鞋子	帽子		型号	衬衣	鞋子	帽子
4	AA-1	¥407.00	¥360.00	¥44.00		AA-1	354.09	313.2	38.28
5	AA-2	¥389.00	¥264.00	¥190.00		AA-2	338.43	229.68	165.3
6	AA-3	¥326.00	¥395.00	¥143.00		AA-3	283.62	343.65	124.41
7	AA-4	¥313.00	¥439.00	¥187.00		AA-4	272.31	381.93	162.69
8	AA-5	¥994.00	¥348.00	¥115.00		AA-5	864.78	302.76	100.05
9	BB-3	¥793.00	¥326.00	¥123.00		BB-3	689.91	283.62	107.01
10	BB-4	¥685.00	¥488.00	¥57.00		BB-4	595.95	424.56	49.59
11	BB-5	¥909.00	¥508.00	¥167.00		BB-5	790.83	441.96	145.29
12	BB-6	¥455.00	¥315.00	¥28.00		BB-6	395.85	274.05	24.36
13	CC-3	¥335.00	¥469.00	¥100.00		CC-3	291.45	408.03	87
14	CC-2	¥385.00	¥333.00	¥63.00		CC-2	334.95	289.71	54.81
15	CC-1	¥697.00	¥570.00	¥36.00		CC-1	606.39	495.9	31.32

Sheet1　Sheet2　Sheet3　Sheet4　合并区域引用　二维数组

就绪　平均值：308.27　计数：36　求和：11097.72　100%

图 5-72　利用二维数组计算降价后的服装新价

在进行相同结构的表格数据汇总时，利用二维数据进行求和运算，有时会显得特别方便。

训练五　名称及其应用

1.名称的定义

在 Excel 中，可以为一个独立的单元格、连续的单元格区域或许多不连续的单元格构成的单元格组合定义一个名称(或多个名称)。定义名称有多种方法,如定义、粘贴、指定或标志等,在使用时可针对具体情况采用不同的方法。

(1)定义单元格或单元格区域的名称

定义一个单元格或单元格区域的名称可以通过【公式】选项卡中的【定义的名称】组中的命令按钮来完成。下面通过为图 5-73 的 D3 单元格定义名称为例,说明单元格名称的定义方法。

案例:在图 5-73 中,D3 单元格的名称是“单价”,D4 单元格的名称是“折扣”,然后在金额的计算中运用了这两个名称。具体的方法是先在 D6 单元格中输入“=C6 * 单价 * 折扣”,然后将此公式向下填充复制就能够计算出每天的大米销售金额。

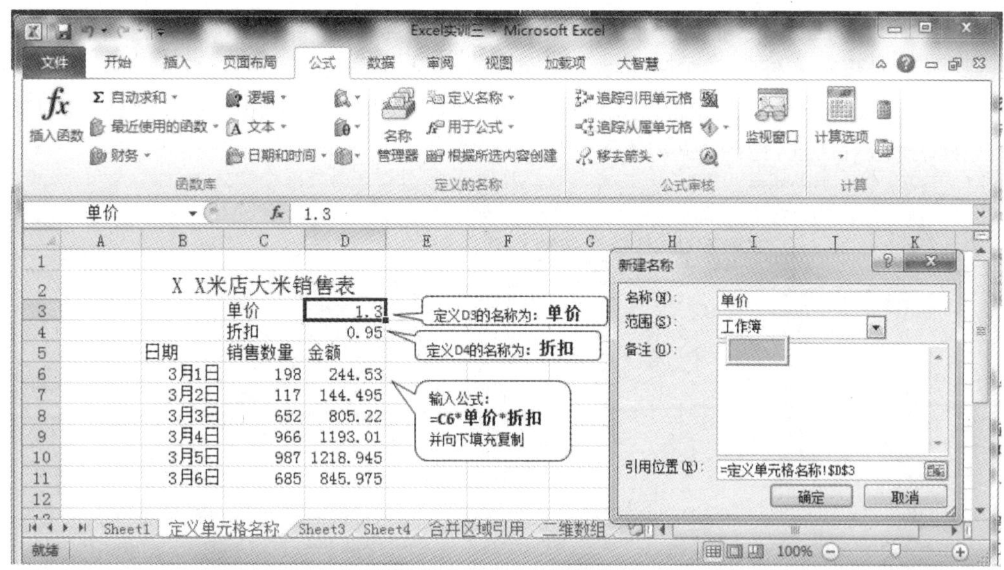

图 5-73　定义单元格名称

D3 单元格的名称定义方法如下:

① 单击【公式】→【定义的名称】组中的【定义名称】命令按钮,Excel 会弹出【新建名称】对话框。

② 【新建名称】对话框【引用位置】文本框中输入要定义名称的单元格的绝对引用位置,也可以先删除该编辑框中的原有内容,然后用鼠标单击工作表中要定义名称的单元格,名称一般代表一个固定的单元格,所以应采用绝对引用。在本例中,只需用鼠标单击 D3 单元格,或直接输入“=＄D＄3”。

如果要为一个单元格或单元区域定义名称,只需要在【引用位置】文本框中输入单元格区域的引用位置(也可用鼠标选择要定义名称的单元格区域)。比如要将图 6-70 中的 C6:C14区域命名为“销售数量”,则应该在【引用位置】中输入“=＄C＄6:＄C＄14”。

③ 在【名称】文本框中输入单元格的名称。在本例中,应在该文本框中输入【单价】,然后单击【确定】按钮。

④ 范围用于指定名称属于工作簿级还是工作表级。单击【范围】列表框的下三角按钮,将显示出范围列表,其中有工作簿和本工簿中所有工作表的名称。如果选择某个工作表名称,则定义的名称只能用于指定的工作表中。如果选择【工作簿】,则定义的名称可以在本工

作簿的全体工作表中可用。这里需要选择范围为【工作簿】。

经过上述操作之后，就定义好了D3单元格的名称为单价，这个名称不仅可以被当前工作表引用，而且可以被该工作簿的所有工作表引用。也就是说一个定义好的名称可以出现在整个工作簿的任何一个单元格内的公式中。

2.将工作表的首行(或首列)定义为对应列(或行)的名称

采用前面的方式一次只能定义一个名称，如果要同时定义多个名称，用这种方法就很麻烦。Excel提供了一种称为【指定】的方式可以将表格的首行或首列指定为相应的列或行的名称。

案例：某食品商场一月份产品销售情况如图5-74所示，指定其首行和首列为名称的方法如下：

(1)选中要指定名称的单元格区域B2:E13(E列是销售额)。

(2)单击【公式】→【定义的名称】→【根据所选内容创建】命令按钮，Excel将弹出【以选定区域创建名称】对话框，如图5-74所示。

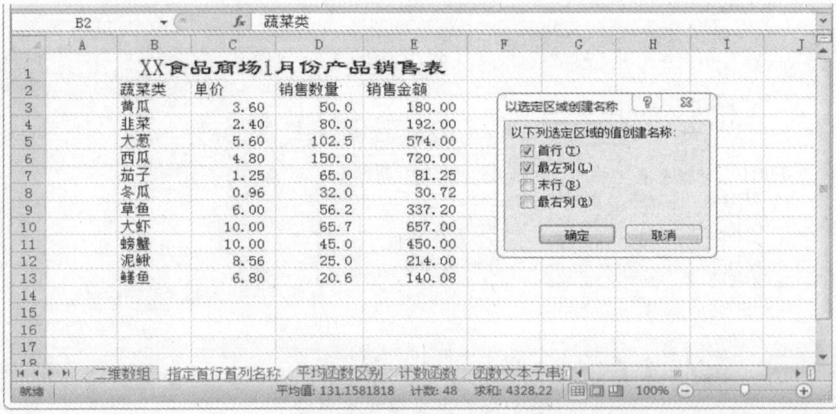
B2
蔬菜类
XX食品商场1月份产品销售表
蔬菜类 单价 销售数量 销售金额
黄瓜 3.60 50.0 180.00
韭菜 2.40 80.0 192.00
大葱 5.60 102.5 574.00
西瓜 4.80 150.0 720.00
茄子 1.25 65.0 81.25
冬瓜 0.96 32.0 30.72
草鱼 6.00 56.2 337.20
大虾 10.00 65.7 657.00
螃蟹 10.00 45.0 450.00
泥鳅 8.56 25.0 214.00
鳝鱼 6.80 20.6 140.08
以选定区域创建名称
以下列选定区域的值创建名称:
首行(T)
最左列(L)
末行(B)
最右列(R)
确定
取消
二维数组
指定首行首列名称
平均函数区别
计数函数
函数文本子串
就绪
平均值: 131.1581818 计数: 48 求和: 4328.22
100%

图5-74 指定选定区域的首行、首列为名称

(3)选中【首行】、【最左列】的复选框，这样就把该表的首行、首列指定成了相应的列、行的名称。

经过上面的操作，选定区域的首行、首列就成了相应行列的名称。例如："茄子"就是C7:E7单元格区域的名称，它代表了所在行的所有数据：{1.08,49.9,53.84}，"草鱼"就是C9:E9单元格区域的名称。"单价"是所在列的单元格区域C3:C11的名称。

在Excel中若同时指定了首行名称，则命名区域中最左上角的那个名称代表了除去首列、首行之外的整个区域。比如，在图5-74中，"蔬菜类"则是C3:E11区域的名称。

若在指定名称时，只选择了首行，则最左上角的那个名称代表的是第一列。比如在图5-74中，若只指定了"首行"作名称，则最左上角的"蔬菜类"是B3:B11区域的名称，它表示的资料是{黄瓜，韭菜，大葱，西瓜，茄子，冬瓜，草鱼，大虾，螃蟹，泥鳅，鳝鱼}。

对于图5-74中产品单价就应该用【指定】的方法定义各种产品的产品价。

3.用名称框定义名称

在Excel中，还可用名称框定义单元格或单元格区域的名称，用这种方式定义名称更为简洁，比如在图5-75中，要定义D2单元格的名称为"单价"，方法如下：

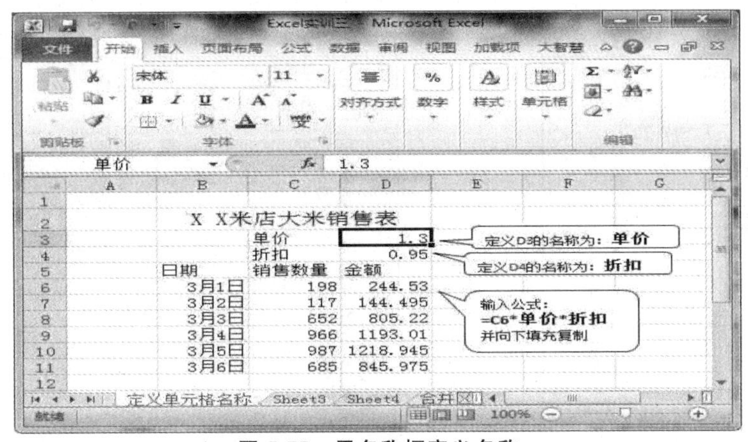

图 5-75 用名称框定义名称

(1)选中要命名的单元格或单元格区域 D2。

(2)在名称框(位于工作表的左上角,参见图 5-75 中黑色框部分)中输入单元格或单元格区域的名称,输入名称之后,按 Enter 键。

4.名称的应用

使用名称可以简化我们的工作,使公式的意义更加明确,也便于他人理解工作表中的数据的意义,更方便在同一个工作簿中的不同工作表之间共享数据。下面举几个例子,说明名称的应用。

(1)通过名称在不同的工作表之间传递数据

如果一个名称所代表的是一个单元格区域,则可以通过名称在不同的工作表中进行数据输入,好比复制一样方便。例如,在图 5-74 中指定了首行、首列作为名称,而在作表中,需要所有蔬菜的名称,即需要与图 5-74 中的 B 列完全相同的数据。常用的方法是对 B 列数据进行复制,其实用名称更简单,方法如下:

①单击要保存的第一个蔬菜名(即黄瓜,参见图 5-74)的单元格。

②输入"=蔬菜类",然后按 Enter 键,这时将看见"黄瓜"出现在了该单元格中。

③拖动"黄瓜"所在单元格的填充柄向下进行复制,其余蔬菜名就出现在了相对应的单元格中。如果向右拖动"黄瓜"所在单元格的填充柄,会发现图 5-74 中的"单价"、"销售数量"……出现在对应的单元格中。如果先向下复制,再向右复制,则可以得到"蔬菜类"名称代表的全部数据。

另一种方法是选中要保存蔬菜名的单元格区域,输入"=蔬菜类",然后按下 Ctrl+Shift+Enter 组合键。

(2)通过名称查找不同工作表中的数据

如果一个工作簿涉及较多的数据,那么将所有数据都保存在同一工作表中,只会使资料混乱不堪。为了使工作表中的数据清晰而意义明确,常将不同类型的数据存放在不同的工作表中,但这又会给单元格资料的引用带来麻烦,因为引用不同工作表中的资料肯定比引用同一工作表中的单元格更复杂。

名称很好地解决了这一问题,一个单元格的名称可在整个工作表中相互使用。

案例:在图 5-76 中,产品单价存放在一个独立的工作表中,如图 5-76(a)所示,产品的销售数量放在另一个工作表中，如图 5-76(b)所示。现在要计算产品的销售金额。

D15

	A	B
1	产品价格表	
2	黄瓜价	1.5
3	韭菜价	1.5
4	大葱价	3.5
5	西瓜价	2.5
6	茄子价	3.5
7	冬瓜价	1.5
8	草鱼价	5.5
9	大虾价	30.5
10	螃蟹价	23.5
11	泥鳅价	8.5
12	鳝鱼价	13.5
13		
14		

(a)

C18

	A	B	C	D
1	XX食品商场1月份产品销售汇总表			
2	蔬菜类	销售数量	销售金额	备注
3	黄瓜	234.5	352.16	
4	韭菜	300.4	450.54	
5	大葱	306.5		
6	西瓜	290.3	726.3	
7	茄子	285.6		
8	冬瓜	219.6		
9	草鱼	264.3		
10	大虾	199.4		
11	螃蟹	265.5		
12	泥鳅	320.2		
13	鳝鱼	288		
14				

(b)

图 5-76 某商场的产品单价和销售表

如果不用名称，则产品销售金额的计算就会存在一定的难度。因为首先要从产品单价表中找到产品的单价，然后才能计算。但要从几百种产品中找出某种产品的单价并非易事，而应用名称就能避免这一问题。

在产品单价表中，选中 A2:B12 单元格区域，将 A 列指定为 B 列的名称，然后就可以在产品销售表中直接应用产品单价表中的名称进行销售金额的计算。例如，在图 5-76(b)中，要计算大葱的销售金额，则只需要在产品销售表的 C5 单元格中输入公式"＝B5 * 大葱价"，至于名称"大葱价"在哪个工作表中，根本无须考虑，Excel 会自行查找。

5.应用行列交叉点查找数据

采用指定的方式把一个资料表的首行、首列指定为名称之后，可以使用行、列交叉点的方式引用数据表中单元格中的数据。所谓行、列交叉点指由行、列名称确定的单元格，其引用形式如下：

[行的名称 列的名称]

案例：图 5-77 是某电信公司的电话用户档案，其中有成千上万个电话用户的电话号码。如果知道某个用户的名称，那么要在这样的表中查找该用户的电话号码、电话类型或申请日期等数据就显得很困难，因为表中的资料太多了。但是通过行、列交叉点的名称引用却能很轻松地找到所需的数据。

把该表的首行(第 2 行)、首列(A 列)指定为名称后，就可以用行列交叉点来引用表中的数据了。

在图 5-77 中，张宗是第 3 行的名称，它代表的单元格有 B3、C3、D3、E3，电话号码是 E 列的名称，代表的单元格有 E3、E4、E5……则张宗和电话号码的相交单元格是 E3。如果要查询张宗的电话号码，就可在该工作簿的任何工作表的某个单元格输入公式"＝张宗电话号码"。同理，如果要查询张宗的月租费，只需输入公式"＝张宗月租费"。

该表任何一个人的用户数据都可以通过名称的行、列交叉引用方式得到，其方法是输入用户的姓名和相应的列标题。例如，要查找化肥厂的电话号码，则可通过公式"＝化肥厂电话号码"得到，而不必知道化肥厂在工作表中的哪一行。很显然，在具有较多数据行的工作表中查询数据时，应用行、列名称的交叉点是一种行之有效的好方法。

H12

	A	B	C	D	E	F	G	H	I
1	XX电信局用户资料								
2	客户	申请日期	电话类型	月租费	电话号码		用户电话号码查询		
3	张宗	1997/7/4	办公	¥ 30.00	63321240			63321241	
4	李碧生	1997/7/5	办公	¥ 30.00	63321241				
5	张降	1997/7/5	私人	¥ 30.00	63321242				
6	王朝阳	1997/7/8	私人	¥ 30.00	63321243				
7	伍汉	1997/7/8	公话	¥ 30.00	63321244				
8	王伟	1997/7/8	公话	¥ 30.00	63321245				
9	浩天旅行社	1997/7/12	公话	¥ 24.00	63321246				
10	化肥厂	1997/7/12	办公	¥ 24.00	63321247				
11	李本陈	1997/7/14	办公	¥ 30.00	63321248				
12	王斯	1997/7/13	私人	¥ 24.00	63321249				
13	学校	1997/7/15	私人	¥ 30.00	63321250				
14	牛肉馆	1997/7/16	公话	¥ 24.00	63321251				
15	精密工业	1997/7/19	办公	¥ 30.00	63321252				
16	党校	1997/7/20	办公	¥ 30.00	63321253				
17									

在此输入：=用户姓名 电话号码就能查到该用户的号码

图 5-77　行、列交叉点的应用

6.定义常量名称

用名称代表一些常量，如圆周率 3.14159，自然对数的底数 e 等，然后在整个工作簿中引用这些常量名，会给数据分析带来许多方便，这使用户在应用这些数据时不必关心所在的工作表或单元格，直接用其名称就可以了。命名常量的操作方法如下：

(1)单击【公式】→【定义的名称】→【定义名称】命令按钮，系统将弹出【新建名称】的对话框，如图 5-78 所示。

(2)在【名称】文本框中输入常量的名称，本例输入“PI”。

(3)在【引用位置】文本框中输入常量的值，本例中输入 3.141596。

(4)单击【确定】按钮。

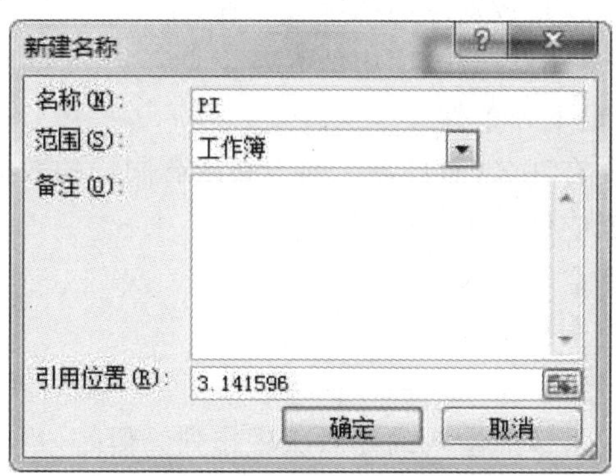

图 5-78　【新建名称】的对话框

经过上述操作步骤之后，Excel 就在当前工作簿中定义了一个常量名称 PI。此后，可在该工作簿的任何一个单元格公式中直接引用这个名称，不论这个单元格位于哪个工作表中。

实训六　数据分析和综合应用

任务目标：

- 理解 Excel 中的数据清单概念，能熟练制作数据清单。
- 学会数据的排序、筛选分析方法。
- 学会数据的分类汇总、数据透视表的制作方法。
- 学会数据的图表制作方法。
- 学会数据的导入、数据合并、工作簿保护操作

任务描述：

Excel 2010 除了具有数据进行输入与计算功能外，还具有对表中的数据进行排序、筛选、分类汇总、制作直观的图表、建立透视表等强大功能，以便于进行复杂数据的分析与处理。通过本次实训，使学习者学会在 Excel 中利用数据的排序、筛选、分类汇总、制作直观的图表、建立透视表等功能进行日常生活与工作中的数据分析处理。

训练一 概念理解

1.数据清单

数据清单是指工作表中包含相关数据的一系列数据行，可以理解成工作表中的一张二维表格。在执行数据库操作，如排序、筛选或分类汇总时，Excel 会自动将数据清单视为数据库，并使用下列数据清单元素来组织数据：

(1)数据清单中的列称为字段，行称为记录。

(2)数据清单中的列标题是数据库中的字段名称。

(3)数据清单中的每一行对应数据库中的一条记录。

数据清单应该尽量满足下列条件：

(1)处理每一列必须要有列名，而且每一列中必须有同样的数据类型。

(2)不要在一张工作表中创建多份数据清单。

(3)数据清单不可以有空行或空列。

(4)任何两行不可以完全相同。

2.排序

建立数据清单时，各记录按照输入的先后次序排列。但是，当直接从数据清单中查找需要的信息时就很不方便。为了提高查找效率需要重新整理数据，其中最有效的方法就是对数据进行排序。

3.筛选

数据筛选是使数据清单中显示满足指定条件的数据记录，而将不满足条件的数据记录在视图中隐藏起来。Excel 同时提供了【自动筛选－高级筛选】和【自定义筛选】多种方法来筛选数据，前者适用于简单条件，后者适用于复杂条件。

4.分类汇总

分类汇总是指对工作表中的某一项数据进行分类，再对需要汇总的数据进行汇总计算。在分类汇总前要先对分类字段进行排序。

5.数据透视表

数据透视表是一种交互式工作表，用于对现有工作表进行汇总和分析。创建数据透视表后，可以按不同的需要、以不同的关系来提取和组织数据。

训练二　数据的排序

数据排序可以使工作表中记录按规定的顺序排列，从而使工作表中的记录更有规律，条理更清楚。排序的方式有很多：简单排序、多条件排序、按颜色排序等。

案例：图 5-79，是一家花店不同经销商三天的鲜花销售情况统计表，要求分别以“2014/5/1”为单条件进行降序排序；以“2014/5/1”为主关键字，以“2014/5/2”、“2014/5/3”为次关键字，进行多条件升序排序。操作方法为：

E16

	A	B	C	D	E	F
1	鲜花销量统计表（朵）					
2	品种	经销商	2014/5/1	2014/5/2	2014/5/3	最大值
3	玫瑰	西门花店	800	760	580	
4	康乃馨	西门花店	480	440	680	
5	满天星	西门花店	580	630	710	
6	百合	西门花店	640	580	610	
7	玫瑰	中州花店	780	890	810	
8	康乃馨	中州花店	560	610	880	
9	满天星	中州花店	430	360	260	
10	玫瑰	东门花店	980	960	610	
11	康乃馨	东门花店	620	360	230	
12	百合	东门花店	360	480	210	
13	菊花	前门花店	210	103	310	
14	君子兰	前门花店	360	210	480	
15	月季	前门花店	480	560	320	
16						

Sheet1　Sheet2　Sheet3　Sheet4

就绪　100%

图 5-79　某花店销量统计表

（1）制作鲜花销售清单。

（2）单条件排序：选中单元格 C2（也可直接选择 C3:C15 单元格区域），在图 5-80 所示的【开始】选项卡上选择【编辑】→【排序和饰选 】→【降序】，即可将数据清单以“2014/5/1”为关键字进行降序排列（也可通过【数据】→【排序和筛选】→【排序】完成上述操作）。

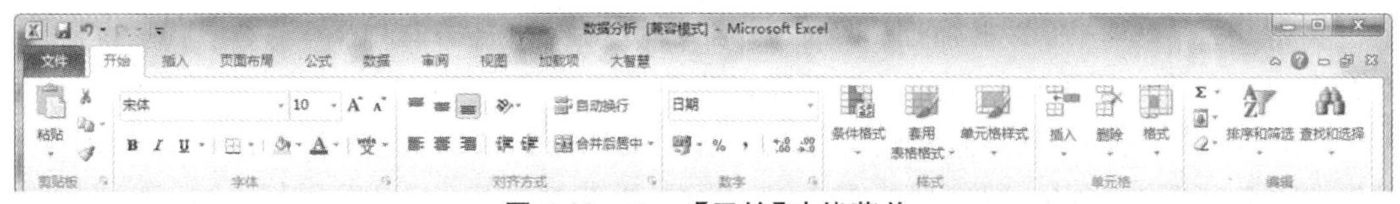

图 5-80　Excel【开始】功能菜单

（3）多条件排序：选择菜单栏上的【开始】→【编辑】→【排序和筛选 】→【自定义排序】命令，弹出如图 5-81 所示的【排序】对话框，在该对话框中，选中【数据包含标题】按钮，在主要关键字下拉列表框中选择“2014/5/1”字段名，同时选中次序为【升序】；单击【添加条件】按钮，在次要关键字下拉列表框中选择“2014/5/2”字段名 ，同时选中次序为【升序】；在次要关键字（第三关键字）下拉列表框中选择“2014/5/3”字段名，同时选中次序为“升序”；最后单击【确定】按钮。排序结果如图 5-82 所示。

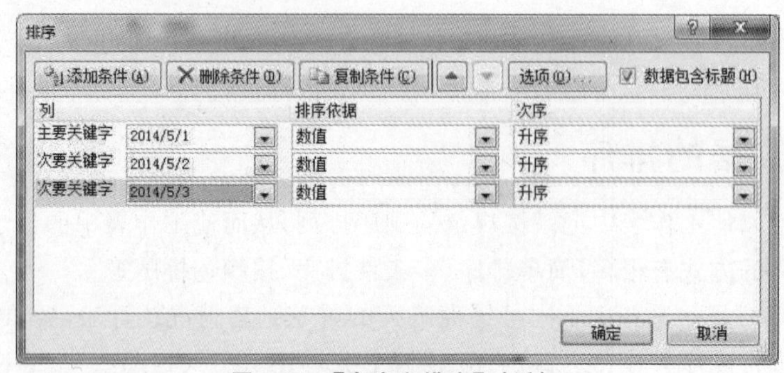

图 5-81 【自定义排序】对话框

C2 fx 2014/5/1

	A	B	C	D	E	F
1			鲜花销量统计表（朵）			
2	品种	经销商	2014/5/1	2014/5/2	2014/5/3	最大值
3	菊花	前门花店	210	103	310	
4	君子兰	前门花店	360	210	480	
5	百合	东门花店	360	480	210	
6	满天星	中州花店	430	360	260	
7	康乃馨	西门花店	480	440	680	
8	月季	前门花店	480	560	320	
9	康乃馨	中州花店	560	610	880	
10	满天星	西门花店	580	630	710	
11	康乃馨	东门花店	620	360	230	
12	百合	西门花店	640	580	610	
13	玫瑰	中州花店	780	890	810	
14	玫瑰	西门花店	800	760	580	
15	玫瑰	东门花店	980	960	610	
16						

Sheet1 Sheet2 Sheet3 Sheet4 Sheet

就绪 平均值: 2014/5/2 计数: 3 求和: 2243/1/4 100%

图 5-82 多条件排序结果

训练三 数据的筛选

如果想从工作表中选择满足要求的数据，可用筛选数据功能将不用的数据行暂时隐藏起来，只显示满足要求的数据行。Excel 提供了自动筛选、高级筛选两种方式，以满足不同条件要求的数据筛选。

1. 自动筛选

案例： 在图 5-80 中，要求筛选出经销商为“西门花店”并且“2014-5-1”大于 600 的记录，对计算机成绩表进行筛选数据。具体操作方法为：

(1)选择菜单栏上的【数据】→【排序和筛选】→【筛选】，或者选择【开始】→【编辑】→【排序和筛选】→【筛选】命令，则出现如图 5-83 所示数据筛选窗口，可以看到每一列标题右边都出现一个向下的筛选箭头，单击筛选箭头打开下拉菜单，从中选择筛选条件即可完成。

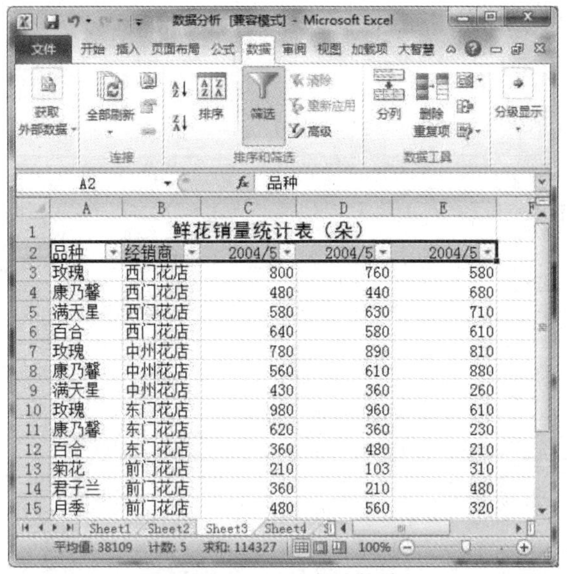

图 5-83　数据自动筛选

(2)点击“经销商”一列右边筛选箭头，从中选择“西门花店”经销商。

(3)在图 5-84 中，点击“2015/5/1”一列右边筛选箭头，从中选择【数据筛选】→【大于或等于】，打开如图 5-85 所示对话框。点击【大于或等于】右边数据选项列表中的数值，如果没有你所需要的数值，请直接通过键盘输入数值。

(4)点击【确定】按钮，筛选结果如图 5-86 所示。

在有筛选箭头的情况下，若要取消筛选箭头，也可以通过选择【数据】→【排序和筛选】→【筛选】命令完成。

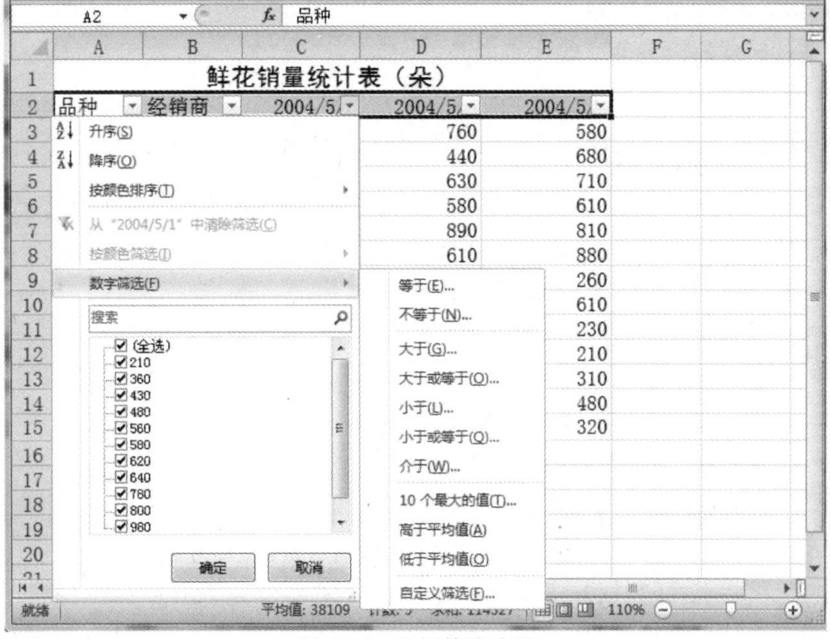

图 5-84　数据筛选选项

自定义自动筛选方式	
显示行: 2004/5/1	
大于或等于	600
◉ 与(A) ○ 或(O)	
可用 ? 代表单个字符	
用 * 代表任意多个字符	
确定	取消

图 5-85 数据筛选条件设置对话框

	A	B	C	D	E
1	鲜花销量统计表（朵）				
2	品种	经销商	2004/5/	2004/5/	2004/5/
3	玫瑰	西门花店	800	760	580
6	百合	西门花店	640	580	610

图 5-86 【数据自动筛选】结果

2.高级筛选

高级筛选的筛选条件不在列标题处设置，而是在另一个单元格区域设置，筛选的结果既可以放在原来位置，又可以放在工作表的其他位置。

案例：在图 5-87 中，要求筛选出三天销售均大于等于 600 的记录（与条件筛选）；筛选出三天销售中有一天销售大于等于 600 的记录（或条件筛选）。具体操作方法为：

(1)将数据清单中的“2014/5/1”、“2014/5/2”、“2014/5/3”三个列标题复制到数据清单以外的单元格区域（称条件区域）。

(2)在条件区域输入条件。要注意的是：凡是表示“与”条件的，都写在同一行上；凡是表示“或”条件的，都写在不同行上，如图 5-87 所示。

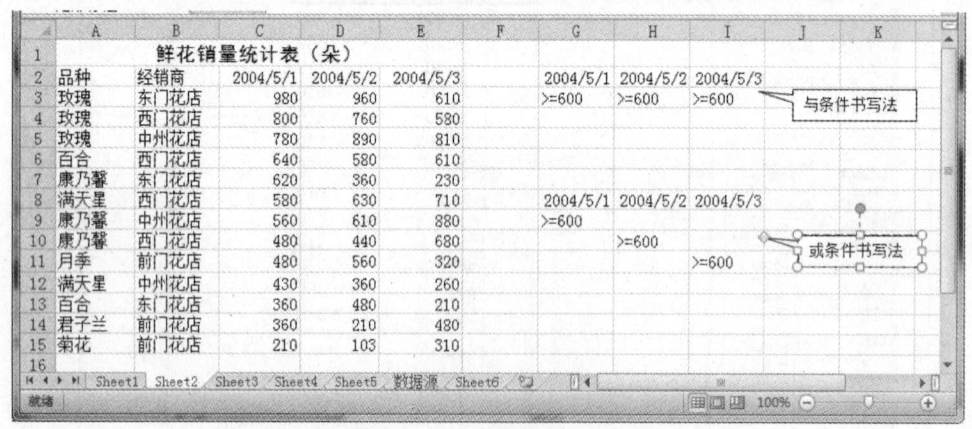

	A	B	C	D	E	F	G	H	I
1	鲜花销量统计表（朵）								
2	品种	经销商	2004/5/1	2004/5/2	2004/5/3		2004/5/1	2004/5/2	2004/5/3
3	玫瑰	东门花店	980	960	610		>=600	>=600	>=600
4	玫瑰	西门花店	800	760	580				
5	玫瑰	中州花店	780	890	810				
6	百合	西门花店	640	580	610				
7	康乃馨	东门花店	620	360	230				
8	满天星	西门花店	580	630	710		2004/5/1	2004/5/2	2004/5/3
9	康乃馨	中州花店	560	610	880		>=600		
10	康乃馨	西门花店	480	440	680			>=600	
11	月季	前门花店	480	560	320				>=600
12	满天星	中州花店	430	360	260				
13	百合	东门花店	360	480	210				
14	君子兰	前门花店	360	210	480				
15	菊花	前门花店	210	103	310				

图 5-87 高级筛选中“与”、“或”条件区域建立书写格式

(3)选择菜单栏上的【数据】→【排序和筛选】→【 高级筛选】命令，弹出【高级筛选】对话框，选择设置筛选结果放置位置【方式】（筛选结果显示方式）、【列表区域】（要进行筛选的数据区域）、【条件区域】（用户根据要求建立的条件数据区域）及【复制到】（筛选结果区域放置

区域)选项,如图 5-88 所示。

注:本例中涉及两种筛选要求,即“与”筛选、“或”筛选,要分别进行操作。

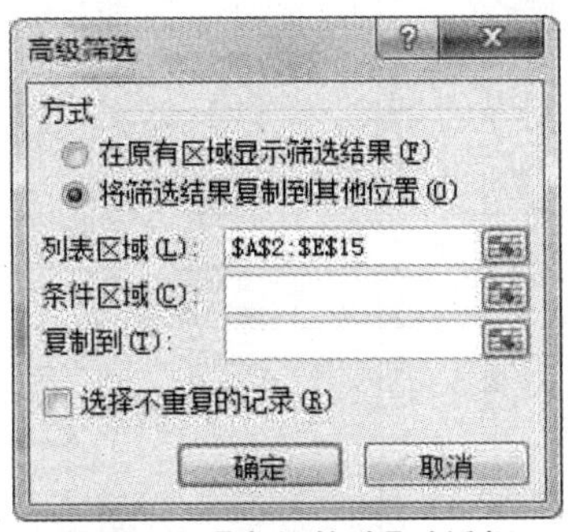

图 5-88 【高级筛选】对话框

(4)单击【确定】按钮,筛选结果如图 5-89 所示(这是两种筛选分别得到的结果)。

	A	B	C	D	E	F	G	H
17								
18	品种	经销商	2004/5/1	2004/5/2	2004/5/3			
19	玫瑰	东门花店	980	960	610			
20	玫瑰	中州花店	780	890	810	与条件筛选结果		
21								
22								
23	品种	经销商	2004/5/1	2004/5/2	2004/5/3			
24	玫瑰	东门花店	980	960	610			
25	玫瑰	西门花店	800	760	580			
26	玫瑰	中州花店	780	890	810			
27	百合	西门花店	640	580	610	或条件筛选结果		
28	康乃馨	东门花店	620	360	230			
29	满天星	西门花店	580	630	710			
30	康乃馨	中州花店	560	610	880			
31	康乃馨	西门花店	480	440	680			

Sheet1 Sheet2 Sheet3 Sheet4 Sheet5 数据

图 5-89 “与”条件、“或”条件筛选结果

训练四 数据的分类汇总

所谓分类汇总,就是对数据清单按某字段进行分类,将字段值相同的连续记录作为一类,进行求和、平均和计数等汇总运算。在分类汇总前,必须对要分类的字段进行排序,否则分类汇总无意义。

案例:在图 5-79 数据清单中,要求以“品种”为分类字段,将三天的销售量分别进行“最大值”分类汇总。具体操作方法为:

(1)选中数据清单中的“品种”分类字段,选择【数据】→【 排序和筛选】→【排序】,选择“升序”(也可选“降序”)命令来完成。

(2)选中整个数据清单或将活动单元格置于欲分类汇总的数据清单之内。

(3)选择菜单栏上的【数据】→【分级显示】→【分类汇总】命令,弹出【分类汇总】对话框,如图 5-90 所示。

(4)在【分类汇总】对话框中依次设置【分类字段】、【汇总方式】和【选定汇总项】等,然后单击【确定】按钮,结果如图 5-91 所示。

图 5-90 分类汇总对话框

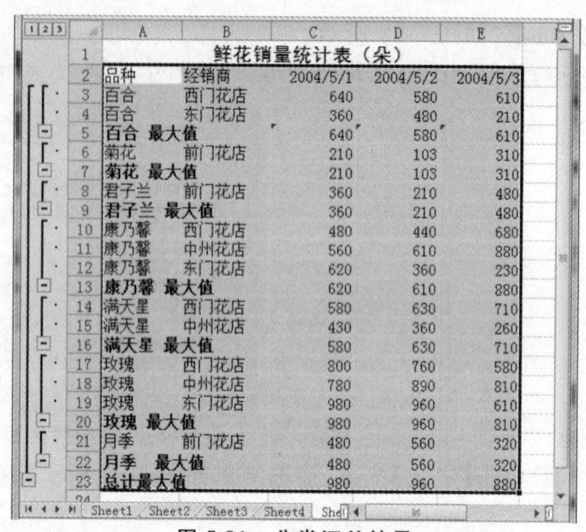

	A	B	C	D	E
1	鲜花销量统计表（朵）				
2	品种	经销商	2004/5/1	2004/5/2	2004/5/3
3	百合	西门花店	640	580	610
4	百合	东门花店	360	480	210
5	百合 最大值		640	580	610
6	菊花	前门花店	210	103	310
7	菊花 最大值		210	103	310
8	君子兰	前门花店	360	210	480
9	君子兰 最大值		360	210	480
10	康乃馨	西门花店	480	440	680
11	康乃馨	中州花店	560	610	880
12	康乃馨	东门花店	620	360	230
13	康乃馨 最大值		620	610	880
14	满天星	西门花店	580	630	710
15	满天星	中州花店	430	360	260
16	满天星 最大值		580	630	710
17	玫瑰	西门花店	800	760	580
18	玫瑰	中州花店	780	890	810
19	玫瑰	东门花店	980	960	610
20	玫瑰 最大值		980	960	810
21	月季	前门花店	480	560	320
22	月季 最大值		480	560	320
23	总计最大值		980	960	880

图 5-91 分类汇总结果

训练五 数据透视表

【数据透视表】能够将筛选、排序和分类汇总等操作依次完成，并生成汇总表格。汇总表格能帮助用户分析、组织数据。利用它可以很快地从不同角度对数据进行分类汇总。不是所有工作表都有建立数据透视表的必要，对于记录数量众多、结构复杂的工作表，为了将其中的一些内在规律显现出来，可用工作表建立数据透视表。

案例：在图 5-80 中，以“经销商”为行字段，以“品种”为列字段，以三天的销售量分别为求和项，从 Sheet6 工作表的 A1 单元格起建立数据透视表。具体操作方法为：

(1)在 Excel 2010 的菜单栏上选择【插入】→【表格】→【数据透视表】命令，弹出【创建数据透视表】对话框，如图 5-92 所示。

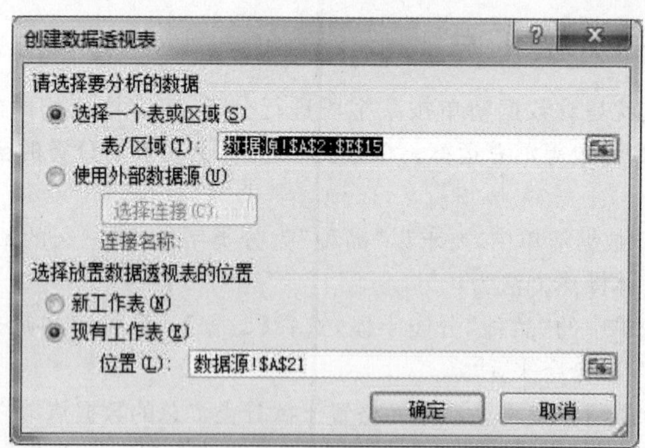

图 5-92 【创建数据透视表】对话框

(2)在【创建数据透视表】对活框中设置选定区域或用默认区域即可，选择【现有工作表】，在位置区域输入“Sheet6！ $A$1”或点击右边“拾取”按钮，点击“Sheet6”表标签，点击工作表中“A1”单元格，这是在位置框里显示“Sheet6！ $A$1”内容。然后单击【确定】按钮，在 Sheet6 表中出现如图 5-93 所示【数据透视表字段列表】对话框。

(3)在弹出的【数据透视表字段列表】对话框中，定义数据透视表布局，步骤为将“经销商”字段拖入【行标签】栏；将“品种”字段拖入【列标签】栏；将“2014/5/1”、“2014/5/2”、“2014/5/3”字段拖入【数据】栏。

(4) 在【数据】栏中可以单击数据区的统计字段，弹出菜单，在其中选择【值字段设置】来改变统计算法。新建立的数据透视表如图 5-94 所示。

(5)在图 5-93 中根据题目要求设置好“列字段”、“行字段”、“值字段”。

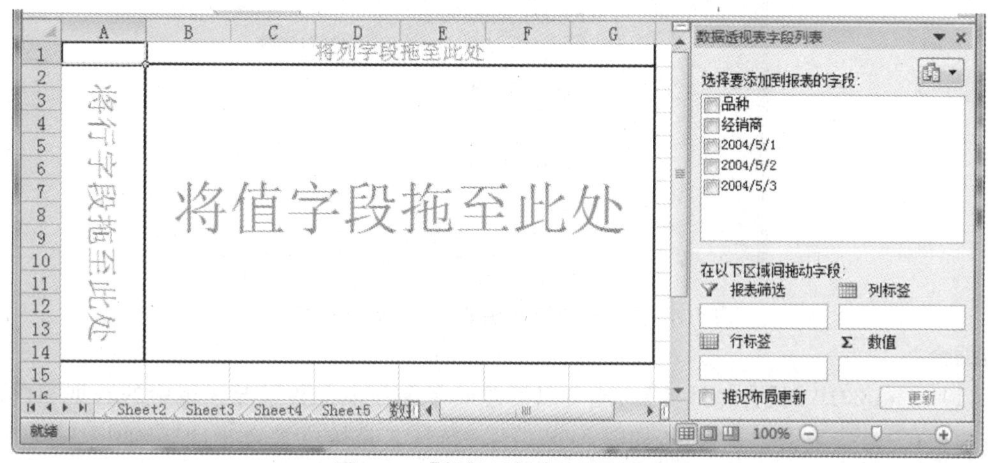

图 5-93　【数据透视表】设置界面

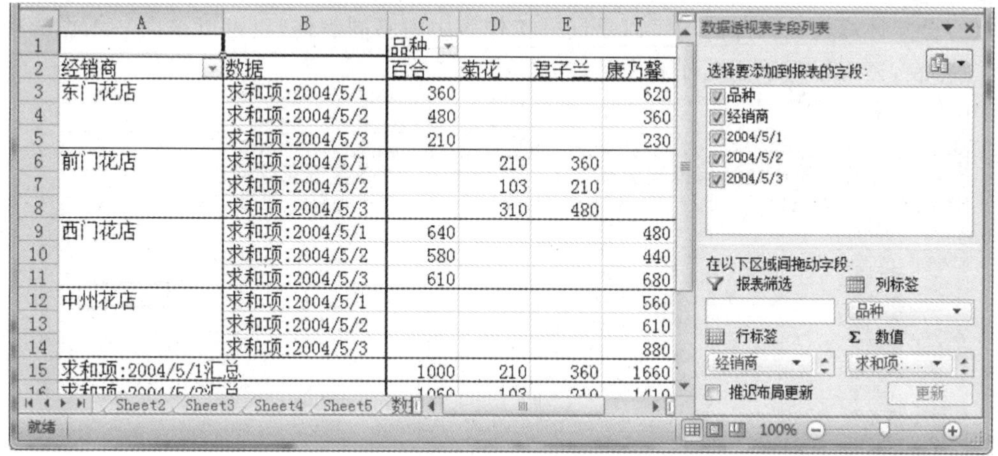

		品种			
经销商	数据	百合	菊花	君子兰	康乃馨
东门花店	求和项:2004/5/1	360			620
	求和项:2004/5/2	480			360
	求和项:2004/5/3	210			230
前门花店	求和项:2004/5/1		210	360	
	求和项:2004/5/2		103	210	
	求和项:2004/5/3		310	480	
西门花店	求和项:2004/5/1	640			480
	求和项:2004/5/2	580			440
	求和项:2004/5/3	610			680
中州花店	求和项:2004/5/1				560
	求和项:2004/5/2				610
	求和项:2004/5/3				880
求和项:2004/5/1汇总		1000	210	360	1660

图 5-94　鲜花销售【数据透视表】设置结果

训练六　数据导入、数据合并、工作簿保护

在工作中，对于 Excel 的使用，不仅仅是利用公式和函数计算各种数据及利用图表功能制作各种样式的统计图表，还可以将已有的数据导入工作表中，也可以将已有的数据进行合并，帮助用户更加轻松地获取有用的数据信息，提高工作效率。

1.数据导入

Excel 2010 提供了获取外部数据的功能，包括来自 Access、来自网站、来自文本、来自其他来源、来自现有连接，共五大类数据，如图 5-95 所示的各种数据均可以导入电子表格中，为用户提供方便。

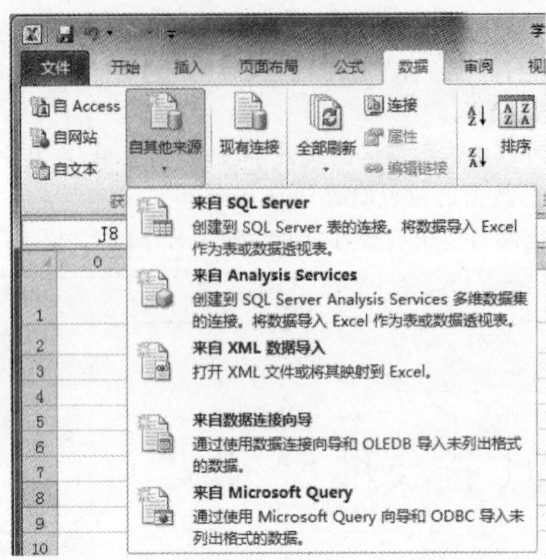

图 5-95 Excel 2010 提供的获取外部数据类型

2.数据合并

(1)Excel 2010 的【合并计算】功能可以汇总或者合并多个数据源区域中的数据，具体方法有两种：一是按类别合并计算，如图 5-96 所示数据；二是按位置合并计算，如图 5-97 所示数据。

(2)合并计算的数据源区域可以是同一工作表中的不同表格，也可以是同一工作簿中的不同工作表，还可以是不同工作簿中的表格。

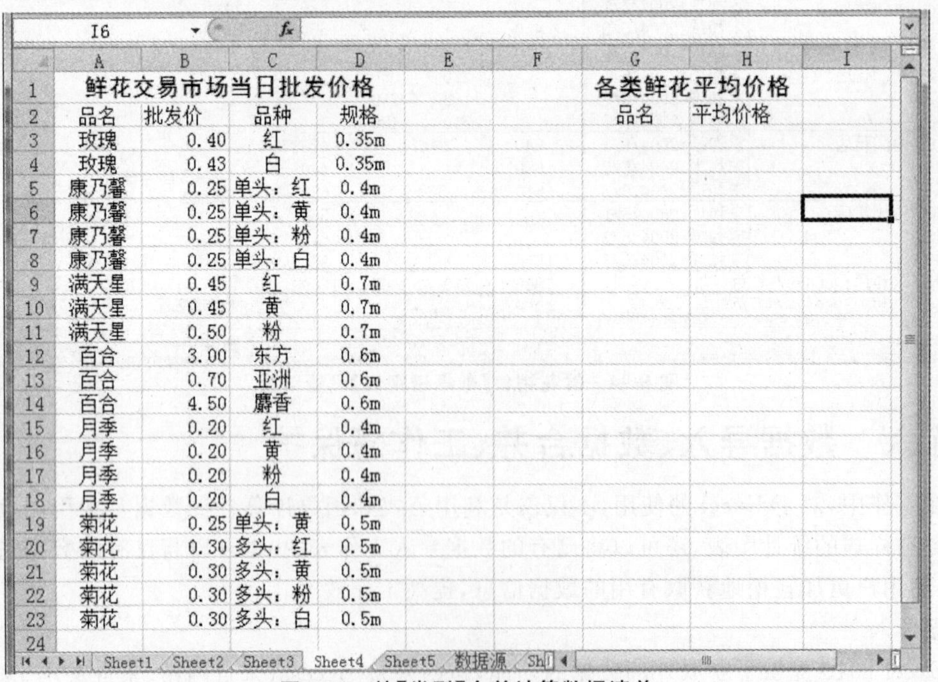

	A	B	C	D	E	F	G	H	I
1	鲜花交易市场当日批发价格						各类鲜花平均价格		
2	品名	批发价	品种	规格			品名	平均价格	
3	玫瑰	0.40	红	0.35m					
4	玫瑰	0.43	白	0.35m					
5	康乃馨	0.25	单头：红	0.4m					
6	康乃馨	0.25	单头：黄	0.4m					
7	康乃馨	0.25	单头：粉	0.4m					
8	康乃馨	0.25	单头：白	0.4m					
9	满天星	0.45	红	0.7m					
10	满天星	0.45	黄	0.7m					
11	满天星	0.50	粉	0.7m					
12	百合	3.00	东方	0.6m					
13	百合	0.70	亚洲	0.6m					
14	百合	4.50	麝香	0.6m					
15	月季	0.20	红	0.4m					
16	月季	0.20	黄	0.4m					
17	月季	0.20	粉	0.4m					
18	月季	0.20	白	0.4m					
19	菊花	0.25	单头：黄	0.5m					
20	菊花	0.30	多头：红	0.5m					
21	菊花	0.30	多头：黄	0.5m					
22	菊花	0.30	多头：粉	0.5m					
23	菊花	0.30	多头：白	0.5m					
24									

图 5-96 按【类型】合并计算数据清单

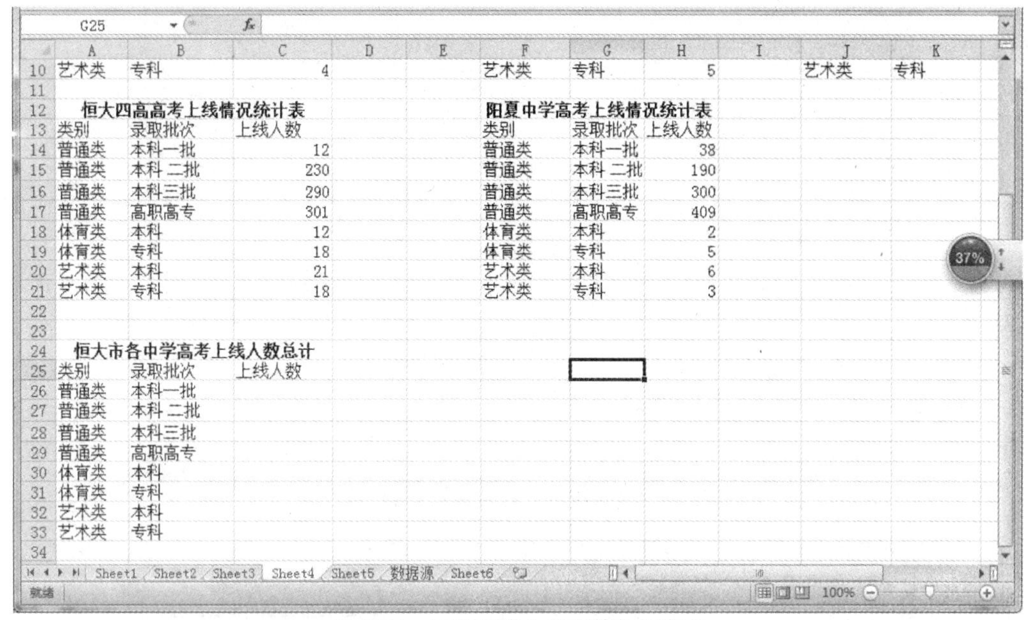

	A	B	C	D	E	F	G	H	I	J	K
10	艺术类	专科	4			艺术类	专科	5		艺术类	专科
11											
12	恒大四高高考上线情况统计表					阳夏中学高考上线情况统计表					
13	类别	录取批次	上线人数			类别	录取批次	上线人数			
14	普通类	本科一批	12			普通类	本科一批	38			
15	普通类	本科二批	230			普通类	本科二批	190			
16	普通类	本科三批	290			普通类	本科三批	300			
17	普通类	高职高专	301			普通类	高职高专	409			
18	体育类	本科	12			体育类	本科	2			
19	体育类	专科	18			体育类	专科	5			
20	艺术类	本科	21			艺术类	本科	6			
21	艺术类	专科	18			艺术类	专科	3			
22											
23											
24	恒大市各中学高考上线人数总计										
25	类别	录取批次	上线人数								
26	普通类	本科一批									
27	普通类	本科二批									
28	普通类	本科三批									
29	普通类	高职高专									
30	体育类	本科									
31	体育类	专科									
32	艺术类	本科									
33	艺术类	专科									
34											

图 5-97　按【区域】合并计算数据清单

案例：按【类型】进行合并计算

如图 5-96 所示，是某花店当日鲜花的不同批发价格，现在要求以“各类鲜花价格”进行【平均值】合并计算。操作步骤如下：

①新建工作簿，建立如图 5-96 所示数据清单。

②将光标定位在需要放置【合并计算】结果数据区域第一个空单元格上（本例在“品种”字段的下方），选择【数据】→【数据工具】→【合并计算】，打开如图 5-98 所示对话框，在对话框【函数】下拉列表中选择【平均值】；在引用位置处点击“拾取”按钮，选择数据清单区域（本例中因在合并计算显示区已事先设置好行标题，这里选择数据区域时，首行就不要选中），点击对话框上【添加】命令按钮，即可将数据引用区域添加到【所有引用位置】框中（如果事先框里有引用单元格区域，但它不是我们任务中所需要的区域，就选择对话框上的【删除】命令按钮），如图 5-99 所示。

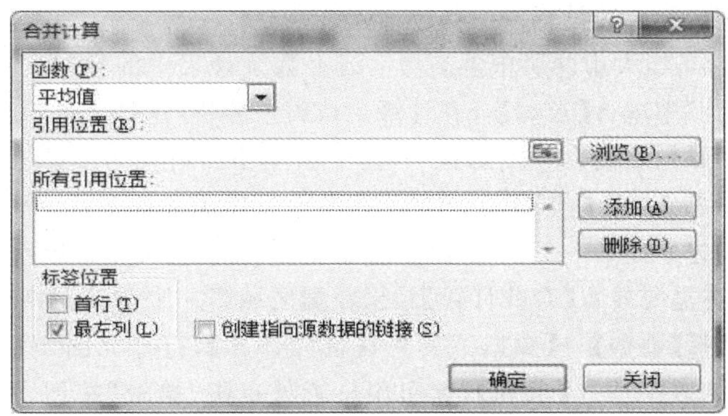

图 5-98　【合并计算】对话框

③点击图 5-98 对话框中的【确定】命令按钮，即可得到本次合并计算的结果，如图5-100 所示。

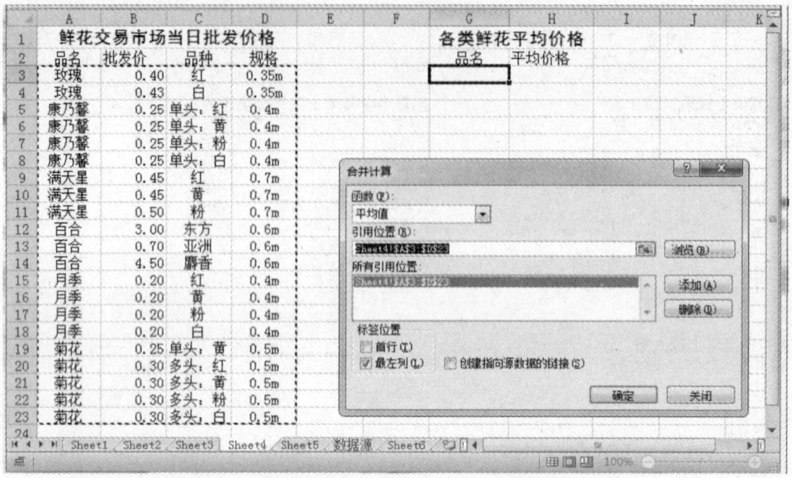

鲜花交易市场当日批发价格			
品名	批发价	品种	规格
玫瑰	0.40	红	0.35m
玫瑰	0.43	白	0.35m
康乃馨	0.25	单头：红	0.4m
康乃馨	0.25	单头：黄	0.4m
康乃馨	0.25	单头：粉	0.4m
康乃馨	0.25	单头：白	0.4m
满天星	0.45	红	0.7m
满天星	0.45	黄	0.7m
满天星	0.50	粉	0.7m
百合	3.00	东方	0.6m
百合	0.70	亚洲	0.6m
百合	4.50	麝香	0.6m
月季	0.20	红	0.4m
月季	0.20	黄	0.4m
月季	0.20	粉	0.4m
月季	0.20	白	0.4m
菊花	0.25	单头：黄	0.5m
菊花	0.30	多头：红	0.5m
菊花	0.30	多头：黄	0.5m
菊花	0.30	多头：粉	0.5m
菊花	0.30	多头：白	0.5m

图 5-99 按【类型】进行【合并计算】参数设置

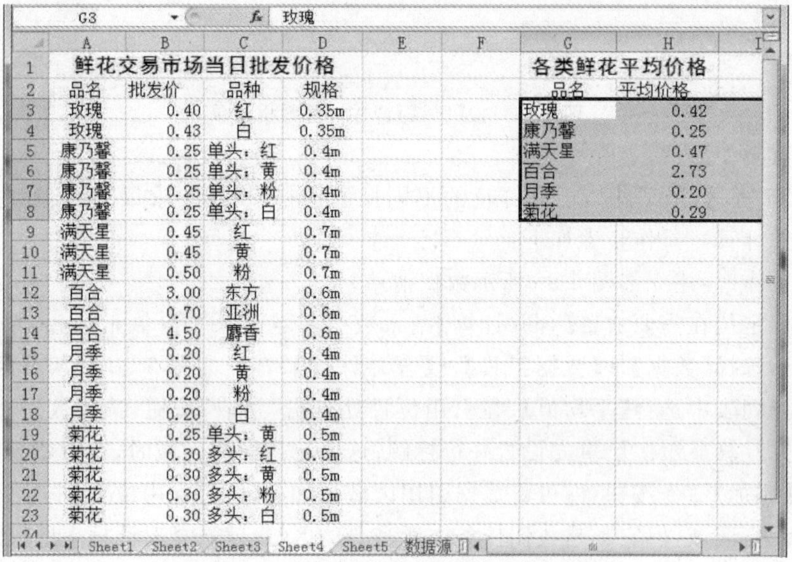

鲜花交易市场当日批发价格			
品名	批发价	品种	规格
玫瑰	0.40	红	0.35m
玫瑰	0.43	白	0.35m
康乃馨	0.25	单头：红	0.4m
康乃馨	0.25	单头：黄	0.4m
康乃馨	0.25	单头：粉	0.4m
康乃馨	0.25	单头：白	0.4m
满天星	0.45	红	0.7m
满天星	0.45	黄	0.7m
满天星	0.50	粉	0.7m
百合	3.00	东方	0.6m
百合	0.70	亚洲	0.6m
百合	4.50	麝香	0.6m
月季	0.20	红	0.4m
月季	0.20	黄	0.4m
月季	0.20	粉	0.4m
月季	0.20	白	0.4m
菊花	0.25	单头：黄	0.5m
菊花	0.30	多头：红	0.5m
菊花	0.30	多头：黄	0.5m
菊花	0.30	多头：粉	0.5m
菊花	0.30	多头：白	0.5m

各类鲜花平均价格	
品名	平均价格
玫瑰	0.42
康乃馨	0.25
满天星	0.47
百合	2.73
月季	0.20
菊花	0.29

图 5-100 按【类型】进行【合并计算】结果

案例：按“区域”进行合并计算

如图 5-97 所示，是恒大市两所中学高考上线人数统计表中的数据，要求在“恒大市各中学高考上线人数总计”中进行【求和】合并计算。从表中分析，这是分区域放置的两所中学高考上线人数统计表，要把它们合并汇总在一起，了解本市所有高考上线人数，以及被录取学校状况，另外要求汇总出“艺术类”考生的情况。本例操作步骤如下：

①新建工作簿，建立如图 5-97 所示数据清单（或从教学资源库中导入）。

②将光标定位在需要放置【合并计算】结果数据区域第一个空单元格上（本例在“上线人数”字段的下方），选择【数据】→【数据工具】→【合并计算】，打开如图 5-101 所示对话框，在对话框【函数】下拉列表中选择【求和】；在引用位置处点击“拾取”按钮，选择数据清单区域（本例中因在合并计算显示区已事先设置好行字段和列字段，这里只选择“人数”字段下方的数据区域），点击对话框上【添加】命令按钮，即可将数据引用区域添加到【所有引用位置】框中。因本例中要进行【合并计算】的数据分放在不同的区域中，所以要进行上述同样的数据

区域引用操作，选择其他区域中的数据，将所有数据都引用添加到【所有引用位置】框中，如图 5-101 所示。

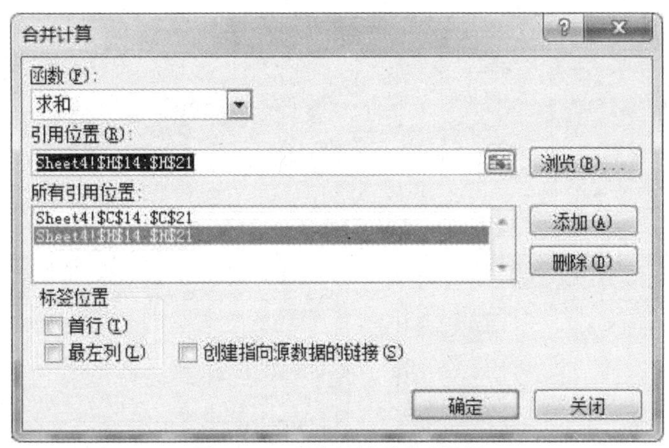

图 5-101　【合并计算】对话框

③在图 5-101 中，不选择对话框中的【首行】、【最左列】，点击图 5-98 对话框中的【确定】命令按钮，即可得到本次合并计算的结果。

④用同样的方法统计出"艺术类一专科"学生高考上线人数，结果如图 5-102 所示。

	A	B	C	D	E	F	G	H	I
10	艺术类	专科	4			艺术类	专科	5	
11									
12	恒大四高高考上线情况统计表					阳夏中学高考上线情况统计表			
13	类别	录取批次	上线人数			类别	录取批次	上线人数	
14	普通类	本科一批	12			普通类	本科一批	38	
15	普通类	本科二批	230			普通类	本科二批	190	
16	普通类	本科三批	290			普通类	本科三批	300	
17	普通类	高职高专	301			普通类	高职高专	409	
18	体育类	本科	12			体育类	本科	2	
19	体育类	专科	18			体育类	专科	5	
20	艺术类	本科	21			艺术类	本科	6	
21	艺术类	专科	18			艺术类	专科	3	
22									
23									
24	恒大市各中学高考上线人数总计					艺术类	专科	21	
25	类别	录取批次	上线人数						
26	普通类	本科一批	50						
27	普通类	本科二批	420						
28	普通类	本科三批	590						
29	普通类	高职高专	710						
30	体育类	本科	14						
31	体育类	专科	23						
32	艺术类	本科	27						
33	艺术类	专科	21						

Sheet1　Sheet2　Sheet3　Sheet4　Sheet5　数据源　Sheet

图 5-102　按【区域】进行数据合并计算结果

3.保护工作簿及数据

Excel 提供的数据保护包括工作簿、工作表及允许用户编辑区域设置等。在前面所做的案例中，如果要对统计结果进行保护，以防不小心或被他人修改，可以在【审阅】选项卡的【更改】组中完成。具体操作方法如下：

(1)设计允许编辑区

① 在【审阅】选项卡的【更改】组中单击【允许用户编辑区域】按钮，如图 5-103 所示，弹出

【允许用户编辑区域】对话框，如图 5-104 所示。

② 单击【新建】按钮，弹出【新区域】对话框，如图 5-105 所示。

图 5-103 【审阅】选项卡的【更改】组

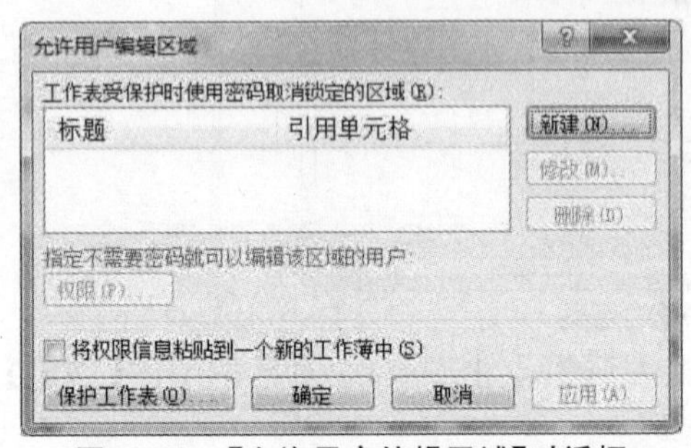

图 5-104 【允许用户编辑区域】对话框

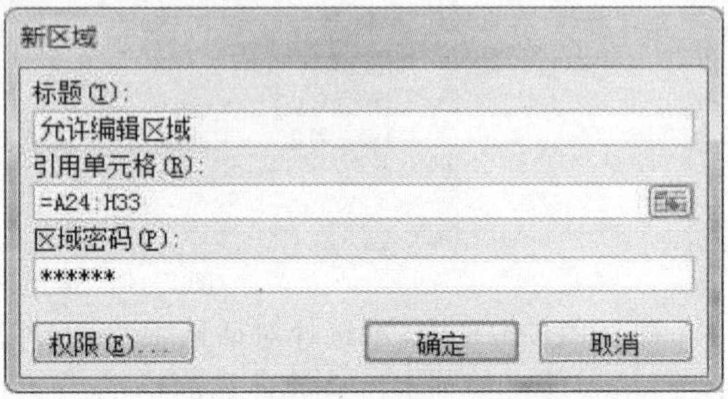

图 5-105 【新区域】对话框

③ 在【标题】文本框中输入“允许编辑区域”，在【引用单元格】文本框中输入你要保护的数据区域，在【区域密码】文本框中输入，单击【确定】按钮，再次输入密码，单击两次【确定】按钮。

④ 在图 5-104 所示的【允许用户编辑区域】对话框中单击【保护工作表】按钮，弹出【保护工作表】对话框，如图 5-106 所示。在【取消工作表保护时使用的密码】文本框中输入密码，单击【确定】按钮；再次输入密码，单击【确定】按钮。

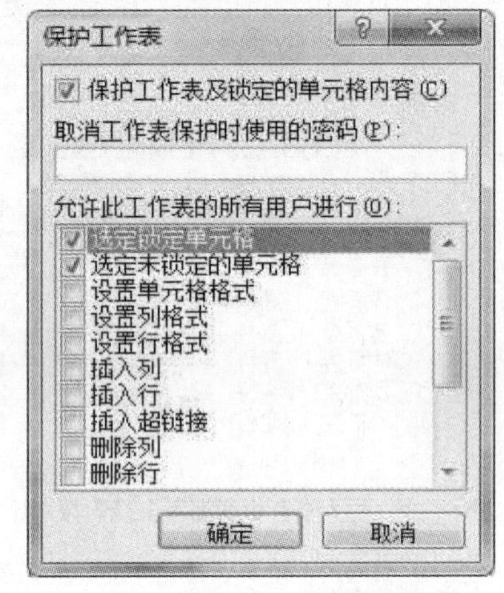

图 5-106 【保护工作表】对话框

(2)保护工作簿

① 在【审阅】选项卡的【更改】组中单击【保护工作簿】按钮，弹出【保护结构和窗口】对话框，如图 5-107 所示。

② 选中【结构】和【窗口】复选框，在【密码】文本框中输入密码，单击【确定】按钮，弹出【确认密码】对话框，再次输入密码，单击【确定】按钮。

(3)设置打开和修改权限

① 选择【文件】→【另存为】命令，在【另存为】对话框中设置保存位置和保存名称，单击【另存为】对话框下面的【工具】按钮，在下拉列表中选择【常规选项】，弹出【常规选项】对话框，如图 5-108 所示。输入【打开权限密码】、【修改权限密码】。

② 单击【确定】按钮，依次弹出两个【确认密码】对话框，分别输入打开权限密码和修改权限密码，单击【确定】按钮，返回【另存为】对话框，单击【保存】按钮。

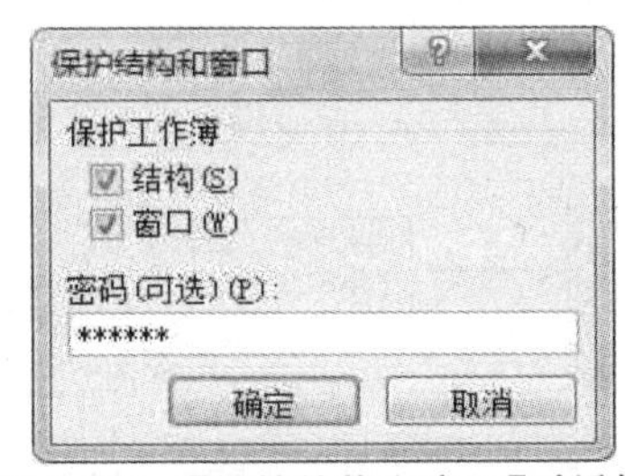

图 5-107　【保护结构和窗口】对话框

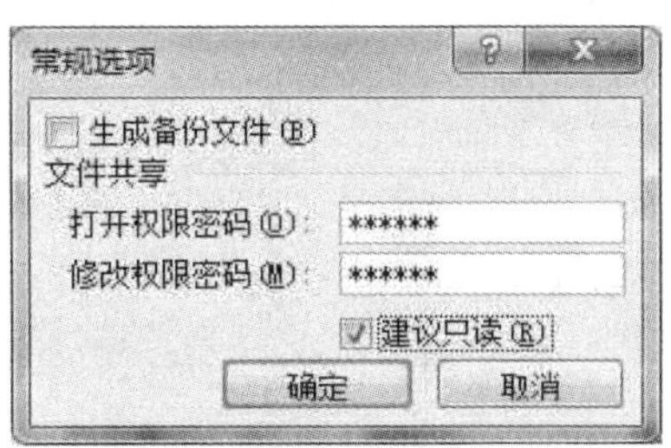

图 5-108　【常规选项】对话框

提示：

● 设置完可编辑区域，必须单击【保护工作表】按钮，设置才会生效，撤销可编辑区域只需要撤销工作表保护即可。

● 保护工作表设置完成后，【保护工作表】按钮变为【撤销工作表保护】按钮。

● 保护工作簿时，【保护工作簿】按钮为高亮突出显示，撤销保护只需要再次单击【保护工作簿】按钮，正确输入密码即可。

● 设置工作簿打开和修改权限，要先关闭工作簿，再重新打开工作簿才会生效，先输入打开密码，再输入修改密码，才能打开工作簿，并进行修改。若用户只有打开密码，没有修改密码，则只能以只读方式打开工作簿。

● 要防止用户意外或故意更改、移动或删除重要数据，可以保护某些工作表或工作簿元素，可以使用密码(Excel 密码最多可有 255 个字母、数字、空格等。在设置和输入密码时，必须输入正确的大小写字母)。

训练七　数据的图表化

1. 认识 Excel 图表

Excel 的图表功能具有图表、图片、SmartArt、形状、艺术字、剪贴画等不同类型。能够建立柱形图、折线图、散点图、饼图、条形图等多种类型的图表。Excel 2010 进一步扩展了图表功能，在图表中支持更多的数据系列和数据点，色彩更绚丽，提供了迷你图，以及更多的图表修饰和美化工具，能够便捷地设置图表标题，修改图表背景色彩，格式化图表中的文本等。用户可以在数据所在的工作表中创建一张嵌入式图表，或者单独创建到一张新工作表中。图表一经创建，就可以保存到工作簿中。利用图表功能制作各种样式的统计图表，帮助用户更加直观地理解表格中的数据，轻松地获取有用信息，提高工作效率。

认识图表、了解图表的有关术语和组成部分是正确使用图表的前提，通过图 5-109，我们来认识一下图表中的基本要素。

(1)数据点

在 Excel 中，图表与源数据表不可分割，没有源数据表就没有图表。图表实质上是工作表中数据的图形化，数据点又称为数据标记，1 个数据点在本质上就是源工作表中一个单元格中数据值的图形表示。如图 5-109 中有 12 个数据点，每个点对应一个单元格数据。

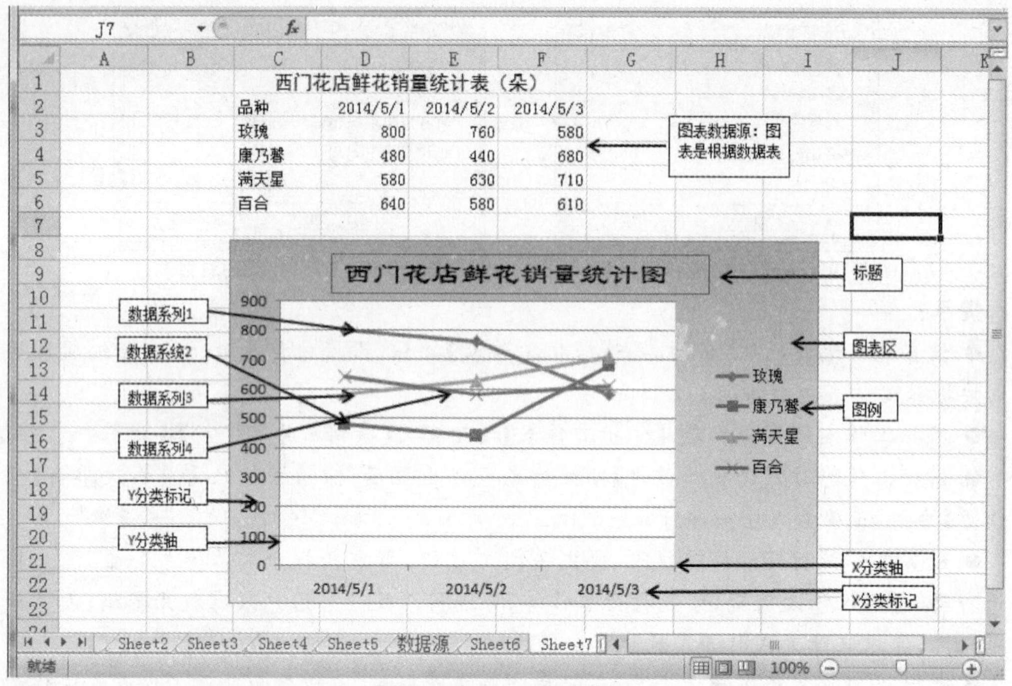

图 5-109 Excel 图表介绍

数据点在不同类型的图表中可能表现为不同的形状。例如，它可能表现为条形图中的一个柱形、折线图中的一个点、气泡图中的一个气泡等。

(2)数据系列

绘制在图表中的一组相关联的数据点就是一个数据系列。数据系列中的数据源自数据表的行或列，同一数据系列具有相同的颜色或图案且用图表的图例予以标识。在同一图表中，可以绘制一个或多个数据系列。但有些图表，比如饼图只能有一个数据系列。图 5-109 中有四条折线，代表有四个系列。

(3)网格线

网格线是指可以添加到图表的线条，它有助于查看和评估数据。网格线从方向轴上的刻度线处开始延伸到绘图区。网格线包括水平网格线和垂直网格线两种，可根据需要设置或取消它。合理而恰当地运用网格线可以增加图表数据的可读性，但若运用不当反而会使图表变得混乱不堪。例如，在数据系列较多的折线图或饼图中添加网格线，会使图表显得更复杂，图表中线条较多，难以辨别。在这种情况下，不用网格线，反而更清楚。

(4)轴

轴是指作为绘图区域一侧边界的直线，是为图表数据进行度量或比较提供参考的框架。对多数图表而言，数据值均沿数值轴(Y 轴，通常为纵向)绘制，类别则沿分类轴(X 轴，通常为横向)绘制。

大多数图表都有两条轴，一条是 X 轴，也称分类轴，另一条是 Y 轴，典型的如数值轴。某些图表还含有另一条数值轴(如双 Y 轴图)，三维图表还含有 Z 轴(X 轴和 Y 轴表示水平的两相垂直方向，Z 轴则是在竖直方向上与 X、Y 轴所决定平面相垂直的一条轴)。

(5)刻度线与刻度线标志

刻度线是与轴交叉的起度量作用的短线,类似于标尺上的刻度。刻度线标志用于标明图表中的类别、数值或数据系列。刻度线标志来自用于创建图表的数据表中的单元格。在图 5-109 中,水平方向有 3 个刻度,分别表示 2014/5/1、2014/5/2、2014/5/3。

(6)图例

图例用于说明每个数据系列中的数据点所采用的图形外表和色彩,它可能是一个方框、一个菱形、一个小三角形或其他小图块。

(7)图表中的标题

标题用于表明图表或分类的内容。一般来说,用于表明图表内容的标题位于图表的顶部,用于表明分类的标题一般位于每条轴线的旁边。

(8)图表类型

Excel 提供了丰富的图表类型,包括柱形图、折线图、饼图、条形图、面积图、XY 散点图、股价图、曲面图、圆环图、气泡图和雷达图等,Excel 2010 还新增了迷你图,每种图表类型又包括许多不同的图表式样。

2.嵌入式图表和图表工作表

Excel 提供了两种显示图表的方式,即嵌入式图表和图表工作表。

(1)嵌入式图表是把图表直接插入到其数据所在的工作表中,主要用于说明数据与工作表的关系,用图表来说明和解释工作表中的数据,具有很强的说服力,如图 5-109 所示。

(2)图表工作表是把图表和与之相关的源数据表分开存放,图表放在一个独立的工作表中,用于创建图表中的数据表则存放于另一个独立的工作表中,图表专用于显示图表,其中没有任何单元格,如图 5-110 所示。

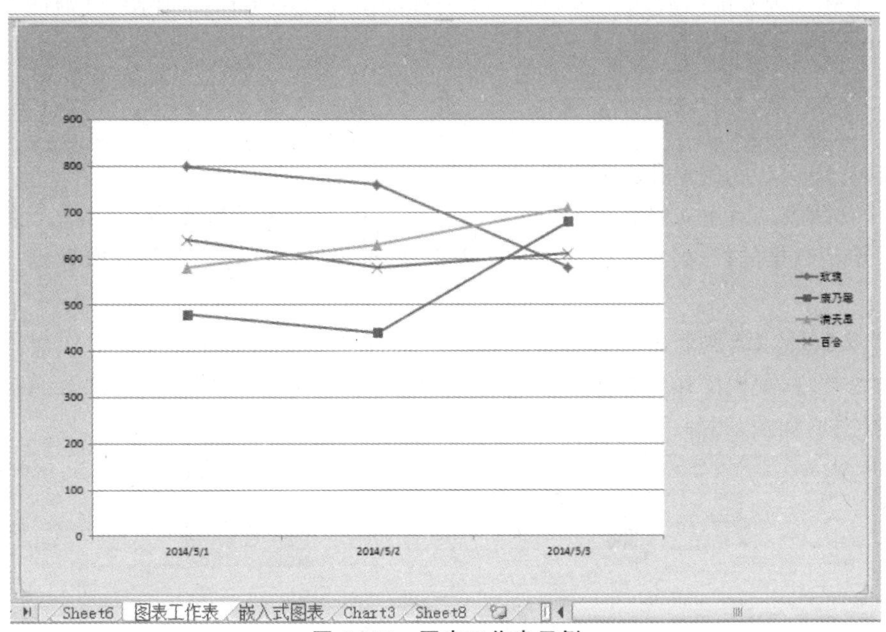

图 5-110　图表工作表示例

3. Excel 标准图表类型及适用范围

Excel 2010 提供了 11 种标准图表类型,每种图表类型都有许多不同的子类型。具体采用哪种类型的图表，要根据实际情况确定，因为不同的图表类型有不同的特点和用途。

(1)面积图

面积图用于显示不同数据系列之间的对比关系，同时也显示各数据系列与整体的比例关系，尤其强调随时间的变化幅度。

(2)柱形图

柱形图就是人们常说的直方图，常用来表示不同项目之间的比较结果，也可以用来对比数据在一段时间内的变化情况。

(3)条形图

条形图显示了各个项目之间的比较情况，纵轴表示分类，横轴表示值。它主要强调各数据值之间的比较，并不太关心时间的变化情况。条形图中的堆积图显示了单个项目与整体的关系，可以把不同项目之间的关系描述得更清楚。

(4)折线图

条形图显示了各个项目之间的比较情况，纵轴表示分类，横轴表示值。它主要强调各数据值之间的比较，并不太关心时间的变化情况。条形图中的堆积图显示了单个项目与整体折线图强调数据的发展趋势，面积图也与时间趋势相关，但两者仍有区别，面积图可表示各数据系列的总和，折线图则只能表示数据随时间而产生的变化情况。折线图的分类轴几乎总是表现为时间，如年、季度、月份、日期等。

(5)饼图

饼图强调总体与部分的关系，常用于表示各组成部分在总体中所占的百分比。

(6)其他标准图表

除了上述几种标准图表之外，Excel 提供的标准图表类型还有：圆环图、气泡图、雷达图、股价图、曲面图、XY 散点图等。

4.图表的建立

(1)创建嵌入式图表

① 建立图 5-109 所示相关的数据表。

② 建立图表。当建立好数据表之后，选定用于建立图表的数据所在的单元格数据区域。如果希望数据的行、列标志也显示在图表中，则选定区域中还应包括含有数据标志的单元格。

③ 单击【插入】选项卡切换到插入功能区。插入功能区中具有许多向工作表添加特定内容的命令控件，如向工作表插入迷你图、艺术字、文本框、特殊符号、图形、图表及页眉页脚等内容的控件，如图 5-111 所示。

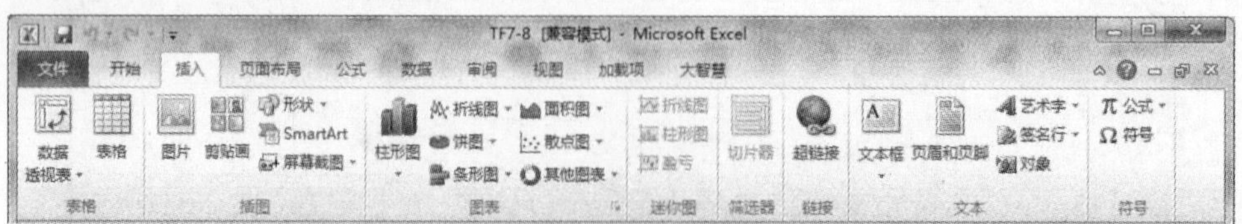

图 5-111 插入功能区

在【插入】→【图表】组中，列出了 Excel 支持的图表类型，每种类型都包含有许多二维和三维的图形样式。单击某个图表按钮，Excel 就会在其下拉列表中显示出该类型图表的所有具体图表形状，选择其中某个具体图表形状，就能够以选中数据区域（或活动单元格所在的数据区域）为源数据创建对应的图表，并在活动工作表中显示建立的图表。在本例中，单击【图表】→【折线图】按钮，并从弹出的图表形状中选择二维折线图中的第四个图形，结果如图5-112所示。

注意：在图5-112中可以看见【图表工具】选项卡，此选项卡平时是隐藏的，只有激活某个图表时才会显示出来。

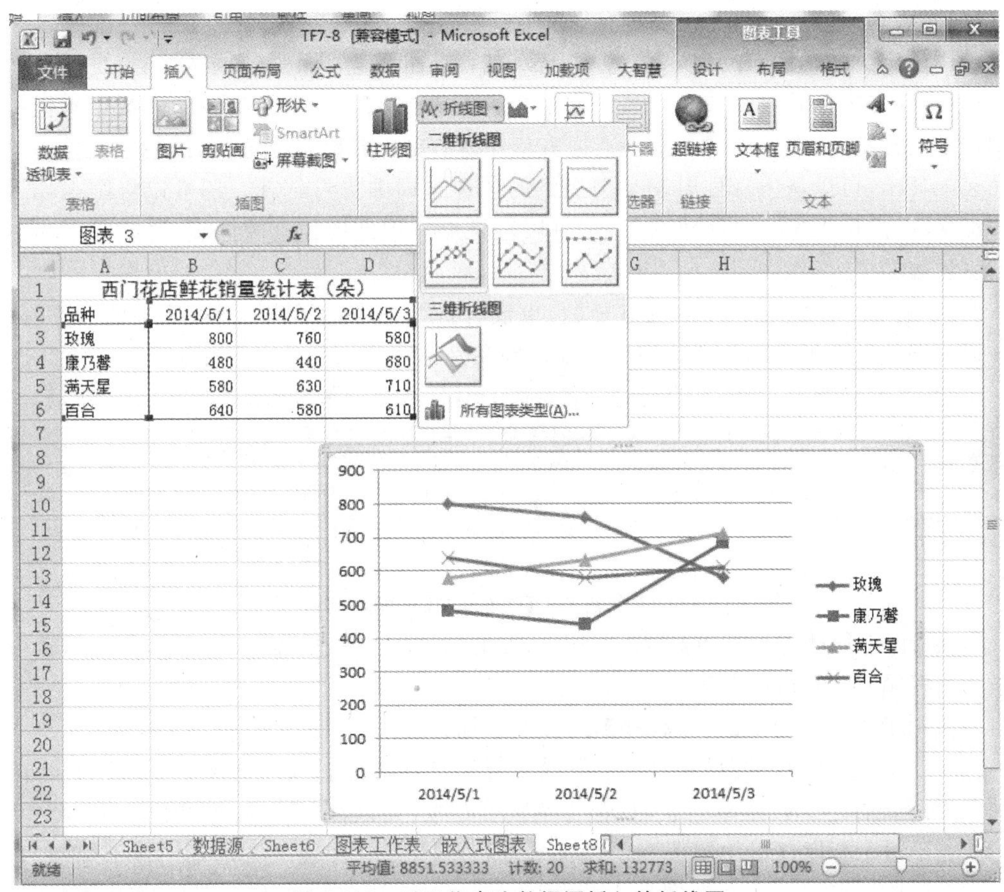

图5-112　以工作表为数据源插入的折线图

（2）创建图表工作表

创建图表工作表的前两个步骤与嵌入式图表的创建步骤相同，但它还需要执行第三个步骤。也就是说，需要先创建一个嵌入式图表，在此基础上执行另一个操作就能够创建出图表工作表。例如，将图5-112中的嵌入式折线图修改为图表工作表类型的折线图。过程如下：

① 单击已创建的图表，显示出【图表工具】选项卡。

② 单击【图表工具】下面的【设计】选项卡，如图5-112所示，在【设计】选项卡最右边的【位置】组中，有一个【移动图表】按钮，单击它，Excel会弹出【移动图表】对话框。

③ 在【移动图表】对话框中选中第一个选项【新工作表】，然后单击【确定】按钮，Excel就会插入一个图表工作表Chartl，并将当前工作表中选中的图表移到图表工作表中，如

图 5-110所示。

5.图表设计

通过图表向导建立的嵌入式图表或图表工作表可能不尽如人意。如没有标题，数据系列太多，图例显示位置不当，图表中的文字大小不合适，诸如此类。通过 Excel 为图表提供的【设计】和【布局】功能选项卡，可以轻松完成图表的各种修改，设计出布局合理，内容恰当的高质量图表。

(1)图表布局

应用预定义的图表布局时，会有一组特定的图表元素，如标题(图表标题是说明性的文本，可以自动与坐标轴对齐或在图表顶部居中)、图例、数据表或数据标签(为数据标记提供附加信息的标签，数据标签代表源于数据表单元格的单个数据点或值)。按特定的排列顺序在图表中显示，可以从为每种图表类型提供的各种布局中进行选择。还可以将图表作为图表模板保存，之后无论何时新建图表，都可以轻松地应用该模板创建图表，这就使图表创建工作更加容易了。

在图 5-110 中建立的图表，没有标题，也没有折线图中显示出 X 轴、Y 轴的分类标志。现在通过图表布局提供的功能为该图添加标题和坐标轴分类标志。方法如下：

① 激活图表(单击图表中的任何位置)显示出【图表工具】选项卡，如图 5-113 所示。

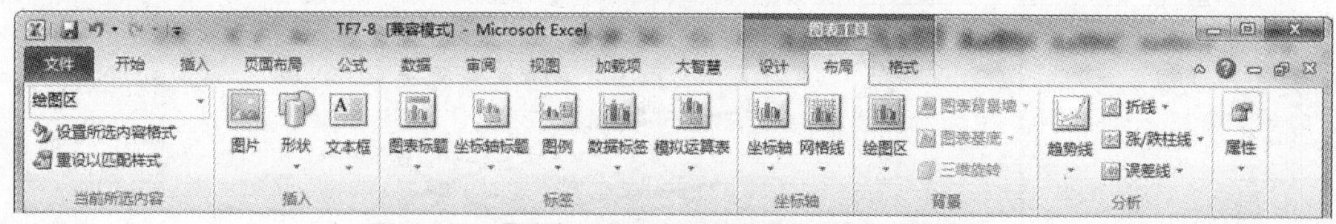

图 5-113 【图表工具】选项卡中【布局】选项界面

② 在【设计】→【图表布局】选项卡组中，用鼠标单击一种图表布局式样，该布局就会立即被应用在第 1 步选中的图表中。

③ 单击图 5-113 中的【图表标题】，为图表添加标题。

④ 单击图 5-113 中的【坐标轴标题】→【主要横坐标标题】→【坐标轴下方标题】，为图表添加 X 轴分类标志。该菜单列表，共有 3 种显示方式：无、居中覆盖标题和图表上方。其中【无】就是不显示标题，【居中覆盖标题】和【图表上方】都是在图表上方的正中显示标题，它们的区别在于前者可能会覆盖在图形上边的一小部分，而后者则不与图形区域重叠在一起。从后面两种方式中选择一种标题显示方式，Excel 就会立即在图表区的上方显示【图表标题】字样，将它修改为指定的标题就行了。

⑤ 单击图 5-113 中的【坐标轴标题】→【主要纵坐标标题】→【竖排标题】，为图表添加 Y 轴分类标志，共有四种显示方式，用户根据任务需求选择纵坐标显示方式。

经上述标题设置后的图 5-110，最终显示结果为图 5-114 所示。

(2)图表样式

Excel 2010 为各种类型的图表都提供了许多图表样式，应用这些样式可以很快设计出精美的图表来。Excel 提供的图表样式中有二维样式，也有三维图形的样式，从黑白到各种影色图表样式应有尽有。

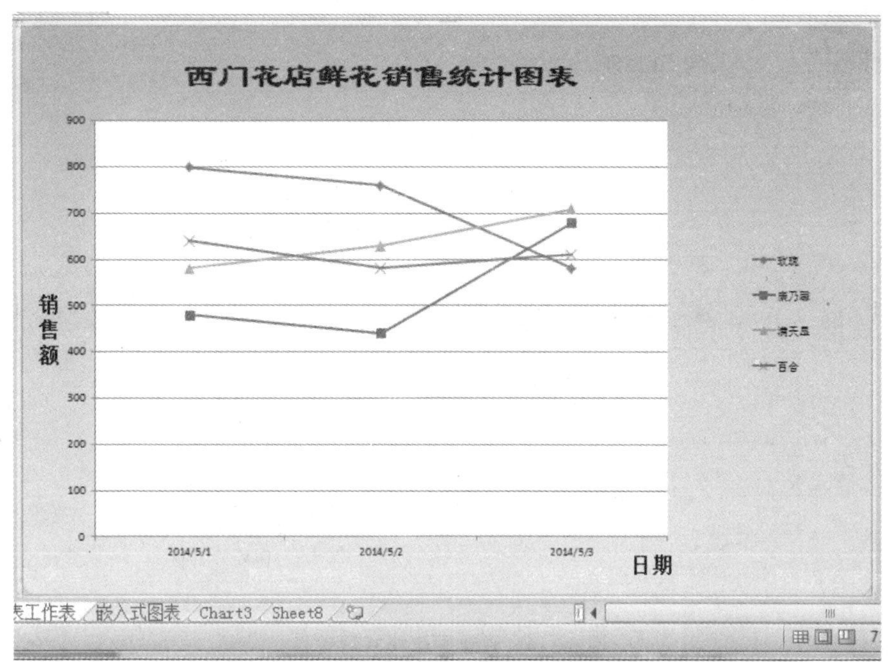

图 5-114　【图表工作表】设置标题后的效果

应用图表样式设置图表的过程如下：以图 5-114 为例，将图中折线图改成折线【样式 26】图表样式。

① 单击图 5-114 中的图表，显示出【图表工具】选项卡。

② 单击【图表工具】→【设计】→【图表样式】选项卡下拉箭头，打开如图 5-115 所示图表样式面板。

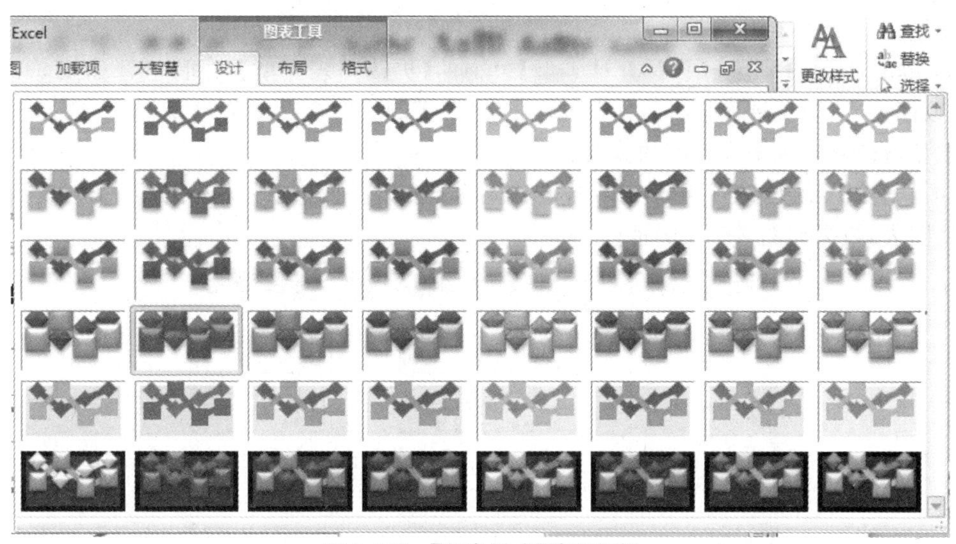

图 5-115　【图表样式】选项面板

③ 在【图表样式】组中单击需要的图表样式，如果功能区中列出的图表样式都不合适，可单击【其他】按钮显示出该类图表的全部样式。这里单击【图表样式】面板中的第 4 行 2 列“样式 26”即可，结果如图 5-116 所示。

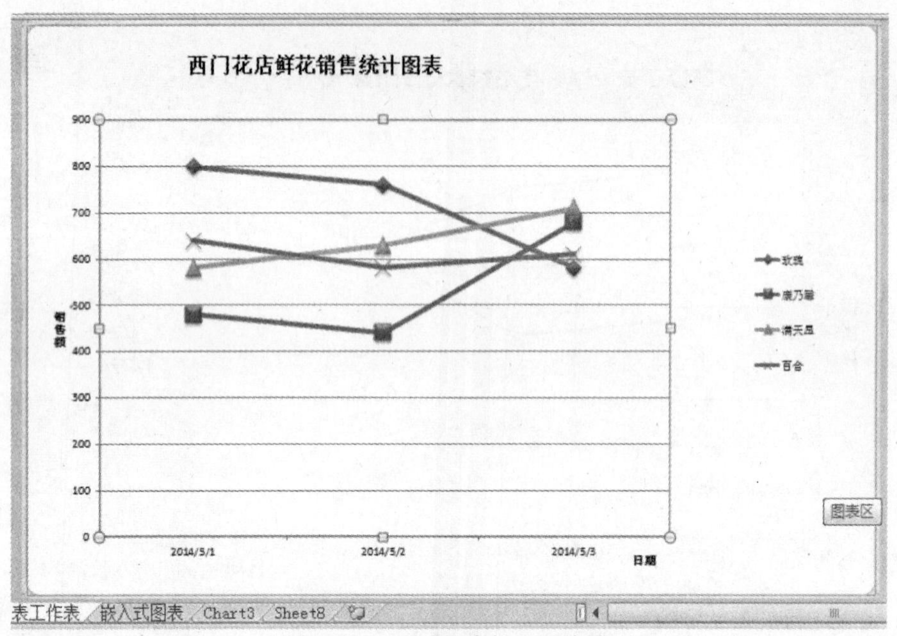

图 5-116 更改图表样式后效果

(3)修改图表类型

对于大多数二维图表(包括嵌入式图表和图表工作表),可以更改整个图表的图表类型以赋予其完全不同的外观,也可以为任何单个数据系列选择另一种图表类型,使图表转换为组合图表。但对于气泡图和大多数三维图表,只能更改整个图表的图表类型。

以图 5-114 为例,将折线图表修改成三维簇状圆柱图表,用三维簇状圆柱图来表示西门花店每天各种鲜花的销售量。修改图表类型的操作方法如下:

① 单击图 5-114 中的图表,显示出【图表工具】选项卡。

② 单击【图表工具】→【设计】→【类型】组中的【更改图表类型】按钮,打开如图 5-117 所示【更改图表类型】选项面板。该对话框中列出了 Excel 的全部图表类型,从中选择需要的图表类型就能够实现图表类型的修改。

③ 单击【柱形图】,打开图 5-117 面板右边的子图表类型选项栏,从中选择 2 行 1 列的簇状圆柱图表,效果如图 5-118 所示。

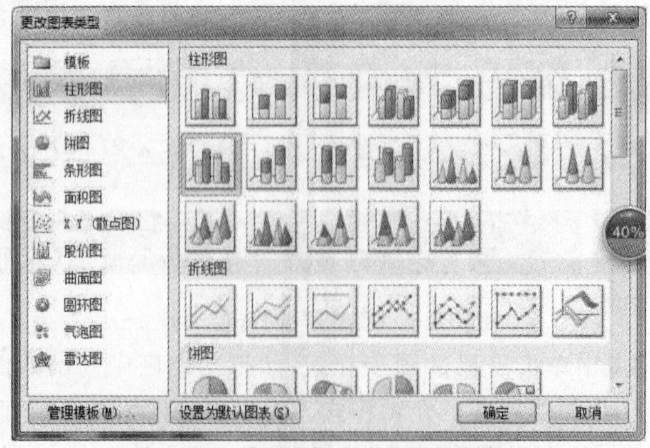

图 5-117 【更改图表类型】选项面板

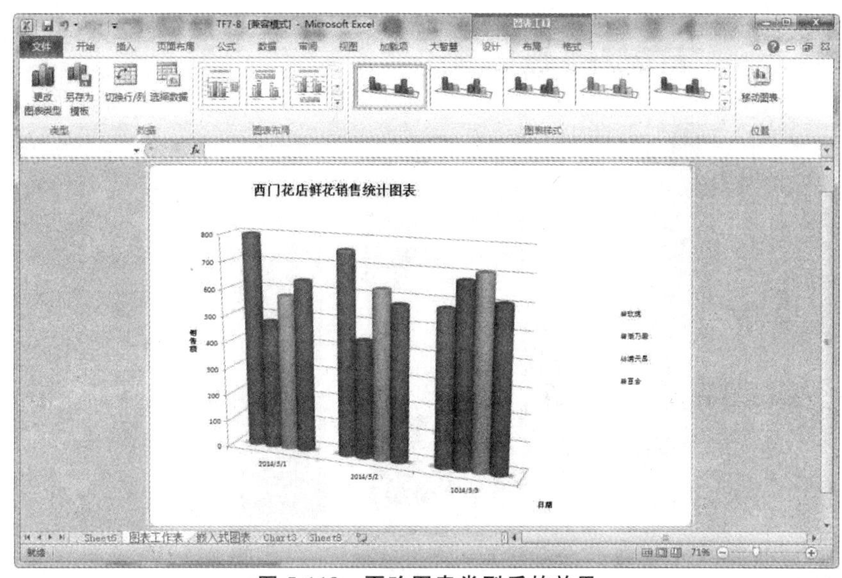

图 5-118　更改图表类型后的效果

(4)数据系列操作

Excel 允许修改图表的数据源,能够方便地在已建立好的图表中添加或删除数据系列、重新设置数据系列产生的行、列方式。这使图表的修改操作很灵活,只需对已建好图表的数据源进行修改就能够得到新的图表,延续以前的工作。

① 数据系列的添加、删除和编辑

数据系列来源于数据表中的行或列,要向图表添加数据系列必须先在工作表的行或列中输入数据系列对应的数据源。当输入了数据源之后,可通过【设计】→【数据】→【选择数据】功能按钮向图表添加数据系列。

② 修改数据系列的产生方式

在 Excel 中插入图表时,数据系列一般按行方式构成,但也可以按列方式形成,根据列中的数据生成图表。如果要按列方式组织数据系列,就需要修改数据系列的产生方式。例如我们对图 5-117 所示图表进行行列转换操作,方法为:点击图中【图表工具】→【设计】→【数据】→【切换行/列】按钮,就会将图 5-118 转换成图 5-119 的效果。

从图 5-119 中看到,X 轴与图表图例的位置发生了互换,X 轴不再是日期分类标志,而是鲜花品种,需要进行修改。

(5)图表结构

图表布局是指影响图表标题、图例、坐标轴、坐标轴标题、网格表、图表标注和误差线等图表元素的选项组合,合理布局可使图表表达的信息准确、完善和美观。其中提供了许多用于设置与取消图表布局元素的命令按钮,利用它们可以方便地进行图表的布局操作。

①数据标签

数据标签是指为数据系列或数据点(数据点是指在图表中绘制的单个值,这些值由条形、柱形、折线、饼图或圆环图的扇面、圆点和其他被称为数据标记的图形表示。相同颜色的数据标记组成一个数据系列)添加的标识。在默认情况下,数据标签链接到其所代表数据点在工作表单元格中的值,当修改单元格中的值时,其所对应数据点的标签会自动更新。

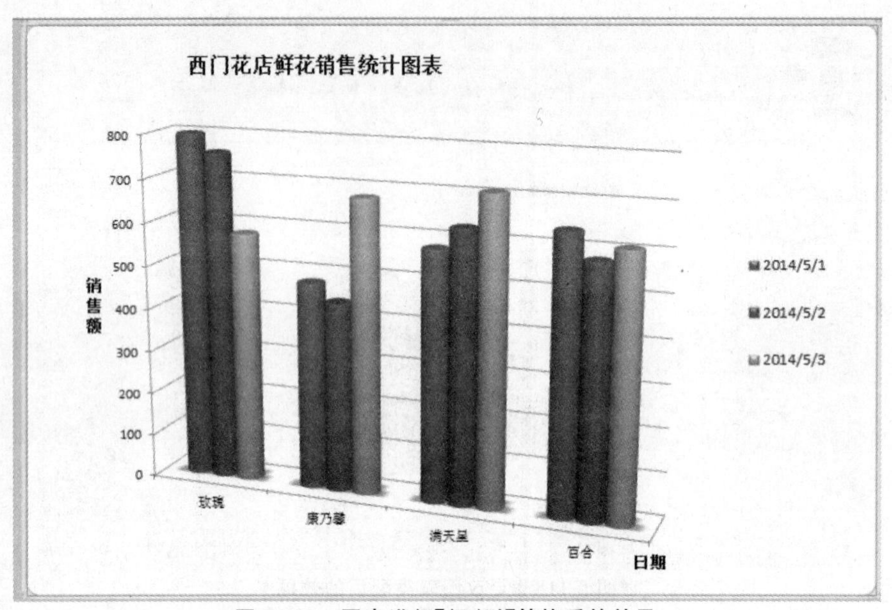

图 5-119 图表进行【行/列】转换后的效果

数据标签可以修改，可以在数据标签中显示系列名称、类别名称和百分比。对于气泡图，甚至还可以显示气泡的大小。如果要获取数据标签的详细描述，还可以在每个数据标签中显示多个标签项，用逗号或指定的其他分隔符分隔各项。

数据标签在图表中的位置和大小可以调整，为防止数据标签重叠并使其便于阅读，可以调整它们在图表中的位置。当不再需要显示数据标签时，可以将其删除。

修改或添加图表数据标签的操作如下：

a. 选中要加入数据标志的图表，显示出【图表】图表选项卡。

b. 单击【布局】→【标签】→【数据标签】按钮，弹出数据标签的命令设置选项，其中有【无】、【显示】两种选项。

②图例和数据表

图例用来解释说明数据系列使用的标志或符号，用以区分不同的数据系列。Excel 一般采用数据表中的首行或首列文本（与图表数据系列的行、列方式有关）作为图例。图例主要说明图表中各种不同色彩的图形所代表的数据系列。

由于各种原因，有的图表需要添加图例，有的图表需要删除图例，因为数据标签已说明了各数据点的含义，有的图表需要修改图例的显示位置。

操作过程如下：

a. 单击进行图例操作的图表显示出【图表工具】，然后再单击【布局】→【标签】→【图例】按钮，Excel 会弹出设置图例的菜单命令列表。

其中包括：无、在右侧显示图例、在顶部显示图例、在左侧显示图例、在底部显示图例等命令选项。

b. 根据需要设置的图例位置，选择对应的菜单命令，如果不想显示图例就选择【无】。

c. 在图表中显示数据表的方法是：在【图表工具】→【布局】→【标签】组中，单击【数据表】功能按钮，然后在弹出的下拉菜单中选择【数据表】命令，就会在图表的下方显示数据表。如果要取消数据表的显示，只需要在弹出的菜单命令中选择【无】命令就行了。

③图表网格线

为了便于看清楚图表中的数据，可以在图表的绘图区中显示水平和垂直网格线。网格线可以为主网格线和次网格线，主网格线是从坐标轴的主要刻度向水平或垂直方向延伸出来的直线，次网格线是从坐标轴上的次要刻度延伸出来的直线，它们分别与坐标轴上显示的主要和次要刻度线对齐。

在 Excel 中设置或取消网格线的操作步骤如下：

a. 单击图表，显示出【图表工具】选项卡。

b. 在【布局】选项卡上的【坐标轴】组中，单击【网格线】。

c. 如果要设置水平网格线，就从弹出的下拉菜单中选择【主要横网格线】，然后从【主要横网格线】的下拉菜单中选择设置网格线的菜单命令。其中包括无、主要网格线、次要网格线等命令选项。

d. 设置纵网格线的方法与横网格线的方法相同。

如果要取消网格线，可以从上述网格线设置命令中选择【无】，也可以先选中要取消的网格线，然后按 Delete 键。

④坐标轴

坐标轴是界定图表绘图区的线条，用作度量的参照框架，通常包括水平轴(X 轴)和垂直轴(Y 轴)。Y 轴通常包含数据，称为数值轴；X 轴通常包含分类，也称分类轴。三维图表还有第三个坐标轴，即竖坐标轴，也称系列轴或 Z 轴。

一般的图表通常用 Y 轴对数据进行大小度量，用 X 轴对数据进行分类。不是所有图表类型都以相同方式显示坐标轴，如 XY 散点图和气泡图在水平轴和垂直轴上都显示数值，雷达图没有水平(分类)轴，而饼图和圆环图没有任何坐标轴。

坐标轴可以有标题，但在默认情况下创建图表时不会显示坐标轴标题，如果需要可以为坐标轴指定轴标题，为坐标轴添加标题的方法前面已有，在此不再赘述。

6.格式化图表

在利用 Excel 预定义的图表布局和图表样式对插入的图表进行初步处理之后，图表可能还会有一些不恰当的地方。例如，图例的位置和大小不当、标题字体太小、色彩搭配不当、数据标签字体大小不合理、坐标轴刻度间距太小等，通过图表格式化功能对不满意的图表部分进行修改，很快就能制作出精美的图表。

(1)调整图表大小

Excel 允许改变图表中各种图形对象(如图形区域、图例、图表和坐标轴的标题，数据标记等)的大小，移动图形对象的位置。

图形对象的移动非常简单，将鼠标指向要移动的图表对象，当发现鼠标指针变成可移动的四箭头字形状时，按下鼠标左键并拖动图表对象，当拖到恰当位置后释放鼠标就行了。

改变图形对象大小的方法是，先用鼠标单击并选中它，被选中对象的边框上出现 8 个小图标，四个角上有小圆圈，四条边的中间有小方块，把鼠标指向边框中的某个小图标，待鼠标指针变成箭头形状时，按下鼠标左键并拖动鼠标，在拖动鼠标的过程中，图表对象的边框会发生改变，当边框大小合适时释放鼠标就行了。

(2)图表对象格式化

对图表对象的格式化或重新设置的主要方法包括填充和添加效果。填充改变的是图表对象的内部颜色。在更改图表对象的填充颜色时,还可以向填充添加纹理、图片或渐变。渐变是颜色和底纹的逐渐过渡,通常是从一种颜色过渡到另一种颜色,或者从一种底纹过渡到同一颜色的另一种底纹。

① 填充:对各类图表对象的填充方法基本相同,它们的格式化对话框也大同小异。过程如下:右击要格式化的图表对象,然后从弹出的快捷菜单中选择【设置××格式】菜单项,Excel 将会弹出【设置××对象格式】的对话框,通过该对话框就能够完成对象各种格式的设置。××表示单击的图表对象,如单击坐标轴,就会弹出【设置坐标轴格式】对话框。

② 效果:填充只影响图表对象的内部或正面,而效果(如阴影、发光、反射、柔化边缘、棱台和三维(3-D)旋转等)则可用来更改形状的外观。三维效果还可增加形状的深度,在 Excel 2010 中可以向图表对象添加内置的三维效果组合,也可以添加单个效果。

课后练习

任务一　制作学院图书借阅登记表

设计制作学院图书借阅登记表,并录入数据,设计效果如样文 5-1-1 所示。

	A	B	C	D	E	F	G	H
1	图书借阅登记表							
2	借阅日期	书籍编号	书名	图书单价	书籍破损备注	借阅人姓名	借阅人所属院系	归还日期
3	2010-3-2	A00115	奈米科技交响曲	¥35	无	丁柏	信息学院	2010-6-2
4	2010-2-12	B00356	史记	¥50	无	张霞	护理学院	2010-5-12
5	2010-3-4	D01108	福尔摩沙大百科	¥46	无	高玲	医疗学院	2010-6-4
6	2010-5-1	D01109	故事版资治通鉴	¥76	有	刘琳琳	航海学院	2010-8-1
7	2010-5-2	E00444	大长今	¥30	无	王颖	电气工程学院	2010-8-2
8	2010-6-1	G00315	喜欢	¥25	无	李春兰	信息学院	2010-9-1
9	2010-6-2	I03751	蛋蛋艾格想要飞	¥20	无	张新春	护理学院	2010-9-2
10	2010-6-10	I03757	有你,真好!	¥30	无	张媛媛	航海学院	2010-9-10
11	2010-6-15	I03759	手足情深	¥47	无	孙玉民	医疗学院	2010-9-15
12	2010-6-20	I03772	画室小助手	¥38	有	崔龙	电气工程学院	2010-9-20
13								
14								

样文 5-1-1

任务要求:

1. 录入数据。

2. 设置字体,标题为“楷体”、“18 磅”、“加粗”,其他文字均为“宋体”、“12 磅”。

3. 把“图书借阅登记表”作为表格标题居中。

4. 将借阅日期和归还日期列设置为“日期”类型。

5. 设置借阅人所属院系,用来从下拉列表框中指定的值中选择输入。

6. 在图书单价列中设置人民币符号“¥”。

7. 设置表格线。

8. 在 E6 单元格中插入批注,批注内容为“该书缺少目录”,并将该批注内容复制到 E12

单元格中。

9. 突出显示(字体为红色,样式为倾斜)图书单价超过“50”的数据。

10. 以“图书借阅登记表.xlsx”为文件名进行保存。

任务二　统计员工培训成绩统计分析

任务要求:

1. 设计员工在职培训成绩表,设计效果见样文 5-2-1 所示。

2. 数据表中总分、名次、平均分、最高分为计算所得,不能直接输入。

3. 求出“文档处理”成绩为 90 分以上(含 90 分)人数。

4. 按照总分“＞＝348”为“优秀”,总分“＞＝288”为“合格”,否则为“不合格”的要求,进行总评。

5. 计算优秀率。统计结果见样文 5-2-2 所示。

	A	B	C	D	E	F	G	H	I
1	员工在职培训成绩表								
2	工号	姓名	文档处理	表格设计	多媒体演示	商务英语	总分	名次	
3	1009001	李英	88	75	73	99	335	5	
4	1009002	刘振才	93	85	72	58	308	6	
5	1009003	周健民	96	55	75	79	305	7	
6	1009004	朱磊	89	77	84	95	345	3	
7	1009005	曲海亭	93	85	73	86	337	4	
8	1009006	李建翔	73	65	78	72	288	9	
9	1009007	王大力	66	70	72	78	286	10	
10	1009008	牟丽丽	85	86	89	89	349	1	
11	1009009	张晓敏	89	82	90	87	348	2	
12	1009010	李伦	75	72	69	78	294	8	
13	平均分		84.7	75.2	77.5	82.1	319.5		
14	最高分		96	86	90	99	349		
15									

样文 5-2-1

	A	B	C	D	E	F	G	H	I	J
1	员工在职培训成绩表									
2	工号	姓名	文档处理	表格设计	多媒体演示	商务英语	总分	名次	总评	
3	1009001	李英	88	75	73	99	335	5	合格	
4	1009002	刘振才	93	85	72	58	308	6	合格	
5	1009003	周健民	96	55	75	79	305	7	合格	
6	1009004	朱磊	89	77	84	95	345	3	合格	
7	1009005	曲海亭	93	85	73	86	337	4	合格	
8	1009006	李建翔	73	65	78	72	288	9	合格	
9	1009007	王大力	66	70	72	78	286	10	不合格	
10	1009008	牟丽丽	85	86	89	89	349	1	优秀	
11	1009009	张晓敏	89	82	90	87	348	2	优秀	
12	1009010	李伦	75	72	69	78	294	8	合格	
13	平均分		84.7	75.2	77.5	82.1	319.5			
14	最高分		96	86	90	99	349			
15	文档处理>=90人数		3				优秀率		20%	
16										

样文 5-2-2

任务三　工作表操作及图表制作

建立如样文 5-3-1 所示数据表,并按下列要求进行操作。

	A	B	C	D	E	F	G	H
1								
2		宏远发展有限公司2004年预算工作表						
3				2003年	2004年			
4		帐目	项目	实际支出	预计支出	调配拔款	差额	
5		001	员工工资	204186	260000	250000	10000	
6		002	各种保险	75000	79000	85000	-6000	
7		004	通讯费	19000	22000	24000	-2000	
8		005	差旅费	7800	8100	10000	-900	
9		003	设备维修	38000	40000	42000	-2000	
10		006	广告费	5600	6800	8500	-1700	
11								
12		007	水电费	1600	5300	5500	-200	
13		总和		351186	421200	425000		
14								

Sheet1 Sheet2 Sheet3 就绪 100%

样文 5-3-1

任务要求:

1. 设置工作表及表格,结果如样文 5-3-2 所示。

宏远发展有限公司 2004 年预算工作表

		2003 年	2004 年			
帐目	项目	实际支出	预计支出	调配拔款	差额	差额
001	员工工资	¥204,186.00	¥260,000.00	¥250,000.00	¥10,000.00	¥10,001.00
002	各种保险费用	¥75,000.00	¥79,000.00	¥85,000.00	¥-6,000.00	¥-5,999.00
003	设备维修费用	¥38,000.00	¥40,000.00	¥42,000.00	¥-2,000.00	¥-1,999.00
004	通讯费	¥19,000.00	¥22,000.00	¥24,000.00	¥-2,000.00	¥-1,999.00
005	差旅费	¥7,800.00	¥8,100.00	¥10,000.00	¥-900.00	¥-899.00
006	广告费	¥5,600.00	¥6,800.00	¥8,500.00	¥-1,700.00	¥-1,699.00
007	水电费	¥1,600.00	¥5,300.00	¥5,500.00	¥-200.00	¥-199.00
总和		¥351,186.00	¥421,200.00	¥425,000.00		

样文 5-3-2

(1)设置工作表行、列

- 在标题行下方插入一行,设置行高为 7.50。
- 将 "003"一行移至"002"一行的下方。
- 删除"007"行上方的一行(空行)。
- 调整第"C"列的宽度为 11.88。

(2)设置单元格格式

- 将单元格格式区域 B2:G2 合并及居中;设置字体为华文行楷,字号为 20,字体颜色为蓝灰。
- 将单元格格式区域 D6:G13 应用货币符号¥,负数格式为-1,234.10(红色)。分别将单元格区域"B4:C4"、"E4:G4"、"B13:C13"合并及居中。
- 将单元格区域 B4:G13 的对齐方式设置为水平居中;为单元格区域 B4:C13 设置棕黄色的底纹;为单元格区域 D4:G13 设置青绿色的底纹。

(3)设置表格边框线:将单元格区域 B4:G13 的外边框和内边框设置为红色的双实线。

(4)插入批注:为“￥10,000.00”(G6)单元格插入批注“超支”。

(5)重命名并复制工作表:将 Sheet1 工作表重命名为“2004 年宏远公司预算表”,并将此工作表复制到 Sheet2 工作表中。

(6)设置打印标题:在 Sheet2 工作表的第 15 行前插入分页线;设置表格标题为打印标题。

2. 建立公式:在“2004 年宏远公司预算表”工作表的表格下方建立公式:$\frac{\Delta y}{\Delta x}=N$

3. 建立图表,结果如样文 5-3-3 所示。

使用“预计支出”一列中的数据创建一个饼图。

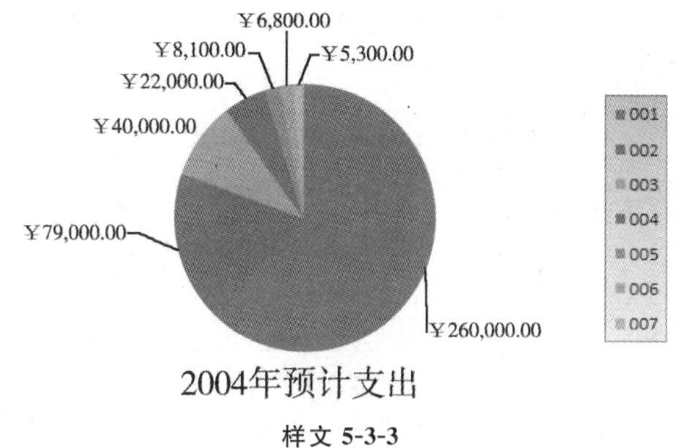

样文 5-3-3

任务四　数据分析与管理

任务要求:

打开资源库文档工作表操作及图表制作.XLS,按下列要求操作。

1. 公式(函数)应用:使用 Sheet1 工作表中的数据,计算“最小值”和“每季度总计”,结果分别放在相应的单元格中,如样文 5-4-1 所示。

蓝天家电城彩电销售情况统计表						
品牌	型号	第一季度	第二季度	第三季度	第四季度	第五季度
康佳彩电	K1943	24000	25000	25500	26000	24000
康佳彩电	K2144	26000	25500	24000	29000	24000
康佳彩电	K2148	30000	32000	28000	45000	28000
康佳彩电	K2146	38000	28000	24000	34000	24000
长虹彩电	c2954	56000	56600	65000	70000	56000
长虹彩电	c2578	54000	55000	56000	68000	54000
海信彩电	H2561	86000	65000	98000	54000	54000
海信彩电	H2978	65000	54000	85000	65000	54000
海信彩电	H3190	85000	80000	78000	86000	78000
每季度总计		464000	421100	483500	477000	

样文 5-4-1

2. 数据排序:使用 Sheet2 工作表中的数据,以“第四季度”为主要关键字,升序排序,结果如样文 5-4-2 所示。

蓝天家电城彩电销售情况统计表					
品牌	型号	第一季度	第二季度	第三季度	第四季度
康佳彩电	K1943	24000	25000	25500	26000
康佳彩电	K2144	26000	25500	24000	29000
康佳彩电	K2146	38000	28000	24000	34000
康佳彩电	K2148	30000	32000	28000	45000
海信彩电	H2561	86000	65000	98000	54000
海信彩电	H2978	65000	54000	85000	65000
长虹彩电	c2954	54000	55000	56000	68000
长虹彩电	c2578	56000	56600	65000	70000
海信彩电	H3190	85000	80000	78000	86000

样文 5-4-2

3. 数据筛选：使用 Sheet3 工作表中的数据，筛选出“第二季度”和“第三季度”大于或等于 50000 的记录，结果如样文 5-4-3 所示。

蓝天家电城彩电销售情况统计表					
品牌	型号	第一季度	第二季度	第三季度	第四季度
长虹彩电	c2954	56000	56600	65000	70000
长虹彩电	c2578	54000	55000	56000	68000
海信彩电	H2561	86000	65000	98000	54000
海信彩电	H2978	65000	54000	85000	65000
海信彩电	H3190	85000	80000	78000	86000

样文 5-4-3

4. 数据合并计算：使用 Sheet4 工作表“第一季度各家电城彩电情况表”和“第二季度各家电城彩电销售情况表”中的数据，在“上半年各家电城彩电销售情况表”中进行“求和”合并计算，结果如样文 5-4-4 所示。

上半年各家电城彩电销售情况表				
品牌	蓝天家电城	中原家电城	西门家电城	淮海家电城
康佳k1943	58000	71000	83000	66000
康佳k2144	58000	78000	78000	102000
海信H2561	108000	93000	116600	142000
长虹c2954	84000	99600	122200	130800
海信H2978	119000	114000	108000	137000
长虹c2578	102000	71000	52000	109000
康佳k2148	120000	97000	134600	163000
康佳k2146	113000	136600	113000	130000
海信H3190	130000	116400	136000	146000

样文 5-4-4

5. 数据分类汇总：使用 Sheet5 工作表中的数据，以“品牌”为分类字段，将四个季度的销量分别进行“平均值”分类汇总，结果如样文 5-4-5 所示。

蓝天家电城彩电销售情况统计表					
品牌	型号	第一季度	第二季度	第三季度	第四季度
海信彩电 平均值		78666.67	66333.33	87000	68333.33
康佳彩电 平均值		29500	27625	25375	33500
长虹彩电 平均值		55000	55800	60500	69000
总计平均值		51555.56	46788.89	53722.22	53000

样文 5-4-5

6. 建立数据透视表：使用【数据源】工作表中的数据，以“经销商”为分页，以“品牌”为字段，以“型号”为列字段，以“数量”为求和项，从 Sheet6 工作表的 A1 单元格建立数据透视表，结果如样文 5-4-6 所示。

经销商	(全部)				
求和项:数量	型号				
品牌	k1943	k2144	k2146	k2148	总计
康佳彩电	122500	148600	227600	183000	681700
总计	122500	148600	227600	183000	681700

样文 5-4-6

模块六　演示文稿制作技术

实训一　初识演示文稿制作软件 PowerPoint 2010

任务目标：

● 了解演示文稿的作用及演示文稿中一般应包含的内容。

● 掌握演示文稿制作的原则及制作步骤。

● 理解演示文稿中的基本概念。

任务描述：

● 在日常学习和工作中，有时候需要用简洁、直观的方式展示产品，汇报方案，进行演讲。这个时候就需要用到 Office 系列中的 PowerPoint 软件。

● 本次实训是为了让学习者对演示文稿的作用，制作的原则及过程，以及演示文稿涉及的一些概念加以理解与掌握，以便于后续制作出精美的演示文稿。

训练一　演示文稿知识基础

1. 演示文稿的作用

心理学家从关于人类获取信息来源的实验中曾得到下面结论：人类获取的信息 83%来自视觉，11%来自听觉，两方面之和为 94%。这说明多媒体技术刺激感官所获取的信息量，比单一的听讲多得多。虽然采用演示文稿展示信息就可以起到刺激听众视觉的功效，但不是把所有报告内容都做成演示文稿就可以了。演示文稿与发言者是互相补充，演示文稿只是起到一个画龙点睛、展示一些关键信息的作用。发言者必须对演示文稿展开讲解，才能收到好的效果。要特别注意的是，创建幻灯片演示文稿的目的是支持口头演讲。

2. 演示文稿的内容

在演示文稿中一般用文字表达的是报告的标题与要点。一方面可以方便听者笔录，另一方面通过文稿的文字内容来表达报告的内容进程以及报告中的关键信息。在制作演示文稿时，图片、动画、图表都是一些很好的内容表现形式，能给予听众很好的视觉刺激。但并不一定要将所有内容都做成图片或者动画就是最好的。要注意的是每种表达方式都有它的局限性，要清楚它们之间的特点才能用好素材。在多媒体中，文本、图形、图像适合传递静态信息,动画、音频、视频适合传递过程性信息。

3.演示文稿的设计原则

(1)整体性原则

幻灯片的整体效果的好坏,取决于幻灯片制作的系统性,幻灯片色彩的配置等。幻灯片一般是以提纲的形式出现。制作幻灯片时要将文字进行提炼处理,起到将要点强化、文字简练、重点突出的效果。

(2)主题性原则

在设计幻灯片时,要注意突出主题,通过合理的布局有效地表现内容。在每张幻灯片内都应注意构图的合理性,可使用黄金分割构图,使幻灯片画面尽量均衡与对称。从可视性方面考虑,还应当明确视点(视点即是每张幻灯片的主题所在),利用多种对比方法来为主题服务。例如黑白色对比,互补色对比(红和青、绿和洋红、蓝和黄),色彩的深浅对比,文字的大小对比等。

(3)规范性原则

幻灯片的制作要规范,特别是在文字的处理上,力求使字数、字体、字号的搭配做到合理、美观。

(4)以少胜多原则

一般比较合理的作法是,视屏上应大致留出三分之一左右的空白,特别是在视屏的底部应该留有较多的空白。这样安排的原因有两个:一是比较符合听众观看演示的心态和习惯。如果幻灯片上信息太多,满篇文字,那么听众要用比较长的时间看完内容。二是有利于建立演示者和听众间的交流气氛。幻灯片上满篇文字的另一个缺点是,会使演示者的“念”比听众的“看”慢得多,容易造成听众的长时间等待,同时还使演示者长时间背对观众,破坏了演示者和听众之间的交流气氛。

(5)醒目原则

一般可以通过加强色彩的对比度来达到使视屏信息醒目的目的。例如,蓝底白字的对比度强,其效果也好;蓝底红字的对比度要弱一些,效果也要差一些;而如果采用红色作为白字的阴影色放在蓝色背景上,那么就会更加醒目和美观。

(6)完整性原则

完整性是指力求把一个完整的概念放在一张幻灯片上,万不得已不要跨越几张幻灯片。这是因为当幻灯片由一张切换到另一张时,会导致受众原先的思绪被打断。此外,在切换以后,上一张幻灯片中的概念已经结束,下面所等待的是另外一个新概念。

(7)致性原则

所谓一致性,就是要求演示文稿的所有幻灯片上的背景、标题大小、颜色、幻灯片布局等应尽量保持一致。

4.演示文稿的制作步骤

演示文稿的结构规划是否规范,幻灯片内容是否生动并具有表现力,都将影响到展示过程能否达到预期的效果。在制作演示文稿的过程中,应按照一定的规范步骤,系统地去规划各层次,精心地去组织各元素,力求做出一份结构美、内容美、色彩美、声音美的高质量的演示文稿,一般来说,制作一份演示文稿应按以下 6 个阶段来处理。

(1)准备素材阶段。

主要是准备演示文稿中所需要的一些图片、声音、动画等文件。明确工作目标做好演示文稿的制作准备,包括启动 PowerPoint 窗口,选择合适的主题背景及页面版式。主题背景应与演示内容色调统一,整体演示文稿前后各幻灯片的主题背景色调应保持一致,不能跳跃太大。

(2)建立结构阶段。

对演示文稿的整个构架做一个设计,确定制作方案。并通过【大纲】窗格进行编辑和管理,包括标题段落的升降级、位移及层次关系的展开与收缩,做到整体结构紧凑、层次分明。

(3)编辑修饰阶段。

通过【幻灯片】视图,编辑和修饰每页幻灯片内容。处理对象包括字符、段落、占位符、文本框、页面等。既要做到布局、色彩、效果美,更应充分表达文稿内容。

(4)设置演讲状态阶段。

针对幻灯片放映要求,设置演讲控制元素的添加方法、动画设置、演讲控制环节设置等,做到丰富页面的放映效果,增强演讲控制能力。

(5)预演彩排阶段。

通过【幻灯片浏览】视图,处理幻灯片页面播放顺序、排列组合,包括页面的移动、复制、删除、隐藏等,保证演讲按预设的顺序完成。

(6)保存输出阶段。

将制作完成的演示文稿保存为电子文档并通过打印输出进行查看。若需要还应考虑打包。

训练二 PowerPoint 2010 软件的启动及退出

PowerPoint 是一款专门用来制作演示文稿的应用软件,也是 Microsoft Office 系列软件中的重要组成部分。使用 PowerPoint 可以制作出集文字、图形、图像、声音以及视频等多媒体元素为一体的演示文稿,让信息以更轻松、更高效的方式表达出来。

1. PowerPoint 演示文稿的基本概念

(1)演示文稿

一个演示文稿就是一个 PowerPoint 2010 文件,其扩展名为“. pptx”。一个演示文稿是由若干张“幻灯片”组成的。制作一个演示文稿的过程就是依次制作每一张幻灯片的过程。

(2)幻灯片

幻灯片是演示文稿的一个个单独的部分。每张幻灯片就是一个单独的屏幕显示。制作一张幻灯片的过程就是制作其中每一个被指定对象的过程。

(3)对象

对象是制作幻灯片的“原材料”,可以是文字、图形、表格、图表、声音、影像等。

(4)版式

幻灯片的版式是指组成幻灯片对象的种类与其相互位置。系统提供了自动版式可供选用。

(5)模板

模板是指一个演示文稿整体上的外观设计方案,它包含预定义的文字格式、颜色,以及幻灯片背景图案等。

2.PowerPoint 2010 的启动方法

当用户安装完 Office 2010(典型安装)之后,启动 PowerPoint 2010 就可以使用它来创建演示文稿。常用的启动方法有:常规启动、通过创建新文档启动和通过现有演示文稿启动。

(1)常规启动。

常规启动是在 Windows 操作系统中最常用的启动方式,即通过【开始】菜单启动。单击【开始】→【程序】→【Microsoft Office】→【Microsoft Office PowerPoint 2010】命令,即可启动 PowerPoint 2010。

(2)通过创建新文档启动

在桌面或者【计算机】窗口中的空白区域右击,将弹出如图 6-1 所示的快捷菜单,此时选择【新建】→【Microsoft Office PowerPoint 演示文稿】命令,即可在桌面或者当前文件夹中创建一个名为“新建 Microsoft Office PowerPoint 演示文稿”的文件。此时可以重命名该文件,然后双击文件图标,即可打开新建的 PowerPoint 2010 文件。

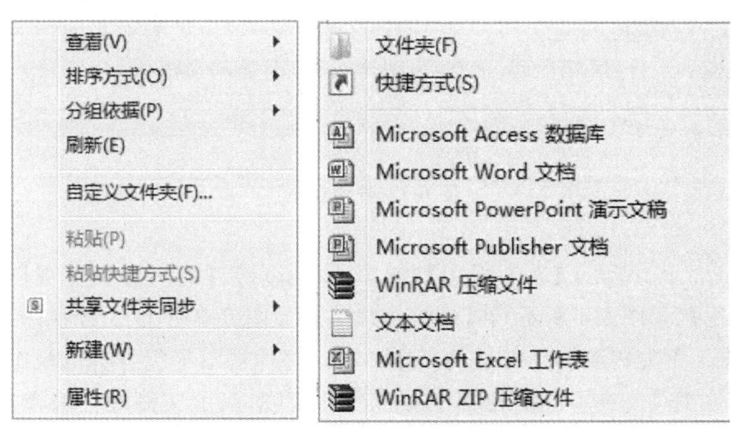

图 6-1　快捷菜单创建新演示文稿

(3)通过现有演示文稿启动

用户在创建并保存 PowerPoint 演示文稿后,可以通过已有的演示文稿启动 PowerPoint。通过已有演示文稿启动可以分为两种方式:直接双击演示文稿图标和在“文档”中启动。

3.PowerPoint 2010 的退出方法

(1)单击 PowerPoint 2010 窗口右上角的关闭按钮 。

(2)单击【Microsoft Office 按钮】,在下拉菜单中选择【关闭】命令,即可退出 PowerPoint 2010 应用程序。

(3)按下快捷键【Alt+F4】。

训练三　PowerPoint 2010 的界面及视图认识

PowerPoint 2010 与旧版本相比,界面有了较大的改变,它使用选项卡替代原有的菜单,使用各种组替代原有的菜单子命令和工具栏。

1.界面简介

启动 PowerPoint 2010 应用程序后,用户将看到全新的工作界面,如图 6-2 所示。PowerPoint 2010 的界面不仅美观实用,而且各个工具按钮的摆放更便于用户的操作。

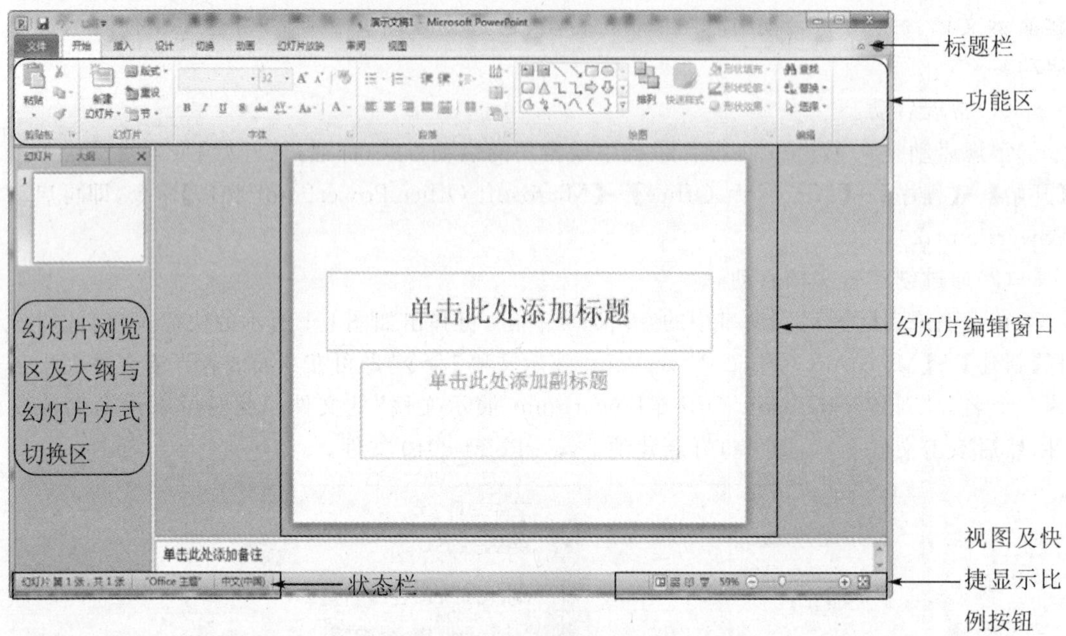

图 6-2 界面组成

2.视图简介

PowerPoint 2010 提供了【普通视图】(如图 6-3 所示)、【幻灯片浏览视图】(如图 6-4 所示)、【备注页视图】(如图 6-5 所示)和【幻灯片放映】(如图 6-6 所示)4 种视图模式,使用户在不同的工作需求下都能得到一个舒适的工作环境。每种视图都包含有该视图下特定的工作区、功能区和其他工具。在不同的视图中,用户都可以对演示文稿进行编辑和加工,同时这些改动都将反映到其他视图中。用户可以在功能区中选择【视图】选项卡,然后在"演示文稿视图"组中选择相应的按钮即可改变视图模式。

图 6-3 普通视图

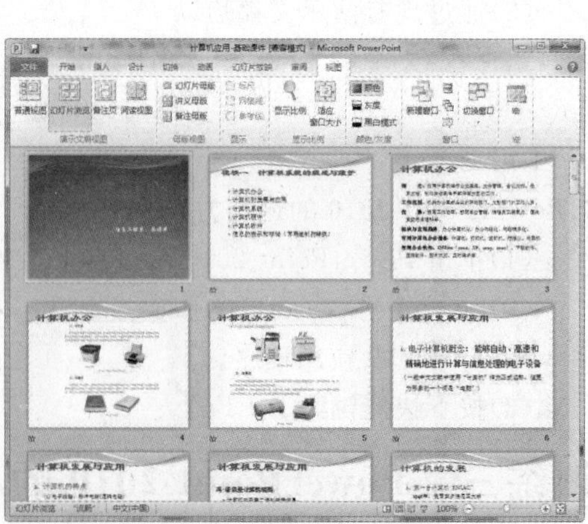

图 6-4 幻灯片浏览视图

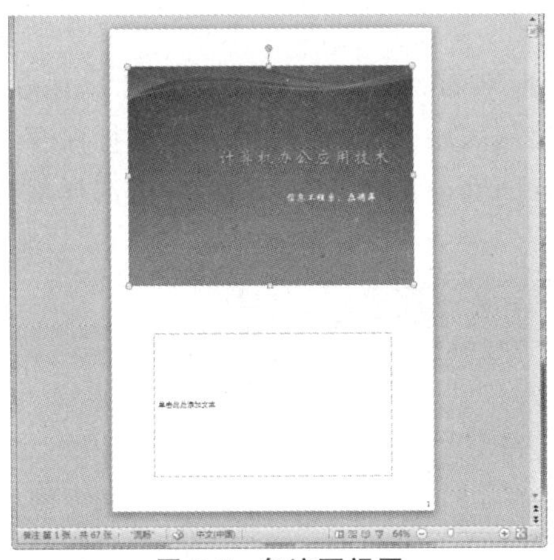

图 6-5　备注页视图

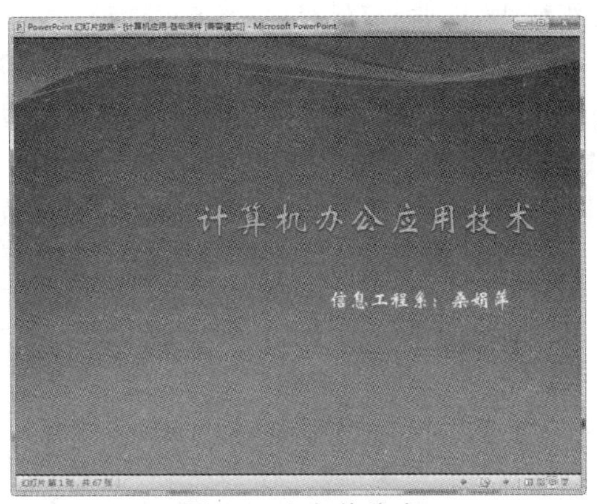

图 6-6　幻灯片放映

训练四　PowerPoint 文件的管理方式

1. 创建新演示文稿

在 PowerPoint 2010 中新建演示文稿的方法主要有 6 种途径，如图 6-7 所示。

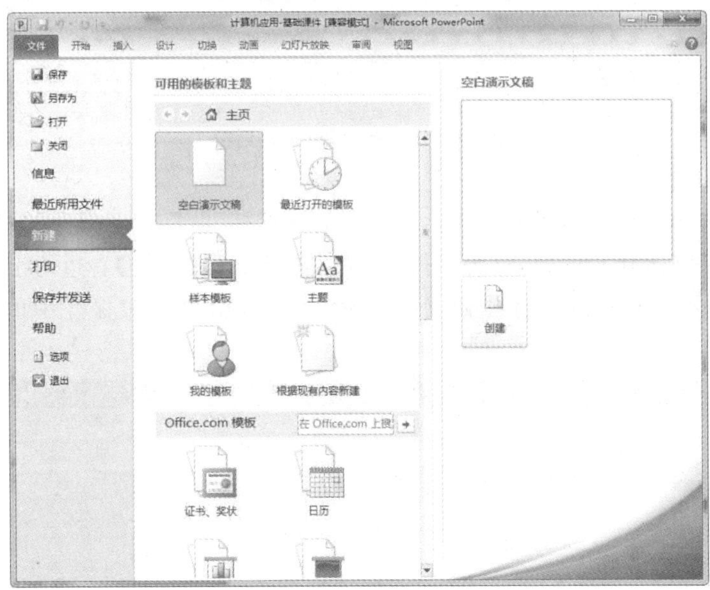

图 6-7　新建演示文稿

(1) “新建”→“空白演示文稿”【Ctrl+N】)。

(2) “新建”→“最近打开的模板”。

(3) “新建”→“样本模板”。

(4) “新建”→“我的模板”。

(5) “新建”→“主题”。

(6) “新建”→“根据现有内容新建”。

2. 保存演示文稿

保存文档的方法主要有：单击快速访问工具栏上的【保存】按钮、快捷键【Ctrl+S】、点击

【文件】选项卡，选择【保存】命令菜单三种。

单击【文件→保存→PowerPoint 演示文稿】命令，对首次新建的演示文稿加以保存，则打开如图 6-8 所示【另存为】对话框，在保存类型下拉列表中，请选择一种格式进行保存。这里要强调的是，如果你的 PPT 要拿到低版本的 PowerPoint 软件上去播放，应该选择保存类型中的低版本兼容模式，否则文件无法正常播放。

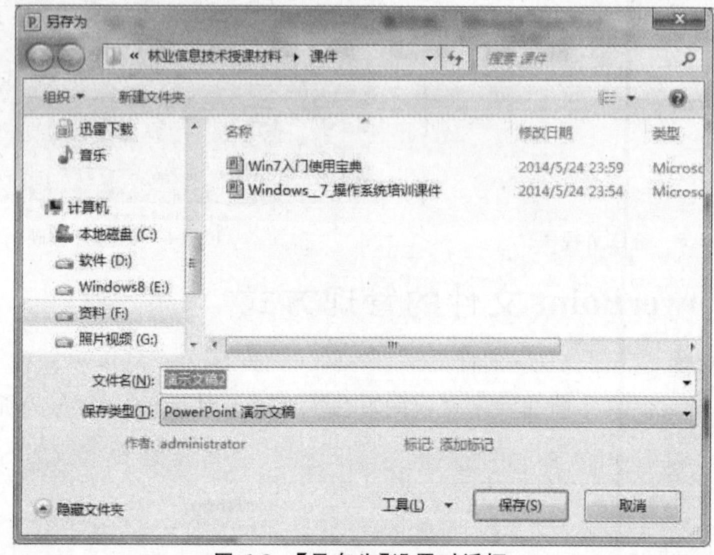

图 6-8 【另存为】设置对话框

3. 保存的高级设置

在 PowerPoint 2010 中，可对保存信息进行的设置有：设置自动保存的时间间隔和改变保存路径，可在图 6-8 所示的【另存为】对话框中选择下方的【工具】右边的小黑三角，从显示的菜单中选择【保存选项】，可打开如图 6-9 所示界面，用户可对保存中的特殊要求进行设置。

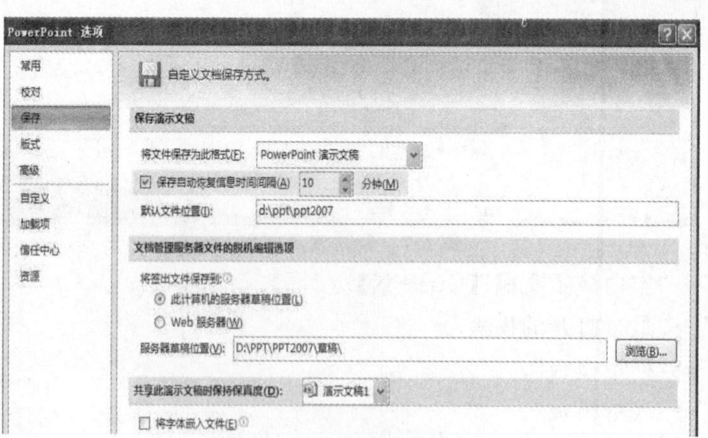

图 6-9 保存的高级设置

4. 演示文档的保护

用户如果想对自己制作的 PPT 文档加以保护，可在图 6-8 所示的【另存为】对话框中选择下方的【工具】右边的小黑三角，从显示的菜单中选择【常规选项】，可打开如图 6-10 所示对话框，用户可对文档进行密码设置操作。

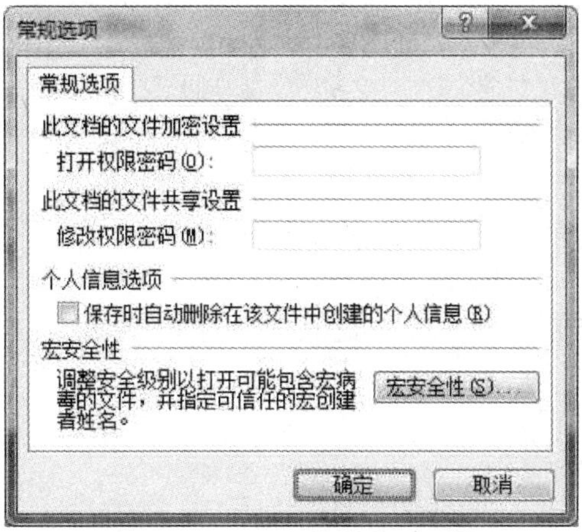

图 6-10　PPT 文档的密码设置

实训二　制作普通演示文稿

任务目标：

- 学会在幻灯片封面的制作中，应用主题、色彩等元素。
- 学会在幻灯片中插入各种对象，以丰富幻灯片的内容。
- 学会幻灯片母版的使用。
- 学会幻灯片的放映方式设置

任务描述：

● 本次实训是让学习者初步掌握普通幻灯片的制作流程及各张不同内容幻灯片的修改设置，力求按幻灯片制作原则完成一个主题鲜明，内容精炼，对象丰富的 PPT 文档。

训练一　制作封面幻灯片

1.新建文档

案例：制作一个分别由“首页、目录、自我描述、职业理想、求职准备、未来规划、结束语”八张幻灯片组成的《职业生涯规划》演示文稿，具体操作方法为：

(1)启动 PowerPoint 2010，系统自动建立一个只有一张空白内容的封面幻灯片。

(2)单击快速工具栏上的【保存】按钮，在打开的【另存为】对话框中选择保存路径，在保存文件名框中输入保存文件名“我的职业生涯规划”，单击【保存】按钮，计算机将在指定盘目录中创建一个文件名“我的职业生涯规划”的演示文稿文件。

(3)在片头页面上单击标题占位符位置，输入标题文字“我的职业生涯规划”，单击副标题占位符位置，输入副标题文字“13 林业信息技术　张丹青”，如图 6-11 所示。随后单击幻灯片空白处完成本张幻灯片的制作。这样的效果不够理想，应该对幻灯片做相应的设计完善。

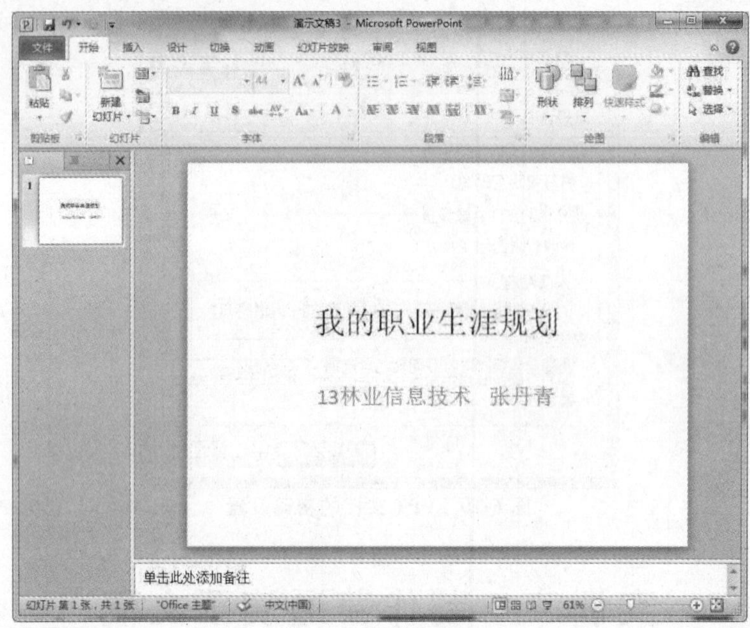

图 6-11 封面文字

2.使用幻灯片设计主题

幻灯片设计主题,包括演示文稿中所使用的项目符号、字体、字号、占位符、背景形状、颜色配置、母版等多种组件,只有统一配置这些组件才能生成风格统一、比较专业的幻灯片外观。

(1)应用主题

应用主题可以选用三种方法:

方法 1:应用于选定的幻灯片。选中第一张幻灯片,单击【设计】→【主题】,打开列表,通过实时预览功能,浏览应用不同主题的结果,在此选择“平衡主题”,如图 6-12 所示,在选定的主题上单击,应用主题后的封面效果如图 6-13 所示。

图 6-12 主题选择图

图 6-13 主题应用后效果

注意:上述操作(直接单击主题),默认会应用于所有幻灯片,如果您只想改变一张或几张幻灯片的主题,可以选中要更改的幻灯片(配合【Ctrl】键可多选),然后在选定的主题上右键单击,调出如图 6-14 所示浮动对话框,选择【应用于选定幻灯片】即可。

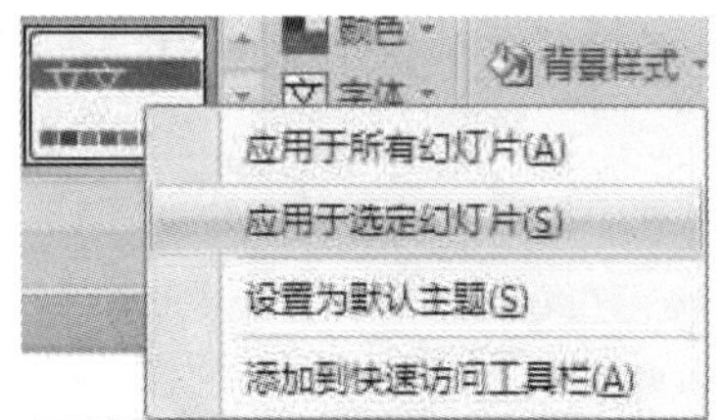

图 6-14　应用于选定幻灯片

方法 2：使用其他来源的主题

打开一个已制作好的幻灯片，单击【设计】→【主题】→【浏览主题】命令，如图 6-15 所示。在【选择主题或主题文档】对话框中，选择主题，单击【应用】按钮即可，如图 6-16 所示。

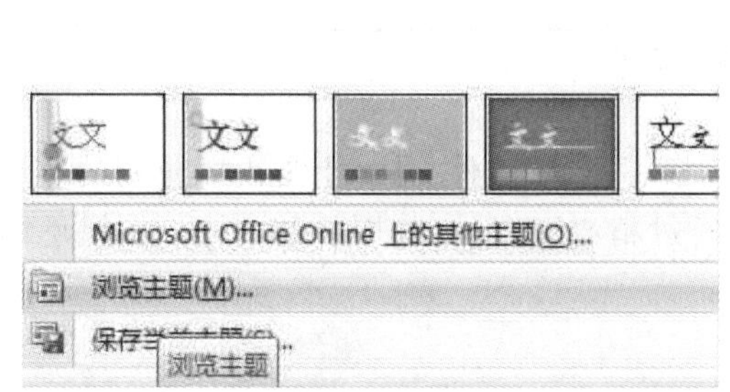

图 6-15　浏览主题

图 6-16　选择主题或主题文档

方法 3 ：使用 Office Online 的主题

打开一个已制作好的幻灯片，单击【设计】→【主题】→【Microsoft Office Online 上的其他主题】命令，打开微软主页，如图 6-17 所示。

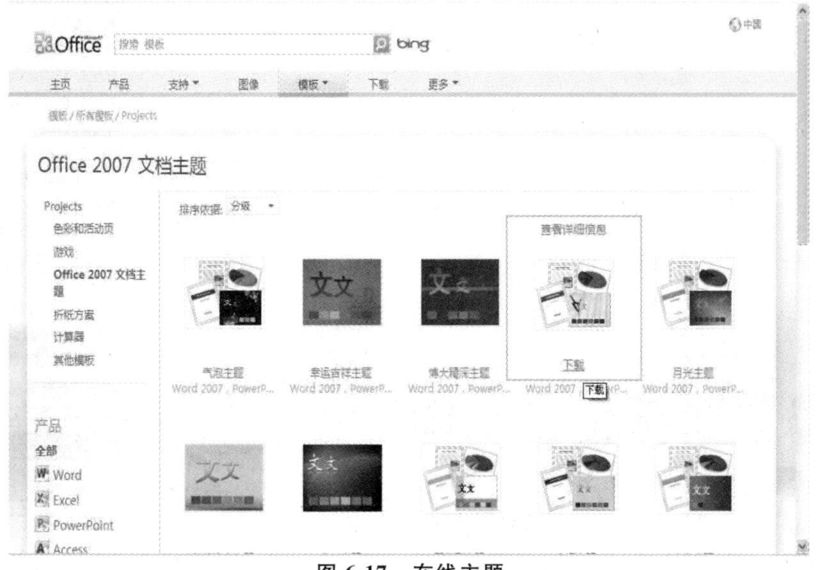

图 6-17　在线主题

浏览并选择满意的主题，单击进入下载页面，即可将其下载到本地空间(注，要经过正版验证)。然后单击【设计】→【主题】→【自定义】，即出现了刚刚下载的主题，如图 6-18 所示。

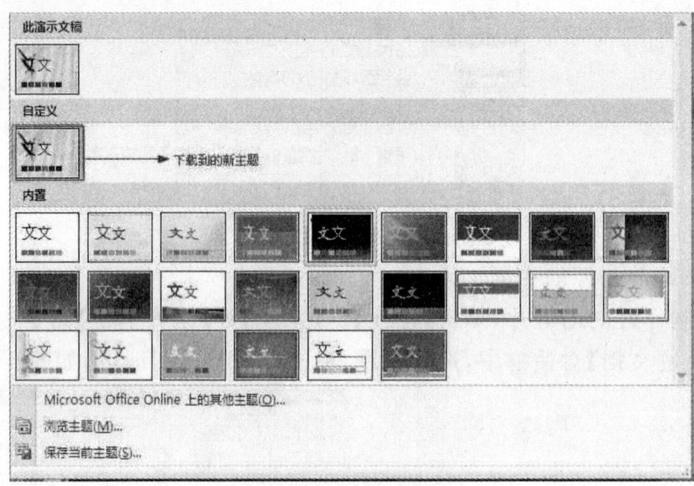

图 6-18 下载的主题

(2)幻灯片的主题颜色

在 PowerPoint 2010 中的主题颜色配置中,包括了 12 种组件,基本上是由所应用的演示文稿设计主题所决定的,每一种内置的颜色都是经过精心配置的,如图 6-19 所示;如果不满意,还可以自行修改,如图 6-20 所示。

图 6-19 主题颜色按钮

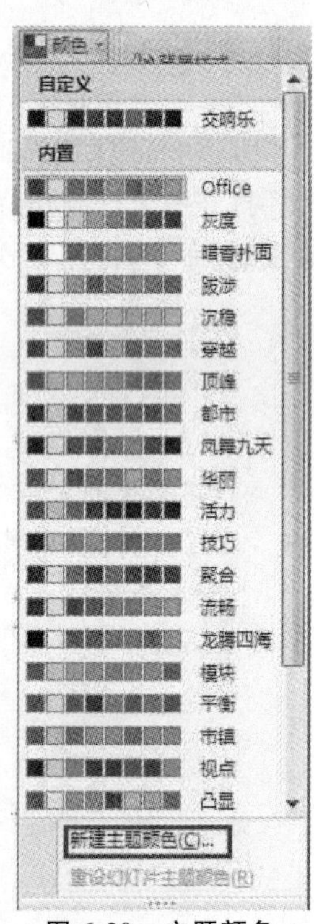

图 6-20 主题颜色

通过修改 6-19 图中的 12 种颜色组件,即可生成自定义的颜色配置,但一般而言,运用各主题内置的颜色配置就已经很不错了。

选中要更改颜色的幻灯片(可多选),单击【设计】→【主题】→【颜色】命令,选择合适的颜色配置方案,应用于所选幻灯片即可更改主题颜色,如图 6-21 所示。

图 6-21　新建主题颜色

(3)幻灯片背景样式的更改

幻灯片背景和主题颜色二者均与颜色有关,但它们的差别在于:主题颜色针对的是所有与颜色有关的项目,而背景只针对幻灯片背景。换言之,主题颜色包含背景颜色,而背景只是主题颜色的组件之一。

当对所选定的主题颜色的背景色不满意时,可通过改变背景样式来改变,如图 6-22 所示。

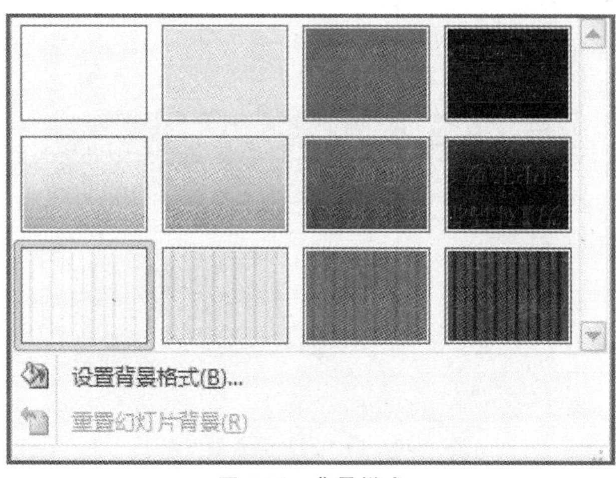

图 6-22　背景样式

比如,在运用"平衡"主题颜色时,对背景不满意,通过选择"背景样式 10"改变效果。

同样,对背景样式的改变,也有【全部应用】和【应用于所选幻灯片】之分,通过右键弹出浮动对话框进行选择。

可以通过选择背景样式的高级设置来自定义样式，如图6-23所示。这样的首页还是有些单调，为此可以添加图片和剪贴画来稍作丰富。

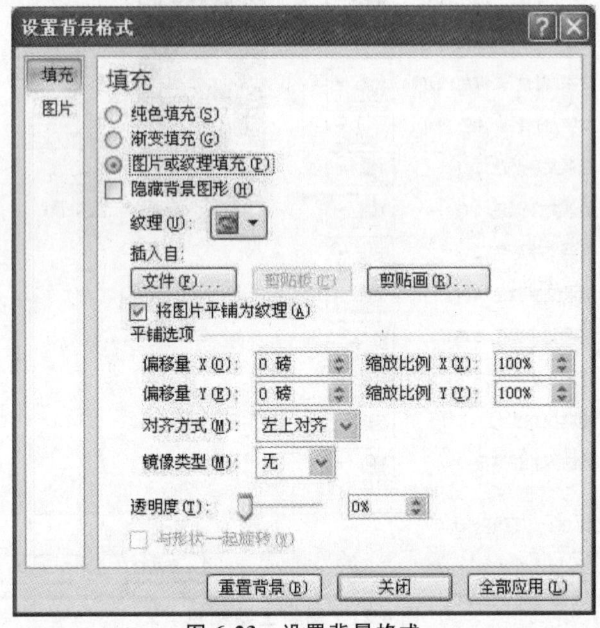

图 6-23 设置背景格式

3.插入 PowerPoint 2010 图形对象

(1)插入图片、调整图片大小和位置

① 单击【插入】→【插图】→【图片】命令，选择一副图片，插入第一页中。

② 选中图片，点击【格式】→【大小】命令，输入高宽值，建议手动调整图片大小。

③ 选中图片，点击【格式】→【大小】进行调整，建议手动调整图片位置。将图片缩放、移动调整效果，如图6-24所示。

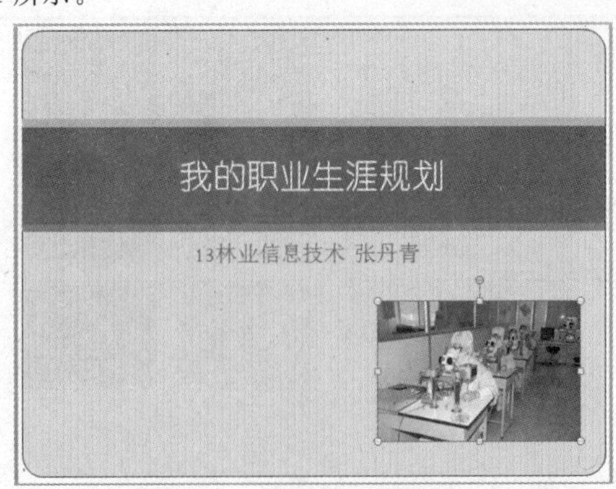

图 6-24 插入图片调整后效果

(2)编辑图片

插入图片后，为了达到演示文稿的整体效果，可再使用【格式】功能区的各项命令对图片进行相关改造，如：将图片的背景改为透明、调整图片的亮度和对比度等。

选中图片。单击选项卡【格式】→【调整】中的相关命令,进行图片调整,如图 6-25 所示。

(3)图片形状、边框与效果

使用【格式】→【图片样式】功能区,改变图片的形状、边框和效果,如图 6-26 所示。

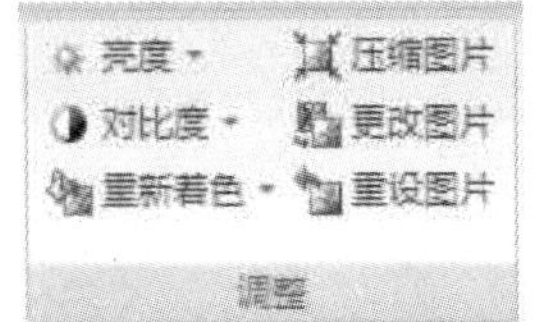

图 6-25　调整功能区

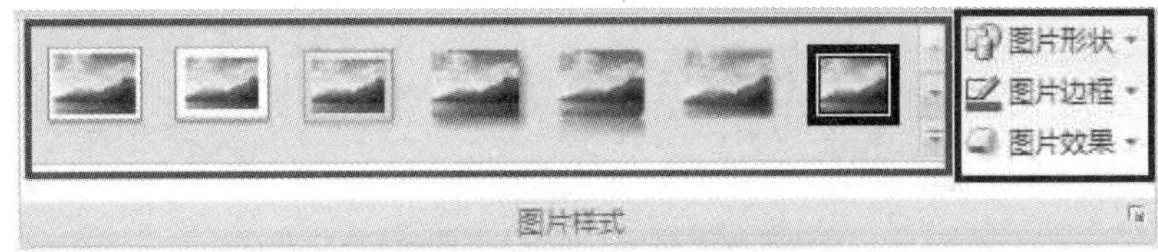

图 6-26　图片样式功能区

该群组的排列特点是:左侧为预设图片样式库;右侧为自定义图片样式选项。

①图片边框设置

选中图片,点击【格式】→【图片样式】→【图片边框】命令,可以设置图片边框的颜色、线形和粗细等,如图 6-27 所示。

②图片效果设置

选中图片,单击【格式】→【图片样式】→【图片效果】,出现 7 个可供选择的项目,如图 6 -28 所示。

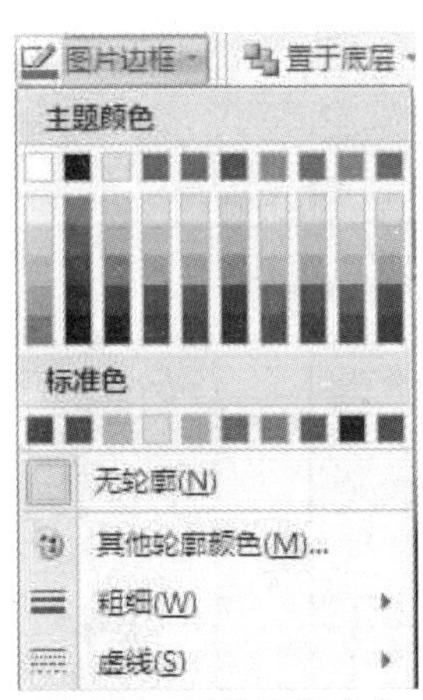

图 6-27　图片边框命令　　图 6-28　图片效果命令

选择【柔化边缘】→【50 磅】命令,也可试试其他选项的效果,结果如图 6-29 所示。

图 6-29　柔化边缘后的图片效果

③图片大小位置设置

使用【排列】和【大小】群组命令，如图 6-30 所示，具体用法与 Word 2010 中类似。

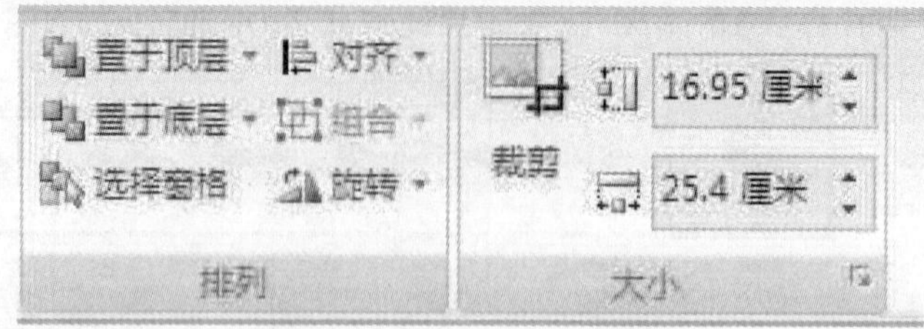

图 6-30 【排列】【大小】群组

除了使用外部图片外，PowerPoint 2010 也提供了大量的剪贴画供用户使用。下面使用剪贴画对首页进行修饰。

(4)剪贴画

① 插入剪贴画。

单击【插入】→【插图】→【剪贴画】命令，如图 6-31 所示。在图 6-32 中设置搜索文字和搜索范围，搜索结果如图 6-33 所示。

图 6-31 插入剪贴画命令

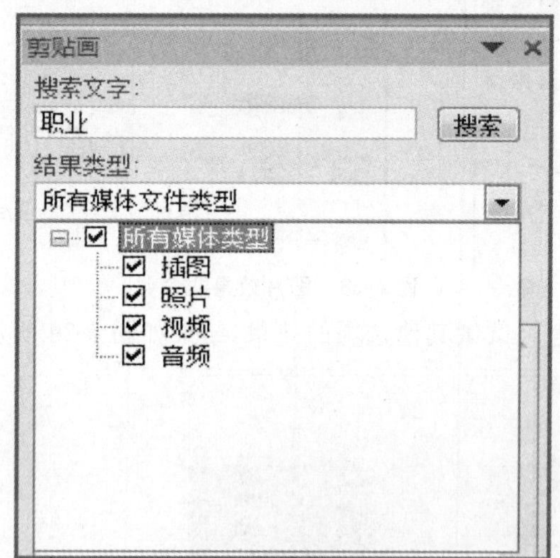

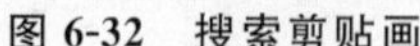
图 6-32 搜索剪贴画

图 6-33 剪贴画搜索结果

选择希望的剪贴画插入，并调整大小和位置，效果如图 6-34 所示。

② 网上剪辑管理器。

单击【插入】→【插图】→【剪贴画】命令，打开剪贴画任务窗格，单击下面的【Office 网上剪辑】超链接，进入微软网站，用关键词(如“花”)进行搜索，即可获得有关花的剪贴画，可下载下来使用，如图 6-35 所示。可以给首页再增加些小的修饰(注意:不要太多太花哨)。

图 6-34　插入剪贴画后效果

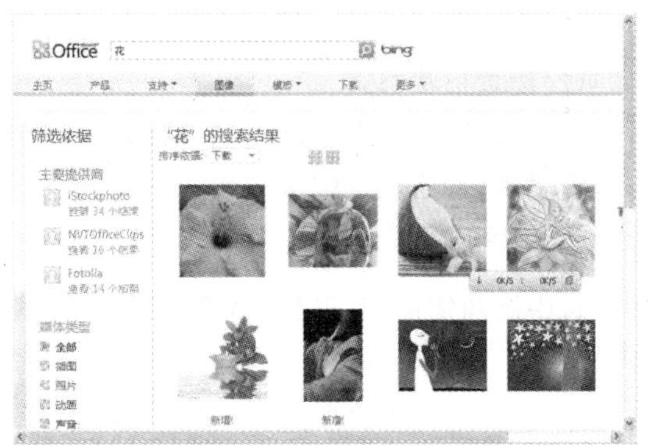

图 6-35　Office 网上剪辑

训练二　制作“职业生涯规划”目录幻灯片

接下来制作演示文稿的第二张幻灯片，一般来说，在演示文稿中需要一张展示整个文稿结构的幻灯片，可以把它称作“目录”，用条目的方式列出所有演讲的层次。

1.增加幻灯片

(1)插入幻灯片

单击【开始】标签中的新建幻灯片命令，选择【标题和内容】版式，插入一新幻灯片，按照图 6-36 所示输入相应文字。

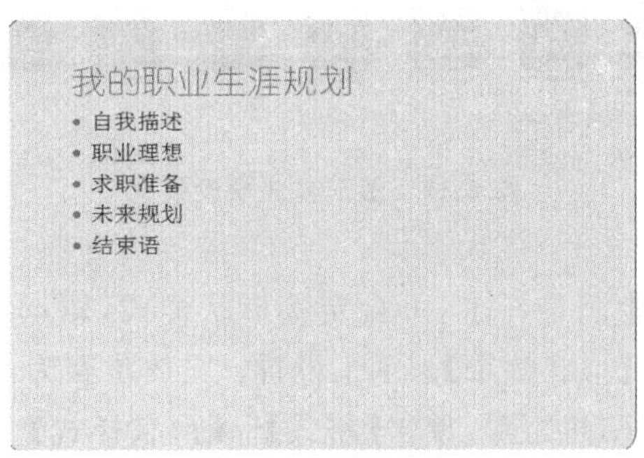

图 6-36　目录内容

(2)插入幻灯片的其他方法

①选中某一张幻灯片按下【Ctrl+M】即可实现在此之后增加一张幻灯片，新增的幻灯片与选中的这张有相同的版式。

②使用大纲模式新建：方法是在标号为“1”的幻灯片文字后按【Enter】键，即可增加幻灯片“2”。

这样的目录有些单调，可以通过添加形状和字体设置来修饰。

2.形状的应用

(1)建立形状

图 6-36 所示的目录结构显得有些单薄，我们可以利用 Powerpoint 2010 提供的形状功能，为目录做修饰，具体方法为：

① 单击【开始】标签中的【形状】命令，或者【插入】标签中的【形状】命令都可创建一种形状。形状由一些现成的几何图形组成，可根据需要选择不同的形状和线条使用。

② 选择形状中的圆角矩形，在工作区中拖动鼠标左键绘制一个“圆角矩形形状”。

(2)设置形状格式

选中圆角矩形，点击【格式】→【形状样式】群组，分析其结构亦为左右结构，左面为预设形状样式库，右面为自定义形状选项。

① 使用预设图形样式库。

选中圆角矩形，点击【格式】→【形状样式起动器 】，选择满意的预设效果，如图 6-37 所示。

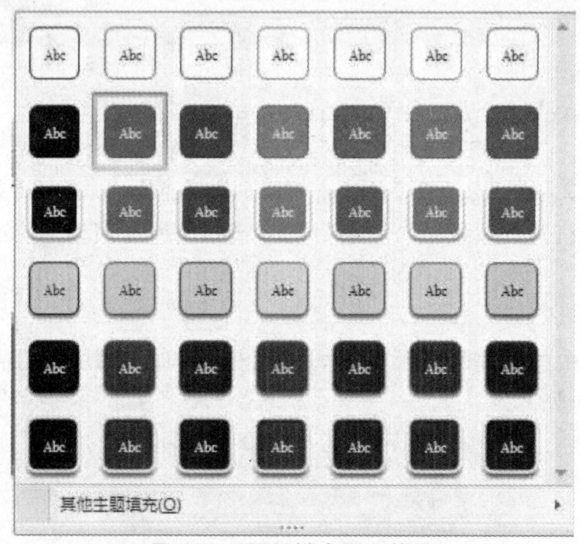

图 6-37　图形样式预设效果

② 自定义图形样式。

如果预设图形样式不能满足要求，可自定义形状样式，即选择【图形样式】群组右侧的【形状填充】、【形状轮廓】或【形状效果】来手工设置。具体步骤为：

第一步形状填充：选中圆角矩形，单击【格式】→【形状样式】→【形状填充】命令，选择合适的颜色，也可以选择【图片】填充，或者【渐变】填充，或者【纹理】填充，如图 6-38 所示。

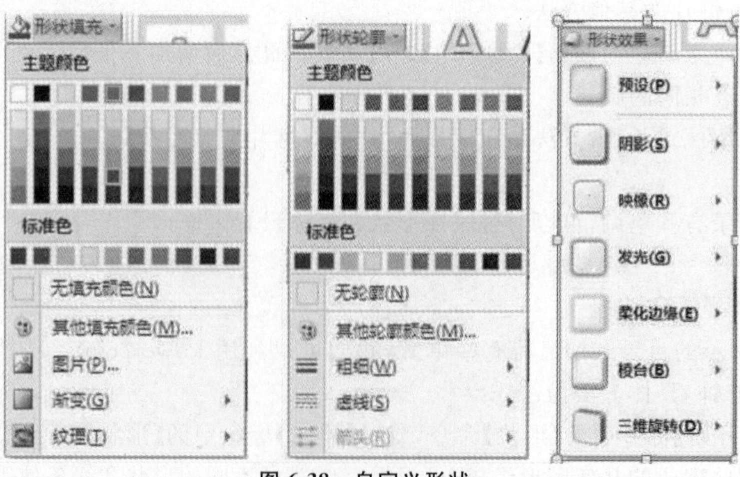

图 6-38　自定义形状

第二步形状轮廓：选中圆角矩形，单击【格式】→【形状样式】→【形状轮廓】命令，选择【粗细】→【2.25 磅】，再选择【虚线】→【短划线】设置轮廓效果。

第三步形状效果：选中圆角矩形，单击【格式】→【形状样式】→【形状效果】命令，选择【阴影】→【外部】→【右下斜偏移】的形状效果。

第四步自定义效果：如果对上述效果设置不满意，请点击【格式】→【形状样式】选项组中的右下角箭头，打开如图 6-39 所示对话框，对圆角矩形的阴影效果做图中参数设置，应用后的效果如图 6-40 所示。

图 6-39　设置形状格式对话框

图 6-40　应用了【形状样式】后的效果

3.对象间的关系

选中设置好的形状，对其进行复制粘贴，共有五个条目，然后利用排列中的对齐命令选项对形状进行排列，如图 6-41 所示。

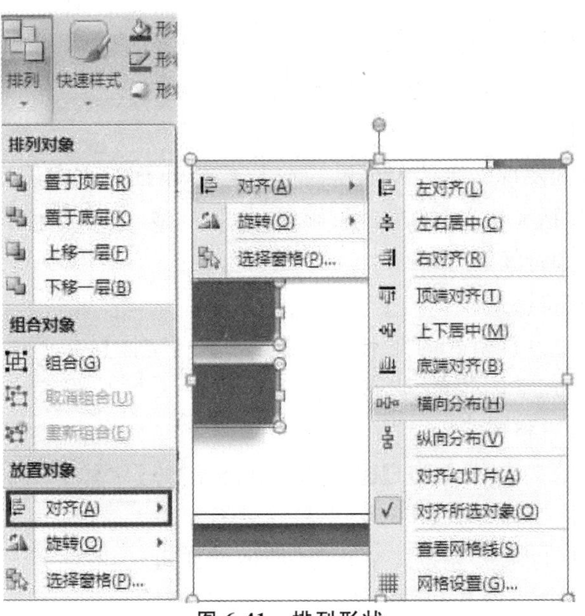

图 6-41　排列形状

同时选中五个形状，先进行左右居中命令，再进行纵向分布命令。对齐前后效果如图6-42所示。

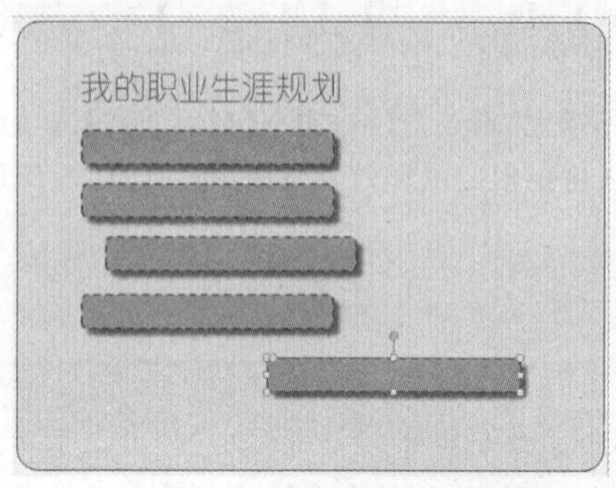

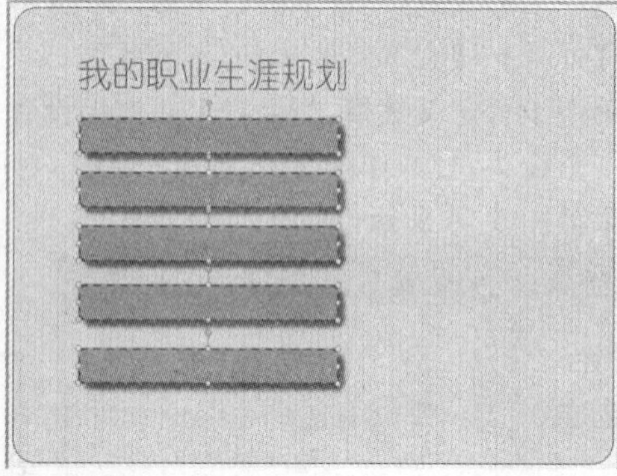

图 6-42　排列后效果

选中一个圆角矩形，单击右键，弹出右键菜单，选择编辑文字命令，输入相应的文字，如图 6-43 所示。

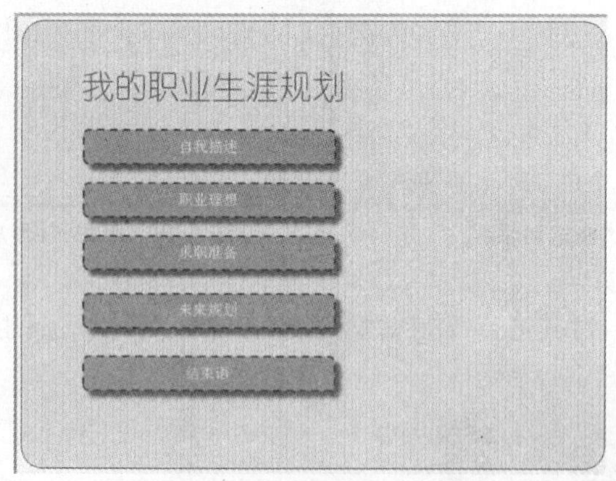

图 6-43　填入文字后的效果

4.文本的格式化

加入文字之后我们发现文字的大小位置不太美观，下面对文本进行格式处理。

文本的格式化，包括大小、字体、加粗、倾斜、加下划线、文本颜色、项目符号、加阴影、对齐、段落缩进、字间距和行间距等等。

(1)设置基本的字符格式

在幻灯片中选中要设置格式的文本，单击【开始】→【字体】，在下拉列表中选择所需之字体。并可继续调整字号、字体颜色、阴影和下划线等。

(2)进一步设置字符格式

选中要设置格式的文本(按【Ctrl】键多选)。【开始】→【字体】对话框启动器可进一步设置字体，如中英文字体、字体样式、字号大小和效果等等。

如图 6-44 所示，将目录页标题文字改为“楷体－加粗－40 号字－居中”；目录文字设置为“楷体－24 号字－居中”，文字段落设置为如图 6-45 所示。

设置了文字、段落格式后的目录页效果，如图 6-46 所示。

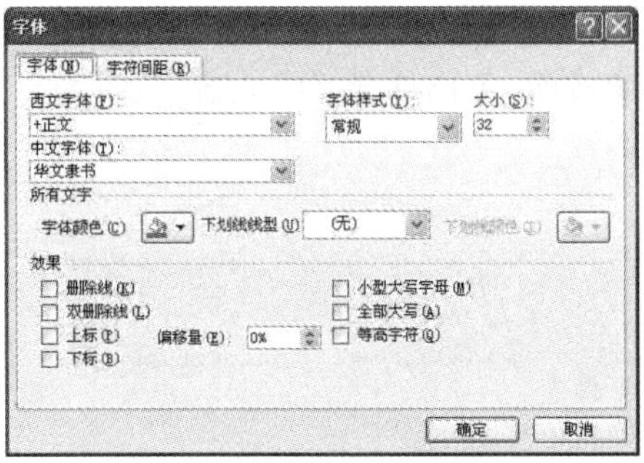

图 6-44　【字体】设置对话框

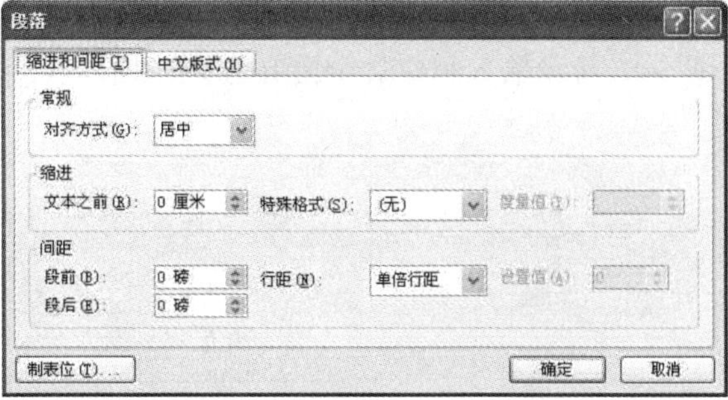

图 6-45　【段落】设置对话框

在幻灯片中进行文本编辑时，如果电脑中没有合适的字体，可以用【绘图工具】→【格式】→【艺术字样式】来弥补其不足。

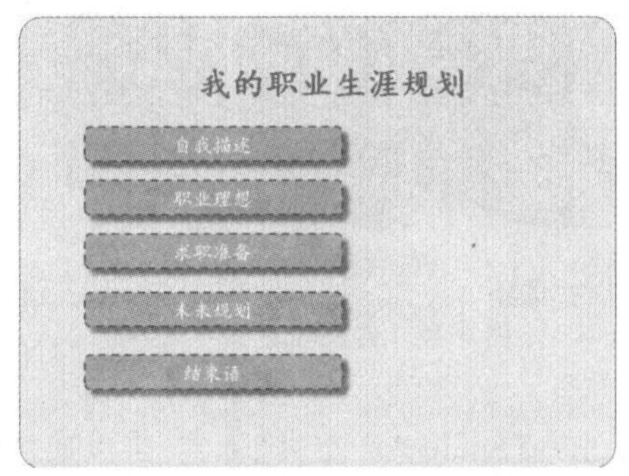

图 6-46　应用文字格式后的目录页效果

第二张幻灯片至此制作完成，在制作过程中学习了增加幻灯片、改变幻灯片版式、设置形状、排列形状、字体段落更改的快速应用。可以将这些方法应用到后面的幻灯片制作中去。

训练三 制作其他幻灯片

1.插入“自我描述”幻灯片

增加第 3 张幻灯片，选择【标题和内容】版式，在标题输入“自我描述”。

(1)插入“SmartArt 图形”

点击内容区域内【插入 SmartArt 图形】按钮，弹出【选择 SmartArt 图形】对话框，如图 6-47 所示，可以根据需要选择一种图形，本例中我们选择梯形列表。

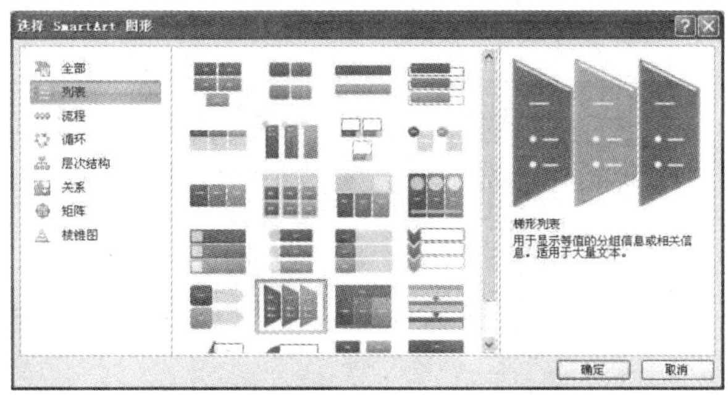

图 6-47　选择 SmartArt 图形对话框

插入 SmartArt 图形也可以使用插入菜单中的 SmartArt 命令。如图 6-48 所示 。按照如图 6-49 所示输入相应文字内容，选中图形，点击左侧按钮，可以修改文字内容。

图 6-48　插入 SamrtArt 命令

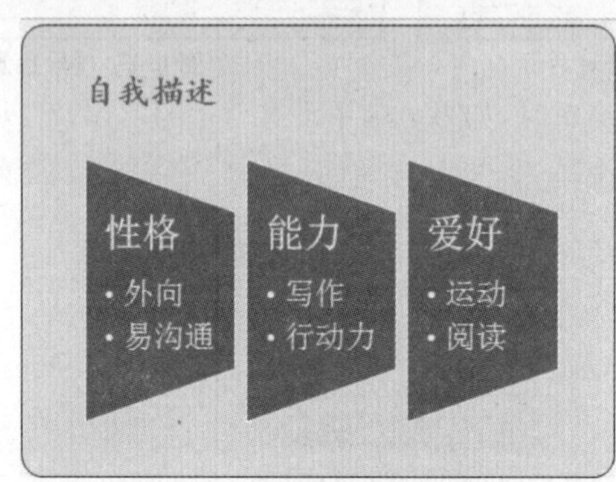

图 6-49　自我描述文字内容

(2)改变图形样式

选中图形后在工具栏中出现【SmartArt 工具】标签，可以通过【设计】和【格式】标签对图形进行修改，如图 6-50 所示。

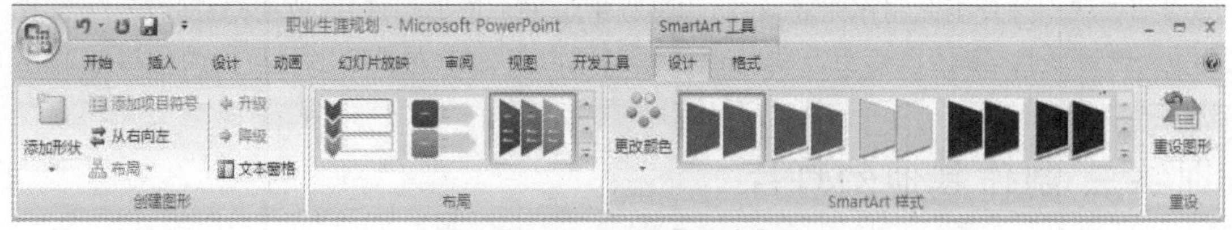

图 6-50　Smartart 工具设计选项

【创建图形】选项可以对图形进行形状的改变，【布局】选项可以更改图形类别。点击【其他图形】按钮，会重新弹出【选择 SmartArt 图形】对话框，如图 6-51 所示。

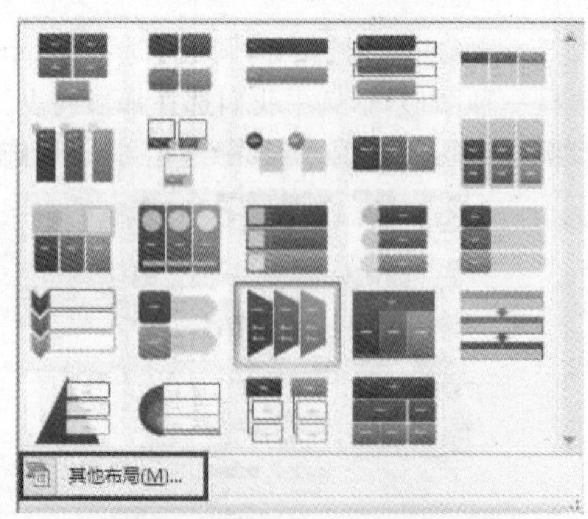

图 6-51　选择【Smart 图形】对话框

Smart 样式，可以快速设置图形样式。样式的使用与“图片样式”、“艺术字样式”和“形状样式”类似。

(3)改变文字格式

SmartArt 工具中的另一个标签【格式】，如图 6-52 所示，主要针对图形中的单个形状，可对形状内的文字做相应设置。

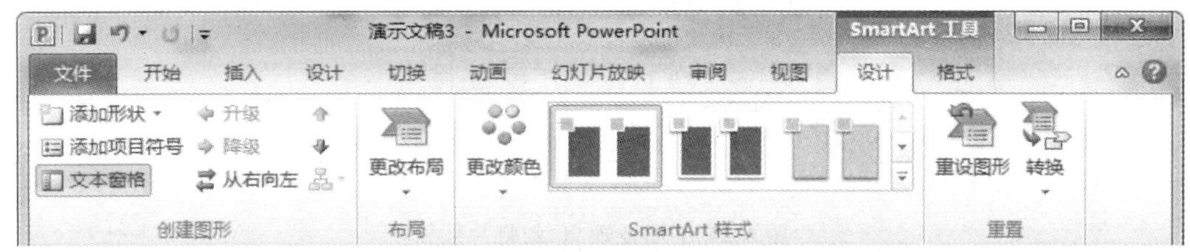

图 6-52　【SamrtArt 工具】格式选项

格式选项与形状和图片设置中格式选择操作类似。在此将 Smart 样式设置为“预设 5”样式，效果如图 6-53 所示。

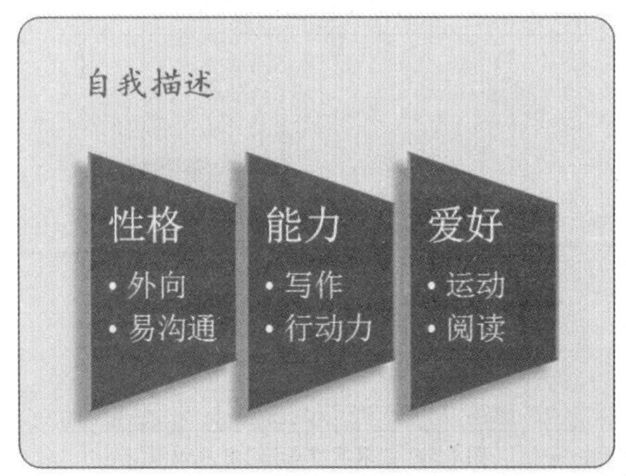

图 6-53　应用【形状样式】后幻灯片效果

至此，“自我描述”幻灯片就制作完成了。在这张幻灯片的制作过程中，主要学习了“SmartArt 图形”的使用。各种不同的图形有相应的制作方法，但是后期处理大多基本相同。需要做的就是熟悉它们，然后多加练习，这样就一定会制作出精美的文档图形。

2. 制作其他幻灯片

应用之前所学，完成“职业理想”“求职准备”“未来规划”幻灯片。在这三张幻灯片的制作中可以发挥自己的爱好和审美。但要与整个文稿风格统一，做到简洁整齐美观。下面给出参考效果和步骤。

(1)“职业理想”幻灯片制作

增加第 4 张幻灯片，选择【比较】版式，在标题输入“职业理想”，假设职业理想有两个。按照图示输入文字内容，并改变字体。插入剪贴画，修改图片样式。参考效果如图 6-54 所示。

图 6-54 “职业理想”幻灯片效果

(2)“求职准备”幻灯片制作

增加第 5 张幻灯片,选择【标题和内容】版式,在标题输入“求职准备”。使用“交替流”SmartArt 图形。并做相应修改,参考效果如图 6-55 所示。

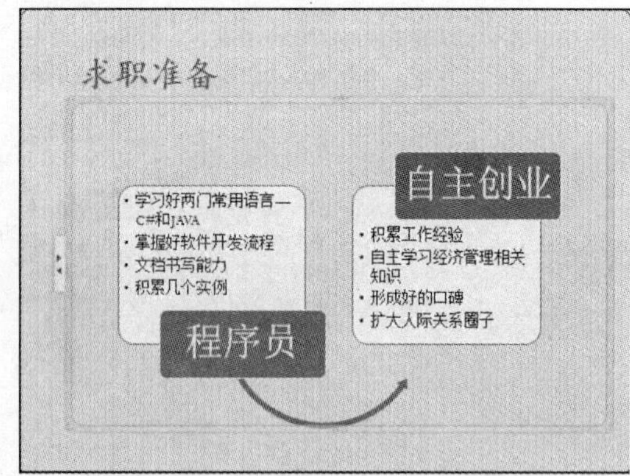

图 6-55 “求职准备”幻灯片效果

(3)“未来规划”幻灯片的制作

增加第 6 张幻灯片,选择【标题和内容】版式,可以用表格来展示内容,参考效果如图 6-56所示。

未来规划

时间	完成目标
大一	掌握好文化基础;加入学生会;英语通过四级
大二	打好专业课基础,争取获得奖学金
大三	完成专业课项目;积累程序经验;找到对口的实习单位
毕业一年内	找到程序开发员工作
毕业五年内	在工作岗位上干出一定的成绩;有技术转向技术管理类工种
毕业五年后到十年内	自主创业,能成立自己的软件开发公司

图 6-56 “未来规划”幻灯片效果

表格在办公软件中一向扮演着重要的角色，因为它能将数据有条不紊地呈现出来。表格化的文本或数据，可以让人对演示文稿的内容一目了然。

①建立表格。

方法 1：创建标准表格。

单击占位符【插入表格】按钮，或者单击【插入】→【表格】→【插入表格】命令，打开插入表格对话框，如图 6-57 所示，输入行数和列数数值，然后单击【确定】，即可建立一个 2 列 7 行的表格。

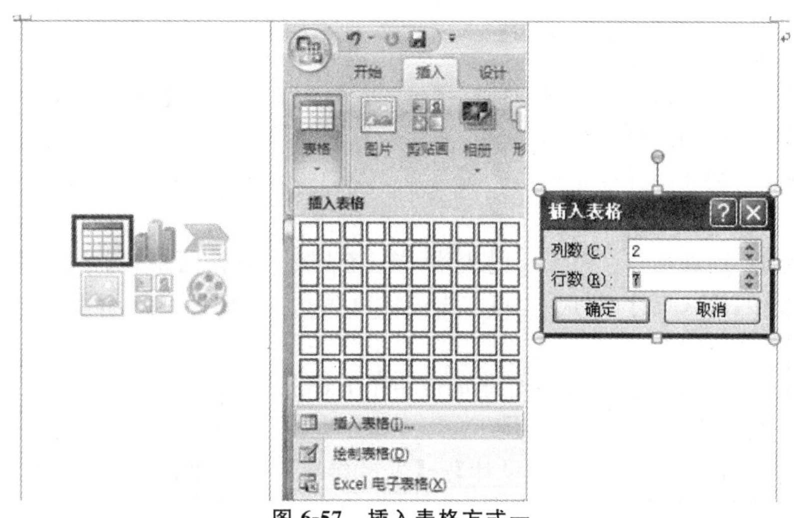

图 6-57　插入表格方式一

如果所插入的表格小于 10×8 个单元格，可以在【插入】→【表格】→【插入表格】中用鼠标直接拖选，然后单击即可在幻灯片中插入表格。

方法 2：绘制表格。

定位好要插入表格的幻灯片位置，单击【插入】→【表格】→【插入表格】→【绘制表格】命令，光标变成铅笔状，拖动画出自定义的表格，绘制完成按【Esc】键，恢复鼠标。

注意：绘制表格的提示【绘制表格边框】——先绘出的只是表格的边框。

内部的表格，需要在选中边框的前提下，继续点击【插入】→【表格】→【插入表格】→【绘制表格】命令，光标变成铅笔状时，在表格边框内单击生成。

注意，如果鼠标控制不好，绘制出来的可能仍是表格边框，这点需要多次演练，才能掌握。

如果要清除一些表格线条，可单击【表格工具】→【设计】→【绘图边框】→【擦除】命令，如图 6-58 所示。

当出现橡皮擦工具后，在要去除的线条上单击即可，然后，按【Esc】键结束。绘制表格虽然比较费事，但可根据需要灵活绘制表格。

②编辑表格。

创建表格后，免不了要增、删行列与单元格，或是改变表格结构，表格编辑工作是少不了的。

添加行：选中要进行编辑的表格，将光标置于某一单元格内，单击【表格工具】→【布局】

→【表】→【选择】→【选择行】命令，然后再选择【表格工具】→【布局】→【行和列】→【在上方/下方插入】命令，即可在选择的单元格上方插入一行，如图 6-59 所示。

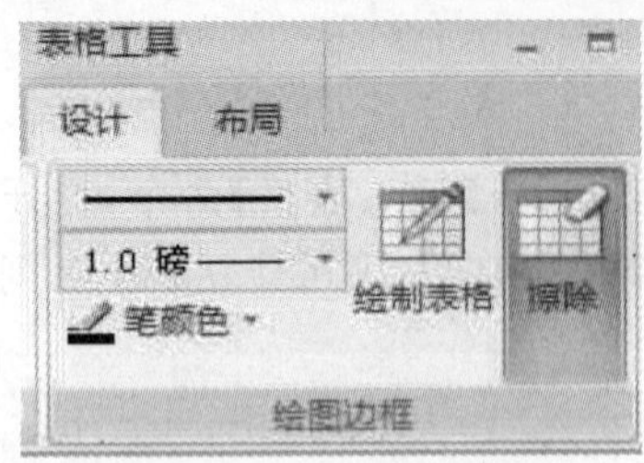

图 6-58 擦除表格线条

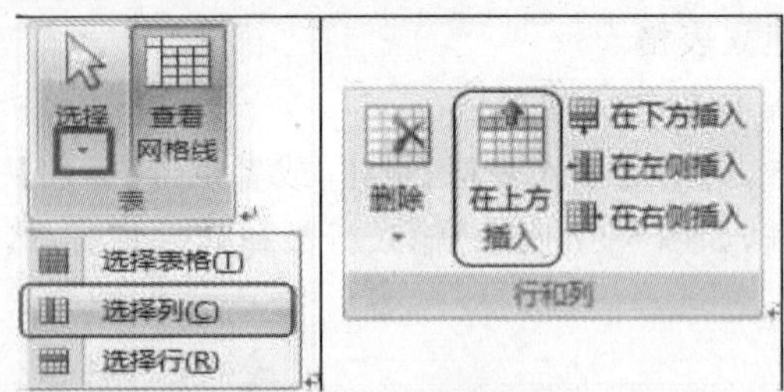

图 6-59 编辑表格

添加列：大体同上，选择【表格工具】→【布局】→【表】→【选择】→【选择列】命令和【表格工具】→【布局】→【行和列】→【在左侧/右侧插入】命令。

其他“删除行列”“合并单元格”和“拆分单元格”的操作路径皆与上述操作相同，在此不再赘述。

调整表格尺寸：选中要调整大小的表格，单击【表格工具】→【格式】→【表格尺寸】命令，在高度和宽度中，输入尺寸即可。也可点击表格边框上的缩放控制点，手工调整表格大小和位置。

③表格的格式化(注意：以下操作不能应用于 Excel 表格)

a. 应用表格快速样式

选择表格，点击【表格工具】→【设计】→【表格样式】→【其他】命令，选择相应的样式，如图 6-60 所示。

图 6-60 表格样式

b. 更改表格样式选项

点击要更改的表格，在【表格工具】→【设计】→【表格样式选项】中，选择要强调的行或列，如第一列，结果如图 6-61 所示。

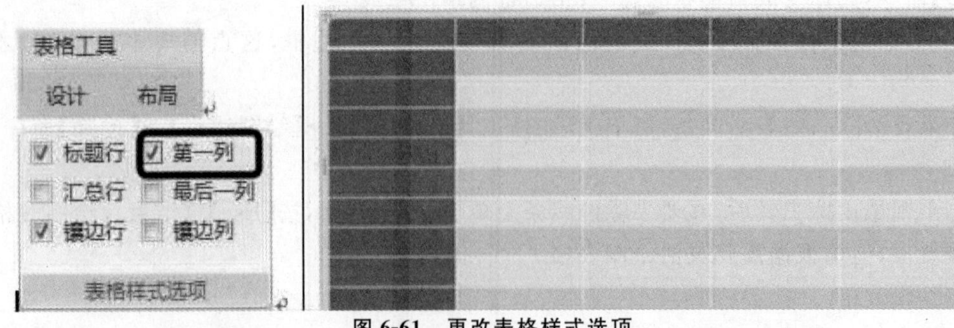

图 6-61 更改表格样式选项

c. 表格边框的设置

如果是已经绘制好的表格，在做好【表格边框】设置后，选择【表格样式】右面的 田 右侧的“倒黑三角”，打开【所有框线】对话框，如图 6-62 所示，选择【外侧框线】命令即改变表格外框线。

d. 表格底纹的设置

选定单元格，点击【表格工具→设计→表格样式→底纹】命令，打开如图 6-63 所示对话框，在此对话框中可完成：单色填充、图片填充、渐变填充、纹理填充和表格背景等选项的操作。这些选项都可以尝试一下，相信能做出不错的效果。

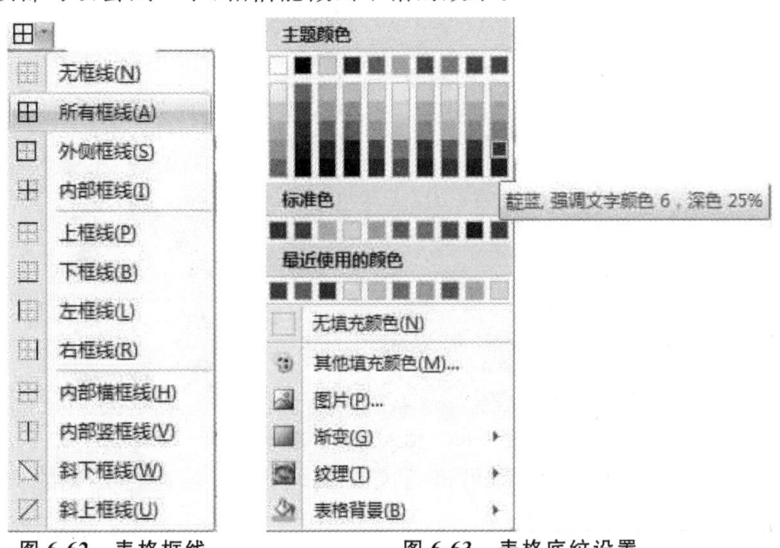

图 6-62　表格框线　　图 6-63　表格底纹设置

选定单元格，单击【表格工具】→【设计】→【表格样式】→【效果】命令，可对表格进行样式更改。

在本例中选择【主题样式一强调 1】，设置【向右偏移】阴影。

3. 完成剩余幻灯片的制作

（1）“结束语”幻灯片制作

增加第 7 张幻灯片，使用【标题和内容】版式，完成“结束语”幻灯片的制作，效果如图 6-64所示。

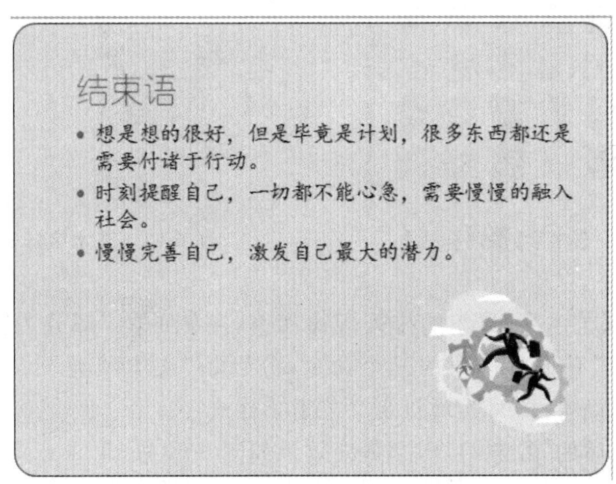

图 6-64　“结束语”幻灯片效果

(2)"致谢"幻灯片制作

增加第 8 张幻灯片,使用【空白】版式和艺术字效果。

①插入艺术字

在【插入】选项下的【文本】组中,单击【艺术字】命令按钮,打开艺术字样式选项表,如图 6-65 所示。

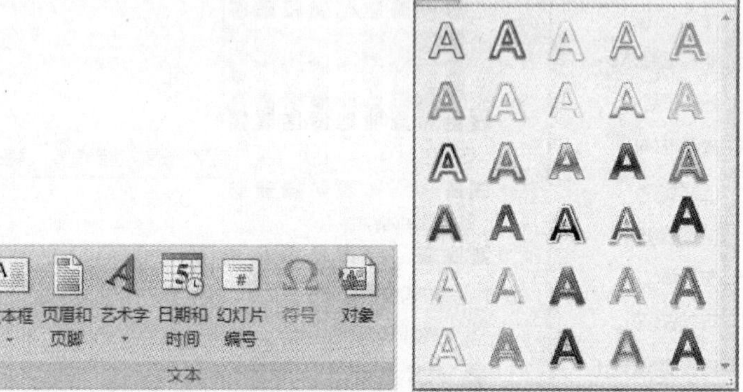

图 6-65 插入艺术字选项

选择自己满意的艺术字样式,即可进行文字输入,然后再进行必要的文字编辑就可以了。

②应用艺术字样式。

选中普通文本,单击【开始】选项卡中的【绘图】选项组中的【快速样式】命令按钮,打开如图 6-66 所示的对话框,即可快速将普通文本转化为特定样式的艺术字了。

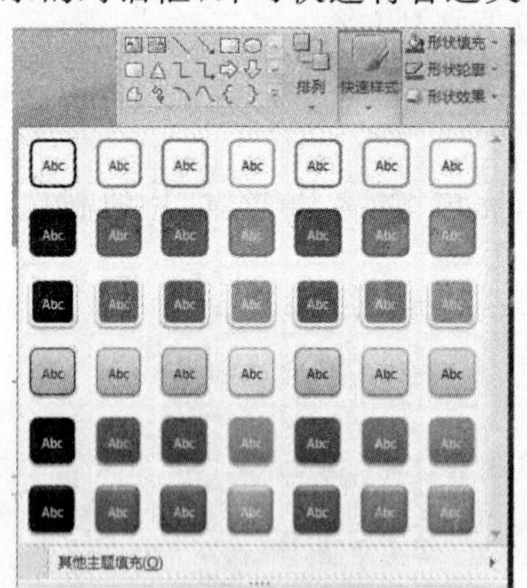

图 6-66 艺术字【快速样式】

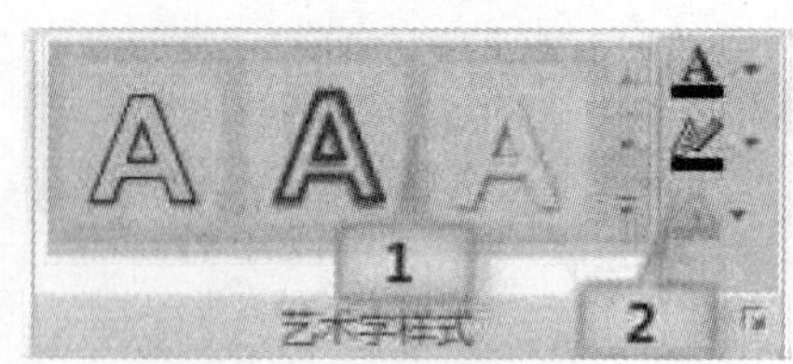

图 6-67 艺术字样式

(3)自定义艺术字。

如图 6-67 所示,【艺术字】群组的排列规律如下:左侧的"1"部分为艺术字预设效果(艺术字图库);右侧的"2"有垂直排列的三个命令,分别是"文本填充""文本轮廓"和"文本效果",可分别对其进行设置,即可实现自定义艺术字样式。

设置艺术字效果后的"致谢幻灯片"最终效果如图 6-68 所示。

图 6-68　“致谢”幻灯片最终效果

训练四　母版的使用

整个演示文稿基本完成，如果现在要加入一些个性化的东西，比如希望在幻灯片的每一页页眉处出现“我的职业生涯规划”这样的小标题，页脚处出现系部名称等等。这时候就需要使用幻灯片母版对所有幻灯片进行更改。

幻灯片母版与幻灯片可谓“父子关系”，母版的设计直接映射到幻灯片中，因此，为了统一幻灯片外观风格，可通过对幻灯片母版设计来快速实现。

1.认识母版

单击【视图】选项卡，如图 6-69 所示。

图 6-69　视图选项卡

【演示文稿视图】群组编排为左右结构，左为 4 种幻灯片视图类型，右为 3 种幻灯片母版类型。

点击【幻灯片母版】命令，即可进入幻灯片母版选项卡，如图 6-70 所示。

图 6-70　幻灯片母版选项卡

幻灯片母版外观样式如图 6-71 所示。

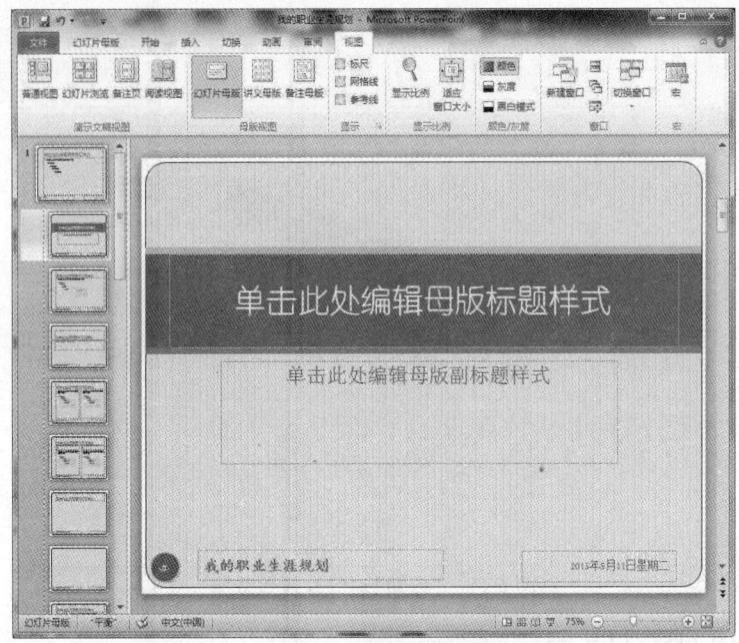

图 6-71 母版外观样式

母版的默认版式中包含标题、内容文本、日期/时间、页脚和页码五个区域。这些组件的提示文本并不会在演示文稿中显示出来，其用途和占位符一样，仅仅在于做相关的格式化设置。

观察幻灯片母版视图下，左侧的缩略图是以“幻灯片母版＋各种幻灯片版式”组成的一个树状结构图，各结构部分的名称及操作建议如图 6-72 所示。

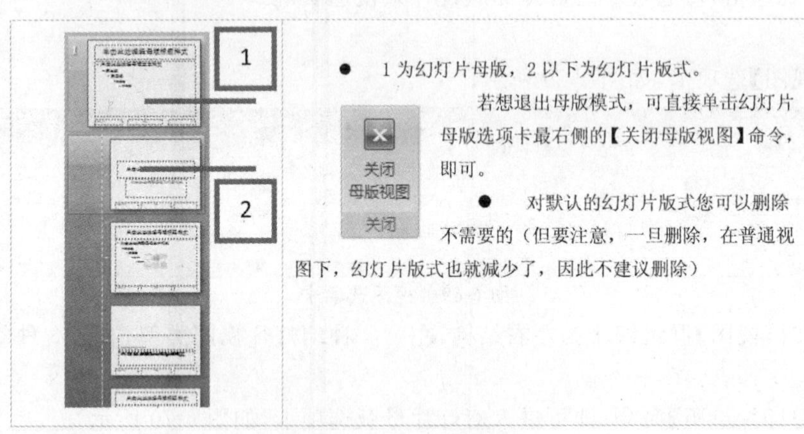

图 6-72 母版树状结构

2.编辑幻灯片母版

在幻灯片母版上添加文本、图形和剪贴画等，都会直接反映到此母版相关的版式上，以供选择使用。

（1）添加文本。

打开一个幻灯片文档，进入幻灯片母版视图模式，单击幻灯片母版，再单击【插入】→【文本】→【文本框】→【横排文本框】命令。在适当的位置插入文本，然后关闭母版进入幻灯片浏览视图，发现所有幻灯片都加上了相应的文本，如图 6-73 所示。

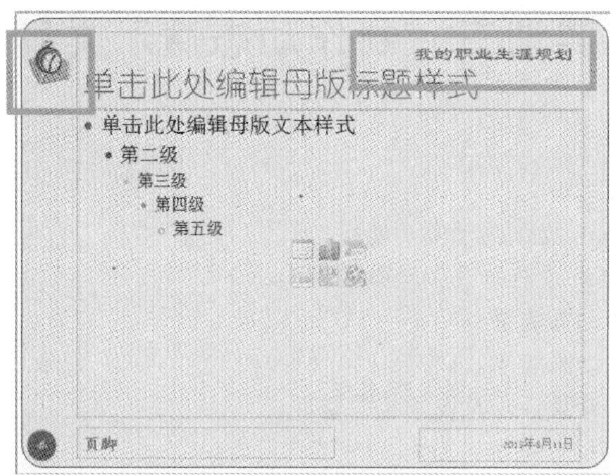

图 6-73　插入文本和形状

(2)插入形状。

进入幻灯片母版视图模式，单击幻灯片母版，再单击【插入】→【插图】→【图片】命令。插入到适当位置，并调整好大小，进入幻灯片浏览视图，发现所有幻灯片都加上了相应的图形，如图 6-74 所示。

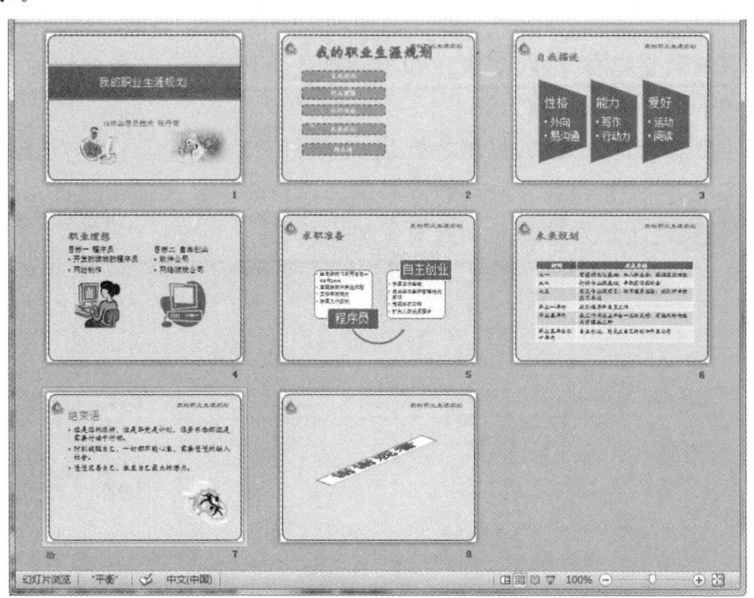

图 6-74　编辑母版后的整体幻灯片效果

(3)修改文本属性。

可以在幻灯片母版视图下，修改占位符文本的字体、字号、字体颜色和项目符号等等项目，这样可作用于所有幻灯片，十分方便。

在母版视图中，还可以进行版式的创建和更改，主题的修改等等。这些内容作为自学部分。

实训三 制作动态演示文稿

任务目标：

- 了解 Powerpoint 提供的动画功能。
- 了解 Powerpoint 中有哪几类动画效果。
- 学会如何设置动画效果。
- 学会如何预演动画效果。
- 学会如何加入背景音乐及设置相关属性。

任务描述：

● 本次实训是让学习者学会制作一个具有动态效果的 PPT 文档，并能应用本节内容制作小视频。

训练一 简单动画设置

1.动画认识

动画是增强演示文稿交互性、形象性和生动性的重要手段，适当的增加动画设置，可大大提升演示文稿的诉求力和感染力。

动画效果主要分为进入效果、强调效果、退出效果和路径动画 4 类，如图 6-75 所示。特定动画效果的实现，需要我们在各种动画效果中加以巧妙组合和精心设计，同时为了增强动画特效，也可以尝试使用触发器来对动画对象加以控制。

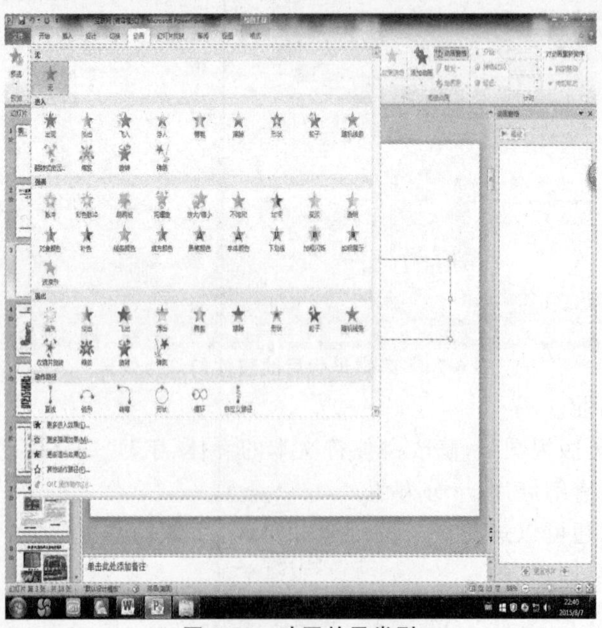

图 6-75 动画效果类型

2.动画设计基本程序

动画设置的基本程序大体上都是一样的，那就是：

（1）选中要添加动画的对象。

（2）单击【动画】→【添加动画】→【动画窗格】命令，调出【动画窗格】任务窗格，如图 6-76 所示，进行动画添加。

（3）单击动画对象右边的黑色小三角，打开该对象动画的具体设置菜单，如图 6-77 所示。

（4）进一步设置效果选项。选择动画设置菜单中的【效果选项】，打开如图 6-78 所示对话框，用户可对动画对象进行【声音】的加载、【动画播出后】的变化、动画文本的发送方式等进行设置。

（5）在动画任务窗格中对动画顺序和时间控制进行调整。例如把动画窗格中已设置了的动画，选中后按住鼠标左箭不要放开，拖动动画条至你想调整的顺序位置，放开鼠标即可调整动画顺序。

（6）每条动画设置好后，均可点击动画窗格中的播放按钮，观看效果，播放验证，如果效果不满意，可再次调整，直至满意后加以确定。

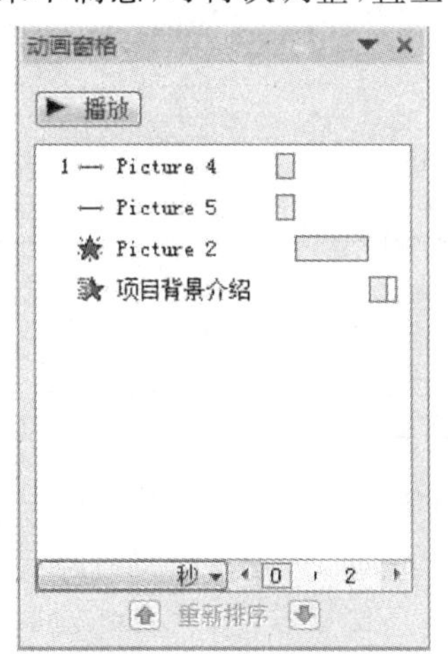

图 6-76　动画窗格

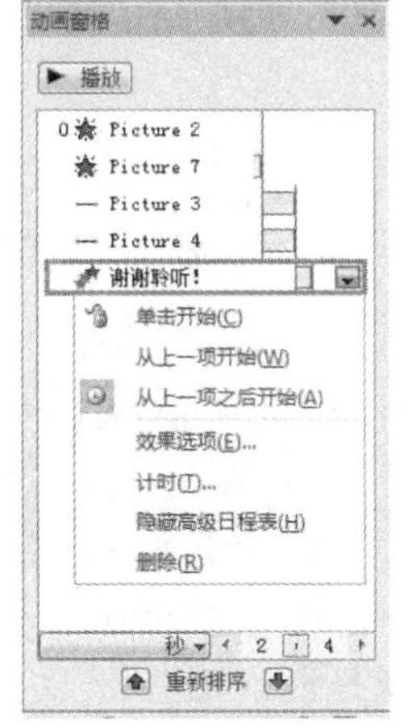

图 6-77　对象动画基本设置

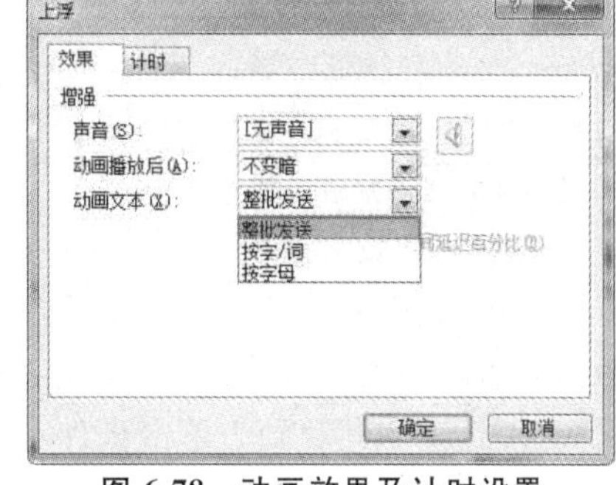

图 6-78　动画效果及计时设置

训练二　为《职业生涯规划》设计动画效果

1.文本动画

在 PowerPoint 2010 中，基于文本对象，动画效果中各类动画是全部被激活的。这就是说，文本对象可以添加所有的动画类型，而其他对象只能添加部分动画类型。

以“结束语”幻灯片为例来设置文本动画效果。选中结束语幻灯片中的文本框，单击【动画】选项卡，如图 6-79 所示。在【动画】选项栏中，点击右下角的小箭头打开如图 6-75 所示的文本动画的进入效果、退出效果、强调效果界面。

图 6-79　动画选项卡功能界面

单击【添加效果】→【进入】→【其他效果】命令，打开【添加进入效果】面板，先来认识"进入效果"的动画类型，共有：基本型、细微型、温和型和华丽型 4 种，每种类型下又有不同的效果，如图 6-80 所示。与此对应，【退出效果】(如图 6-81)、【强调效果】(如图 6-82)的类型和具体效果与【添加效果】也是完全相同的，三者可通过动画图标来区分，在此不再赘述。

图 6-80　【添加进入效果】

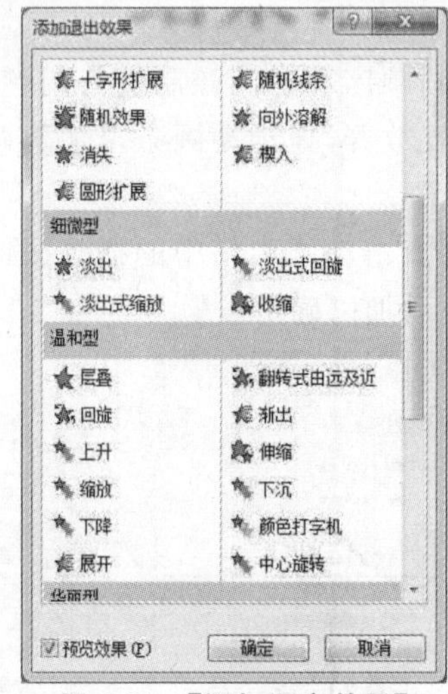

图 6-81　【添加退出效果】

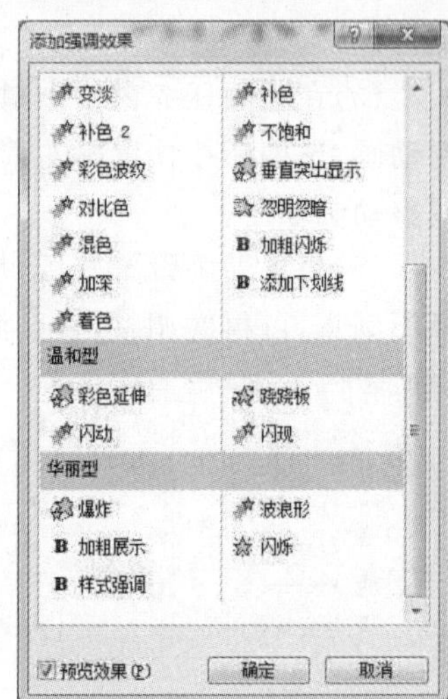

图 6-82　【添加强调效果】

选中一种效果看看，比如，选中"百叶窗"效果，这时在工作区和右侧动画任务窗格中会有些变化，如图 6-83 所示。点击【高级动画】中的【动画窗格】，工作区中的数字表示动画的个数和播放的先后次序，动画任务窗格中出现了"数字序号＋绿色五星"表示一组动画序列。鼠标标志，说明其动画为单击事件。也就是说，单击一次鼠标，第一段文字会以"百叶窗"动画效果进入屏幕，动画运动方向"水平"，速度"非常快"，速度和方向都可以进行更改。单击右下角【播放】按钮，动画会在工作区预览。

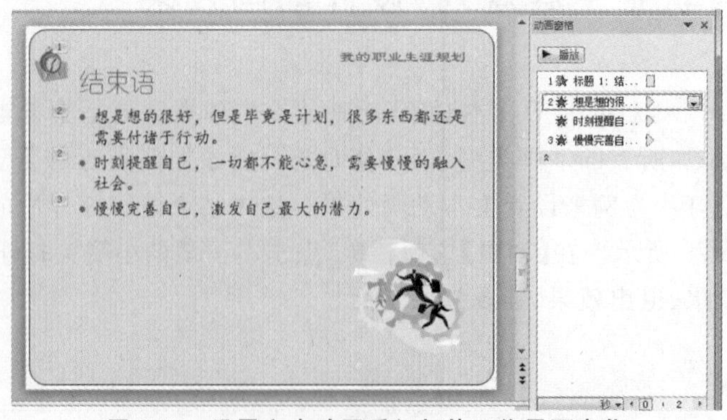

图 6-83　设置文本动画后幻灯片工作界面变化

在动画播放的开始选项中还有"从上一项开始"、"从上一项之后开始"两种方式，如图6-84所示"从上一项开始"行为，即和上一个动画同时出现；"从上一项之后开始"行为，意思是在上一个动画播放完之后此动画自动发生。

如果要删除动画，可以选中工作区动画数字标记或右侧动画任务窗格中动画条目，然后按键盘【Delete】键删除动画，或单击图 6-84 下方的【删除】命令菜单。

2．文本动画的高级效果

对文本还可通过动画的高级设置来加以调整。

在动画任务窗格中，选择前例中的标题文本动画(即动画 1)，单击其后的"倒三角"按钮，弹出下拉选项框，如图 6-84 所示，选择【效果选项】(注：双击动画 1 亦可)，打开如图 6-85 所示效果选项对话框，在【动画文本】下拉选项中，选择【按字母】，单击【确定】按钮。

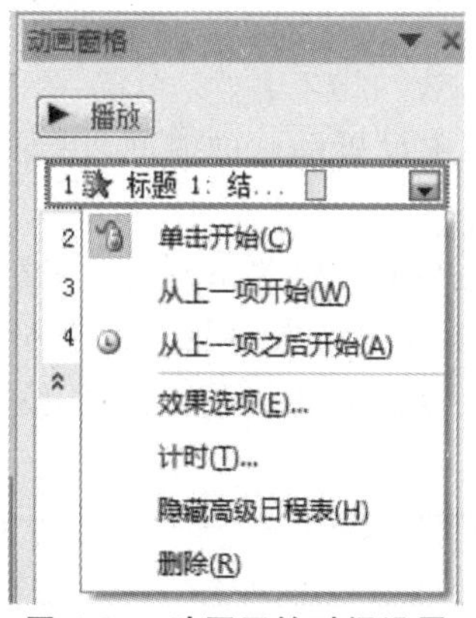

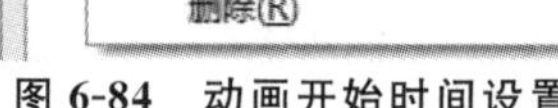

图 6-84　动画开始时间设置

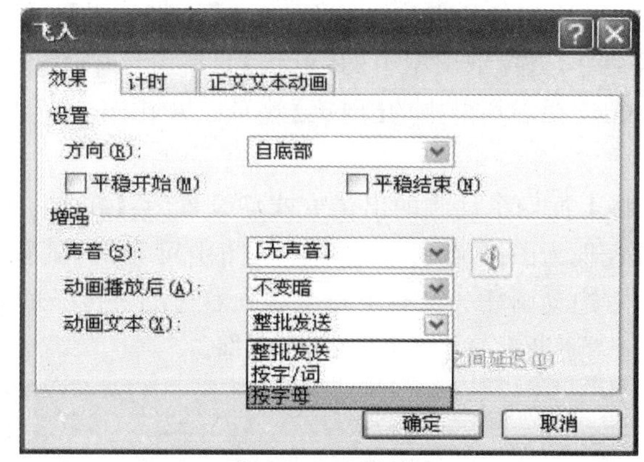

图 6-85　设置效果

设置【字母之间延迟】为"40"，如图 6-86 所示。

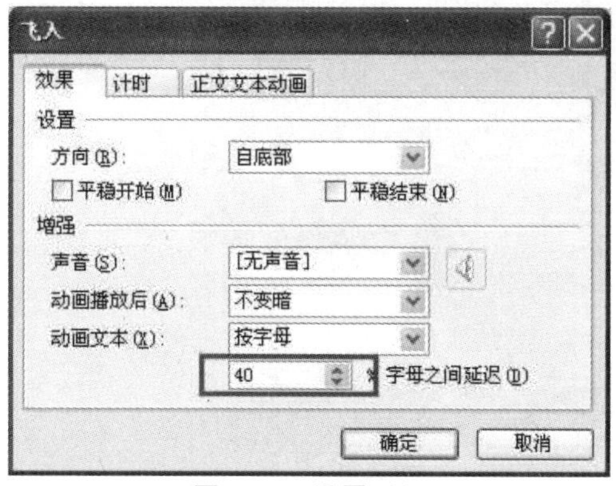

图 6-86　设置延迟

至此，对文本的上述动画已经做好了。点击动画任务窗格上方的【▶ 播放】按钮，播放时会出现时间轴，仔细观看幻灯片窗格中的文本动画效果，发现文本的字符是一个一个出现的效果。

3.图形/图片对象动画

(1)图形对象动画

以封面为例来设置图片动画，步骤如下：

① 首先为封面标题设置文本进入动画，选中标题文本“我的职业生涯规划”点击【动画】→【高级动画】→【添加动画】命令，在打开的效果窗口中选择效果，如果没有自己需要的动画效果，请选择【更多进入效果】，在对话框中，选择喜欢的效果，如温和型中的“基本缩放”效果，单击【确定】按钮。文字进入的方向，请点击【动画】→【动画】→【效果选项】命令，打开如图6-87所示选项，为文字进入选择一种方向，例如本例中选择【上浮】→【按一个对象】效果，播放方式选择【单击】。

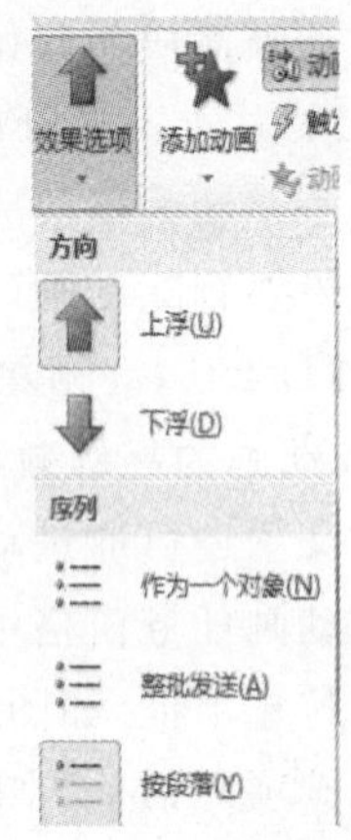

图 6-87 动画【效果选项】设置

② 为副标题“13 林业信息技术 张丹青”设置文本进入动画，效果自己选择。

③ 再选中幻灯片左边剪贴画，单击【添加效果】→【更多进入效果】命令，选择细微型中的【形状】效果。选中幻灯片右边的剪贴画，选择温和型中的【回旋】效果。并在图 6-87 界面中设置动画的时间，出现方向等参数。

④ 将上面四个动画的出场方式均设置为:【在上一项之后】方式，设置动画后的【动画任务窗格】表现为图 6-88 所示效果。从图中可看到，设置了不同出场次序及动画表现时间间隔不同，右边动画任务窗格中每个动画右边的进度条的长短及排列方式是不同的，这个参数需要学习者不断反复设置体验才能掌握。

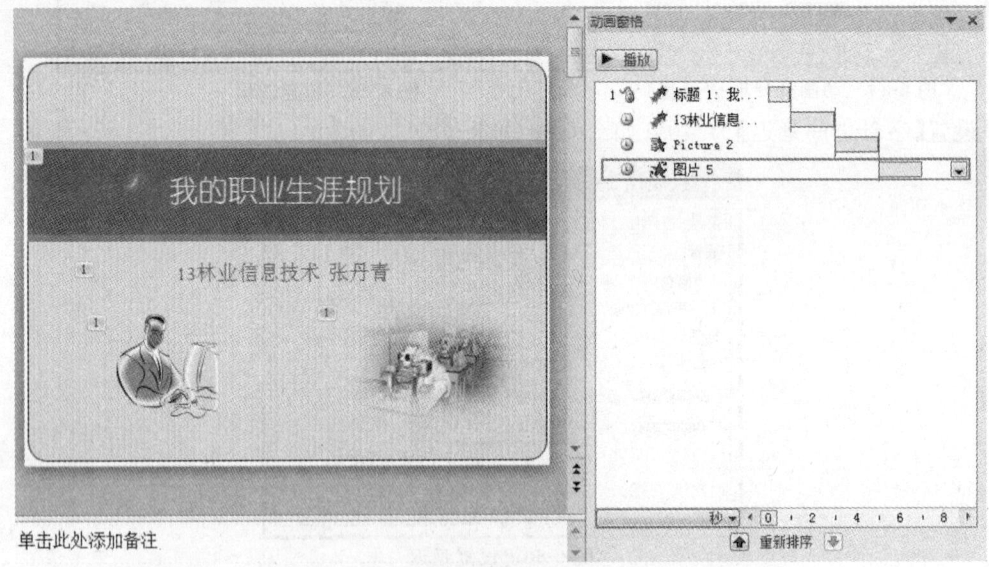

图 6-88 图片动画设置后窗口界面上的表现效果

图形对象的强调和退出动画与文本动画设置类似。

(2)图形对象的路径动画

还可以对对象增加路径动画，以“致谢”幻灯片中的艺术字为例。

选中艺术字，单击【添加效果】→【动作路径】→【其他动作路径】，可以看到路径有【基本型】、【直线和曲线型】、【特殊型】三种类型，在这里选择【直线和曲线型】→【向右直线】。这时在工作区会出现动画标记，并出现一条直线，直线由绿色箭头指向红色箭头，标记了对象的运动路径和方向以及起点终点位置，如图 6-89 所示，可以调整直线上的起点与终点来改变对象的运动路径。

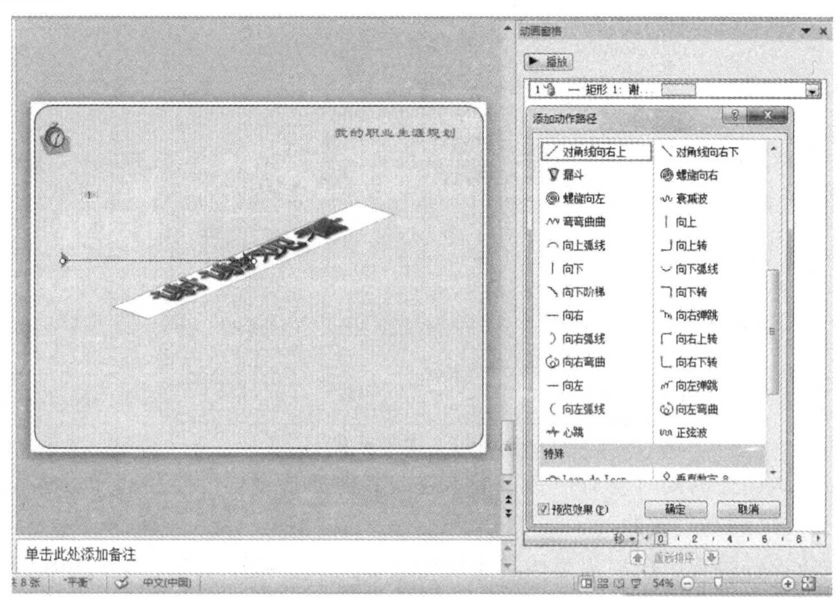

图 6-89　添加路径动画

4.图表对象的动画

图表对象主要包括 SmartArt 图示和统计图。以第三张幻灯片“自我描述”为例，设置 SmartArt 图示动画效果。

点击【添加动画】→【更多进入效果】命令，选择华丽型中的【浮动】效果，打开【效果选项】对话框(动画窗格中)，对话框中出现“SmartArt 动画”标签，如图 6-90 所示，使用其中的选项可以对动画效果做单独设置。

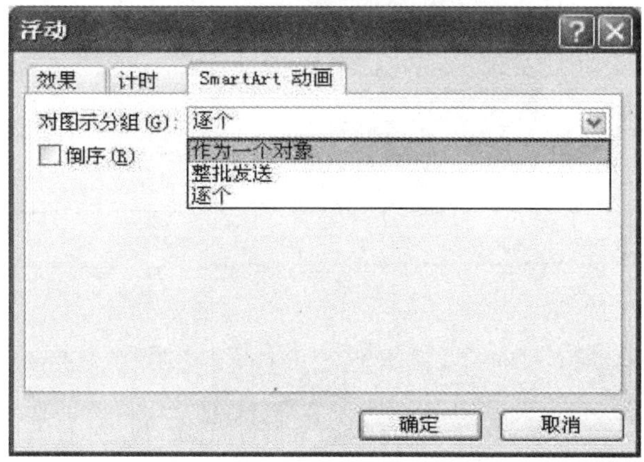

图 6-90　SmartArt 动画效果设置

5.声效与控制

文本、图形和图表等动画，都可以添加声效，借以丰富幻灯片演示效果。

(1)声效的添加与设置

仍以“自我描述”幻灯片中 SmartArt 图形动画为例。先选中效果的动画序列，单击“倒三角"按钮，选择【效果】选项，打开浮动对话框。在【增强】→【声音】的下拉框中，选择一种声效，如"打字机"；其后的喇叭符号可调节音量，单击【确定】按钮，如图 6-91 所示。

图 6-91　添加声音

这样在动画播放的同时会有声音效果出现。其他动画序列可使用同样方法添加声音。

(2)声音效果的高级控制

在幻灯片演示过程中如果需要为其添加背景音乐(如一首 MP3 音乐)，相关操作为：

选择封面幻灯片，单击【插入】→【声音】→【文件中的声音】命令，如图 6-92 所示，选择一个声音文件。这样在首页就会出现一个声音图标，同时在右侧动画任务窗格中会有声音播放动画条目，如图 6-93 所示。

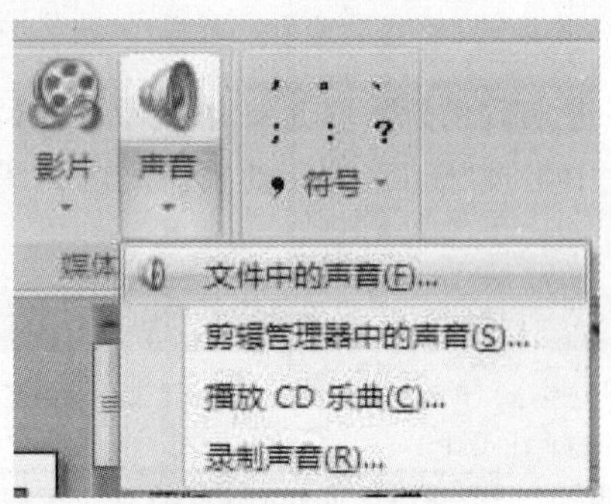

图 6-92　插入声音

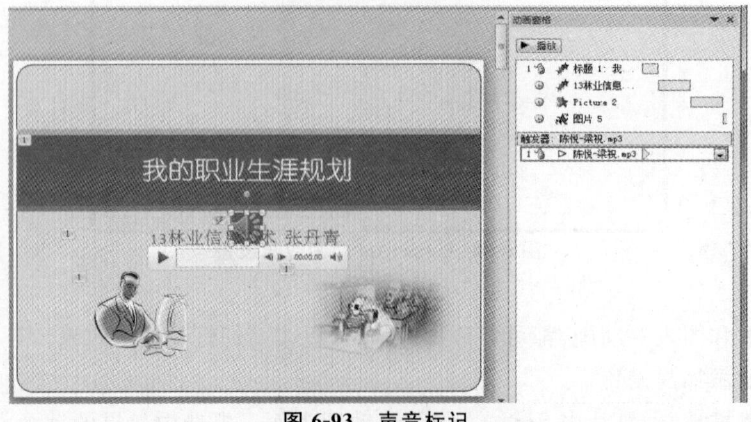

图 6-93　声音标记

双击条目进入效果选项对话框，设置效果标签、计时标签和声音设置标签，如图 6-94～图 6-96 所示。这样，插入进的音乐就伴随着整个文稿的放映，成为背景音乐。

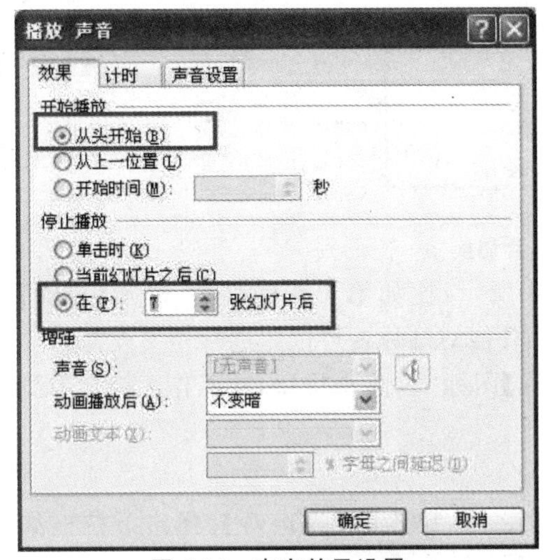

图 6-94　声音效果设置

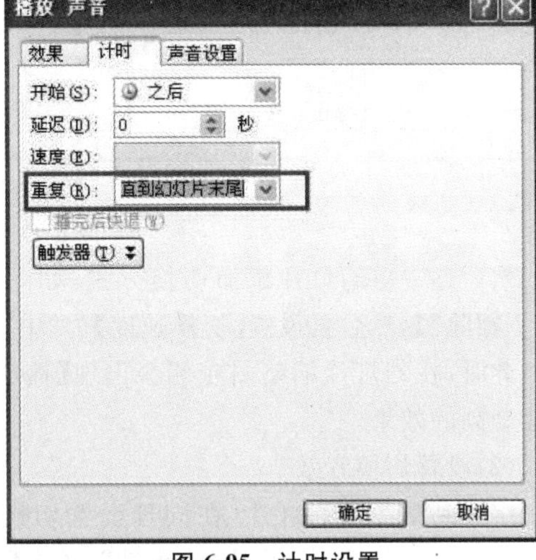

图 6-95　计时设置

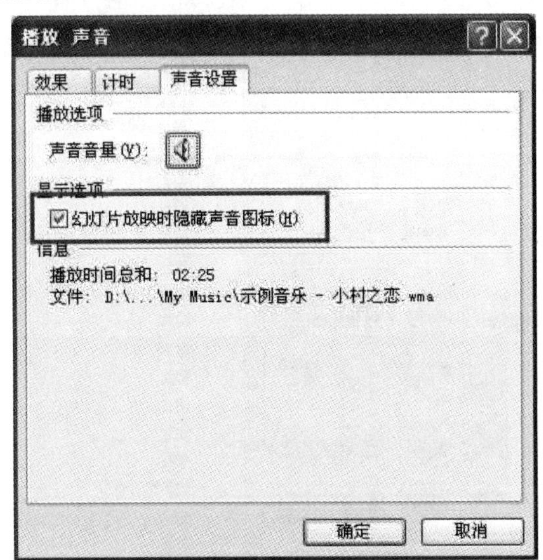

图 6-96　声音设置标签

可以对整个演示文稿中的幻灯片设置相应的动画效果。动画的高级设置，包括触发和路径动画，留给读者作为扩展知识自学完成。

训练三　幻灯片预演及相关效果设置

1.幻灯片切换方式

上一个任务主要介绍了幻灯片的动画添加与设置，事实上，在 PowerPoint 2010 中有很多精彩的切换方式，设置起来非常简单，效果也挺不错。

(1)设置切换特效

点击【动画】→【切换到此幻灯片】组，如图 6-97 所示，该组分为三个部分。左面的是预设的切换方式；中间的三个按钮分别是【切换声音】、【切换速度】和【全部应用】；右面的是【换片方式】，由两个复选框项目组成。

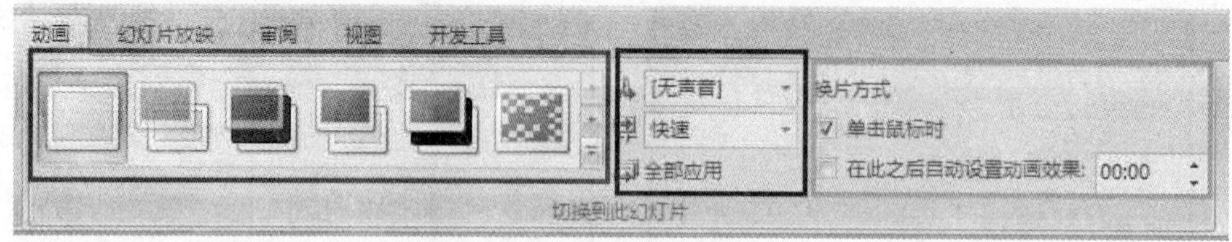

图 6-97 幻灯片切换

然后逐一对幻灯片添加切换方式，如图 6-98 所示，比如第 1 张幻灯片，添加【擦除】→【向下擦除"】，然后再设置【切换速度】为"中速"。其他幻灯片皆可依此进行相关设置。

此时，在幻灯片缩略图左侧会出现【播放动画】图标，点击按钮，在工作区就会看到幻灯片动画的效果。

(2)设置切换音效

定位到第 2 张幻灯片，在同理设置切换特效之后，单击【切换声音】，弹出下拉框如图 6-99所示，选择一种音效，比如"推动"，单击【确定】。

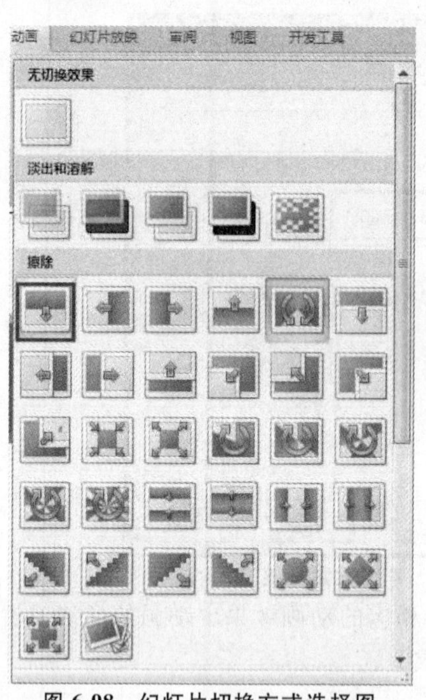

图 6-98 幻灯片切换方式选择图

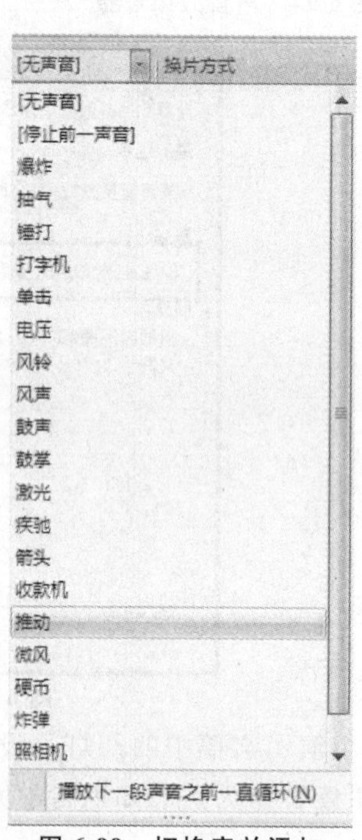

图 6-99 切换音效添加

小提示：

如果单击图 6-99 中最下面的【播放下一段声音之前一直循环】，则直到下一个声效之前一直重复播放，可根据需要选择。

单击【其他声音…】，可选择其他.wav 格式的声音。

(3)换片方式

默认设置为【单击鼠标时】，即通过单击鼠标来控制换片。除此之外，您也可以将换片方式设置成每隔几秒钟自动换片,如图 6-100 所示。

注意:设置自动换片的时间单位和格式,是“分:秒”,比如“00:02”就是 2 秒种后自动切换。

换片方式的两个复选框都可以勾选,也可以只勾选 1 个。如若只勾选【在此之后自动设置动画效果】选项,则取消鼠标单击行为,为自动换片模式。

使用类似的方法为每张幻灯片添加切换效果。

2.演示文稿预演

演示文稿预演,意为正式发布前的排练,主要包括:排练计时和录制旁白两项内容。打开【幻灯片放映】→【设置】群组,如图 6-101 所示。

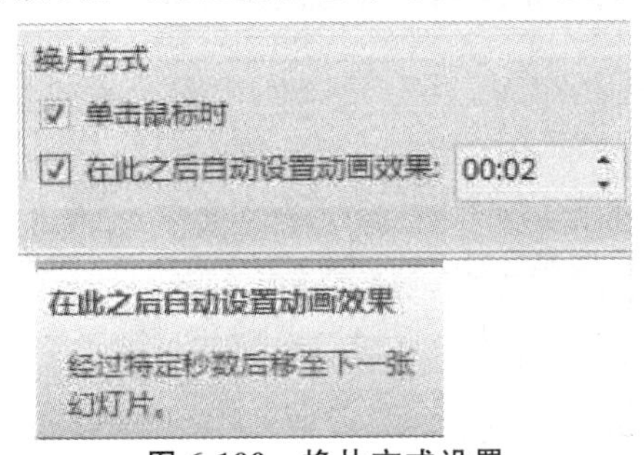

图 6-100　换片方式设置

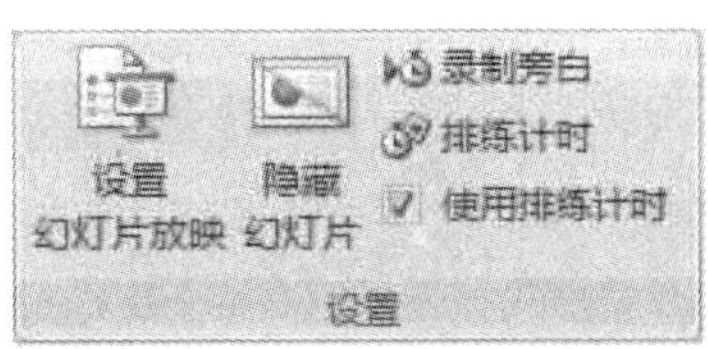

图 6-101　放映设置群组

(1)排练计时

定位到第 1 张幻灯片,单击【幻灯片放映】→【设置】→【排练计时】命令,进入幻灯片放映模式,如图 6-102 所示。

图 6-102　预演时幻灯片界面显示标记

【预演工具栏】的基本工具如图 6-103 所示,“1”表示当前幻灯片所花费的时间;“2”表示累计幻灯片播放的总时间;“3”为下一项,点击转到下一张幻灯片;“4”暂停按钮,点击,计时器会中断计时;“5”为重复按钮,点击,定时器清零,累计计时也会重新调整。

图 6-103　预演工具栏

当完成所有幻灯片的计时排练后,会弹出如图 6-104 所示的提示框。

图 6-104　完成后的提示框

提示框显示幻灯片放映共花费的时间，并询问是否保留新的幻灯片排练时间。单击【是】按钮，幻灯片自动切换到【浏览模式】，每张幻灯片左下角会标出排练所花费的时间。

也可以点击【动画】→【切换到此幻灯片】→【换片方式】→【在此之后制动设置动画效果】来观看换片时间。通过排练计时来设置换片时间，是比较准确的。

(2)录制旁白

排练过程中，也可以将口头演讲内容记录下来，使幻灯片配置声音效果。步骤如下：

① 定位到第1张幻灯片，点击【幻灯片放映】→【设置】→【录制旁白】命令，打开【录制旁白】对话框，如图 6-105 所示，可设置话筒和录制质量。

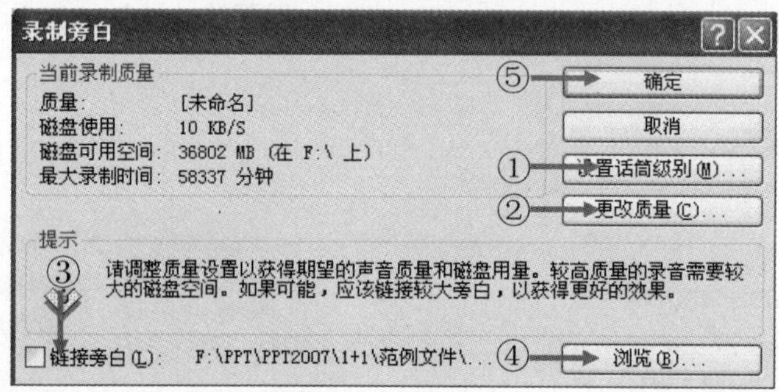

图 6-105 录制旁白

② 在录制旁白对话框中，点击按钮①，打开【话筒检查】对话框，如图 6-106 所示，根据提示，检查话筒是否插好，音量是否合适。

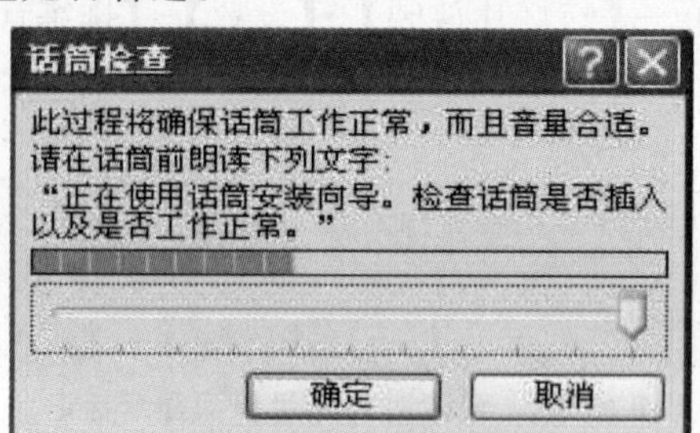

图 6-106 话筒检查

如果要将录制的旁白作为链接文件，请在③处复选框上打勾。按钮④指定录音文件的存放位置。

③ 点击按钮②，打开【声音选定】对话框，如图 6-107 所示，在【名称】下拉框中，选择音质类型，但要注意音质与 PPT 文档大小之关系，音质越好，其文档越大。因此，可默认为【无题】，然后再在【属性】下拉框中，选择适当的音质属性。

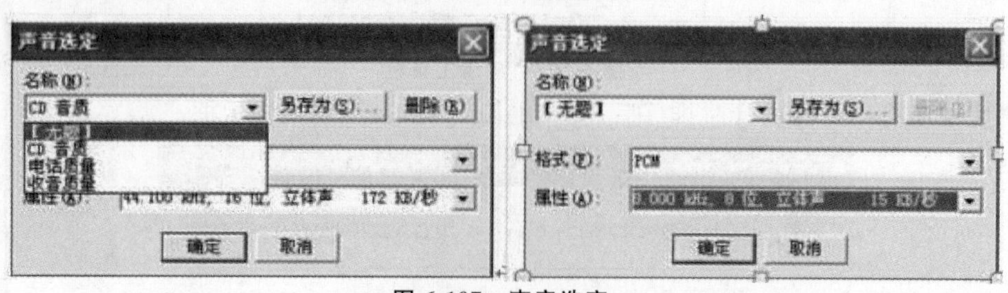

图 6-107 声音选定

然后点击【确定】，开始录制旁白。

录制完成后，会弹出如图 6-108 所示对话框，询问是否在保留旁白的同时也保存幻灯片的排练时间，一般情况下，应选择【保存】。

图 6-108　旁白录完提示

如果不是从第一张开始录制旁白，那么会弹出如图 6-109 所示对话框，可根据需要选择。

图 6-109　录制起点提示

3.幻灯片放映设置

如何让幻灯片的放映符合演示文稿的特点，需要进行幻灯片放映的设置。

打开已制作好的幻灯片，点击【幻灯片放映】→【设置】→【设置幻灯片放映】命令，打开【设置放映方式】对话框，如图 6-110 所示。

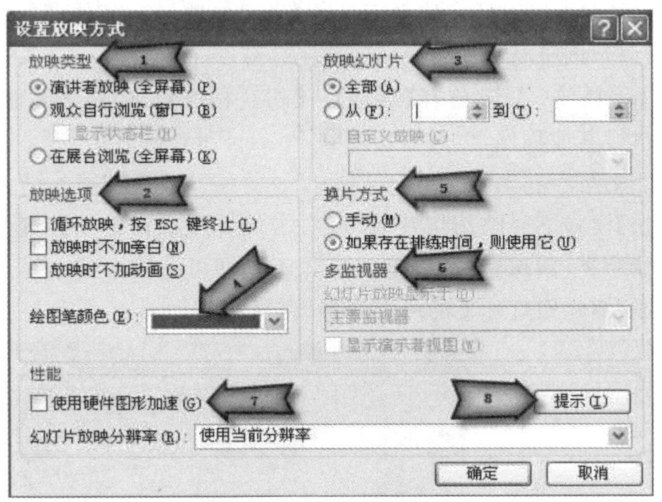

图 6-110　设置放映方式

(1)放映类型

① 默认为【演讲者放映(全屏幕)】。该模式下可使用“绘图笔”。

② 若设为【观众自行浏览(窗口)】，则以窗口形式播放，观众可以利用滚动条来控制播放。

③ 若选择【在展台播放(全屏幕)】，一定要事前设为自动计时，或导航连接，或设置动作按钮，否则幻灯片不会换片。

(2)放映选项

①【循环放映，按 Esc 键终止】，复选框打勾，执行。

②【放映时不加旁白】,复选框打勾,执行。

③【放映时不加动画】,复选框打勾,执行。

④【绘图笔颜色】,可选择需要的颜色,默认为红色。

(3)放映幻灯片

①【全部】复选框打勾,意为“从第一张幻灯片放映到最后一张”。

②【从 到 】,可指定幻灯片从第几张播放到第几张。

③如果做了幻灯片自定义放映方案,则激活【自定义放映】选项。

(4)换片方式

①“手动”:根据鼠标时间进行换片。

②“如果存在排练时间,则使用它”(默认选项),依排练时间自动换片。

4.播放演示文稿

(1)演示文稿的播放

幻灯片放映,可全屏放映,可自定义放映,随需要而定。在此,只说明以下几点:

① 放映时可利用点击鼠标或键盘上的上下方向键或者【Page Down/Page Up】键或者【Enter】键,切换动画及换片。

② 播放时在小键盘上按数字键可直接跳转到指定页,【Home】键返回第一张幻灯片,【End】键跳至最后一张幻灯片。

③ 也可在播放时右击,选择【定位至幻灯片】来定位跳转。其他诸如“上一张”“下一张”和“结束放映”也可以帮助进行导航。

④ 播放时可暂停播放(右击,选择【屏幕】→【切换程序】),切换回其他程序,此时屏幕下方出现任务栏,可执行其他程序,然后再切回到 PowerPoint 2010。

(2)在幻灯片上书写

在【演讲者放映】模式下放映幻灯片时,可右击,选择【指针选项】→【墨迹颜色】,选择墨迹颜色,然后再选择笔类(圆珠笔、毡尖笔或荧光笔),即可边演示边书写了。如果要清除墨迹,选择“橡皮擦”或“擦除幻灯片上的所有墨迹”工具,如图 6-111 所示。

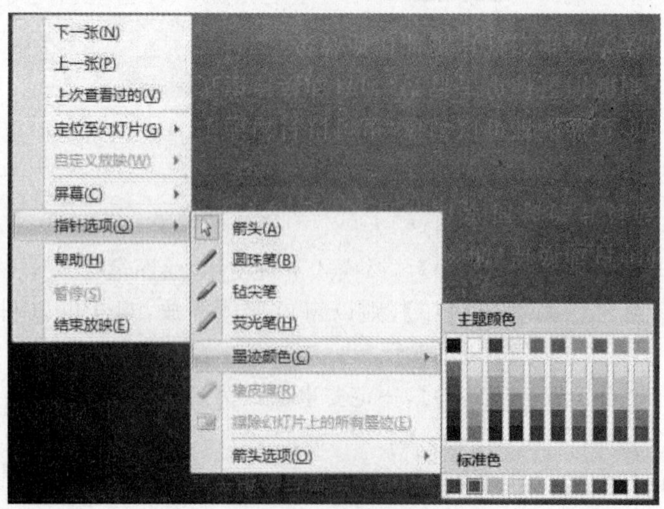

图 6-111 放映时书写

书写完毕，请选择【箭头】命令，终止书写操作。

5.演示文稿的打印

(1)打印预览

点击【Office 按钮】→【打印】→【打印预览】命令，转至【打印预览】选项卡，如图 6-112 所示。

图 6-112　打印预览选项卡

① 单击【选项】命令，进行设置，如图 6-113 所示。

【颜色/灰度】设置为“纯黑白”，勾选【根据纸张调整大小】和【幻灯片加框】。

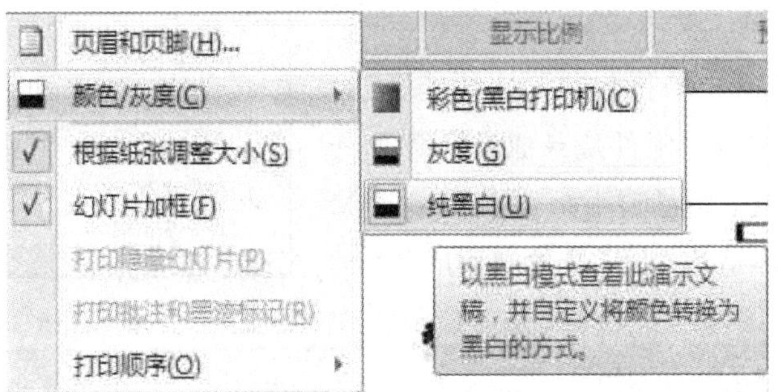

图 6-113　选项命令设置

② 打印内容，如图 6-114 所示。

打印幻灯片可设置每页打印 1～9 张幻灯片，还可打印“备注页”和“大纲视图”。

③ 打印。

点击打开【打印对话框】，选择打印机并进行相关设置，如图 6-115 所示。

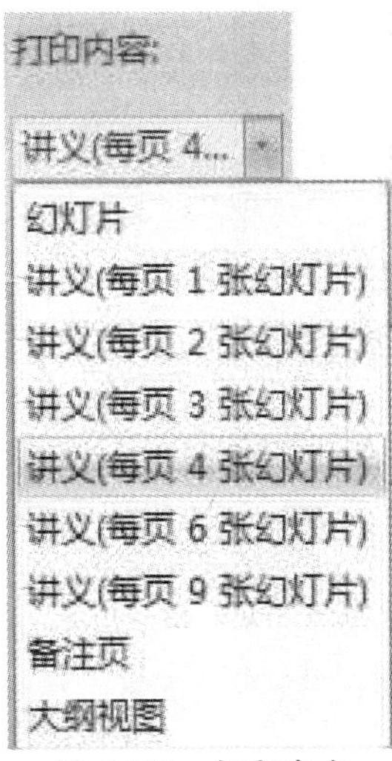

图 6-114　打印内容

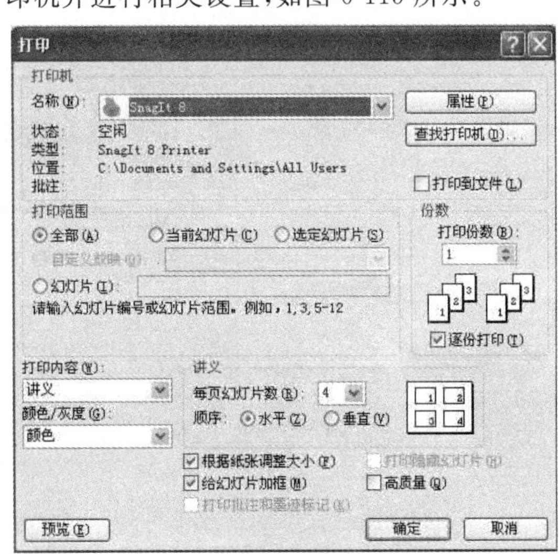

图 6-115　打印机相关设置

(2)打印幻灯片

① 您可在打印预览窗口内,点击【打印】,弹出如图 6-115 所示对话框,设置完成后单击【确定】开始打印。

② 也可以点击【Office 按钮】→【打印】命令,其后步骤同上。

③ 也可以点击【Office 按钮】→【打印】→【快速打印】命令,不作设置,直接打印。

④ 可以设置为“打印讲义(每页 3 张幻灯片)”,“纵向”,打印效果如图 6-116 所示,很适合用户使用。

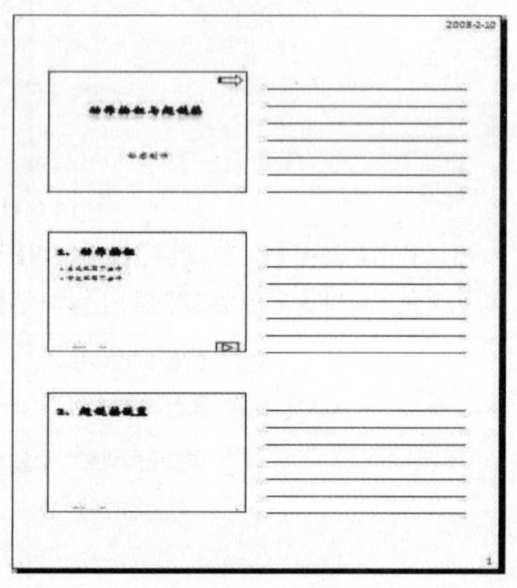

图 6-116 打印讲义

制作完成幻灯片后,如果需要更换电脑或版本放映。为了保证放映效果不发生改变。需要将幻灯片进行打包处理。

6.打包成 CD

PowerPoint 2010 中的打包成 CD 功能,可以将一个或多个演示文稿及附件烧录成 CD,即使您没有刻录机,也可将其复制到本地文件夹或网络上,方便共享,尤其是当制作与放映幻灯片的 Office System 平台版本不统一时,为了确保能正常播放,打包是比较明智的选择。

(1)幻灯片打包

假如在 PowerPoint 2010 上制作了一个公益幻灯片,并且包含音频甚至视频文件,希望能打包与朋友或网友共享,请复查完幻灯片并保存之后,点击【Office 按钮】→【发布】→【CD 数据包】命令,如图 6-117、图 6-118 所示。

图 6-117 CD 数据包命令

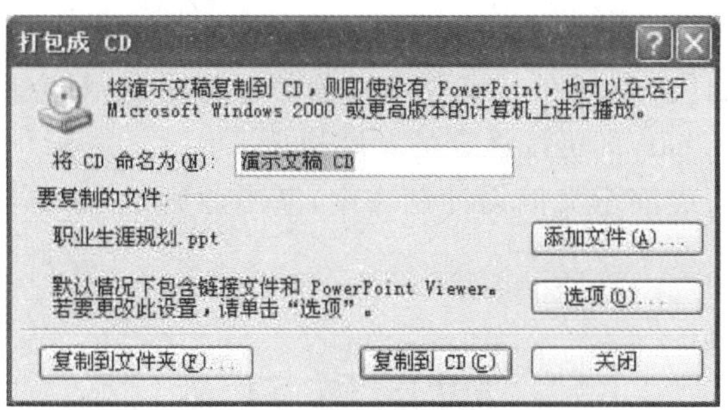

图 6-118　打包成 CD 对话框

可以输入 CD 名称，添加其他. pptx 文件共同打包。然后打开【选项】对话框，如图6-119所示。如果有特殊字体，可以勾选【嵌入 TrueType 字体】选项。为保证安全也可给幻灯片加密。

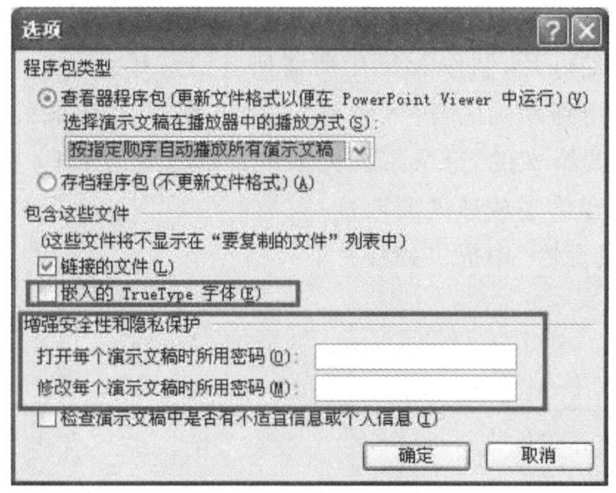

图 6-119　选项对话框

单击【确定】，返回【打包成 CD】对话框；点击【复制到文件夹】选项，选择文件存放位置。单击【确定】，系统会生成相应的文件，如图 6-120 所示。

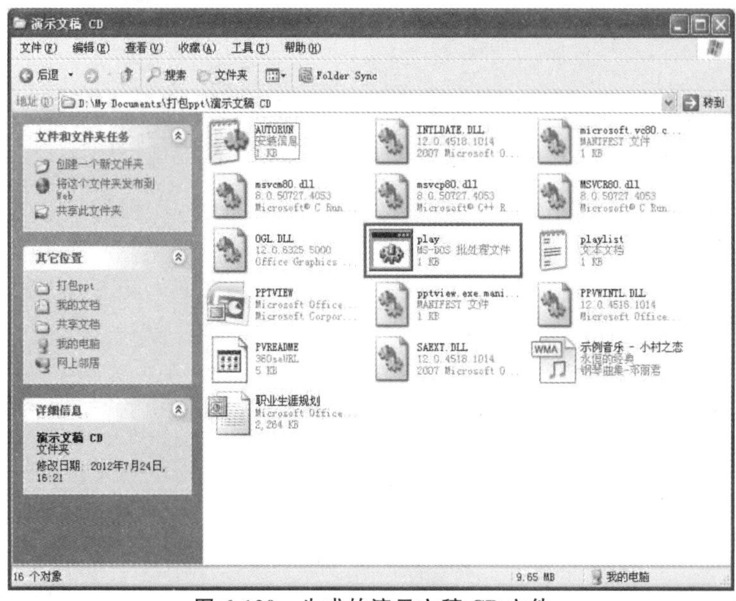

图 6-120　生成的演示文稿 CD 文件

(2)打开打包演示文稿

如果把打包后的文件发布到网上或者将光盘邮寄给朋友,对方解压打开文件夹或者光驱打开后直接单击 Play. bat,即可按设定的顺序播放了。

小提示:在整个报告类演示文稿设计制作中,基本原则是"简单明了,清晰大方"。并不是花样越多越好。

课后练习

利用"资源库一模块六"中提供的图片、音乐,制作题为《母亲》或《父亲》的 MV。

任务要求:

1. 按每句歌词一张幻灯片,制作 MV 中所需所有幻灯片。
2. MV 制作中要求用到动画的"进入效果"、"退出效果"、"强调效果"、"路径动画"。
3. MV 中音乐选用阎维文的《母亲》或《父亲》,音乐格式为 MP3 格式。
4. 歌词出场速度与音乐播放速度要匹配。
5. 最终效果参考"资源库"中提供的样片。

模块七　网络技术及应用

实训一　局域网组建

任务目标：

- 了解计算机网络的基础知识。
- 了解常见计算机网络组网及因特网连接技术。
- 掌握互联网常见应用技术。
- 学会简单的局域网组建方法。

任务描述：

● Internet 技术的广泛应用，全球性信息高速公路建设的迅猛发展，使地球变得更小，世界各地的人与人间的交流变得更近，而且使人类将资源共享、全球通信、家庭办公、网上购物等许多愿望变为现实。计算机网络正在改变着人们的工作、学习和生活方式。

● 本任务要求学习者了解计算机网络与人们日常生活与工作的关系；会利用所学知识组建并设置办公或家庭局域网。

训练一　连接到 Internet

1.计算机网络的概念

计算机网络是通过各种通信设备和传输介质，将处于不同地理位置的多台独立计算机连接起来，并在相应网络软件的管理下实现多台计算机之间信息传递和资源共享的系统。建立计算机网络的目的就是为了实现计算机间的相互通信和资源共享。计算机网络从结构上可以分为通信子网和资源子网两部分。

当两台或更多的计算机为达到资源、信息共享的目的而连接在一起时，就产生了网络，网络小到可以是家庭中的两台计算机，大到可以是全世界有联系的所有计算机。地球上的用户通过连接到 Internet 上，就可以互相在线沟通，以寻找需要的资料。常见的网络结构如图 7-1 所示。

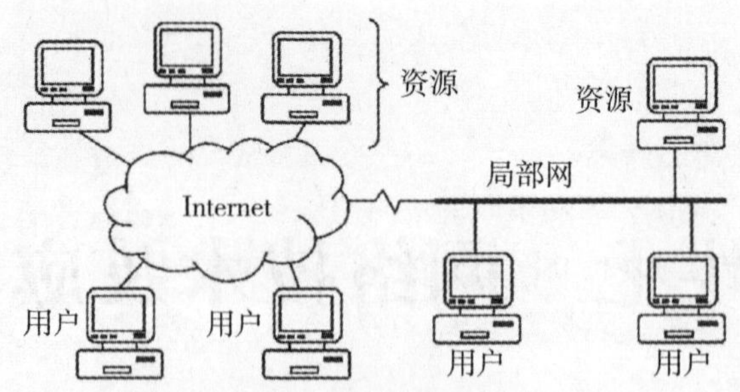

图 7-1 常见网络结构

2.网络标准

网络标准即网络协议，是一套规则，该规则包括电缆的类型、接口卡及可用于设置或连接到网络的电子信号格式，如以太网布线标准，该标准广泛应用于办公室和家庭网络。

网络上用于管理计算机之间信息流的协议被称为传输协议，该协议解决了以下几方面的问题：

- 计算机在网络上发送信息的方法。
- 接收到信息的计算机检验收到的信息是正确的。
- 发送信息的计算机将信息正确地发送到目标计算机。

应用层协议决定一台计算机中的程序如何与另一台计算机中的程序通信。例如，计算机中的浏览器程序与网络服务器计算机中的网络应用程序使用超文本传输协议(HTTP)进行“会话”。

(1)HTTP

HTTP(Hypertext Transfer Protocol，超文本传输协议)已成为浏览器和 Web 站点之间的标准，访问网站时应用的就是该协议。HTTP 应用得最为广泛，不局限于传输网页，例如，有些网站提供利用 HTTP 下载文件的方法。

(2)FTP

FTP(File Transfer Protocol，文件传输协议)用于 Internet 上控制文件的双向传输，所谓双向是指用户使用该协议可以从服务器上下载文件，也可以将自己的文件上传到服务器上。同时，它也是一个应用程序，用户可以通过它把自己的 PC 与世界各地所有运行 FTP 协议的服务器相连，访问服务器上的大量程序和信息。目前，可以进行文件传输的专用客户端软件有多种，最为简单的是浏览器，访问 FTP 站点时只需要在浏览器的地址栏中输入 ftp://站点名称便可访问到服务器。

(3)SMTP 和 POP

SMTP(Simple Mail Transfer Protocol，简单邮件传输协议)是一组用于由源地址到目的地址传送邮件的规则，由它来控制信件的中转方式。SMTP 属于 TCP/IP 协议族，它帮助每台计算机在发送或中转信件时找到下一个目的地。POP(Post Office Protocol，邮局协议)是邮件客户端软件从服务器上接收邮件时所使用的协议，主流版本是 POP3。

(4)DNS

DNS(Domain Name Service，域名服务)的主要作用是将用户输入的网址，例如，www.sina. com 等，转换为相对应的网络标识 IP 地址。

3.网络模型和协议

(1)网络协议

计算网络由多个互连的节点组成,它们之间不是仅仅连上通信线路就可以实现通信的,为了让节点之间能做到有条不紊地交换数据和控制信息,每个节点都必须遵守一些事先约定的规则,即交换数据的格式和时序。这些为网络数据交换而制定的规则、约定与标准被称为网络协议。协议网络非常重要,它是网络赖以工作的保证。有网络就肯定有通信,有通信就肯定有协议。如果通信双方无任何协议,则对所传输的信息就无法理解,更谈不上正确的处理和执行。网络中有各种类型的协议,例如,可以为文件传输制定一个文件传输协议,它规定文件应如何发送、传输和接收,出错时应该如何处理等。

常用的协议有:TCP/IP(Transmission control Protocol/Internet Protocol,传输控制协议/因特网互联协议)、IPX/SPX(Internet work Packet Exchange/Sequences Packet Exchange,Internet 分组交换/顺序分组交换)协议、User Interface NetBIOS(用户扩展接口协议)等,其中最著名的是互联网上广泛采用的 TCP/IP 协议。用户如果访问因特网,则必须在网络协议中添加 TCP/IP 协议。

Internet 作为开放式网络,连接了分布在世界各地的计算机,这些计算机种类繁多,软硬件平台各不相同。不同的网络类型、不同的网络设备、不同的网络操作系统,它们的数据传输形式可能各不相同。要保证这样一个复杂的系统能够正常工作,就必须要求网络中的每台计算机在传输数据时遵守事先约定的通信规则,即通信协议。所有连入 Internet 的计算机都使用相同的通信协议,这个协议就是 TCP/IP 协议。

① TCP 协议

TCP 提供一种可靠的数据交互服务,通过双方呼叫建立连接、进行数据发送、最终终止会话,从而完成交互过程。具体过程是首先发送端将任意长的报文(即数据)分成若干个数据段,再将每个数据段作为一个独立的数据包传送。在传送中,如果发生丢失、损坏、重复、延迟和乱序等问题,发送端利用 TCP 就能发现以上问题,并重传这些数据包。最后接收端也按照 TCP,以正确的顺序将它们重新组合成报文并交付给用户的应用软件处理。

②IP 协议

IP 协议主要规定了数据包传送的格式,以及数据包如何寻找路径最终到达目的地。由于 Internet 是一个国际网,数据从源地址到目的地,途中要经过一系列的子网,靠相邻的子网一站一站地传下去。因此,在数据包中,除了要传送的数据外,还包含有源地址和目的地址。IP 的职责是尽可能地将数据送到目的地,在传送数据过程中不考虑数据包的丢失或出错,纠错功能由 TCP 来保证。

(2)网络模型

计算机网络是一个非常复杂的系统,为了保证网络中的节点间能正确通信,必须制定一整套复杂的协议集。对于复杂的网络协议来说,最好的组织方式是层次结构模型,即分为很多层,每一层完成一定的功能,每一层都建立在它的下一层之上。每一层都通过层间接口向上一层提供一定的服务,而把这种服务是如何实现的细节对上层加以屏蔽。

(3)网络体系结构

网络体系结构就是计算机网络的分层及其协议的集合。计算机网络在 20 世纪 70 年代迅速发展,世界上许多计算机大公司都先后推出了自己的计算机网络体系结构,例如 IBM 系统网络体系结构(IBM Systems Network Architecture)SNA,DEC 公司的 DNA 等。这网络体系结构都是不兼容的,它们只适合于本司的产品联网,其他公司的计算机产品很难入网。这就妨碍实现异种计算机互连以达到信息交换、资源共享、分布处理和分布应用的需求。客观需求迫使计算机网络体系结构从封闭走向开放。国际标准化组织 ISO 经过多年努力于 1984 年提出了“开放互联参考模型系统”(Open SYSTEM Interconnection/Reference Model,OSI/RM)。从此开始了有组织、有计划地制定一系列网络国际标准。OSI 得到了国际承认,成为其他各种计算机网络体系结构依照的标准,大大地推动了计算机网络的发展。

OSI 参考模型只给出了一些原则性的说法,并不是一个具体的网络。它用层次化结构的构造技术,将整个网络通信子层划分为 7 层,从低到高依次为:物理层、数据链路层、网络层、传输层、会话层、表示层和应用层。

4.计算机网络的分类

(1)按网络覆盖范围和规模,可将计算机网络分为以下三类:

① 局域网(Local Area Network,LAN)

局域网是在有限的地理围内各种计算机、外部设备和通信设备互联形成的网络,是最常见、应用最广的一种网络。局域在:计算机数量设置上没有太多的限制,少的可以只有两台计算机,多的可达几百台计算机。局域网一般位于一个建筑物或一个单位内,所涉及的地理距离可以是几米至 10km。目前,局域网的应用非常广泛,几乎每个单位都有自己的局域网,甚至很多家庭也自己的小型局域网。

②城域网(Metropolitan Area Network,MAN)

城域网是介于广域网和局域网之间的一种高速公共网络。城域网设计的目标是要满足 10～100km 范围内的大量企业、机关、公司的多个局域网互连的需求,以实现大量用户之间的数据、语音、图形与视频等多种信息的传输功能。城域网与局域网相比扩展的距离更长,连接的计算机数量更多,在地理范围上可以说是局域网的延伸。

③广域网(Wide Area Network,WAN)

广域网也称为远程网,一般是将分布在不同城市、不同地区、不同国家甚至全球范围内的各种局域网、计算机、终端等互联而成的大型计算机通信网络。它所覆盖的地理范围从几百公里到几千公里、甚至上万公里,通常由多个可能使用不同计算机平台和网络技术的小型网络构成。它一般使用公用通信网或通信部门提供底层的通信方式和路径。因为距离较远,信息衰减比较严重,目前多采用光纤线路。在一个广域网内所连接的计算机数量可能高达几百万台。例如,全国的银行网络就属于广域网,而因特网是世界上最大的广域网。

(2)按照计算机地位划分,根据计算机在网络中的地位不同可分为两类:

① 点对点网络,构建成本低,而且易于互联,适合于家庭或小型办公室网络,如图 7-2 所示。

②C/S(客户端/服务器)网络:是一种典型的将网络中一台或多于一台计算机指定为网络服务器的大型网络,如图 7-3 所示。

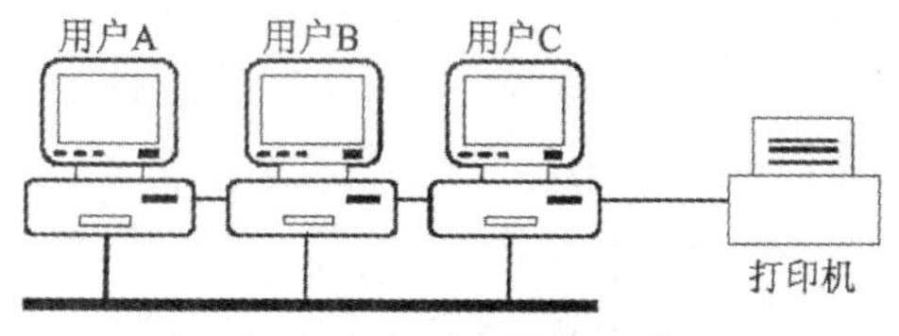

图 7-2　点对点网络示意

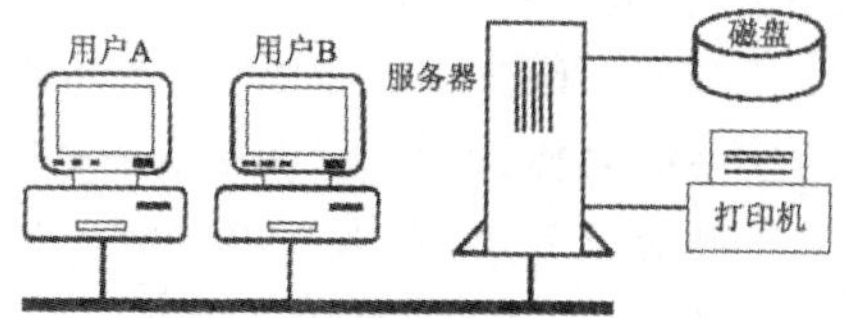

图 7-3　C/S(客户端/服务器)网络示意

5.网络的速率

网络速率用来度量网络的传输速度,计算机以二进制的形式传输数据,因此网络速率一般以 bit/s 为单位,其含义是每秒钟传输的二进制数的倍数。不同的网络一般比特率不同,同类网络不同的介质可以达到不同的比特率。

6.网络中的计算机的标识

网络最明显的特点是资源共享,既包括硬件资源的共享,也包括软件资源和数据资源的共享。查询到所有计算机的网络标识,才可让同网络的计算机访问。

(1)IP 地址

就像每位公民都有自己的身份证号一样,在网络上计算机是通过一种称为 IP 地址的代号标识,目前使用的 IP 地址分为 IPv4 和 IPv6 两个版本。

① IPv4:该协议是网际协议(Internet Protocol,IP)的第四版,也是第一个被广泛使用且构成现今互联网络技术的基石的协议。IPV4 使用 32 位二进制地址,因此最多可能有 4 294 967 296(=2^{32})个地址,IANA(Internet Assigned Numbers Authority,Internet 号码分配局)将 IP 地址分为 A、B、C、D 四类,一般书法写为 4 个用小数点分开的十进制数,每位十进制数的范围为 0~255,例如,202.206.204.5,有些 IP 地址段属于专用地址,常见的有以下几种情况:

● 127.X.X.X 测试地址,给本机使用。

● 10.X.X.X,172.16.X.X 和 192.168.X.X 供本地网使用,在企业内部网和局域网中常见,需要将本地网地址转换为外网地址(NAT),才能连接到互联网。

②IPv6:随着计算机、网络设备和网络应用的增加,IPv4 所提供的 IP 地址数量不足以满足需求,IPv6 支持 2128(约 3.4X1038)台计算机访问网络,IPv6 地址采用 128 位二进制数,通常写作八组,每组四个十六进制数的形式。例如:2010:0aa8:05b3:0cd3:1206:8a2e:0370:5776。目前,IPv6 是一种发展趋势,将来有望普及。

③网段:网段是被设计为某一特定用途的一部分网络,如工作组、部门和数据类型等。一般设立网段的目的是为了某种特定的目的,让较小类型的信息通过网络,当然,也可以作为防止无访问权限的人员获取网络中的信息的一种安全防护措施。

④ 网关:网关(Gateway)就是一个网络连接到另一个网络的"关口"。简单地说,是所连接到的上一级网络设备的 IP 地址。

(2)计算机名称

在 Windows 网络中,用户可以通过 IP 地址和计算机名称两种方式找到其他的计算机,因此在同一局域网中计算机名称必须唯一,在计算机接入网络后,用户可以执行 Windows 提供的网络安装向导,设置联网方式和计算机网络标识。

IP 地址为 Internet 提供了统一的编址方式,直接使用 IP 地址就可以与 Internet 中其他计算机通信,但不利于用户记忆和使用,所以,Internet 建立了域名管理系统(Domain Name system,DNS)。DNS 用分层的命名方法,对网络上的每台计算机分配一个直观的、有一定含义的唯一的名称,即域名,Internet 允许使用域名访问网络中的计算机。域名仅仅是 IP 地址的另一种表示方法,它用几组有意义的字母或缩写表示,中间用“.”符隔开,例如,“www.edu.cn”。Internet 主机域名的排列原则是低层的子域名在前面,而它们所属的高层域名在后面,一般格式为:主机名.机构名.网络名.顶级域名,它区分主机所在单位的类型。常见顶级域名及含义,见表 7-1 所示。

表 7-1　　IP 地址中顶级域名含义

域	含义	域	含义	域	含义
au	澳大利亚	gb	英国	nl	荷兰
br	巴西	hk	中国香港	nz	新西兰
ca	加拿大	in	印度	pt	葡萄牙
cn	中国	jp	日本	se	瑞典
de	德国	kr	韩国	sg	新加坡
es	西班牙	lu	卢森堡	tw	中国台湾
fr	法国	my	马来西亚	us	美国

第二级域名为网络名,它区分主机所在单位的类型,见表 7-2 所示。

表 7-2　　二级网络域名类型

域名	含义	域名	含义	域名	含义
com	商业机构	net	网络机构	info	信息服务
edu	教育类	org	非盈利组织	nom	个人
gov	政府部门	arts	文化娱乐	stor	销售单位
int	国际机构	mil	军事类	firm	公司企业

第三级域名为机构名,用于说明主机所在的单位名称。

例如:域名 book.sina.com.cn 表示中国的商业网络新浪网的主机 book。其中 book:为主机名,sina 代表新浪网,com 表示商业机构,cn 代表中国。

为确保域名的唯一性,域名统一由各级网络信息中心(NIC)分配。中国互联网络信息中心(China Network Information Center,CNIC)负责中国地区的互联网络域名注册以及实施到中国互联网络的管理。由于网络中实际传输使用的是 IP 地址,但人们容易记忆、使用的是本地区的习惯语言,即域名,所以在数据准备发送之前计算机需要根据域名和 IP 地址的域名系统 DNS 来对它们之间的映射关系实现转换。Internet 的域名系统是一个联机分布式数据库系统。通过域名服务器内存储计算机的域名与 IP 地址的映射表的对应关系可以很快捷地完成域名与 IP 地址之间的转换。

7.电子邮件

电子邮件(Electronic Mail,E-mail)是用计算机网络交换的电子媒体信件,通过电子邮件可以传递文本、图形、图像、语音和视频等内容,具有快捷、方便、价廉等特点,是 Internet

使用最广泛的服务之一。

一个用户通过 Internet 可将邮件传送给任何一个有 E-mail 地址的用户。由于电子邮件系统采用“存储转发”的方式，在进行邮件投递时，邮件保存在收信人的邮件服务器的邮箱中，收信人可在任意时间、任意地点、任何一台接入 Internet 的计算机上看到信件，并可把信件从邮件服务器下载到用户的计算机中。

使用电子邮件的首要条件是要拥有一个电子邮件地址。用户可向提供电子邮件服务的网络服务机构（Internet Service Provider，ISP）申请，申请成功后，ISP 就会在它的邮件服务器上建立用户的电子邮件账户。

电子邮件地址的格式在全球范围内是统一的，即用户名@邮件服务器主机名。主机名是指拥有独立 IP 地址的计算机的名字，用户名是指在该计算机上为用户建立的电子邮件账号。例如，在“126. com”主机上，有一个名为 zhangmei 的用户，那么该用户的 E-mail 地址为 zhangmei@126com。

8. 远程登录

远程登录是指用户使用 Telnet 命令，将自己的计算机登录到另一台计算机上，使自己的计算机暂为远程计算机的一个仿真终端，可以使用远程计算机上的软、硬件资源。其工作过程是用户通过本地计算机向远程计算机发出登录请求并输入用户名和口令，远端的主机检查确认是否为合法用户，然后双方建立起通信。

9. 网络计算

网络计算是伴随着互联网而迅速发展起来的，专门针对复杂科学计算的新型计算模式。这种计算模式利用互联网把分散在不同地理位置的各种计算机组织成一个网络，网格管理软件将计算问题分成很多块，然后分配给网格中的每台计算机进行处理，网格上的每台计算机都运行有网格客户端软件来处理某一个问题块，计算的结果将发回网格管理软件进行合并处理。

10. 虚拟时空（Virtual Reality）

随着三维动画及虚拟现实的技术手段不断完善，在计算机世界里创造了越来越逼真的现实环境，形成了另一个时空观念。你可以在这里交友、购物、玩游戏、旅游观光，从事着现实生活中存在的或虚拟出的各项活动。

训练二　小型传统局域网的组建

1. 硬件设备

组建传统的局域网需要的硬件设备包括传输介质和网络设备。传输介质一般包括双绞线、同轴电缆和光纤，网络设备可分为物理层设备（如中继器、集线器等）、数据链路层设备（如网桥、交换机等）、网络层设备（如路由器等）和应用层设备（如网关、防火墙等）。组建一个小型的家庭局域网一般需要的硬件设备有双绞线、网卡、交换机和路由器。

（1）双绞线

双绞线是由两根相互绝缘的铜导线按照一定的规则相互缠绕在一起而形成的网络传输介质。常用的双绞线由 8 根不同颜色的线组成 4 对线对，并按一定的密度扭绞在一起，如图 7-4 所示，成对扭绞的作用是尽可能减少电磁辐射与外部电磁干扰所造成的影响。一般来说，双绞线的扭绞密度越大，其抗干扰能力越强。双绞线按其抗干扰能力可分为屏蔽双绞线(Shielded Twisted Pair，STP)和非屏蔽双绞线(Unshielded Twisted Pair，UTP)。虽然 STP 比 UTP 的抗干扰能力强、传输速率高，但价格也比较高，而且安装复杂，因此一般情况下不采用 UTP。

常见的双绞线有 3 类线、5 类线、超 5 类线、6 类线，其中常用的一般为超 5 类/4 对线。

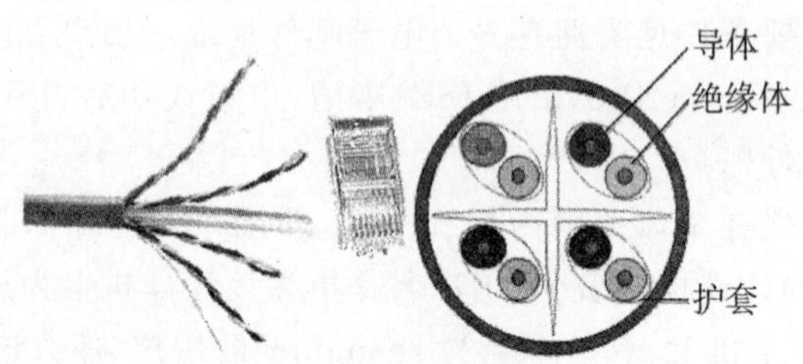

图 7-4　非屏蔽双绞线

(2)网卡

网卡又称网络接口卡(Network Interface Card，NIC)或网络适配器(Network Interface Adapter，NIA)，简称网卡，是计算机局域网中最重要的连接符之一，计算机通过网卡接入局域网。在计算机网络中，网卡一方面负责接收网络上的数据包，并对数据包解包后，将数据通过主板上的总线传输给本地计算机，另一方面将本地计算机上的数据打包后送入网络。目前网卡主要有 RJ45 接口和光纤接口两种类型，一般用 RJ45 接口。

网络接口卡分为有线网络接口卡(简称有线网卡)，无线网络接口卡(简称无线网卡)和手机网络接口卡三类。

① 有线网卡：应用最普遍，其作用是发送和接收电信号。采用接口卡的形式安装在计算机中或者直接集成在计算机的主板上，通过观察计算机是否具备 RJ-45 接口，可判断其是否安装了有线网卡。

② 无线网卡：该类网卡的主要功能是将计算机中将要发送的数据转变为无线电信号，将此类信号传输给同网络内具有无线网卡的计算机或者无线网络访问点，并且具备接收无线电信号的功能。常见的无线网卡采用 PCI 接口、USB 接口、集成与 CPU 或主板上的形式安装于计算机中。

③ GPRS、CDMA 和 3G 上网卡

GPRS 上网卡：GPRS 是通用分组无线业务(General Packet Radio ServiCe)的简称，它突破了 GSM 移动网络只能提供电话短信服务的限制，可说是 GSM 的延续。用户所负担的费用是以其传输资料单位计算，并非按照在线时间长短计算，理论上较为便宜。

该类网卡的主要功能：使计算机可以借助 GSM 移动通信网络(目前使用的)访问 Internet。也可以这样理解，GPRS 上网卡是一种特殊的 GSM 手机，这种手机也有 SIM 卡，但是主要作用是用于数据传输而不是通话。目前，中国移动和中国联通都提供这种业务。

CDMA 上网卡：CDMA 技术的出现源自于人类对更高质量无线通信的需求。就像加入不同的移动网络需要使用不同的手机一样，CDMA 上网卡可以使计算机借助 CDMA 移动通信网络访问 Internet。与 GPRS 上网卡类似，CDMA 上网卡是一种特殊的 CDMA 手机，这种手机使用 UIM 卡，主要作用是用于数据传输而不是通话。目前，中国电信提供这种业务。

3G上网卡：随着3G通信网络的发展，3G上网卡逐步普及。目前，我国有中国移动的TD-SCDMA和中国电信的CDMA EVDO以及中国联通的WCDMA三种网络制式。手机无线上网费用较高，使用时要注意。

(3)交换机

交换机(Switch)是用来连接网络中的两个或多个网络节点的设备，其功能是接收和转发数据，它可以识别数据的目的地址并将其转发至该地址所对应的目标设备。在局域网组建中是最基础也是最重要的网络设备。

(4)路由器

路由器(Router)的一个作用是能把多个不同的网络互连起来，形成一个能互相通信的大网络，另一个作用是为经过路由器的数据寻找一条最佳传输路径，并将该数据传送到目的地。选择快捷的近路能大大提高通信速度，减轻网络系统通信负荷，节约网络系统资源，从而让网络系统发挥出更大的效益。

(5)ADSL Modem

将网卡等设备发出的数字信号转换成电话线可以传输的电信号。

(6)集线器

使用集线器可将计算机连接在一起，再将集线器连接到网络中，图7-5所示为由4个商品集线器组建的网络，分别由每台个人计算机的网卡中引出的网线连接到集线器的每一个端口上。

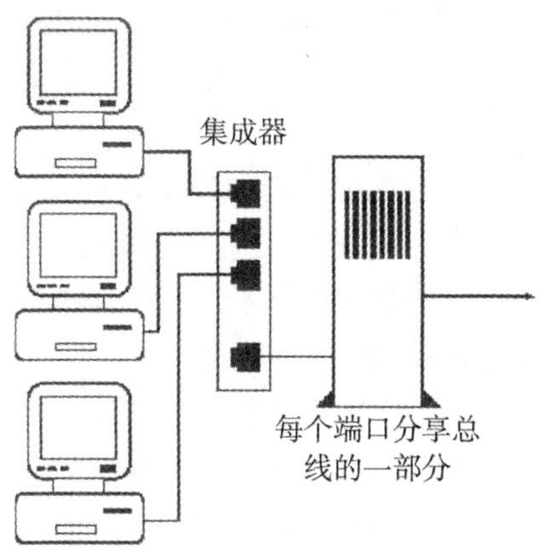

图7-5　使用集线器组网

2.制作双绞线网线工具

(1)RJ-45接头

RJ-45接头，也称“RJ-45”或“水晶头”，它所起的作用就类似于电源线中的插头。所不同的是，每条网线的两端各需要一个接头，而不是像电源线的插头那样只需要一个。

从侧面观察RJ-45接口，可以看到平行排列的金属片，一共有8片，每片金属片前端都有一个突出透明框的部分，从外表来看就是一个金属接点，按金属片的形状来划分，又有“二叉式RJ-45”以及“三叉式RJ-45”接口之分。二叉式的金属片只有两个侧刀，三叉式的金属片则有三个侧刀。金属片的前端有一小部分穿出RJ-45的塑料外壳，形成与RJ-45插槽接触的金属脚。在压接网线的过程中，金属片的侧刀必须刺入双绞线的线芯，并与线芯中的铜质导线内芯接触，以联通整个网络。一般地，叉数目越多，接触的面积也越大，导通的效果也越明显，因此三叉式的接口比二叉式接口更适合高速网络。

(2)护套或线标

护套用于标记线缆，保护水晶头与线缆的连接。当网络中的跳线较多时，尤其是从配线架跳接到交换机时，由于网线非常多，且都是成束地捆扎在一起，如果没有标记，根本无法判断每根跳线所连接的端口。所以，必须为每条双绞线作好标记，以便日后的网络管理和故障判断与排除。为不同楼层或不同组别的用户，选择使用不同颜色的护套，将有助于后期的配线管理。

(3)压线钳

压线钳主要用来压制跳线，同时也可完成剪断、剥皮和压制等所有操作。压线钳一侧有刀片的地方，称为剪线刀口，用于将双绞线剪断，或用于修剪不齐的细线。双侧有刀片的地方，称为电缆准备工具口，用于将双绞线的外侧绝缘皮剥下。一侧有牙相对一侧有槽的地方，称为压槽，用于将 RJ-45 头上的针扎到双绞线中的铜线上。

3.制作双绞线跳线

第一步：首先利用压线钳的剪线刀口剪裁出计划需要使用到的双绞线长度。

第二步：需要把双绞线的灰色保护层剥掉，可以利用压线钳的剪线刀口将线头剪齐，再将线头放入剥线专用的刀口，稍微用力握紧压线钳慢慢旋转，让刀口划开双绞线的保护胶皮。把一部分的保护胶皮去掉，剥除灰色的塑料保护层之后即可见到双绞线的 4 对 8 条芯线，并且可以看到每对的颜色都不同。每对缠绕的两根芯线是由一种染有相应颜色的芯线加上一条只染有少许相应颜色的白色相间芯线组成。四条全色芯线的颜色为：棕色、橙色、绿色、蓝色。

第三步：需要把每对都是相互缠绕在一起的线缆逐一解开。解开后则根据需要接线的规则把几组线缆依次地排列好并理顺，排列的时候应该注意尽量避免线路的缠绕和重叠。把线缆依次排列并理顺之后，由于线缆之前是相互缠绕着的，因此线缆会有一定的弯曲，因此应该把线缆尽量扯直并尽量保持线缆平扁。

第四步：把线缆依次排列好并理顺压直之后，应该细心检查一遍，之后利用压线钳的剪线刀口把线缆顶部裁剪整齐，需要注意的是裁剪的时候应该是水平方向插入，否则线缆长度不一会影响到线缆与水晶头的正常接触。若之前把保护层剥下过多的话，可以在这里将过长的细线剪短，保留的去掉外层保护层的部分约为 15mm 左右，这个长度正好能将各细导线插入到各自的线槽。如果该段留得过长，一来会由于线对不再互绞而增加串扰，二来会由于水晶头不能压住护套而可能导致电缆从水晶头中脱出，造成线路的接触不良甚至中断。

第五步：把整理好的线缆插入水晶头内。需要注意的是要将水晶头有塑料弹簧片的一面向下，有针脚的一方向上，使有针脚的一端指向远离自己的方向，有方型孔的一端对着自己。此时，最左边的是第 1 脚，最右边的是第 8 脚，其余依次顺序排列。插入的时候需要注意缓缓地用力把 8 条线缆同时沿 RJ-45 头内的 8 个线槽插入，一直插到线槽的顶端。在最后压线之前，可以从水晶头的顶部检查，看看是否每一组线缆都紧紧地顶在水晶头的末端。

第六步：就是压线了，确认无误之后就可以把水晶头插入压线钳的压槽内压线了，把水晶头插入后，用力握紧线钳，使得水晶头凸出在外面的针脚全部压入水晶头内，受力之后听到轻微的“啪”一声即可。

训练三　建立 ADSL 拨号连接接入 Internet

1.ADSL 宽带技术简介

ADSL(Asymmetric Digital Subscriber Line)的全称是非对称数字式用户线路,之所以称之为非对称,是由于其实现的速率是上行小于 1Mbps,下行小于 7Mbps。它是一种可以让家庭或小型企业利用现有电话网采用高频数字压缩方式,对网络服务商提供 ISP 进行宽带接入的技术。因此它的这种接入方式是一种非对称的方式,即从 ISP 端到用户端(下行)需要大带宽来支持,而从用户端到 ISP 端(上行)只需要小量带宽即可。

(1)ADSL 宽带上网的优点

- 上网速度快;
- 安装方便;
- 费用低廉;
- 应用范围广。

(2)ADSL 接入 Internet 的软硬件要求

- 电话线
- 分离器
- ADSL Modem
- ADSL 虚拟拨号软件

2.配置单机用户通过 ADSL 宽带上网

(1)硬件连接,如图 7-6 所示。

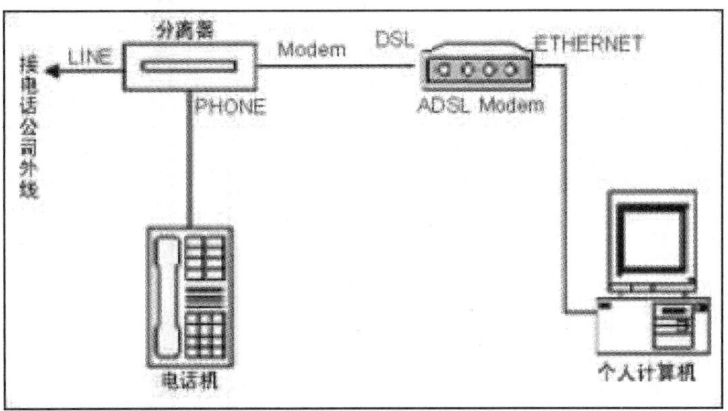

图 7-6　ADSL 宽带上网硬件连接

(2)安装虚拟拨号软件

Windows XP、Windows Server 2003 以及 Windows 7 系统都自带了虚拟拨号软件,只需经过简单设置就可以了。具体步骤(根据操作系统不同其安装步骤会有不同)如下:

①进入 Windows 7 系统,右下角,找到网络标识。如果没有连接网络,会显示是一个叹号。点击该网络标识,弹出窗口,点击【打开网络和共享中心】,如图 7-7 所示。

图 7-7　新建网络连接向导

②进入网络和共享中心之后，在中部，找到【设置新的连接和网络】，如图 7-8 所示界面上点击进入设置连接或网络窗口，选择第一项【连接到 Internet】。

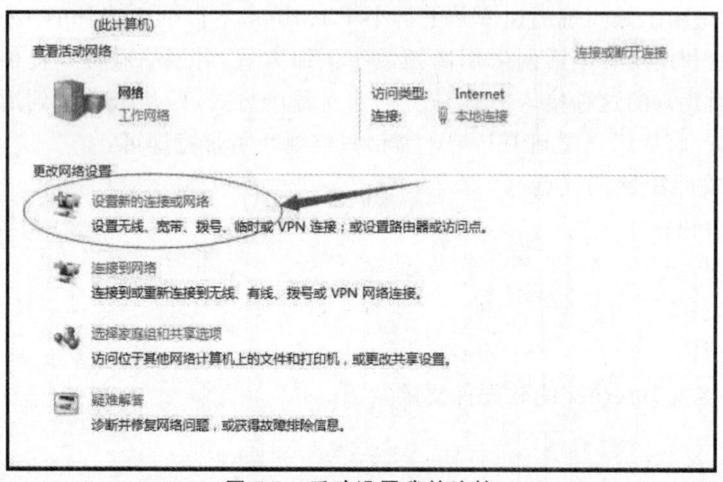

图 7-8　手动设置我的连接

③转到【连接 Internet】对话框，然后选择【宽带(PPPoE)】，在接下来如图 7-9 所示的界面，输入服务商提供给你的用户名和密码，勾选记住密码，设置宽带名称，点击连接。

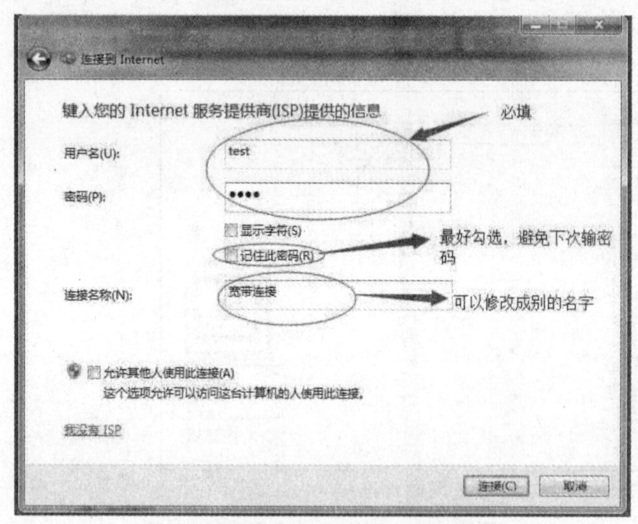

图 7-9　用户名和密码建立连接选择

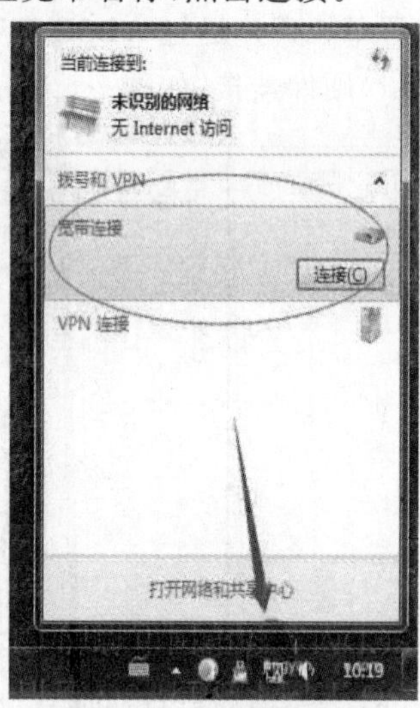

图 7-10　创建快捷方式

④接下来进入连接界面，等待该步骤完成之后，提示成功，那么宽带连接就创建成功了。以后如果想进入宽带连接界面，开机之后，右下角找到网络标识，如图 7-10 所示，然后点击宽带连接，连接就能正常上网了。

3.ISP 与 ICP

ISP：是 Internet Service Provider 的缩写，即互联网服务提供商，它是向广大用户综合提供互联网接入业务、信息业务和增值业务的电信运营商。

中国五大基础运营商及其提供服务：

中国电信：拨号上网、ADSL

中国网通：拨号上网、ADSL、FTTx

中国铁通：拨号上网、ADSL

中国移动：GPRS 及 EDGE 无线上网、FTTx

中国联通：GPRS 及 CDMA 无线上网

ICP：是 Internet Content Provider 的缩写，即互联网内容提供商，它是向广大用户综合提供互联网信息业务和增值业务的电信运营商。国内知名 ICP 有新浪、搜狐、163 等。

训练四　配置路由器

宽带路由器作为一种主要专门针对宽带共享上网设计的产品，因其具备共享上网简单方便、安全性高和灵活可靠等优点，开始越来越受到需要进行共享上网局域网用户的青睐。下面详细介绍如何使用宽带路由器进行共享上网。

1.硬件连接

对于一般家用的路由器来说，有 5 个端口，即 1 个 WAN 端口，4 个 LAN 端口。WAN 端口用于连接 ADSL 和小区宽带等外网；LAN 端口用于连接计算机网卡，也可级联至集线器或交换机。路由器后面板一般还有 RESET 键以及电源插孔。安装步骤如下：

(1)用网线将路由器 LAN 口与计算机网卡连接；

(2)将宽带线(如电信 ADSL 或网通 ADSL 等)与路由器的 WAN 口连接；

(3)使用标配的电源适配器给路由器供电，结构如图 7-11 所示。

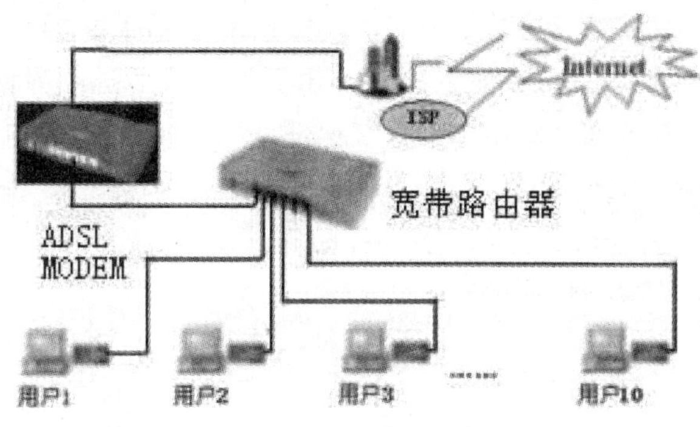

图 7-11　家用路由器安装

2.路由器的设置

在硬件连接完成以后，需要对这台已经与宽带路由器的 LAN 口相连接的计算机进行具体的设置。步骤如下：

(1)设置计算机的 TCP/IP 选项

右键单击桌面的网上邻居图标，单击【属性】选项。在弹出的窗口中选择本地连接，右键单击选择【属性】选项。这时，在弹出的对话框中双击【Internet 协议(TCP/IP)】选项。

在弹出的对话框中选择【使用下面的 IP 地址】选项，就可以设置这台 PC 的 IP 地址了。宽带路由器的出厂 IP 地址一般都为 192.168.1.1，所以在配置的时候需要保证配置的计算机 IP 地址和宽带路由器在同一个网段当中。比如，设置计算机的 IP 地址为 192.168.1.100，子网掩码 255.255.255.0，默认网关为 192.168.1.1，如图 7-12 所示。

(2)设置路由器。首先双击桌面的 IE 浏览器，在地址栏内输入 192.168.1.1 的 IP 地址。按回车键后，便可以进入当前路由器的配置界面了。

因为是第一次配置，宽带路由器会需要用户名验证，如 D-Link 的产品，默认用户名为“admin”，默认密码也为“admin”，如图 7-13 所示，可以查看产品说明书中的用户名和密码。然后，单击【安装向导】选项，这时会进入路由器的配置向导界面。可以直接单击【下一步】继续进行配置。

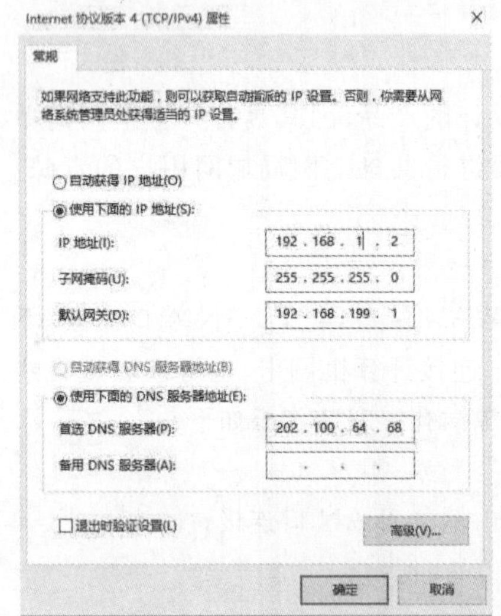

图 7-12 TCP/IP 协议设置

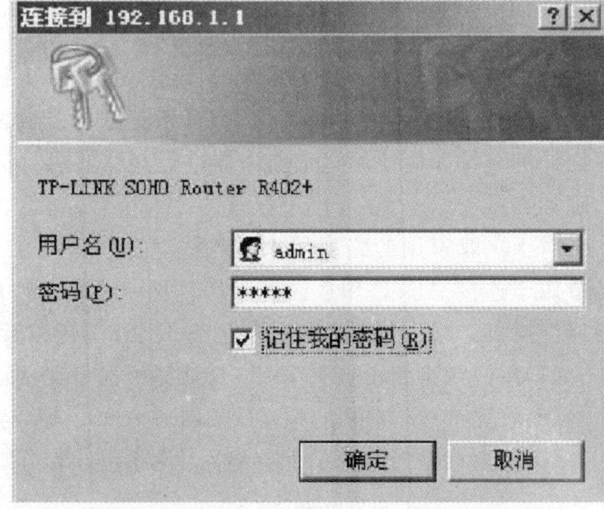

图 7-13 D-Link 配置用户名及密码设置

输入用户名和密码后，单击【确定】按钮，弹出登录方式的选项界面，一般电信运营商都是使用的 PPPoE 拨号的方式来对用户进行管理，所以这里选择第一项，如图 7-14 所示。

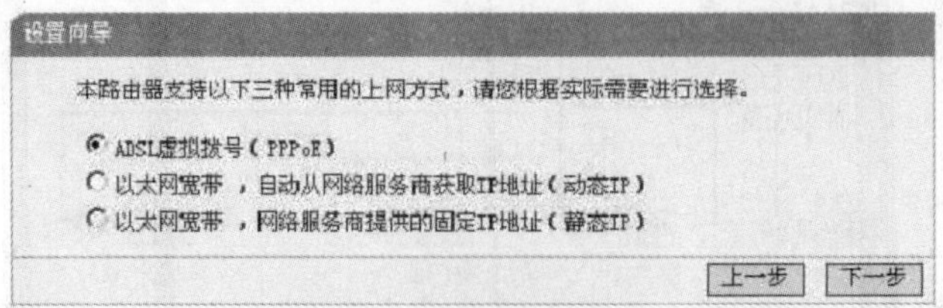

图 7-14 路由器设置步骤

单击【下一步】后会要求用户进行一些信息的填写，PPPoE 拨号都会有一个用户的验证过程，需要将电信运营商提供的信息输入到对话框内，如图 7-15 所示。

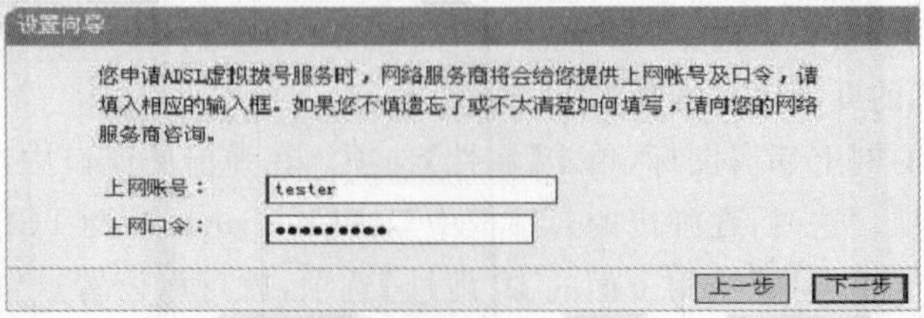

图 7-15 路由器设置账号、上网口令设置

单击【下一步】进入完成界面，单击【完成】，就能正常上网了。

实训二　使用 IE 浏览器

任务目标：

- 了解浏览器的概念，目前我国用户常用的浏览器种类。
- 掌握浏览器的使用方法。
- 学会添加收藏夹，会设置【Internet 选项】。
- 学会设置自己喜欢的主页，利用超链接跳转浏览相关网页。

任务描述：

● 随着网络时代的发展，上网冲浪已是每个人生活中不可缺少的，小到看新闻、图片、股市，大到网络购物、网络会议等，网络已经无处不在。

● 本实训要求学习者了解浏览器的功能，掌握浏览器的使用、如何添加收藏夹、如何设置主页、如何使用超链接跳转网页等技巧。

训练一　认识 IE 浏览器

1.目前国内市场主流浏览器

(1)Internet Explorer

微软公司开发的 Internet Explorer 是综合性的网上浏览软件，是使用最广泛的一种 WWW 浏览器，也是用户访问 Internet 必不可少的工具。

微软在 2011 年 3 月 14 日正式发布 IE 9 浏览器，该浏览器作为上网冲浪的必要途径，其稳定性、兼容性、安全性以及快捷性优良与否直接决定着它在用户心中的地位，微软以前版本的 IE 浏览器虽然在稳定性、兼容性与安全性上占有很大优势，但速度慢的问题已经严重影响到 IE 浏览器的竞争力，所以微软在 Windows 7 系统成熟后紧接着推出了全新一款浏览器 IE 9。可以说这款浏览器除了保持了原有优势外，在速度上做了很大提升，IE9 采用全新的 Chakra JavaScript 引擎，能充分利用当下主流计算机配置的多核心 CPU，还将全面支持 HTML5 CPU 硬件加速，借助 CPU 的效能来渲染标准的 Web 内容。此外，IE 9 还带来了全新的用户界面，简单、清晰、有效、快捷，并且提高了安全性和稳定性。

(2)360 安全浏览器

360 安全浏览器(360 Safety Browser)是 360 安全中心推出的一款基于 IE 内核的浏览器，是世界之窗开发者凤凰工作室和 360 安全中心合作的产品。和 360 安全卫士、360 杀毒等软件产品一同成为 360 安全中心的系列产品。360 安全浏览器拥有全国最大的恶意网址库，采用恶意网址拦截技术，可自动拦截挂马、欺诈、网银仿冒等恶意网址。独创沙箱技术，在隔离模式即使访问木马也不会感染。

360 安全浏览器是一款小巧、快速、安全、功能强大的多窗口浏览器，它是完全免费，没有任何功能限制的绿色软件，最全的恶意网址库，最新的云安全引擎，“安全红绿灯”全面拦截木马病毒网站；“搜索引擎保护”自动标识搜索结果页中的风险网站。

目前国内上网用户大约有 4 亿人选择该浏览器，是一个拥有庞大服务用户群的浏览器。

2.浏览器的使用

(1)打开浏览器

① 双击桌面图标，打开浏览器，如图 7-16 所示。

图 7-16 桌面图标

图 7-17 【开始】菜单

②单击开始，在程序中打开，如图 7-17 所示。

③单击快速启动栏，如图 7-18 所示。

图 7-18 快速启动栏

(2)浏览器的界面

如图 7-19 为 IE 浏览器界面；如图 7-20 为 360 安全浏览器界面。无论哪种浏览器，其界面都由标题栏、菜单栏、行为标准工具栏、地址栏、浏览区、行为状态栏组成，各组件的功能为：

图 7-19 【IE】浏览器界面

图 7-20　360 安全浏览器界面

① 标题栏：显示当前正在浏览的网页名称或当前浏览网页的地址。标题栏的最右端是这个窗口的最小化、最大化(还原)和关闭按钮。

②菜单栏：显示可以使用的所有菜单命令，在实际的使用中用户可以不用打开菜单，而是单击相应的按钮来快捷执行命令。

③标准工具栏：列出了常用命令的工具按钮，使用户可以不用打开菜单，而是单击相应的按钮来快捷地执行命令。我们常用的按扭为：刷新按钮、主页按钮和收藏夹按钮。

④地址栏：输入网址的地方。我们可以在地址栏中输入网址直接到达我们需要去的地方。

⑤浏览区：用户查看网页的地方，也是对用户来说最感兴趣的地方。

⑥行为状态栏：显示当前用户正在浏览的网页下载状态、下载进度和区域属性。

(3)浏览器的按钮功能

①后退：回到浏览器访问过的上一个网页。如果要查看浏览过的网页列表，可单击工具栏上的【后退】或【前进】按钮右侧的小箭头，然后单击要查看的网页。

②前进：回到浏览器访问过的下一个网页，单击此按钮可以方便地前进到任意一个启动浏览器后已访问过的网页。

③停止：停止下载当前网页，有时发觉网页的下载没完没了或对下载网页不感兴趣，可以单击此按钮停止当前网页的下载。

④刷新：当打开一些更新得很快的页面时，需要单击【刷新】按钮，或者是当打开的站点因为传输问题页面出现残缺时，也可单击【刷新】按钮，重新打开站点。

⑤主页按钮：可以回到起始页，也就是启动浏览器后显示的第一个页面。浏览器的起始网页可以通过对菜单的选择来改变。

⑥搜索按钮：可以登录到指定的搜索网站，搜索 WWW 的资源。

⑦ 收藏夹按钮：可以打开收藏夹下拉列表。

⑧ 历史按钮：列出最近访问过的网站、网页，如要查看访问过的网页，包括在上次浏览期间访问的网页，则单击工具栏上的【历史】按钮，然后单击相应的文件夹。

(4)输入网址浏览页面信息

① 在【地址】栏中输入网址“http://www.edu.cn”，按回车键，即可打开如图 7-21 所示的“中国教育和科研计算机网”主页。

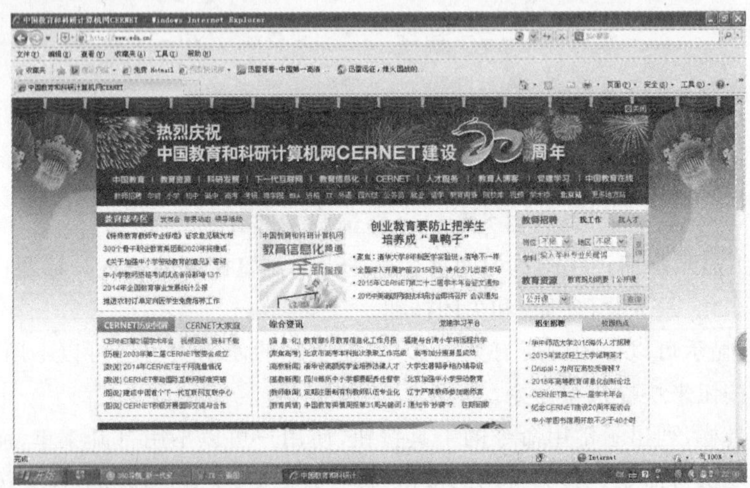

图 7-21 IE 浏览器窗口中的“中国教育与科研计算机网”网站主页

提示：*如果以前曾经浏览过该网站的内容，也可单击【地址】栏右侧的向下箭头，在弹出的下拉式列表框中选择“http://www.edu.cn”即可打开该网站主页。*

②浏览 IE 上的内容，找到自己感兴趣的文章或话题，例如在图 7-21 中，把鼠标指针指向“创业教育要防止把学生培养成‘旱鸭子’”该题，鼠标指针变成一个“小手”的形状，表示该标题上带有“超链接”，单击鼠标左键，即可打开关于该新闻的 IE 浏览器窗口，如图 7-22 所示。

图 7-22 新打开的 IE 浏览器窗口

③在如图 7-21 或图 7-22 所示的 IE 窗口中，单击任意的带有超链接的文本或图片，即可打开一个新的关于该超链接的 IE 窗口。

④ 浏览结束时，单击窗口右上角的【关闭】按钮，即可关闭一个 IE 窗口。

⑤ 360 安全浏览器的浏览网页信息与上述 IE 是相同的，在此不再赘述。

(5)添加收藏夹

① 在图 7-19 中，选择【收藏夹】→【添加到收藏夹】命令。

②在弹出的【添加收藏夹】对话框的【名称】文本框中输入要为这个网站取的名字，单击【添加】按钮，即可保存该网址(本例输入"甘肃林业职业技术学院")，如图 7-23 所示。

③快速添加网址到收藏夹，在当前页面按【Alt＋A】组合键，弹出【添加收藏夹】对话框，单击【添加】按钮，即可保存该网址。

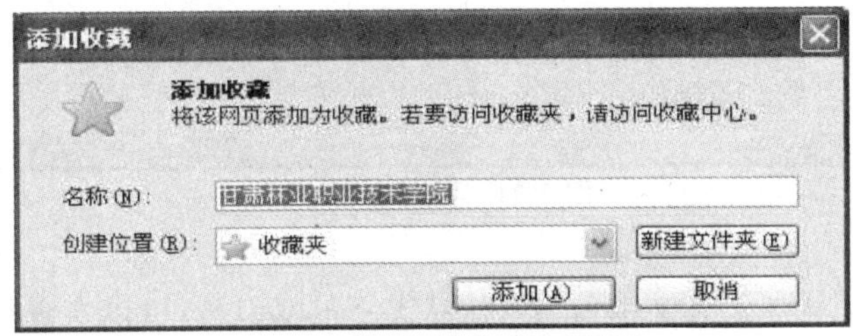

图 7-23　【添加收藏夹】对话框

训练二　搜索引擎的使用

1.搜索引擎的概念

搜索引擎(Search Engines)是对互联网上的信息资源进行搜集整理，然后供用户查询的系统，它包括信息搜集、信息整理和用户查询三部分。

搜索引擎就是搜索信息网址的服务环境和服务工具，如果没有强有力的搜索工具，那么想在网上寻找一个特定的网站，就如同在一个没有检索服务的图书馆寻找一本书一样困难。常见的搜索引擎大都以 Web 的形式存在，一般都能提供网站、图像、音频、视频等多种资源的查询服务。因此，用户使用搜索引擎时，首先就要连接到提供搜索引擎服务的网站。

搜索引擎其实也是一个网站，只不过该网站专门为用户提供信息【检索】服务，它使用特有的程序把因特网上的所有信息归类以帮助人们在浩如炯海的信息海洋中搜寻到自己所需要的信息。

2.常用的搜索引擎

国内用户使用的搜索引擎主要有英文和中文两类。常用的英文搜索引擎有 Google 等，常用的中文搜索引擎主要有百度、Google 中文、搜狐、搜狗等，如图 7-24 所示的是百度搜索引擎界面。

3.搜索引擎的使用技巧

每个搜索引擎都有自己的查询方法，只有熟练地掌握才能将搜索运用自如。不同的搜索引擎提供的查询方法不完全相同，要想具体了解，可以到各个网站中查询，但有一些通用的查询方法，各个搜索引擎基本上都具有：

图 7-24 百度搜索引擎

(1)使用双引号

给要查询的关键词加上英文半角输入法状态下的双引号，可以实现精确查询，这种方法要求查询结果精确匹配，不包括演变形式，例如，在搜索引擎的文本框中输入"大数据"，它就会返回网页中包含"大数据"这个关键字的网址，而不会返回诸如"大数据分析师"之类众多提示信息的网页。

(2)使用空格符号

在关键词中间加"空格"符号，也就等于告诉搜索引擎该关键字必须出现在搜索结果的网页上，例如在搜索引擎中输入"电话号码"就表示要查找的内容可以是"电话"，也可以是"号码"，还可以是"电话号码"这两个关键词。

4.搜索内容

(1)搜索网页信息

① 启动浏览器后，在地址栏中输入要搜索的网页地址，例如：http://www.edu.cn，然后按【Enter】键，打开如图 7-21 所示网页。

② 使用百度搜索引擎进行搜索，在搜索框中输入"中国教育和科研计算机网"，在百度中搜索到该网站信息，选择相关网站名称，点击打开即可。

(2)搜索图片

① 启动浏览器，在地址栏中输入http://www.baidu.com 后，按回车键。

② 在百度首页上单击【图片】链接进入图片的搜索界面。

③ 在百度搜索图片文本框中输入你所要进行搜索的图片名称，例如"智能手环"。然后单击【百度一下】，即可显示出搜索结果。搜索结果有图像文件名称、文件格式、长宽像素、大小及网址等信息。

(3)搜索音乐和视频

① 启动浏览器，在地址栏中输入http://www.baidu.com 后，按回车键。

② 在百度首页上单击【音乐】(或视频)链接进入百度的音乐搜索界面。

③ 在百度搜索图片文本框中输入你所要进行搜索的音乐名称，例如“天路”。在文字框的下面还有一排单选按钮，可以设定歌曲的文件格式，或者搜索歌词或手机铃声等，然后单击【百度一下】，即可显示出搜索结果。

实训三　计算机信息安全

任务目标：

- 了解信息安全的概念。
- 学会安装使用杀毒软件。
- 会防范上网浏览风险。

任务描述：

- 本任务要求学习者培养网络安全意识，会在学习及工作中使用病毒防范软件。

训练一　了解计算机病毒、木马与流氓软件

自从1988年出现Morris蠕虫以来，计算机病毒成为家喻户晓的计算机安全隐患之一，特别是随着Internet的普及，计算机病毒的传播速度大大加快，破坏力和造成的损失大大增加。除此之外，木马程序和流氓软件也逐渐成为困扰人们的大问题。通过防毒软件让病毒、木马和流氓软件“进不来”，即使进来了，也要立即将其“赶出去”。

1.计算机病毒

(1)计算机病毒的定义

在《中华人民共和国计算机信息系统安全保护条例》中对计算机病毒进行了定义：是指编制或者在计算机程序中插入的破坏计算机功能或者数据，影响计算机使用并且能够自我复制的一组计算机指令或者程序代码。由于这种程序与生物病毒有极其相似的活动方式与特点，因而称之为计算机病毒。在网络环境下，可执行程序、脚本文件、Office文档、HTML页面、电子邮件、网上贺卡、卡通图片、即时通信等都有可能携带计算机病毒。

(2)计算机病毒的感染对象、隐藏地点与激活

计算机病毒在本质上是人为设计的程序，只有当这种程序被激活(调入内存执行)时，其破坏性才可能体现，才会主动大量传染。病毒感染的对象、隐藏的地点及被激活的途径如下：

① 隐藏在系统的引导程序中，跟随操作系统的启动而激活，通常称为引导型病毒。

② 感染、寄生于可执行文件，包括操作系统中的可执行文件、从网上下载的程序或电子邮件附件文件，跟随这些文件被激活，通常称为文件型病毒。

③ 感染、寄生于具有程序代码的数据文件。例如数据文件中的宏与VB脚本，跟随这些数据文件的打开而被激活，通常称为宏病毒。

④ 隐藏在网页中，当用户访问这些网页用户的浏览器设置的防护等级较低，或浏览器

警示是否要加载时,用户习惯性不假思索地选择"是"时被激活。官网网页安全防范一般较好,很少隐藏有病毒,但其被黑客攻陷或病毒感染后就有被藏毒挂马的可能,个人网站的安全隐患相对较大,恶意网站本来就是干这些事的。用户可能通过搜索引擎碰到这些网页,也可能经常收到一些具有诱惑性的链接,因缺乏安全意识会自动打开。

⑤ 作为单独的文件隐藏在系统的磁盘和U盘中,通过Windows的自动播放(autoRun)被激活或伪装成一个正常的东西让用户打开而被激活。部分病毒利用Windows默认不显示已知文件类型的扩展名这一特点,将用户的正常文件夹隐藏,然后将自己的文件名改为原正常文件夹的名字且使用了文件夹图标,或者将自己的图标改成Windows默认图片、HTML、TXT、ZIP等各种文件的图标,再把自己的文件名改为*jpg.exe、*html.exe、*txt.exe、*zip.exe,具有相当大的迷惑性,用户稍不注意单击它就中招了。

(3)计算机病毒的特点

① 隐蔽性,也称潜伏性。计算机病毒具有很高的编程技巧,短小而精悍,便于隐藏且通常附着在正常的文件里,很难直接被发现。隐蔽性的另一层含义是传染的隐蔽性,大多数病毒在进行传染时速度极快,一般不具有外部表现,不易被人发现。

② 传染性。计算机病毒能不停地自我复制,传染更多的计算机及文件,这是其作为病毒的起码条件。计算机病毒的传播途径目前有通过移动存储介质和网络两种,其传播过程为:若病毒程序处于激活状态,则会主动四处出击,在计算机硬盘和连接在计算机上的移动存储介质上大量传播,网络蠕虫类病毒还通过网络传染有缺陷、漏洞的计算机系统。若病毒程序未激活,则属被动传播,例如通过文件复制、网络文件下载、电子邮件附件等方式被扩散。

③ 破坏性。所有计算机病毒都具有不同程度的破坏力,哪怕是宣称自己为良性、用于展示设计者才华、炫耀自己技术的病毒。再良性的病毒都会为了传播要去修改系统和文件,都会占用内存、网络等资源,都对正常运行有干扰。对系统的破坏程度主要取决于病毒设计者的目的和其具备的技术能力。通常病毒设计者的目的都是为了彻底破坏系统的正常运行,通过对计算机内的文件进行增、删、改、移来毁掉系统的部分数据或者全部数据,使之无法恢复;或者通过破坏硬盘的主引导扇区、Boot扇区、文件分配表(FAT)以及文件目录使计算机无法启动;或者恶意地占用和消耗系统内存资源,出现"系统内存不足",导致一些大的程序无法正常运行;或者使系统运行速度下降、无法正常执行命令、阻碍内部命令的执行、虚假报警、打不开文件、不断自动重新启动系统等。

在网络环境下,计算机病毒可以造成网络的拥塞、瘫痪,网络终端的数据丢失,机密信息失窃,甚至通过病毒控制计算机终端和网络,严重的甚至引起网络瘫痪或终端的崩溃。

④ 可触发性。病毒因某个事件或条件的出现,对系统实施攻击、破坏或主动展示的特性称为可触发性。不同的病毒其触发机制也不同,例如"黑色星期五"病毒就是每逢13日且为星期五时发作。病毒触发是病毒的明显、激烈表现,是否具有触发性要取决于病毒设计者的目的,有的病毒为了隐藏得更好,就不会有明显的表现而让用户看到或感受到。

病毒没有触发,并不等于病毒没有进行破坏和传染,病毒可能一直都在活动,只是善于隐藏,没有让人发现而已。

必须指出的是,病毒要起破坏作用、要触发、要主动传染,其必需的前提是病毒程序被激活。例如，收到了一封附件中带新病毒的电子邮件并下载了附件到硬盘或U盘中有病毒、硬盘中有病毒，则这些病毒什么时候会主动出击进行传播？什么时候可能进行破坏和触发？有毒的U盘放久了会不会坏呢？如果附件或U盘中有毒的文件未被执行或者直接删除了，就不会有影响。

(4)计算机病毒的查杀

计算机病毒是一种程序，程序在系统中以数据形式存在，查找病毒主要是对比病毒的数据特征来进行判定，因此已知病毒越多，查找对比的时间就越长。查毒软件只能查找已知病毒，所谓的广谱抗病毒技术其实是检查文件是否正常并通过访问控制手段禁止病毒感染。文件是否正常可通过检查各部分结构、MD5码、数字签名是否正确来加以判定。一个杀毒产品不可能真的做到能查杀所有未知病毒。因此，查毒软件必须定期、频繁地更新其病毒特征库。找到病毒，就要把它杀掉，其实是将相应的数据从磁盘文件或内存中删除。从内存中删除激活的病毒程序，实际上就是将病毒程序强行终止执行；从磁盘文件中删除病毒数据则比较麻烦，高明的病毒会通过很多形式在不同的地方存在，删除病毒数据的同时还得恢复原文件，有的破坏性强的病毒寄生得过火，根本就无法恢复原文件，这就像动手术割肿瘤可能会损伤正常器官一样。对于这些无法正常去毒的文件，杀毒软件可以直接将文件一起删除，也可以将文件更名后放置到一个隔离文件夹中让用户自行删除。若相应的文件属系统文件，则可以直接复制正常的文件到相应的位置。如果用户收到了一个文件，怀疑其有毒但还没有打开该文件，则直接将该文件删除即可。根据查杀病毒的原理，设计不完善的杀毒软件可能会误报误杀。

(5)计算机病毒的预防

计算机病毒没有传说中那么厉害，结合前面的隔离运行技术和杀毒软件，提高安全意识，做好备份，可以有效地预防并减少、避免损失。

① 加强自身免疫力，提高防范意识，做好预防工作。一是勤打补丁堵漏，做好账户口令设置管理，不启用不需要的服务；二是洁身自好，不轻易单击来历不明的文件和链接，下载软件尽量到其官网下载，且下载后立即使用公布的MD5码等进行完整性检查，并尽可能使用隔离运行技术运行；三是多学习安全知识，提高自己的安全意识，养成良好的安全习惯，例如在网上下载文件或使用电子邮件附件时不要直接打开，而应首先保存到磁盘，用防毒软件检查无毒后才打开：四是适当牺牲操作的方便性，减少被入侵的机会，例如禁用自动播放、禁用宏、不轻易运行宏、不轻易降低系统的安防设置，在控制面板中设置文件夹选项为【不隐藏受保护的操作系统文件】，【显示隐藏的文件、文件夹和驱动器】，【不隐藏已知文件类型的扩展名】，用详细方式显示文件夹内容等。

②安装使用防毒软件防、查、杀毒。现在很多厂商都面向个人提供永久免费的防毒软件，建议选择一种口碑好、对用户隐私侵犯少、广告不多的防毒软件，保持定期升级更新、定期查杀，但切忌在系统中同时安装运行多个防毒软件，这很可能会导致系统出错且运行缓慢。防毒软件会影响系统性能，因为它对每一个新文件都要检查比对。如果用户很在意性能并且对系统的运行和操作有信心、系统补丁打得勤、对外交往少，则可适当停止防毒软件的运行甚至不安装防毒软件。例如一台专用于共享存储用户文件的计算机，只要管理员不去打开用户存储的文件，则不安装防毒软件是最好的，尽管用户存储的文件中可能有很多病

毒,但在该计算机眼里,它们不过就是一些普通的文件而已,没有任何威胁。

③ 提高警惕,留意系统出现的不正常现象,防毒软件也不是万能的。例如磁盘上的文件或程序无故丢失,磁盘读/写文件明显变慢、访问时间加长,硬盘被频繁访问,系统经常出错或经常无故自动启动,原来能正常运行的程序突然无法运行、总是出现出错提示,出现一些来历不明的文件,系统的服务里多了不明的服务,用户账户里多了账户或原来禁用的账户被使用且加入了管理员组,IE无法使用或自动打开,没有上网也没有设置自动更新、但网络流量不断等,就有理由怀疑系统是不是中了未知病毒、木马或流氓软件,应立即搜索病因及处理方法,或者及时向安全专家请教。

2.计算木马

木马(Trojan)这个名字来源于古希腊传说(荷马史诗中木马计的故事,Trojan一词的本意是特洛伊,即代指特洛伊木马,也就是木马计的故事)。网络中的则是指专门设计的、表面上宣称是非常有用、有趣的程序以吸引用户下载执行,这些程序通常也提供相应的功能,但实际上其中却隐藏了黑客程序,例如各种算号器、播放器、游戏、盗版的破解软件等,一旦用户打开该程序,黑客程序就跟着激活并将自己"种"进用户系统中,一方面通过键盘记录、目标内存直接读取、截图、伪造登录窗口、ARP欺骗、钓鱼、劫持等手段盗取用户账户和其他机密信息,另一方面让黑客能一直隐秘地控制用户的计算机。

木马通常有两个可执行程序:一个是客户端(控制端,由黑客远程使用),另一个是服务端(被控制端,隐藏在中了木马的计算机上)。运行了木马的"服务器"后,中木马的计算机就会有一个或几个端口被打开,使黑客可以利用这些打开的端口进入用户系统,用户的信息安全和个人隐私也就全无保障了。木马的服务一旦运行并被控制端连接,其控制端将享有服务端的一部分操作权限,例如给计算机增加账户,浏览、移动、复制、删除文件,修改注册表,更改计算机配置等。

木马的作用是赤裸裸地监视别人和盗窃别人密码、机密数据等,如盗窃管理员密码搞破坏、恶作剧,偷窃上网密码在别处使用,更多的则是偷窃QQ号、游戏账号、股票账号、网上银行账户、虚拟币等,以偷窥别人隐私和牟取经济利益为目的。因此导致许多别有用心的程序开发者大量地编写这类入侵性程序,大量的木马生成器流行于网上,部分黑客网站甚至组织团队公开销售,有技术人员、客服,造成网上木马泛滥成灾。

木马为了防止自己被发现,必须具有隐藏性,与病毒不同,它一般不会自我繁殖,也不刻意努力去感染尽可能多的文件,这不是它的主要目的,关键是它还有更重要的事情要做。鉴于木马的隐蔽性和破坏性,防毒软件已将其纳入病毒防治范畴并提供查杀服务,有的还提供木马专杀程序以提高查杀速度。从某种意义上讲,木马是没有传染性的但却更加可恶的病毒,称为木马病毒,其预防参照计算机病毒,同时通过防火墙阻断其远程联系与信息窃取。

3.流氓软件

流氓软件是介于病毒和正规软件之间的软件,包括间谍软件、行为记录软件、浏览器劫持软件、搜索引擎劫持软件、广告软件等,同时具备正常功能(如其宣称的高速下载、媒体播放等)和恶意行为(如弹广告)。浏览器劫持是指未经用户许可,修改用户浏览器或其他相关设置,迫使用户访问特定网站或导致用户无法正常上网的行为。一般而言,这类软件具有以下一种或数种特征。

(1)强行弹出大量广告,以此获取商业利益,是大多数流氓软件的主要目的。有些网络广告的计费是按弹出次数进行的,流氓软件随意弹出广告,提高广告弹出次数,以此提高广告收益,一个"装机量"大的广告插件公司,凭流氓软件月收入可上百万。

(2)存后台偷偷记录用户访问过的网站并加以分析,有的甚至会发送给专门的商业公司或机构,此类机构会据此窥测用户的爱好,并进行相应的广告推广或商业活动。

(3)强行劫持用户浏览器或搜索引擎,将用户导向指定的牟利网站,防害正常上网。

(4)采用多种技术手段强行安装和对抗删除,其多种反卸载和自动恢复技术使得很多软件专业人员也感到难以对付,以至于其卸载成为网站上常常被讨论和咨询的技术问题。还有一些软件安装后,会在IE浏览器的工具栏位置添加与其功能不相符的广告图标,普通用户很难清除。流氓软件设计者的主要目的是经济利益,与木马不同的是它基本不控制用户计算机、也不偷窃用户账户等涉嫌犯罪的事情,而是采取较平和的手段让用户无可奈何,这也是流氓软件得名的由来。另外,与病毒或者木马不同,很多流氓软件不是小团体或者个人秘密地编写和散播,反而有很多知名企业和团体涉嫌参与。

目前,新的流氓软件行为还包括故意妨碍其他同类软件的使用,未明确提示用户而误导用户卸载非恶意软件(往往是自己的竞争对手),未经用户许可强制在用户计算机里安装其他非附带的独立软件,一旦用户投诉便把自己的流氓行为说成是BUG来掩盖。

流氓软件的正常功能通常较吸引人,基本以免费、试用的方式提供,设计者不会在其中隐藏木马、病毒,但有前述的大量流氓行为。比如某加密软件,试用期过后所有被加密的资料都会丢失,只有交费购买该软件才能找回丢失的数据。

国家已开始把对流氓软件的检测纳入到杀毒软件的检测标准之中,很多安全产品都提供恶意软件、流氓软件删除功能。但是,很多正规的针对个人用户的安全产品都是永久免费提供,他们难免会要要点小流氓、有少量的广告行为,只要做得不过分,用户要能支持理解。

训练二　安装和使用360杀毒软件

1.软件下载

360杀毒软件是免费软件,要安装360杀毒,首先请通过360杀毒官方网站sd.360.cn,下载最新版本的360杀毒安装程序。

2.软件安装

下载完成后,运行下载的安装程序,会看到安装窗口,如图7-25所示。单击【立即安装】,会出现安装界面,安装瞬间完成。

图7-25　360杀毒软件安装界面

安装程序完成后，会自动打开 360 杀毒界面，如图 7-26 所示。

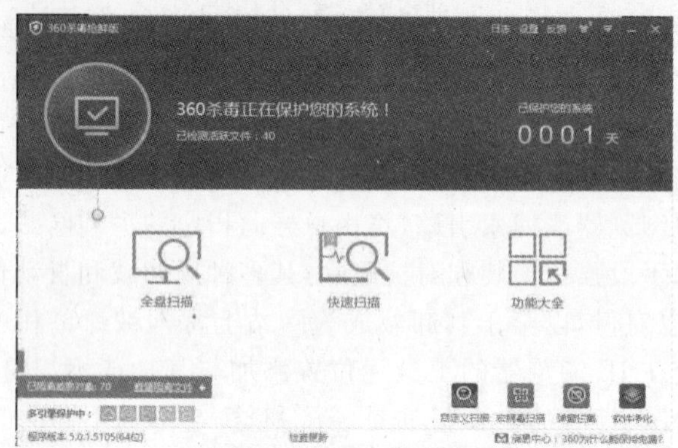

图 7-26 360 杀毒界面

若要卸载该杀毒软件，可单击【开始】→【程序】→【360 杀毒】→【卸载 360 杀毒】，根据向导提示进行卸载即可。

3.应用杀毒软件

(1)实时监控

360 杀毒具有实时病毒防护和手动扫描功能，为系统提供全面的安全防护。实时防护功能在文件被访问时对文件进行扫描，及时拦截活动的病毒。在发现病毒时会通过提示窗口进行警告，如图 7-27 所示。

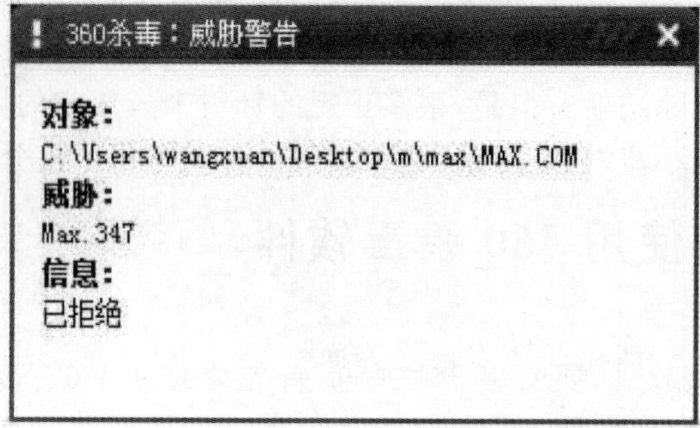

图 7-27 360 实时监控系统阻止威胁信息

(2)病毒扫描

360 杀毒提供了四种手动病毒扫描方式：快速扫描、全盘扫描、指定位置扫描及右键扫描。

①快速扫描：扫描 Windows 系统目录及 Program Files 目录；

②全盘扫描：扫描所有磁盘；

③指定位置扫描：扫描您指定的目录；

④右键扫描：集成到右键菜单中，在文件或文件夹上单击鼠标右键选择【使用 360 杀毒扫描】对选中文件或文件夹进行扫描。

其中前两种扫描都已经在 360 杀毒主界面中作为快捷任务列出，只需点击相关任务就可以开始扫描。启动扫描之后，会显示扫描进度窗口，如图 7-28 所示，可以看到正在扫描的文件、总体进度以及发现问题的文件。

如果希望360杀毒在扫描完电脑后自动关闭计算机，请选中【扫描完成后关闭计算机】选项。请注意，只有在将发现病毒的处理方式设置为【自动清除】时，此选项才有效。如果选择了其他病毒处理方式，扫描完成后不会自动关闭计算机。

图7-28　杀毒软件扫描系统界面

4. 升级病毒库

360杀毒具有自动升级功能，如果开启了自动升级功能并已连接到互联网上，360杀毒会在有软件更新时自动下载并安装升级文件。自动升级完成后会通过气泡窗口进行提示。

如果想手动进行升级，请在360杀毒主界面点击【检查更新】标签，进入升级界面，并点击【检查更新】按钮。升级程序会连接服务器检查是否有可用更新，如果有的话就会下载并安装升级文件。

训练三　上网浏览安全

B/S模式(Browse/Sever，浏览器/服务器)是现代信息系统的主要模式，最大的优点就是可以在任何地方进行操作而不用安装专门的软件，只要有一台能上网的计算机或手持式智能终端就能使用，客户端零安装、零维护，系统的扩展非常容易。因此，信息安全的大部分工作围绕上网浏览展开，浏览器一方面要综合应用前述的安全技术为上网保驾护航，另一方面其自身也是抵御攻击入侵的一道重要防线。

1. 安全浏览器

IE浏览器(Internet Explorer)集成在Windows系统中，一段时期内曾经是浏览器的主流，很多攻击针对IE展开，发现了IE的许多漏洞，让IE饱受指责。近年来，针对IE的问题涌现出了很多浏览器产品，很多专业安全厂商都推出了自己的安全浏览器，都宣称自己的安全性高、网页打开速度快,目前市场占有率居前三的浏览器是微软 IE、谷歌浏览器 chrome、火狐浏览器 Mozilla Firefox。

安全性高低、速度快慢以及是否好用都是相对的,软件总是在发展变化、相互学习借鉴,版本问题多,新版本可能就会改善,关键还要看准掌握核心技术。任何产品都有一个信任问题,网络上有时有很多浏览器侵犯用户隐私的口水仗,值得用户警惕,应该花时间好好读一读相关的文章,做出自己的判断。总之,如果在意安全和隐私保护,IE 应值得信任,一方面是因为用得多发现的问题才多,进而改进就越多、越安全;另一方面操作系统都是微软的,如果真要侵犯用户的隐私,用户也没有办法。

最新版本的 IE 在安全、速度性能和占用较少系统资源方面表现很不错,提供了多种功能帮助保护用户上网浏览时的安全和隐私,主要表现在以下几个方面。

(1)将当前访问的实际域名突出显示在地址栏中,使用户更加轻松地了解所访问网站的实际 Web 地址,帮助用户阻止使用误导 Web 地址来欺骗用户的欺骗性网站或网络钓鱼网站。

(2)Smart Screen 筛选保护用户免受联机网络钓鱼攻击、欺诈欺骗或恶意网站侵害。

Smartscreern 筛选器用于检测网络钓鱼网站,还可以帮助阻止安装恶意软件。它通过以下两种方法来帮助保护用户的信息安全。

①当用户在 Web 中浏览时,它在后台运行,可分析网页并确定这些网页是否有任何可能值得怀疑的特征。一旦发现可疑的网页,smart screen 筛选器将显示一则消息,给用户提供反馈的机会并提示用户谨慎处理。

②对照最新报告的网络钓鱼网站和恶意软件网站的动态列表,检查用户访问的站点或从 Web 下载的文件。如果找到匹配项,smart screen 将显示一个红色警告,通知用户为了信息安全已经阻止了该网站或已经阻止了下载。

(3)管理加载项可用来禁用或允许 Web 浏览器加载项,并可删除小需要的 Active X 控件。

(4)跨站脚本筛选器保护用户免受企图盗取个人和财务信息的网页网络钓鱼网站和欺诈网站的侵害。

(5)用来使用安全网站的 128 位安全(SSL)连接。这可以帮助 IE 对银行、在线商店、医学站点或处理敏感顾客信息的其他组织运行的网站创建加密连接。

(6)将所有网站分配到“Internet”、“本地 Intranet”、“受信任的站点”或“受限制的站点”安全区域,不同区域设置了默认的安全选项,既照顾安全,又考虑使用的方便。

(7)InPrivate 浏览可让用户在网上冲浪时不会在 IE 中留下任何隐私信息痕迹,有助于防止任何其他使用该计算机的人看到用户已访问的站点,以及在网站上查看的内容。

2.防范网络钓鱼

网络钓鱼是一种网络欺诈行为,通过电子邮件或网站诱使计算机用户透露个人信息或财务信息的方法。常见网络钓鱼骗局从看似来自受信任源的官方通知的电子邮件开始,如银行、信用卡公司或可信的在线商店,该电子邮件会带领收件人进入要求提供个人信息(如账户或密码)的欺骗性网站(如银行网站),然后窃取用户的高价值个人信息。钓鱼网站的 URL 和真实网站有细微差别,但用户很少会注意到,其页面却与真实网站界面几乎完全一致，要求访问者提交账户和密码，用户往往不假思索给出了钓鱼者想要的东西。

除了银行、网上商店等的在线支付网页，钓鱼网站还经常模仿央视、腾讯等假冒抽奖网站，如多地出现的仿冒“非常 6＋1”节目中奖信息骗取网民钱财的网络诈骗事件，主要特征是以中奖为诱饵，欺骗网民填写身份信息、银行账户等信息。

电子邮件是钓鱼者的“鱼饵”之一，其发送的经过精心设计的电子邮件看起来像来自一家合法公司。电子邮件经常解释说，公司记录需要更新，或者正在修改一个安全程序，要求用户确认你的账户以便继续使用。从表面一看很难辨别这封电子邮件是否是诈骗，而且第一眼可能看起来像真的一样，其所有的表象和措辞都使它看起来是真的。钓鱼的另一种常见做法是在电子邮件中包含一个表格，供收件人填写自己的姓名、账户、密码或者 PTN 号。这些不法网站还通过广告，假借“限时抢购”、“秒杀”、“团购”等噱头，在用户还没有反应过来时，利用其心理引诱用户上当。同时，钓鱼者还可能通过搜索引擎排名、在搜索引擎和中小网站投放广告、在聊天工具和论坛中发布信息等全方位的手段诱使用户上当，甚至用户输入网站域名时一个字母弄错都可以进入其假冒网站，例如 gogle. com、sinz. com。

为了防范钓鱼网站，用户应当注意以下几点：

(1)使用收藏夹或者书签将自己经常要访问的网站地址保存下来，需要访问时通过收藏进入，既快又可防止问题的出现。顺便指出，发送电子邮件最好使用通讯录或回复功能，不临时手工输入收件人的地址，防止出错后造成尴尬，因为电子邮件一旦发出便无法追回。

(2)查看安全证书，目前大电子商务网站都应用了可信证书类产品，这类网站的网址都是“https”开头的，如果发现不是“https”开头，应谨慎对待。使用 https 时，在 IE“安全状态”栏中将看到一个锁定图标，可以单击锁状图标查看网站的身份。

(3)不要相信网上发布的或收到的中奖信息，不轻信“限时抢购”、“秒杀”、“团购”等宣传. 要提高警惕。

(4)仔细核对域名，假冒网站和真实网站肯定有细微区别。

(5)比较网站内容，很多仿冒网站上没有链接，用户可单击栏目或图片中的各个链接查看是否能打开。

3. 保护自己的上网隐私

除了上述的信息安全技术，下面是另一些保护隐私的经验和原则，供用户参考。

(1)尽可能使用 https 访问敏感网站，前提是网站本身支持 https 协议。https 既保障了通信的秘密不被窃听，同时又能验证网站的合法身份。

(2)在不影响使用的情况下，减少或模糊网上个人隐私信息的提供，不随意在不知底细的网站注册会员或向其提供个人资料。对包含隐私内容的个人网站(如博客)应设置访问密码，保存在网上涉及隐私的文件尽可能加密。不在交谈、个人资料以及论坛留言中轻易泄露真实姓名、个人照片、身份证号码或家庭电话等任何能够识别身份的信息，更不要透露银行账户、个人账户密码等敏感内容。

(3)慎用社交应用。目前，以微博、微信为代表的社交类应用程序，已成为智能手机中最常见的应用，网民可以利用该类应用在互联网上分享各类文字、图片及视频信息。然而这些社交应用有可能会泄露用户的隐私信息，尽管用户的关注者并不一定都持有恶意。

(4)学习了解使用的应用，避免意外泄密。有的默认设置并不安全，例如一女孩因在微信中上传自己的照片，被不法分子盯梢，下班后出地铁站时被尾随加害。在这个案例中，不法分子并不认识被害者，却能通过微信看到被害者的照片，并确定被害者本人就在附近，原因是被害者在微信中开放了定位功能，并允许陌生人翻看自己的相册。现在智能手机上的很多应用程序都有定位、分享功能，有些是因为应用程序的功能需要，有些则属私自读取用户的地理位置。事实上，该类功能给用户的人身安全带来了不小的隐患，然而很多时候，用户并不知道自己开启了这些功能。其实大多数应用在安装、使用时都会提示用户，软件要读取用户当前的位置。然而很多用户不能理解或不重视这些提示信息，在提示框出现的时候盲目单击【允许】或【确定】，以便更快打开应用，生怕单击了【不允许】或【取消】之后会影响使用。专家建议，用户不要轻易允许应用读取、上传、分享自己当前的地理位置，如果特殊情况下需要使用该类功能，可以从手机的系统设置中找到开关，随用随开，用完立即关闭。

(5)彻底清除保存在所用计算机的上网痕迹。如果未使用 InPrivate 浏览模式，上网后会留下很多痕迹，不同的浏览器的记录方式不同，IE 中则包括 Internet 临时文件夹、cookie、表单的用户名和密码、历史记录等信息，离开前应删除。除了这些隐私信息，很多浏览器插件也可能选择了用户不知道的地方保存用户访问记录，清理这些信息相当困难，用户可以上网搜索解决办法，其实很多安全产品都提供清理用户隐私功能，不仅能一键把上网隐私清理得较干净，还能够清除使用很多系统与应用软件留下的隐私记录，例如在 Windows 中运行过的程序，在 Office 中打开过的文档等。

课后练习

1. 虚拟一个工作环境，请设计出一个该虚拟办公室局域网组建方案。

2. 请设定一个主题，通过 IE 浏览器，自己选定一种搜索引擎，从网上搜索下载该主题的文字、图片、音乐等素材，将它编辑成一个多媒体文档。

3. 请下载一些小软件，如“截图软件”，视频编辑软件、图像处理软件，并学会使用它们的功能，利用这些软件完成一些“截图、编辑视频、处理图像”的任务。

4. 体验 360 杀毒软件的防范功能。

附　录

附件 1　字号对应表

字号对应表

中文字号	阿拉伯字号	中文字号	阿拉伯字号
初号	42	小初	36
一号	26	小一	24
二号	22	小二	18
三号	16	小三	15
四号	14	小四	12
五号	10.5	小五	9
六号	7.5	小六	6.5
七号	5.5		
八号	5		

附件 2　常用公文文体格式

一、常规格式要求

1.纸型

公文纸一般采用国内通用的 16 开型，推荐采用国际标准 A4 型，供张贴的公文用纸幅度面尺寸，可根据实际需要确定。

2.常规各要素字体字号要求

公文各要素	字体字号要求
保密等级	3 号或 4 号黑体
紧急程度	3 号或 4 号黑体
文头	大号黑体字、黑变体字或标准体、宋体字套色(一般为红)。
发文字号	3 号或 4 号仿宋体
签发人	3 号或 4 号仿宋体
标题	宋体、黑体，字号要大于正文的字号
主送机关	与正文相同，3 号或 4 号仿宋体
正文	与正文相同，3 号或 4 号仿宋体
附件	与正文相同，3 号或 4 号仿宋体
作者	与正文相同，3 号或 4 号仿宋体
日期	与正文相同，3 号或 4 号仿宋体
注释	小于正文的 4 号或小 4 号仿宋体
主题词	3 号或 4 号黑体
抄送机关	常用 3 号或 4 号仿宋体，或小一号的文字
印发说明	常用 3 号或 4 号仿宋体，或小一号的文字

二、公文各要素字体字号详细要求

1.标题及正文格式

- 主标题：又称一级标题，为二号宋体(加粗)。
- 二级标题：为三号黑体。
- 三级标题：为三号仿宋加粗。
- 正文：均为三号仿宋。

以上为政府公文规定。且主标题以外的部分的标题和正文可采用小三号字体，但以三号为最正规。

2.其他要素格式

公文中其他要素	字体字号要求
密级	三号黑体字
紧急程度	“特急”、“加急”用三号黑体字
文号	四号仿宋体字加黑
签发人	三号楷体字
标题	二号宋体字加黑
大小标题号	一级标题“一、”用黑体字 3 号；二级标题“(一)”用楷体字 3 号加粗；三级标题“1.”、四级标题“(1)”均需加粗
正文	三号仿宋体字(每页 19 行，每行 25 个字)
批转(转发、印发)	三号仿宋体字
……通知	三号楷体字
附件标题	二号宋体字
附件正文	三号仿宋体字
印发传达范围	三号仿宋体字
主题词	三号黑体字
主题词词组	三号宋体字
印发机关名称和印发日期	四号仿宋体字
印发份数	五号仿宋体字

三、公文各要素和标识规则

本标准将组成公文的各要素划分为眉首、主体、版记三部分。置于公文首页红色反线(宽度同版心，即 156mm)以上的各要素统称眉首；置于红色反线(不含)以下至主题词(不含)之间的各要素统称主体；置于主题词以下的各要素统称版记。

1.眉首部分

主要标识公文份数序号、秘密等级和保密期限、紧急程度、发文机关标识、发文字号和签发人等要素。

(1)公文份数序号：公文份数序号是将同一文稿印制若干份时每份公文的顺序编号。标识时，用阿拉伯数码顶格标识在版心左上角第 1 行。

(2)秘密等级和保密期限：秘密等级是指涉密公文的保密程度，分“秘密”“机密”和“绝密”三级。新《办法》规定，涉及国家秘密的公文应当标明密级和保密期限，“绝密”和“机密”级公文还应当标明份数序号，“秘密”“机密”和“绝密”公文均应标注保密期限。标识秘密等级时，用 3 号黑体字，顶格标识在版心右上角第 1 行，两字之间空 1 字；如需同时标识秘密等级和保密期限，用 3 号黑体字，顶格标识在版心右上角第 1 行，秘密等级和保密期限之间用“★”隔开。

(3)紧急程度:急件公文分为“特急”和“急件”两种。其中,电报应当分别标识“特提”“特急”“加急”或“平急”。标识时,用3号黑体字,顶格标识在版心右上角第1行,两字之间空1字;如需同时标识秘密等级与紧密程度,秘密等级顶格标识在版心右上角第1行,紧急程度顶格标识在版心右上角第2行。

(4)发文机关标识:发文机关标识由发文机关名称和“文件”二字组成,如“××省人民政府文件”等。对一些特定公文可只标识发文机关名称(函件)。发文机关标识应当使用发文机关全称或规范化简称。标识位置是上边缘到版心上边缘25mm处,上报的公文发文机关标识在上边缘到版心上边缘80mm处。国家质量技术监督局发布的《国家行政机关公文格式》还规定,发文机关标识推荐使用小标宋体字,用红色标识。字号一般应小于22mm×15mm。联合行文时,主办机关名称排列在前,“文件”二字置于发文机关名称右侧,上下居中排布。联合行文机关过多时,必须保证公文首页显示正文。

(5)发文字号:由发文机关代字、年份和序号组成,如“×政发〔1999〕82号”,“×政发”指发文机关代字,“〔1999〕”指年份,“82号”指发文序号。整个意思就是××省人民政府在1999年所发的第82号文件。标识位置在发文机关标识下空2行处,用3号仿宋体字,居中排布;年份、序号用阿拉伯数码标识;年代应用全称,用六角括号“〔〕”括入;序号不编虚位,即不编为001,不加“第”字。

(6)签发人:上报的公文需标识签发人姓名,平行排列于发文字号右侧。发文字号居左空1字,签发人姓名居右空1字;签发人用3号仿宋体字,签发人后标全角冒号,冒号后用3号楷体字标识签发人姓名。如有多个签发人,主办单位签发人姓名置于第1行,其他签发人从第2行起在与主办单位签发人姓名对齐处按发文机关顺序依次顺排,同时,使发文字号与最后一个签发人姓名同处一行,并下移红色反线,使红色反线与发文字号继续保持为4mm。

2.主体部分

主要标识公文标题、主送机关、正文、附件、成文时间、发文机关印章和附注等要素。

(1)公文标题:一般由发文机关名称、概括而成的公文主要内容和公文种类组成,如《××省人民政府关于大力发展民营科技企业的决定》、《××省人民政府办公厅关于进一步做好春季农业生产和当前农村经济工作的通知》等。公文标题是文件内容的高度概括,文字要求准确、简要、概括,书写时要居中书写,用2号小标宋体字。回行时要注意做到词意完整,排列居中对称,间距恰当,做到既有美感,又要避免产生异义。除法规、规章名称加书名号外,公文标题一般不用标点符号。

(2)主送机关:指公文的主要受理机关,书写时应当使用全称或规范化简称或统称。上行文一般只写一个主送机关,必须同时报送几个主送机关的,可以用抄送形式;下行文可以有两个以上的主送机关,但是,如果主送机关过多,则一般用规范的统称,如“各地行政公署,各市、自治州人民政府,省政府各部门”等。标识位置在标题下空1行处,左侧顶格用3号仿宋体字标识,回行时仍顶格;最后一个主送机关名称后标全角冒号。如主送机关名称过多而使公文首页不能显示正文时,应将主送机关名称移至版记中的主题词之下,抄送之上,标识方法同抄送。

(3)公文正文:标识在主送机关名称下一行,每自然段左空2字,回行顶格。数字、年份不能回行。

(4)附件:公文如有附件,在正文下空一行左空 2 字处,用 3 号仿宋体字标识,后标全角冒号和名称。附件如有序号,使用阿拉伯数码,如"附件:1××××××"。附件名称后不加标点符号。附件应与公文正文一起装订,并在附件左上角第 1 行顶格标识"附件",有序号时标识序号。如附件与公文正文不能一起装订,应当在附件左上角第 1 行顶格标识公文的发文字号并在其后标识附件(或带序号)。

(5)成文日期:以负责人签发的日期为准,联合行文以最后签发机关负责人的签发日期为准。电报以发出日期为准。成文日期需要完整写出年、月、日,而且必须用汉字书写("零"写为"O"),例如:"二零一二年"应写成"二 O 一二年"。成文时间标识时,右边要空 4 字。

(6)发文机关印章:按照《××省实施＜国家行政机关公文处理办法＞细则(试行)》公文除以电报形式发出的加盖发报专用章外,其他公文一律加盖印章。单一机关制发的公文盖印的位置一般应上距正文 2mm～4mm。,以端正、居中、下压成文时间为标准。当印章下弧无文字时,采用下套方式,即仅以下弧压在成文时间上;当印章下弧有文字时,采用中套方式,即印章中心线压在成文时间上。联合行文的印章:当联合行文需加盖两个印章时,应将成文时间拉开,左右各空 7 字;主办机关印章在前;两个印章均压成文时间。两印章间互不相交或相切,相距不超过 3mm。当联合行文需加盖 3 个以上印章时,应将各发文机关名称排在发文时间和正文之间。主办机关印章在前,每排最多排 3 个印章,两端不得超出版心;最后一排如余一个或两个印章,均居中排布。最后一排印章之下右空 2 字标识成文时间。这里需要注意的是,新《办法》规定,联合上报的公文,由主办机关加盖印章,而旧《办法》只是规定,联合上报的非法规性文件由主办机关加盖印章。

(7)附注:指需要说明的其他事项。公文如有附注,用 3 号仿宋体字,居左空 2 字加圆括号标识在成文时间下一行。上行文的"请示"文件中,应当在附注处注明联系人的姓名和电话。

3.版记部分

主要标识主题词、抄送机关、印发机关和印发时间等要素。

(1)主题词:是进行文献标引、存储和检索等工作的工具,位于附注之下,抄送机关之上,它是实现机关办公自动化,提高办公效率和质量的一个重要环节。一般的排列次序为:反映公文内容的主题词在前,反映公文形式的主题词在后。在单主题公文中,反映公文中心内容的主题词在前,反映公文分述内容的主题词在后;在多主题词公文中,反映公文内容的各主题词按其出现的先后次序排列。主题词用 3 号黑体字,居左顶格标识,后标全角冒号,词目用 3 号小标宋体字,词目之间空 1 字。

(2)抄送机关:指除主送机关外需要执行或知晓公文的其他机关。公文如有抄送,在主题词下一行,左空 1 字用 3 号仿宋体字标识,后标全角冒号。抄送机关间用逗号隔开,回行时与冒号后的抄送机关对齐。在最后一个抄送机关后标句号。

(3)印发机关和印发时间。位于抄送机关之下(无抄送机关在主题词之下)占 1 行位置,用 3 号仿宋体字。印发机关左空 1 字,印发时间右空 1 字。印发时间以公文付印的日期为准,用阿拉伯数码标识。

4.其他

(1)格式中的几个用线

①在眉首与主体之间,一般用一条红色的间隔线。使用这条线的区别是,党的领导机关如中央、省委、地委、县委文件的间隔线中间有一颗红角星,行政机关如国务院、省政府、市政府、县政府的文件一般采用一条连续的横线,中间没有红角星。这条线一般在发文字号下4mm处与版心等宽,采用红色反线。

②版记中各要素之下均加一条黑色反线,宽度同版心。

(2)用纸:公文用纸一般采用GB A4型,成品幅面尺寸为210mm×297mm,纸张定量为$60g/m^2$~$80g/m^2$的胶版印刷纸或复印纸。纸张白度为85%~90%,横向耐折度大于或等于15次,不透明度大于或等于85%,PH值为7.5~9.5。

(3)当公文排版后所剩空白处不能容下印章位置时,应采取调整行距、字距的措施加以解决,务使印章与正文同处一面,不得采取标识“此页无正文”的方法解决。

(4)排版规格与印制装订要求。

①排版规格。正文用3号仿宋体字,一般每面排22行,每行排28个字。

②印刷要求。双面印刷,页码套正,两面误差不得超过2mm。黑色油墨应达到色谱所标BL100%,红色油墨应达到色谱所标Y为80%,M为80%。印品着墨实、均匀,字面不花、不白、无断划。

③装订要求。公文应左侧装订,不掉页。包本公文的封面与书芯不脱落,后背平整、不空。两页页码之间误差不超过4mm。骑马订或平订的订位为两钉钉锯外订眼距书芯上下各1/4处,允许误差±4mm。平订钉锯与书脊间的距离为3mm~5mm。无坏钉、漏钉、重钉,针脚平伏牢固;后脊不可散页明订。裁切成品尺寸误差±1mm,四角成90度,无毛茬或缺损。

(5)页码:用4号半角白体阿拉伯数码标识,置于版心下边缘之下一行处。数码左右各放一条4号一字线,一字线距版心下边缘7mm。单页码居右空1字,双页码居左空1字,空白页与空白页以后的页不标识页码。